동아출판 제집

특급기출

기말고사

중학 영어 3-1

How to Study

이 책의 구성과 특징

STEP A 영역별로 교과서 핵심 내용을 학습하고, 연습 문제로 실력을 다집니다. 실전 TEST로 학교 시험에 대비합니다.

Words 만점 노트
교과서 흐름대로 핵심 어휘와 표현을 학습합니다.

Words Plus 만점 노트
대표 어휘의 영어 뜻풀이 및 다의어, 반의어
등을 학습하며 어휘를 완벽히 이해합니다.

**Words 연습 문제 &
Words Plus 연습 문제**
다양한 유형의 연습 문제를 통해 어휘 실력을
다집니다.

Words 실전 TEST
학교 시험 유형의 어휘 문제를 풀며
실전에 대비합니다.

Listen & Speak 핵심 노트
교과서 속 핵심 의사소통 기능을
학습하고, 시험 포인트를 확인합니다.

Listen & Speak 만점 노트
교과서 속 모든 대화문의 심층 분석을
통해 대화문을 철저히 학습합니다.

Listen & Speak 연습 문제
빈칸 채우기와 대화 순서 배열하기를
통해 교과서 속 모든 대화문을 완벽히
이해합니다.

Listen & Speak 실전 TEST
학교 시험 유형의 Listen & Speak 문제를
풀며 실전에 대비합니다. 서술형 실전 문항으로
서술형 문제까지 대비합니다.

Grammar 핵심 노트
교과서 속 핵심 문법을 명쾌한 설명과
시험 포인트로 이해하고, Quick Check로
명확히 이해했는지 점검합니다.

Grammar 연습 문제
핵심 문법별로 연습 문제를 풀며
문법의 기본을 다집니다.

Grammar 실전 TEST
학교 시험 유형의 문법 문제를 풀며
실전에 대비합니다. 서술형 실전 문항으로
서술형 문제까지 대비합니다.

Reading 만점 노트
교과서 속 읽기 지문을
심층 분석하여 시험에
나올 내용을 완벽히
이해하도록 합니다.

Reading 연습 문제
빈칸 채우기, 바른 어휘·어법 고르기, 틀린 문장
고치기, 배열로 문장 완성하기 등 다양한 형태의
연습 문제를 풀며 읽기 지문을 완벽히 이해하고,
시험에 나올 내용에 완벽히 대비합니다.

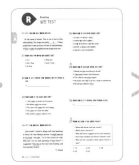

Reading 실전 TEST
학교 시험 유형의 읽기 문제를
풀며 실전에 대비합니다. 서술형
실전 문항으로 서술형 문제까지
대비합니다.

**기타 지문 만점 노트 &
기타 지문 실전 TEST**
학교 시험에 나올 만한 각 영역의
기타 지문들을 학습하고 실전
문제를 풀며 시험에 빈틈없이
대비합니다.

STEP B 내신 만점을 위한 고득점 TEST 구간으로, 다양한 유형과 난이도의 학교 시험에 완벽히 대비합니다.

고득점을 위한 연습 문제
• Listen & Speak 영작하기
• Reading 영작하기
영작 완성 연습 문제를 통해, 대화문과
읽기 지문을 완벽히 암기합니다.

고득점 맞기 TEST
• Words 고득점 맞기   • Listen & Speak 고득점 맞기
• Grammar 고득점 맞기   • Reading 고득점 맞기
고난도 문제를 각 영역별로 풀며 실전에 대비합니다.
수준 높은 서술형 실전 문항으로 서술·논술형 문제까지
영역별로 완벽히 대비합니다.

서술형 100% TEST
다양한 유형의 서술형 문제를
통해 학교 시험에서 비중이
확대되고 있는 서술형 평가에
철저히 대비합니다.

내신 적중 모의고사 학교 시험과 유사한 모의고사로 실전 감각을 기르며, 내신에 최종적으로 대비합니다.

[1~3회] 대표 기출로 내신 적중 모의고사
학교 시험에 자주 출제되는 대표적인 기출 유형의
모의고사를 풀며 실전에 최종적으로 대비합니다.

[4회] 고난도로 내신 적중 모의고사
학교 시험에서 변별력을 높이기 위해 출제되는
고난도 문제 유형의 모의고사를 풀며 실전에
최종적으로 대비합니다.

오답 공략
모의고사에서 틀린 문제를 표시한 후, 부족한
영역과 학습 내용을 점검하여 내신 대비를
완벽히 마무리합니다.

Contents 차례

Lesson 5   Believe in Yourself

정답 및 해설

The future belongs to those who believe in the beauty of their dreams.

- Eleanor Roosevelt -

Lesson 3

Heal the World

의사소통 기능	원하는 행동 묻기	A: **What do you want me to do?** (너는 내가 무엇을 하길 원하니?) B: Please put the clothes into the box. (상자에 옷을 넣어 줘.)
	당부하기	A: **Make sure** you lock the doors. (반드시 문을 잠그렴.) B: Okay, I will. (네, 그럴게요.)
언어 형식	사역동사	The project manager **had** us **meet** at 9 a.m. (프로젝트 책임자는 우리를 오전 9시에 만나게 했다.)
	It ~ that 강조	**It** was a better tomorrow **that** we painted. (우리가 그린 것은 바로 더 나은 내일이었다.)

주요 학습 내용

학습 단계 PREVIEW

STEP **A**	Words	Listen & Speak	Grammar	Reading	기타 지문
STEP **B**	Words	Listen & Speak	Grammar	Reading	서술형 100% TEST
내신 적중 모의고사	제 **1** 회	제 **2** 회	제 **3** 회	제 **4** 회	

W Words
만점 노트

Listen & Speak

□□ address	명 주소	
□□ bath	명 목욕	
□□ before	접 ~하기 전에	
□□ blind	형 눈이 먼	
□□ brush	동 ~에 솔질을 하다, 머리를 빗다	
□□ clearly	부 또렷하게, 분명히	
□□ deliver	동 배달하다	
□□ donation	명 기부, 기증	
□□ do one's best☆	최선을 다하다	
□□ elderly☆	형 연세가 드신 (↔ young)	
□□ feed	동 먹이를 주다	
□□ fur	명 (동물의) 털	
□□ give ~ a hand☆	~에게 도움을 주다	

□□ greet	동 인사하다
□□ keep in mind☆	명심하다
□□ make sure☆	반드시 ~하다, ~을 확실히 하다
□□ mess	명 (지저분하고) 엉망인 상태
□□ nursing home	양로원
□□ pack	동 (짐을) 싸다, 포장하다
□□ politely	부 공손히 (↔ impolitely)
□□ recording	명 녹음, 녹화
□□ rule	명 규칙
□□ slowly	부 천천히, 느리게 (↔ fast)
□□ tape	동 (접착) 테이프로 붙이다
□□ trash	명 쓰레기
□□ volunteer☆	명 자원봉사자 동 자원봉사를 하다

Reading

□□ agree	동 동의하다
□□ apply for	~에 지원하다
□□ background	명 (경치, 그림, 무대의) 배경
□□ be proud of☆	~을 자랑스러워하다
□□ bright	형 밝은, 빛나는
□□ divide into☆	~으로 나누다
□□ get together☆	모이다
□□ in front of	~의 앞에
□□ land☆	동 내려앉다, 착륙하다
□□ manager	명 운영자, 관리자
□□ matter☆	동 중요하다, 문제 되다

□□ neighborhood	명 근처, 이웃
□□ remove☆	동 없애다, 제거하다
□□ select☆	동 선택하다, 선정하다 (= choose)
□□ share	동 함께 나누다, 공유하다
□□ site	명 현장, 장소
□□ spot	명 (특정한) 장소, 자리
□□ take a picture	사진을 찍다
□□ teen	형 십 대의 명 십 대
□□ village	명 마을
□□ wing	명 날개

Language Use

□□ get along with☆	~와 잘 지내다
□□ gym	명 체육관
□□ line up	줄을 서다
□□ location	명 장소

□□ prepare	동 준비하다
□□ reply	동 대답하다, 응답하다
□□ say goodbye to	~에게 작별 인사를 하다
□□ vote	동 투표하다 명 투표

Think and Write

□□ arrange	동 정리하다

□□ rewarding	형 보람 있는 (↔ unrewarding)

Words

연습 문제

A 다음 단어의 우리말 뜻을 쓰시오.

01 arrange
02 bath
03 clearly
04 remove
05 recording
06 pack
07 background
08 share
09 spot
10 neighborhood
11 village
12 fur
13 select
14 site
15 greet
16 slowly
17 manager
18 nursing home
19 matter
20 feed

B 다음 우리말에 해당하는 영어 단어를 쓰시오.

21 주소
22 날개
23 ~에 솔질을 하다
24 내려앉다, 착륙하다
25 배달하다
26 공손히
27 선택하다, 선정하다
28 엉망인 상태
29 밝은, 빛나는
30 동의하다
31 눈이 먼
32 쓰레기
33 자원봉사자
34 ~하기 전에
35 연세가 드신
36 보람 있는
37 투표하다, 투표
38 기부, 기증
39 십 대의, 십 대
40 규칙

C 다음 영어 표현의 우리말 뜻을 쓰시오.

01 keep in mind
02 get together
03 divide into
04 give ~ a hand
05 get along with
06 be proud of
07 in front of
08 do one's best

Words Plus

만점 노트

영어 뜻풀이

☐☐	address	주소	the words and numbers that are used to describe the location
☐☐	arrange	정리하다	to put a group of things or people in a particular order or position
☐☐	background	(경치, 그림, 무대의) 배경	the area that is behind the main thing that you are looking at
☐☐	bath	목욕	the act of washing our bodies in a large container of water
☐☐	clearly	또렷하게, 분명히	in a way that is easy to see, hear or understand
☐☐	deliver	배달하다	to take something to a person or place
☐☐	donation	기부, 기증	something that you give to help a person or organization
☐☐	land	내려앉다, 착륙하다	to come down through the air onto the ground or another surface
☐☐	manager	운영자, 관리자	someone who is in charge of a business, department, etc.
☐☐	matter	중요하다, 문제 되다	to be important
☐☐	neighborhood	근처, 이웃	an area of a town or city
☐☐	poster	포스터	a large printed picture that you put on a wall to advertise something
☐☐	recording	녹음, 녹화	the act of storing sound or images
☐☐	remove	없애다, 제거하다	to move or take something away from a place
☐☐	select	선택하다, 선정하다	to choose something or someone
☐☐	site	현장, 장소	the place where something is
☐☐	spot	(특정한) 장소, 자리	a particular space or area
☐☐	teen	십 대의, 십 대	between 13 and 19 years old
☐☐	village	마을	a small town in the country
☐☐	volunteer	자원봉사자	a person who does a job without being paid
☐☐	wing	날개	a part of an animal's body that is used for flying

단어의 의미 관계

- **반의어**
  elderly (연세가 드신) ↔ young (나이가 어린)
  politely (공손히) ↔ impolitely (무례하게)
  clearly (분명히) ↔ unclearly (불분명하게)
  rewarding (보람 있는) ↔ unrewarding (보람이 없는)

- **형용사 – 부사**
  clear (분명한) – clearly (분명히)
  polite (공손한) – politely (공손히)
  slow (느린) – slowly (느리게)

- **get이 포함된 관용 표현**
  get together (모이다)   get up (일어나다)
  get on ((탈것에) 타다)   get along with (~와 잘 지내다)

다의어

- **matter** 1. 동 중요하다, 문제 되다 2. 명 문제, 일

  1. It didn't **matter** that the weather was bad.
     날씨가 나쁜 것은 문제가 되지 않았다.

  2. The **matter** is important to us.
     그 일은 우리에게 중요하다.

- **land** 1. 동 내려앉다, 착륙하다 2. 명 육지, 땅

  1. A fly **landed** on his nose.
     파리 한 마리가 그의 코에 내려앉았다.

  2. The **land** was very dry after the hot summer.
     더운 여름이 지난 후 땅은 매우 건조했다.

Words Plus

연습 문제

A 다음 뜻풀이에 알맞은 말을 [보기]에서 골라 쓴 후, 우리말 뜻을 쓰시오.

[보기]	teen	bath	matter	background	wing	donation	spot	volunteer

1 _____ : a particular space or area : _____
2 _____ : between 13 and 19 years old : _____
3 _____ : to be important : _____
4 _____ : a person who does a job without being paid : _____
5 _____ : a part of an animal's body that is used for flying : _____
6 _____ : something that you give to help a person or organization : _____
7 _____ : the act of washing our bodies in a large container of water : _____
8 _____ : the area that is behind the main thing that you are looking at : _____

B 다음 짝 지어진 두 단어의 관계가 같도록 빈칸에 알맞은 말을 쓰시오.

1 lose : win = impolitely : _____
2 clearly : unclearly = _____ : unrewarding
3 kind : kindly = clear : _____
4 polite : politely = slow : _____

C 다음 빈칸에 알맞은 말을 [보기]에서 골라 쓰시오.

[보기]	remove	agree	pack	elderly	neighborhood

1 John doesn't _____ with your idea.
2 I have to _____ my bags for my trip.
3 Young people should be polite to _____ people.
4 There is a beautiful park in my _____ .
5 She needs to _____ the paint from the wall.

D 다음 우리말과 같도록 빈칸에 알맞은 말을 쓰시오.

1 그는 자신의 아들을 자랑스러워했다. → He _____ _____ _____ his son.
2 그녀는 최선을 다했지만, 시험에 떨어졌다. → She _____ _____ _____ , but failed the exam.
3 명심해야 할 몇 가지 조언이 있다. → Here are some tips to _____ _____ _____ .
4 나는 자원봉사 프로그램에 지원하게 되어 매우 기쁘다. → I'm very happy to _____ _____ the volunteer program.
5 우리는 토요일마다 모여서 영어를 공부한다. → We _____ _____ and study English on Saturdays.
6 나는 네가 학급 친구들과 잘 지내길 바란다. → I hope you _____ _____ _____ your classmates.

실전 TEST

STEP A

01 다음 중 단어의 품사가 다른 하나는?

① clearly ② politely ③ elderly
④ slowly ⑤ finally

02 다음 영어 뜻풀이에 해당하는 단어를 주어진 철자로 시작하여 쓰시오.

> to take something to a person or place

→ d_____

03 다음 빈칸에 공통으로 들어갈 말로 알맞은 것은?

> • The plane is about to _____ at the airport.
> • Frogs can live both in water and on _____ .

① land ② greet ③ arrive
④ brush ⑤ select

04 다음 중 밑줄 친 부분의 우리말 뜻이 알맞지 <u>않은</u> 것은?

① I'll <u>do my best</u> to pass the exam. (최선을 다하다)
② Please <u>line up</u> in order of height. (줄을 서다)
③ The teacher will <u>divide</u> us <u>into</u> three groups.
　　　　　　　(~으로 모으다)
④ If you <u>get up</u> early, you won't be late for school.
　　　　(일어나다)
⑤ My mom wants me to <u>get along with</u> my classmates.
　　　　　　　(~와 잘 지내다)

05 다음 우리말과 같도록 할 때 빈칸에 들어갈 말로 알맞은 것은?

> Brown 씨는 나에게 책을 책장에 정리해 달라고 부탁했다.
> → Mr. Brown asked me to _____ the books on the shelves.

① address ② prepare
③ share ④ arrange
⑤ remove

고/난도
06 다음 문장의 밑줄 친 단어와 같은 의미로 쓰인 것은?

> It doesn't <u>matter</u> how old you are.

① The <u>matter</u> is important to us.
② It's a <u>matter</u> of time now.
③ It was not an easy <u>matter</u>.
④ In this case, money does not <u>matter</u>.
⑤ They had an important <u>matter</u> to discuss.

[07-08] 괄호 안의 우리말과 같도록 빈칸에 알맞은 말을 쓰시오.

07 Can you _____ me _____ now?
(지금 저 좀 도와주시겠어요?)

08 There is a flower shop _____ _____
_____ my house.
(우리 집 앞에 꽃가게가 있다.)

L&S Listen & Speak
핵심 노트

1 원하는 행동 묻기

A: **What do you want me to do?**　　　　　　　　너는 내가 무엇을 하길 원하니?

B: Please put the clothes into the box.　　　　상자에 옷을 넣어 줘.

What do you want me to do?는 '너는 내가 무엇을 하길 원하니?'라는 뜻으로 상대방에게 도움을 주고자 할 때 그 사람이 필요로 하는 도움이 구체적으로 무엇인지를 묻는 표현이다. 이에 대한 대답으로 상대방에게 원하는 행동을 말할 때는 I want you to ~. 또는 「Please+동사원형 ~.」으로 원하는 바를 나타낼 수 있다.

e.g. • A: **What do you want me to do?** 너는 내가 무엇을 하길 원하니?

　　　　What can I do for you? 무엇을 도와드릴까요?

　　　　How can I help you? 어떻게 도와드릴까요?

　　• B: **I want you to** tape the boxes. 나는 네가 상자를 테이프로 붙이길 원해.

　　　　Please tape the boxes. 상자를 테이프로 붙여 줘.

비교 도움을 요청하는 표현

• Can you help me? 나를 도와줄래요?

• Can you give me a hand? 나를 도와줄래요?

• Can I ask you a favor? 도움을 요청해도 될까요?

> **point**
> 시험 포인트
> 상대방에게 도움을 주기 위해 묻는 말과 도움을 요청하는 말을 구분하는 문제가 자주 출제돼요. 도움을 요청하는 말도 함께 알아 두세요.

2 당부하기

A: **Make sure** you lock the doors.　　　　　반드시 문을 잠그렴.

B: Okay, I will.　　　　　　　　　　　　　　네, 그럴게요.

「Make sure+주어+동사 ~.」는 '반드시 ~해라.'라는 뜻으로 상대방에게 어떤 일을 잊지 말고 꼭 할 것을 당부하는 표현이다. 당부하는 말에 대한 긍정의 대답으로 Okay, I will. 또는 No problem. 등을 말할 수 있다.

e.g. • A: **Make sure** you turn off the lights. 반드시 전등을 끄렴.

　　　　Be sure to turn off the lights. 꼭 전등을 끄렴.

　　　　Remember to turn off the lights. 전등 끄는 것을 기억하렴.

　　• B: Okay, I will. 네, 그럴게요.

　　　　No problem. 알겠어요.

　　　　Sure, I will. 물론, 끌게요.

　　• A: **Don't forget to** turn off the lights. 전등 끄는 것을 잊지 마.

　　　　B: Okay, I won't. 알겠어요, 안 잊어버릴게요.

　　　　주의! Don't forget to를 써서 당부를 할 때는 잊지 않겠다는 의미의 I won't.로 답해야 해요.

> **point**
> 시험 포인트
> 당부하는 표현의 어순을 묻는 문제가 자주 출제돼요. Make sure 뒤에 「주어+동사」의 어순에 유의하세요.

STEP A

Listen and Speak 1-A

교과서 48쪽

B: ❶ What are all these boxes and books for?

G: I'm ❷ packing the books for the donation center. ❸ Can you give me a hand?

B: Sure. ❹ What do you want me to do?

G: ❺ Please write the address on the boxes.

B: ❻ No problem.

❶ What ~ for?: 목적이나 의도를 묻는 표현
❷ pack: 포장하다, 싸다
❸ 도움을 요청하는 표현 (= Can you help me?)
❹ '너는 내가 무엇을 하길 원하니?'라는 뜻으로, 원하는 행동을 묻는 표현
❺ 「Please + 동사원형 ~.」으로 자신이 원하는 바를 말할 때 쓰는 표현
❻ 상대방의 요청을 수락할 때 쓰는 표현

Q1. 소녀는 소년에게 무엇을 부탁하고 있나요?

Listen and Speak 1-B

교과서 48쪽

B: What is this ❶ mess?

G: ❷ I'm baking cookies.

B: ❸ Why are you baking so many cookies?

G: ❹ They're for the people at the ❺ nursing home.

B: ❻ That's very nice of you.

G: Can you give me a hand?

B: Sure. ❼ What do you want me to do?

G: Please put the cookies in the gift boxes. ❽ Three cookies in each box.

B: Okay.

❶ 지저분하고 엉망인 상태
❷ 현재진행형(be동사 + 동사원형-ing): ~하고 있다
❸ 이유를 묻는 의문사
❹ = many cookies
❺ 양로원
❻ 너 정말 착하구나.
❼ 원하는 행동을 묻는 표현
❽ = Please put three cookies in each box.

Q2. What is the girl doing now?

Q3. How many cookies will the boy put in each box?

Listen and Speak 1-C

교과서 48쪽

A: ❶ What are you doing?

B: I'm packing for my ❷ move tomorrow. ❸ Can you help me?

A: Sure. What do you want me to do?

B: Please ❹ put the clothes into the box.

A: No problem.

❶ 너는 무엇을 하고 있니?
❷ 몡 이사
❸ 도움을 요청하는 표현
❹ ~을 …에 넣다

Q4. 위 대화에서 Can you give me a hand?와 의미가 같은 말을 찾으시오.

Listen and Speak 2-A

교과서 49쪽

B: Enjoy the concert, Mom.

W: Okay, I will. Thanks. Your dinner is on the table.

B: All right. ❶ Don't worry about me.

W: ❷ Make sure you feed the dog ❸ after you have dinner.

B: Okay. Mom, you ❹ should go now. Dad ❺ is waiting in the car.

❶ worry about: ~에 대해 걱정하다
❷ Make sure + 주어 + 동사 ~.: '반드시 ~해라.'라는 의미로 당부하는 표현
❸ ~한 후에 (시간을 나타내는 접속사)
❹ ~해야 한다 (조동사)
❺ 현재진행형(be동사 + 동사원형-ing): ~하고 있다

Q5. What will the boy do after dinner? → He will _____.

Listen and Speak 2-B

M: Hello, class. Make groups of four people ❶ and sit around the tables. Today ❷ we're going to make bacon and egg sandwiches. ❸ Keep in mind two rules for our class. First, ❹ make sure you wash your hands ❺ before you start. Second, ❻ be careful ❼ when you use a knife. All right, let's start.

❶ 명령문을 연결하는 등위접속사
❷ be going to: ~할 예정이다
❸ keep in mind: 명심하다
❹「Make sure+주어+동사 ~.」로 당부하는 표현
❺ ~하기 전에 (시간을 나타내는 접속사)
❻ 조심해라
❼ ~할 때 (시간을 나타내는 접속사)

Q6. 수업에서는 무엇을 만들 것인가요?
Q7. What should they do before they make the sandwiches?

Listen and Speak 2-C

A: ❶ It's time to go home.
B: Yes. Make sure you lock the doors.
A: Okay, I will. ❷ Anything else?
B: No, ❸ that's it. See you tomorrow.

❶ It's time to+동사원형: ~할 시간이다
　to go home은 앞에 있는 time을 수식
❷ 그 밖에 더 있으세요?
❸ 그게 다야.

Q8. 위 대화의 Make sure you lock the doors.를 우리말로 해석하시오.

Real Life Talk > Watch a Video

Woman: Good morning. ❶ What can I do for you?
Tony: Hi. I'm here ❷ for the volunteer work.
Woman: Oh, you ❸ must be Tony.
Tony: That's right. ❹ What do you want me to do today?
Woman: Please read this book for ❺ the blind in the ❻ recording room.
Tony: No problem. Should I go in now?
Woman: Yes. Please go into Room 7.
Tony: Okay. Is there anything to ❼ keep in mind?
Woman: Yes. ❽ Make sure you read slowly and clearly.
Tony: Okay. I'll ❾ do my best.

❶ 무엇을 도와드릴까요? (도움을 제안하는 표현)
❷ ~을 위해 (목적을 나타내는 전치사)
❸ ~임에 틀림없다 (강한 추측의 조동사)
❹ 원하는 행동을 묻는 표현
❺ 시각 장애인들 (the+형용사: ~한 사람들)
❻ 녹음실
❼ 명심하다
❽「Make sure+주어+동사 ~.」로 당부하는 표현
❾ do one's best: 최선을 다하다

Q9. Tony는 여기에 왜 왔나요?
Q10. How should Tony read?

STEP A

우리말과 일치하도록 대화의 빈칸에 알맞은 말을 쓰시오.

주요 표현

1 Listen and Speak 1-A

B: _____ are all these boxes and books _____?

G: I'm packing the books for the donation center. Can you _____ _____ _____ _____?

B: Sure. What do you want me to do?

G: Please _____ _____ _____ on the boxes.

B: No problem.

 교과서 48쪽

B: 이 상자와 책들은 다 무엇에 쓰려는 거니?

G: 나는 기부 센터에 보내려고 책을 싸고 있어. 나를 좀 도와줄래?

B: 물론이야. 내가 무엇을 하길 원하니?

G: 상자에 주소를 써 줘.

B: 그래.

2 Listen and Speak 1-B

B: What is this mess?

G: I'm _____ _____.

B: Why are you baking so many cookies?

G: They're for the people at the _____ _____.

B: That's very nice of you.

G: Can you give me a hand?

B: Sure. _____ _____ _____ _____ _____ _____ _____ _____?

G: Please put the cookies in the gift boxes. Three cookies in _____ _____.

B: Okay.

교과서 48쪽

B: 이 엉망진창은 뭐니?

G: 나는 쿠키를 굽고 있어.

B: 너는 왜 이렇게 많은 쿠키를 굽고 있니?

G: 쿠키는 양로원에 계신 분들을 위한 거야.

B: 너 정말 착하구나.

G: 나를 좀 도와줄래?

B: 물론이야. 내가 무엇을 하길 원하니?

G: 선물 상자에 쿠키를 넣어 줘. 각 상자에 쿠키 3개씩.

B: 알겠어.

3 Listen and Speak 1-C

A: What are you doing?

B: I'm _____ _____ _____ _____ tomorrow. Can you help me?

A: Sure. What do you want me to do?

B: Please _____ _____ _____ the box.

A: No problem.

교과서 48쪽

A: 너는 무엇을 하고 있니?

B: 나는 내일 이사를 위해 짐을 싸고 있어. 나 좀 도와줄래?

A: 물론이야. 내가 무엇을 하길 원하니?

B: 상자에 옷을 넣어 줘.

A: 그래.

4 Listen and Speak 2-A

B: _____ the concert, Mom.

W: Okay, I will. Thanks. Your dinner is _____ _____ _____ _____.

B: All right. _____ _____ _____ _____.

W: _____ _____ _____ _____ _____ _____ _____ after you have dinner.

B: Okay. Mom, you should go now. Dad is waiting in the car.

교과서 49쪽

B: 콘서트 재미있게 보세요, 엄마.

W: 응, 그럴게. 고마워. 네 저녁은 식탁 위에 있단다.

B: 알겠어요. 저는 걱정 마세요.

W: 저녁을 먹은 후에 반드시 개에게 먹이를 주렴.

B: 알겠어요. 엄마, 이제 가셔야 해요. 아빠가 차에서 기다리고 계세요.

5 Listen and Speak 2-B

교과서 49쪽

M: Hello, class. _____ _____ _____ _____ and sit around the tables. Today we're going to make bacon and egg sandwiches. _____ _____ _____ two rules for our class. First, _____ _____ _____ _____ _____ _____ before you start. Second, _____ _____ when you use a knife. All right, let's start.

M: 안녕하세요, 여러분. 4명씩 모둠을 만들어 탁자에 둘러앉으세요. 오늘 우리는 베이컨 달걀 샌드위치를 만들 거예요. 우리 수업의 두 가지 규칙을 명심하세요. 첫째, 시작하기 전에 반드시 손을 씻으세요. 둘째, 칼을 사용할 때는 조심하세요. 좋아요, 시작해 봅시다.

6 Listen and Speak 2-C

교과서 49쪽

A: _____ _____ _____ _____ _____.
B: Yes. Make sure you _____ _____ _____.
A: Okay, I will. _____ _____?
B: No, that's it. See you tomorrow.

A: 집에 갈 시간이에요.
B: 그래. 반드시 문을 잠그렴.
A: 네, 그럴게요. 그 밖에 더 있으세요?
B: 아니, 그게 다야. 내일 보자.

7 Real Life Talk > Watch a Video

교과서 50쪽

Woman: Good morning. What can I do for you?
Tony: Hi. I'm here for the _____ _____.
Woman: Oh, you must be Tony.
Tony: That's right. What do you _____ _____ _____ _____ today?
Woman: Please read this book _____ _____ _____ in the recording room.
Tony: No problem. Should I go in now?
Woman: Yes. Please _____ _____ Room 7.
Tony: Okay. Is there anything to keep in mind?
Woman: Yes. Make sure you read _____ _____ _____.
Tony: Okay. I'll _____ _____ _____.

W: 안녕하세요. 무엇을 도와드릴까요?
Tony: 안녕하세요. 저는 여기에 봉사 활동을 하러 왔어요.
W: 오, 당신이 Tony군요.
Tony: 맞아요. 오늘 제가 무엇을 하길 원하세요?
W: 녹음실에서 시각 장애인들을 위해 이 책을 읽어 주세요.
Tony: 알겠어요. 지금 들어가야 하나요?
W: 그래요. 7번 방으로 들어가 주세요.
Tony: 네. 유념해야 할 것이 있나요?
W: 네. 반드시 천천히 그리고 명확하게 읽어 주세요.
Tony: 알겠어요. 최선을 다할게요.

Listen & Speak
대화 순서 배열하기

자연스러운 대화나 말이 되도록 순서를 바르게 배열하시오.

1 **Listen and Speak 1-A** 교과서 48쪽

ⓐ No problem.
ⓑ Sure. What do you want me to do?
ⓒ What are all these boxes and books for?
ⓓ Please write the address on the boxes.
ⓔ I'm packing the books for the donation center. Can you give me a hand?

( ) – ( ) – ( ) – ( ) – ( )

2 **Listen and Speak 1-B** 교과서 48쪽

ⓐ Can you give me a hand?
ⓑ I'm baking cookies.
ⓒ That's very nice of you.
ⓓ What is this mess?
ⓔ Sure. What do you want me to do?
ⓕ Why are you baking so many cookies?
ⓖ Okay.
ⓗ They're for the people at the nursing home.
ⓘ Please put the cookies in the gift boxes. Three cookies in each box.

(ⓓ) – ( ) – ( ) – ( ) – (ⓒ) – ( ) – ( ) – ( ) – ( )

3 **Listen and Speak 1-C** 교과서 48쪽

ⓐ Please put the clothes into the box.
ⓑ What are you doing?
ⓒ No problem.
ⓓ Sure. What do you want me to do?
ⓔ I'm packing for my move tomorrow. Can you help me?

( ) – ( ) – ( ) – ( ) – ( )

4 **Listen and Speak 2-A** 교과서 49쪽

ⓐ Enjoy the concert, Mom.
ⓑ All right. Don't worry about me.
ⓒ Okay. Mom, you should go now. Dad is waiting in the car.
ⓓ Okay, I will. Thanks. Your dinner is on the table.
ⓔ Make sure you feed the dog after you have dinner.

(ⓐ) – ( ) – ( ) – ( ) – ( )

5 Listen and Speak 2-B

교과서 49쪽

ⓐ Keep in mind two rules for our class.

ⓑ All right, let's start.

ⓒ Today we're going to make bacon and egg sandwiches.

ⓓ Second, be careful when you use a knife.

ⓔ First, make sure you wash your hands before you start.

ⓕ Hello, class. Make groups of four people and sit around the tables.

(   ) – (ⓒ   ) – (   ) – (   ) – (   ) – (   )

6 Listen and Speak 2-C

교과서 49쪽

ⓐ Yes. Make sure you lock the doors.

ⓑ It's time to go home.

ⓒ No, that's it. See you tomorrow.

ⓓ Okay, I will. Anything else?

(   ) – (   ) – (   ) – (   )

7 Real Life Talk > Watch a Video

교과서 50쪽

ⓐ Please read this book for the blind in the recording room.

ⓑ Okay. I'll do my best.

ⓒ Okay. Is there anything to keep in mind?

ⓓ Good morning. What can I do for you?

ⓔ Yes. Please go into Room 7.

ⓕ Oh, you must be Tony.

ⓖ No problem. Should I go in now?

ⓗ That's right. What do you want me to do today?

ⓘ Hi. I'm here for the volunteer work.

ⓙ Yes. Make sure you read slowly and clearly.

(ⓓ   ) – (   ) – (   ) – (ⓗ   ) – (   ) – (   ) – (   ) – (ⓒ   ) – (   ) – (   )

[01-02] 다음 대화의 빈칸에 들어갈 말로 알맞은 것을 고르시오.

01
A: _____
B: Please take out the trash.
A: No problem.

① Can you help me?
② What are you doing?
③ Can you give me a hand?
④ What do you want to do?
⑤ What do you want me to do?

02
A: It's time to go home.
B: Yes. _____ you lock the doors.
A: Okay, I will.

① I'm sure   ② I heard
③ Make sure   ④ I wonder
⑤ No wonder

03 자연스러운 대화가 되도록 순서대로 배열한 것은?

(A) I'm packing the books for the donation center. Can you give me a hand?
(B) Please write the address on the boxes.
(C) What are all these boxes and books for?
(D) Sure. What do you want me to do?
(E) No problem.

① (A) – (B) – (C) – (D) – (E)
② (A) – (C) – (D) – (E) – (B)
③ (C) – (A) – (D) – (B) – (E)
④ (C) – (B) – (D) – (E) – (A)
⑤ (D) – (B) – (E) – (C) – (A)

04 다음 대화의 밑줄 친 말의 의도로 알맞은 것은?

A: Make sure you turn off the lights.
B: No problem.

① 제안하기   ② 조언하기
③ 당부하기   ④ 확신 말하기
⑤ 금지하기

05 다음 중 짝 지어진 대화가 자연스럽지 <u>않은</u> 것은?

① A: What are you doing now?
   B: I'm packing for my move tomorrow.
② A: Can you give me a hand?
   B: Yes. Please tape the boxes.
③ A: What do you want to do?
   B: I want to teach English to the children.
④ A: Hi, I'm here for the volunteer work.
   B: Thanks for coming.
⑤ A: Is there anything to keep in mind?
   B: Yes. Make sure you greet them politely.

[06-07] 다음 대화를 읽고, 물음에 답하시오.

A: ⓐEnjoy the concert, Mom.
B: Okay, I will. Thanks, Jimmy. ⓑYour dinner is on the table.
A: All right. ⓒDon't worrying about me.
B: ⓓMake sure you feed the dog after you have dinner.
A: Okay. Mom, you should go now. ⓔDad is waiting in the car.

06 위 대화의 밑줄 친 ⓐ~ⓔ 중 어법상 <u>틀린</u> 것은?

① ⓐ   ② ⓑ   ③ ⓒ   ④ ⓓ   ⑤ ⓔ

07 Jimmy의 엄마가 Jimmy에게 당부한 것은?

① to walk the dog
② to play with the dog
③ to give the dog a bath
④ to give food to the dog
⑤ to take the dog to the hospital

[08-09] 다음 대화를 읽고, 물음에 답하시오.

Woman: Good morning. ①What can I do for you?
Tony: Hi. I'm here for the volunteer work.
Woman: Oh, ②you must be Tony.
Tony: That's right. ③What do you want me to do today?
Woman: Please read this book for the blind in the recording room.
Tony: ④Sorry, I can't. Should I go in now?
Woman: Yes. Please go into Room 7.
Tony: Okay. Is there anything to keep in mind?
Woman: Yes. ⑤Make sure you read slowly and clearly.
Tony: Okay. I'll do my best.

08 위 대화의 밑줄 친 ①~⑤ 중 흐름상 어색한 것은?

①   ②   ③   ④   ⑤

09 위 대화의 Tony에 관한 내용과 일치하지 않는 것은?

① 봉사 활동을 하러 왔다.
② 여자에게서 시각 장애인들을 위한 책을 읽어 달라고 요청 받았다.
③ 7번 방으로 들어갈 것이다.
④ 천천히 두 번씩 반복해서 읽을 것이다.
⑤ 하려는 일에 최선을 다할 것이다.

서술형

[10-11] 다음 대화를 읽고, 물음에 답하시오.

Tom: What is this mess?
Jane: I'm baking cookies.
Tom: (1) _____
Jane: They're for the people at the nursing home.
Tom: That's very nice of you.
Jane: (2) _____
Tom: Sure. (3) _____
Jane: Please put the cookies in the gift boxes. Three cookies in each box.
Tom: Okay.

10 위 대화의 빈칸에 알맞은 말을 [보기]에서 골라 쓰시오.

[보기] • Can you give me a hand?
       • What do you want me to do?
       • Why are you baking so many cookies?

(1) _____
(2) _____
(3) _____

11 다음 질문에 완전한 영어 문장으로 답하시오.

Q: What will Tom do after the conversation?
A: _____

12 다음을 읽고, 명심해야 할 두 가지 규칙을 우리말로 쓰시오.

Hello, class. Make groups of four people and sit around the tables. Today we're going to make bacon and egg sandwiches. Keep in mind two rules for our class. First, make sure you wash your hands before you start. Second, be careful when you use a knife. All right, let's start.

(1) _____
(2) _____

STEP **A**

1 사역동사

- The project manager **had** us **meet** at 9 a.m. 프로젝트 책임자는 우리를 오전 9시에 만나게 했다.

- Peter sometimes **lets** his dog **sleep** on his bed. Peter는 가끔 그의 개가 자신의 침대에서 자게 내버려 둔다.

- Mr. Brown **made** the students **line up** at the gym. Brown 선생님은 학생들이 체육관에서 줄을 서게 했다.

(1) 사역동사의 의미와 종류: 목적어에게 어떤 행동을 하도록 시키거나 목적어가 어떤 행동을 하는 것을 허락할 때 사용하는 동사로, '(목적어)가 ~하게 하다/시키다'의 뜻을 나타낸다. have, let, make 등이 있다.

(2) 쓰임과 형태: 「사역동사(have/let/make)+목적어+목적격보어(동사원형)」의 형태로 쓰며, 이때 목적어와 목적격보어는 능동의 관계이다.

- The teacher **had** us **clean** the classroom. **중요!** 이 문장에서 목적격보어인 동사원형을 행하는 주체는 목적어라는 것을 기억하세요.
  선생님께서는 우리가 교실을 청소하게 하셨다.

- My mom **lets** me **get up** late on the weekends.
  엄마는 내가 주말에 늦게 일어나게 두신다.

- They **made** the boy **sing** a song. 그들은 그 소년이 노래를 부르게 했다.

  비교 make (만들다, 만들어 주다) vs. make ((목적어)가 ~하게 하다)

- He **made** a desk. 그는 책상을 만들었다. 〈3형식〉

- He **made** her a desk. 그는 그녀에게 책상을 만들어 주었다. 〈4형식〉

- He **made** her clean the desk. 그는 그녀가 책상을 청소하게 했다. 〈5형식〉

한 단계 │ 더!

help는 준사역동사로, 목적격보어로 동사원형이나 to부정사를 둘 다 쓸 수 있다.

- He **helped** me (**to**) **clean** the room. 그는 내가 방을 청소하는 것을 도왔다.

시험 포인트 **point**

사역동사 have, let, make 뒤에 목적어와 목적격보어가 나오는 문장에서 목적격보어의 알맞은 형태로 동사원형을 고르는 문제가 자주 출제돼요.

4형식 동사 make
- Roy will **make** his mom a cake.
  Roy는 어머니에게 케이크를 만들어 드릴 것이다.

[중1 7과]

QUICK CHECK

1 다음 괄호 안에서 알맞은 것을 고르시오.

(1) She had her sister (clean / to clean) the table.

(2) Tom let me (ride / riding) his bike.

(3) Ms. White made her students (written / write) a diary.

2 다음 문장의 밑줄 친 부분이 어법상 틀렸으면 바르게 고쳐 쓰시오.

(1) We let the children to play with the toys. → _____

(2) The dentist had her open her mouth. → _____

(3) My father made me reading many books. → _____

2 It ~ that 강조

- **It** was a better tomorrow **that** we painted.　　　우리가 그린 것은 바로 더 나은 내일이었다.
- **It** was a bird **that** broke the window yesterday.　어제 창문을 깬 것은 바로 새였다.
- **It** was in 1969 **that** Apollo 11 landed on the moon.　아폴로 11호가 달에 착륙한 때는 바로 1969년이었다.

(1) 형태: It is/was + 강조하고자 하는 부분 + that + 문장의 나머지 부분

(2) 쓰임: 강조하고 싶은 부분을 It is/was와 that 사이에 넣고, 나머지 부분을 that 뒤에 써서 나타낸다. '~한 것은 바로 …이다/이었다.'로 해석한다.

- **It** was red roses **that** my family planted in the garden.

  우리 가족이 정원에 심은 것은 바로 빨간 장미였다.

- **It** was at the theater **that** I saw the movie star.

  내가 그 영화 배우를 본 것은 바로 극장에서였다.

- **It** was yesterday **that** I met John at the park.

  내가 공원에서 John을 만난 것은 바로 어제였다.

> **비교** 명사절을 이끄는 that절이 주어로 쓰여 가주어 It을 사용하는 경우와 혼동하지 않도록 한다. 이 경우에는 that 다음에 완전한 문장이 온다.

- **It** was his bag **that** he left on the bench. ← It ~ that 강조:

  그가 벤치에 놓고 온 것은 바로 그의 가방이었다.　　that이 이끄는 절에 목적어(his bag)가 없음

- **It** is true **that** he left his bag on the bench. ← 가주어 It ~ that절:

  그가 벤치에 가방을 놓고 온 것은 사실이다.　　that이 이끄는 절이 완전한 형태임

한 단계 더!

일반동사를 강조하고 싶을 때는 동사 앞에 조동사 do/does/did를 사용한다.

- I **do** hope you'll get better soon. 나는 네가 회복되기를 진심으로 바란다.

point

시험 포인트

강조하고자 하는 말을 뺀 문장의 나머지 부분은 that 뒤에 위치시켜야 해요. 또한 It과 that이 와야 하는 위치에 다른 것이 들어가 있는지도 주의해서 살펴봐야 해요.

관계대명사 that
- Chris found a bicycle **that** he lost yesterday.

  Chris는 어제 잃어버린 자전거를 찾았다.

  [중2 7과]

QUICK CHECK

1 다음 괄호 안에서 알맞은 것을 고르시오.

(1) It was a big tree (that / what) she climbed yesterday.

(2) (It / That) was in May that I started learning English.

(3) It (did / was) this morning that a bird flew into my room.

2 다음 문장의 밑줄 친 부분이 어법상 틀렸으면 바르게 고쳐 쓰시오.

(1) <u>This</u> was last Friday that I told Minji the truth.　→ _____

(2) It was in the park <u>what</u> I saw him.　　　　　　→ _____

(3) It <u>are</u> a penguin that I really want to see.　　　→ _____

1 사역동사

A 다음 괄호 안에서 알맞은 것을 고르시오.

1 I will have my sister (clean / to clean) the room.

2 My father made me (wash / washing) his car.

3 Ms. Kim had the students (play / played) soccer in the playground.

4 Mr. Johns sometimes let his children (eat / to eat) sweets.

5 Sora made Ben (fix / to fixing) her computer.

B 다음 문장의 밑줄 친 부분이 어법상 **틀렸으면** 바르게 고쳐 쓰시오.

1 She made me to sing in front of the students. → _____

2 My mom lets us watching TV at night.   → _____

3 The teacher had Kevin to take out the trash.   → _____

4 Mike helped my sister study English.   → _____

5 My brother always makes me laughed.   → _____

C 다음 우리말과 같도록 괄호 안의 단어들을 바르게 배열하여 문장을 쓰시오.

1 그녀는 내가 숙제를 하게 했다. (me, she, do, my, made, homework)

→ _____

2 그는 Mark가 그의 차를 운전하게 두었다. (let, car, drive, Mark, his, he)

→ _____

3 나는 내 여동생에게 그 가방을 들게 했다. (the bag, my, I, had, sister, carry)

→ _____

D 다음 우리말과 같도록 괄호 안의 표현을 이용하여 영작하시오.

1 그는 그의 아들에게 설거지를 하게 했다.

→ _____

(make, wash the dishes)

2 그녀는 우리가 그 집 사진을 찍게 두었다.

→ _____

(let, take pictures)

3 그 선생님은 그들에게 많은 책을 읽게 했다.

→ _____

(have, read many books)

2 It ~ that 강조

A 다음 각 문장이 강조하고 있는 말에 밑줄을 그으시오.

1 It was yesterday that I baked my first cookies.

2 It was a vase that I dropped this morning.

3 It was in the garden that I planted some flowers with my brother.

4 It was *Charlotte's Web* that Tommy borrowed from a school library.

B 주어진 문장을 괄호 안의 말을 강조하는 문장으로 다시 쓰시오.

> Jina saw a blue bird in the garden yesterday.

1 (a blue bird)

→ _____

2 (in the garden)

→ _____

3 (yesterday)

→ _____

C 다음 문장에서 어법상 틀린 부분을 바르게 고쳐 문장을 다시 쓰시오.

1 It was a sunflower what I planted in the backyard.

→ _____

2 It was the movie that it made me cry.

→ _____

D 다음 우리말과 같도록 괄호 안의 단어들을 바르게 배열하여 문장을 쓰시오.

1 내가 작년에 방문한 곳은 바로 뉴욕이었다.

→ _____

(New York, last, it, I, year, was, visited, that)

2 그 큰 나무를 심은 것은 바로 우리 모둠이었다.

→ _____

(the, my, that, it, big, was, planted, group, tree)

3 내가 유명한 가수를 만난 것은 바로 버스 정류장에서였다.

→ _____

(it, that, at, I, was, met, a, famous, the bus stop, singer)

[01-03] 다음 빈칸에 들어갈 말로 알맞은 것을 고르시오.

01 My grandfather sometimes lets his dog
_____ on his bed.

① sleep   ② sleeps
③ sleeping   ④ to sleep
⑤ slept

02 She _____ her son bring some water.

① had   ② told
③ did   ④ asked
⑤ wanted

03 It was a bird _____ broke the window
yesterday.

① who   ② what   ③ that
④ did   ⑤ to

[04-05] 다음 빈칸에 들어갈 수 있는 것을 모두 고르시오.

04 Ms. White _____ us arrange the bookshelves.

① told   ② had
③ made   ④ allowed
⑤ wanted

한 단계 **더!**

05 I helped my uncle _____ the car.

① wash   ② washes   ③ washed
④ to wash   ⑤ washing

[06-07] 다음 우리말을 영어로 바르게 옮긴 것을 고르시오.

06 Bob이 나무 위의 집을 지은 것은 바로 작년이었다.

① Bob built a tree house last year.
② It was Bob who built a tree house last year.
③ It was a tree house that Bob built last year.
④ It was last year what Bob built a tree house.
⑤ It was last year that Bob built a tree house.

07 내 사촌이 내가 그의 자전거를 타게 했다.

① My cousin rode my bike.
② I let my cousin ride my bike.
③ My cousin let me ride his bike.
④ My cousin and I rode his bike.
⑤ My cousin let me to ride my bike.

고
/난도
08 다음 중 빈칸에 들어갈 말이 다른 하나는?

① _____ is impossible to get there in time.
② _____ was raining this morning.
③ _____ was my uncle's farm that my family
visited last weekend.
④ _____ he needs is a new pair of sneakers.
⑤ _____ was three weeks later that she heard
the news.

09 다음 단어들을 자연스러운 문장이 되도록 순서대로 배열할 때, 네 번째로 오는 단어는?

> taste, new, had, food, he, us, his

① had   ② his   ③ us
④ new   ⑤ taste

[10-11] 다음 빈칸에 공통으로 알맞은 말을 쓰시오.

10
- The teacher _____ us follow the rules in the classroom.
- My grandfather _____ me a chair last month.

→ _____

11
- It was a rose _____ Mia planted in the garden.
- I think _____ Susan is a great singer.

→ _____

12 다음 밑줄 친 ①~⑤ 중 문장에서 강조하고 있는 부분은?

It was two days ago that Jimmy gave me some
 ①   ②   ③   ④
flowers.
 ⑤

13 다음 빈칸에 go를 쓸 수 <u>없는</u> 것은?

① My mom didn't let me _____ to the party.
② He made the kids _____ to bed early.
③ His parents don't want him _____ camping.
④ The teacher had us _____ to the library.
⑤ I helped my grandmother _____ upstairs.

[14-15] 다음 우리말을 영어로 옮길 때, 빈칸에 쓰이지 <u>않는</u> 단어를 고르시오.

14 선생님은 체육관에서 우리가 줄을 서게 했다.
→ The teacher _____ _____ _____
_____ at the gym.

① to   ② up   ③ us
④ line   ⑤ made

15 내가 그에게 전화를 건 것은 바로 어제였다.
→ _____ _____ _____ _____
I called him.

① It   ② did   ③ was
④ that   ⑤ yesterday

16 다음 중 어법상 옳은 것은?

① He let not me use his computer.
② I had my gym uniform bring to my sister.
③ She will make us read lots of books.
④ Mr. Frank has us on time for every class.
⑤ Ms. Park had us to ask many questions in class.

17 다음 중 어법상 옳은 문장의 개수는?

> • It was this morning what Bob missed the school bus.
> • This photo makes me think of my childhood.
> • I had my sister take a picture of me.
> • It was on the roof that the hen laid two eggs last week.

① 0개   ② 1개   ③ 2개
④ 3개   ⑤ 4개

18 다음 학급 회의 결과를 옮긴 문장이 어법상 틀린 것을 모두 고르면?

① They voted for a picnic location, a volunteer work, and party food.
② That was the amusement park it they chose for the picnic location.
③ It was the park cleaning what they chose for a volunteer work.
④ It is at the park that they are going to do a volunteer work.
⑤ It was potato pizza that they finally selected for the party food.

19 다음 문장에 대한 설명으로 옳은 것을 모두 고르면?

> It were sad movies that made me cry yesterday.

① sad movies를 강조한 문장이다.
② sad movies가 복수이므로 동사는 were를 썼다.
③ 동사 were를 was로 고쳐야 한다.
④ made는 '~에게 …을 만들어 주었다'라는 의미로 쓰였다.
⑤ that 대신 what을 쓸 수도 있다.

20 다음 밑줄 친 부분을 어법에 맞게 고친 것 중 옳지 <u>않은</u> 것은?

① Let me <u>to know</u> your name. → know
② She made <u>we</u> do the work. → us
③ I will have my brother <u>cleaned</u> the room.
   → to clean
④ She will help you <u>doing</u> the work. → do
⑤ I had Mike <u>built</u> my house. → build

21 다음 중 어법상 틀린 것을 바르게 고친 것끼리 묶인 것은?

> ⓐ My mother doesn't let me watch TV at night.
> ⓑ It was a drone that Mina fly at school last Friday.
> ⓒ It was the school art club that I joined last week.
> ⓓ The dentist had me to open the mouth.

① ⓐ watch → to watch
② ⓐ watch → to watch
  ⓒ was → were
③ ⓑ fly → flew
  ⓒ was → were
④ ⓑ fly → flew
  ⓓ to open → open
⑤ ⓒ that → what
  ⓓ to open → open

서술형

22 다음 우리말과 같도록 괄호 안의 단어들을 이용하여 문장을 쓰시오.

(1) 나는 John이 내 책들을 가져오게 했다.

→ _____

(have, bring)

(2) 그는 우리가 그 책을 여러 번 읽게 했다.

→ _____

(make, many times)

(3) 그녀는 내가 그녀의 스마트폰을 사용하게 했다.

→ _____

(let, smartphone)

23 다음 문장을 괄호 안의 말을 강조하는 문장으로 바꿔 쓰시오.

[조건]   1. It ~ that 강조 구문을 사용할 것

2. 완전한 문장으로 쓸 것

3. 대소문자를 구별하고 문장 부호를 정확히 쓸 것

My sister made a cheesecake at school yesterday.

(1) (a cheesecake)

→ _____

_____

(2) (at school)

→ _____

_____

(3) (yesterday)

→ _____

_____

24 가족들의 대화를 참고하여 Tim의 말을 완성하시오.

[조건]   1. make를 이용하여 문장을 만들 것

2. 주어진 대화에 있는 표현을 활용할 것

Tim: Mom, I want to go to Brian's birthday party this afternoon.

Mom: Okay, Tim. But clean your room first before you go to the party.

Judy: Make sure you finish your homework.

Dad: You must walk the dog as well.

Tim: Okay, I will.

Tim: I have many things to do before I go to Brian's birthday party. My mother _____

_____.

My sister, Judy _____.

Dad _____.

고 난도

25 다음 글을 읽고, 질문에 답하시오.

Last Friday, Dream Middle School students planted 20 trees in the neighborhood park. They plan to plant trees every year.

[조건]   1. It ~ that 강조 구문으로 답할 것

2. 질문에 대한 답이 강조되도록 쓸 것

3. 시제를 정확히 쓸 것

(1) When did Dream Middle School students plant trees?

→ _____

_____

(2) Where did they plant trees?

→ _____

_____

R ▶ Reading
만점 노트

더 나은 내일을 그려라

Paint a Better Tomorrow

01 안녕. 내 이름은 호민이야.

01 Hi. My name is Homin.

02 벽화 앞에 있는 사람이 나야.

02 This is me in front of the wall painting.
　　　　　　　　　　　　　～의 앞에

03 날개가 예뻐, 그렇지 않니?

03 The wings are pretty, aren't they?
　　　　　　　　　　　　　부가의문문

04 많은 사람들이 벽화 앞에서 사진 찍는 것을 좋아해.

04 Many people like to take pictures in front of wall paintings.
　　　　　　　　　to부정사 (목적어)

05 벽화는 오래된 동네를 밝고 새롭게 만들어.

05 They make old neighborhoods bright and new.
　　　make+목적어(old neighborhoods)+목적격보어(형용사): (목적어)를 ～하게 만들다

06 지난달에 나는 여수에 있는 벽화 마을을 방문했어.

06 Last month, I visited a village with wall paintings in Yeosu.
　　　　　　　　　　　　　　　　　　　　전 ～이 있는

07 내가 사진을 찍을 때 머릿속에 좋은 생각이 떠올랐어.

07 As I was taking a picture, a light went on in my head.
　　　～할 때, ～하는 동안 (시간을 나타내는 접속사)

08 '나는 학교 미술 동아리에 있잖아. 우리가 이것처럼 벽화를 그리면 어떨까?'라고 나는 생각했어.

08 I thought, "I'm in the school art club. Why don't we do wall paintings
　　　　　　　　　　　　소속을 나타내는 전치사　　　　제안하는 표현
전 ～처럼
like these?"
　　= wall paintings in Yeosu

09 나는 이 아이디어를 그 다음 동아리 모임에서 제안했고, 동아리 부원들은 그것을 아주 좋아했어.

09 I suggested this idea at the next club meeting, and the members loved it.
　　　제안했다　　벽화를 그리는 것　　　　　　　　　　　　　= this idea

10 우리는 인터넷에서 청소년 자원봉사 프로젝트를 찾았어.

10 We found a teen volunteer project on the Internet.
　　　find(찾다)의 과거형　　　　　　인터넷에서

11 그 프로젝트는 우리 동네에 벽화를 그리는 것이었어.

11 The project was to do a wall painting in our neighborhood.
　　　　　　　　　to부정사 (보어)

12 우리는 그 일에 지원했고, 2주 후에 우리 동아리가 선택되었어!

12 We applied for it, and two weeks later, our club was selected!
　　　　　　　= the project　　　전 후에　　　수동태: be동사+과거분사

13 마침내 프로젝트 날이 되었어.

13 The day of the project finally came.
　　　　　　　　　부 마침내

14 프로젝트 책임자는 우리를 오전 9시에 그림 그리는 곳에서 만나게 했어.

14 The project manager had us meet at the painting site at 9 a.m.
　　　　　　　　　have+목적어+목적격보어(동사원형): (목적어)가 ～하게 하다

15 벽은 상태가 별로 좋지 않았어.

15 The wall was in very poor condition.
　　　　　　　　be in poor condition: 상태가 좋지 않다

16 몇 군데에는 이상한 낙서와 그림이 있었어.

16 There were strange writings and drawings on some parts.
　　　There+be동사: ～이 있다　　주어　　　　　전체 중 일부

17 다른 부분에는 오래된 포스터들이 붙어 있었어.

17 Other parts had old posters on them.
　　　전체 중 또 다른 일부

18 우리는 먼저 포스터들을 제거하고 낙서와 그림을 흰색 페인트로 덧칠했어.

18 We removed the posters first and painted over the writings
　　　제거했다　　　　　　　　부 먼저 (일의 순서상)

and drawings with white paint.
　　　　　　전 ～으로

19 The manager let us paint anything we wanted.

관계대명사 that 생략

let + 목적어 + 목적격보어(동사원형): (목적어)가 ~하게 (허락)하다

20 We decided to paint something cute because the wall was near an elementary school.

-thing으로 끝나는 단어는 형용사(cute)가 뒤에서 수식

to부정사 (목적어)

이유를 나타내는 접속사

전 ~에서 가까이

21 We divided into three groups and began painting.

begin(시작하다)의 과거형

began + 동명사/to부정사

동명사 (목적어)

22 I was in the group with Minsu and Jiwon.

23 I chose my spot and started to paint my favorite movie character.

to부정사 (목적어)

24 Minsu painted some flowers and Jiwon did some background drawings.

등위접속사

25 Our club painted for about five hours.

~ 동안 대략, 약

26 After we finished, we got together and shared the day's experiences.

~한 후에(시간 접속사)

등위접속사

27 Minsu was very proud of his flower painting.

28 He said, "My flower is so real that a bee landed on it."

~ 위에

so + 형용사 + that + 주어 + 동사: 너무 ~해서 …하다

= my flower

29 I said, "Drawing on a wall was much harder than drawing on paper."

형 hard(힘든)의 비교급

동명사 (주어) + 단수 동사

부 훨씬 (비교급 강조)

비교급 + than: ~보다 더 …한

30 We all agreed that our wall painting wasn't perfect.

명사절을 이끄는 접속사

31 But it didn't matter.

앞 문장의 that절

동 중요하다

32 We made our neighborhood a little brighter and happier.

형 bright(밝은)의 비교급

형 happy(행복한)의 비교급

make + 목적어 + 목적격보어(형용사): (목적어)를 ~하게 만들다

33 We were proud of ourselves.

we의 재귀대명사

34 We didn't just paint pictures on a wall that day.

지시형용사

35 It was a better tomorrow that we painted.

good의 비교급

It ~ that 강조 구문 (a better tomorrow 강조)

19 책임자는 우리가 원하는 어떤 것이든 그리게 했어.

20 우리는 그 벽이 초등학교 근처에 있어서 귀여운 뭔가를 그리기로 했어.

21 우리는 세 그룹으로 나뉘어 그리기 시작했어.

22 나는 민수, 지원이와 같은 그룹이었어.

23 나는 내 구역을 정해서 내가 가장 좋아하는 영화 캐릭터를 그리기 시작했어.

24 민수는 꽃 몇 송이를 그렸고 지원이는 배경 그림을 그렸어.

25 우리 동아리는 약 다섯 시간 동안 그림을 그렸어.

26 다 끝난 후에 우리는 모여서 그날의 경험을 함께 이야기했어.

27 민수는 자신이 그린 꽃 그림을 정말 자랑스러워했어.

28 그는 "내 꽃이 정말 진짜 같아서 벌이 꽃에 앉았어."라고 말했어.

29 나는 "벽에 그리는 것이 종이에 그리는 것보다 훨씬 더 힘들었어."라고 말했어.

30 우리 모두는 우리 벽화가 완벽하지는 않다는 것에 동의했어.

31 하지만 그것은 중요하지 않았어.

32 우리는 동네를 조금 더 밝고 행복하게 만들었어.

33 우리는 스스로가 자랑스러웠어.

34 우리는 그날 벽에 그림만 그린 게 아니었어.

35 우리가 그린 것은 바로 더 나은 내일이었어.

우리말 뜻과 일치하도록 교과서 본문의 문장을 완성하시오.

중요 문장

01 Hi. My _____ is Homin.

01 안녕. 내 이름은 호민이야.

02 This is me _____ _____ _____ the wall painting.

02 벽화 앞에 있는 사람이 나야.

03 The wings are pretty, _____ _____?

03 날개가 예뻐, 그렇지 않니?

04 Many people like to _____ _____ in front of _____ _____.

04 많은 사람들이 벽화 앞에서 사진 찍는 것을 좋아해.

05 They _____ old neighborhoods _____ and _____.

05 벽화는 오래된 동네를 밝고 새롭게 만들어.

06 Last month, I visited _____ _____ with wall paintings in Yeosu.

06 지난달에 나는 여수에 있는 벽화 마을을 방문했어.

07 _____ I was taking a picture, _____ _____ _____ _____ in my head.

07 내가 사진을 찍을 때 머릿속에 좋은 생각이 떠올랐어.

08 I thought, "I'm in the school art club. _____ _____ _____ do wall paintings like these?"

08 '나는 학교 미술 동아리에 있잖아. 우리가 이것처럼 벽화를 그리면 어떨까?'라고 나는 생각했어.

09 I _____ _____ _____ at the next club meeting, and the members loved it.

09 나는 이 아이디어를 그 다음 동아리 모임에서 제안했고, 동아리 부원들은 그것을 아주 좋아했어.

10 We found a _____ _____ _____ on the Internet.

10 우리는 인터넷에서 청소년 자원봉사 프로젝트를 찾았어.

11 The project was _____ _____ a wall painting in our _____.

11 그 프로젝트는 우리 동네에 벽화를 그리는 것이었어.

12 We _____ _____ it, and two weeks later, our club _____ _____!

12 우리는 그 일에 지원했고, 2주 후에 우리 동아리가 선택되었어!

13 The day of the project _____ _____.

13 마침내 프로젝트 날이 되었어.

14 The project manager _____ us _____ at the _____ _____ at 9 a.m.

14 프로젝트 책임자는 우리를 오전 9시에 그림 그리는 곳에서 만나게 했어.

15 The wall was in very _____ _____.

15 벽은 상태가 별로 좋지 않았어.

16 _____ _____ strange writings and drawings on _____ parts.

16 몇 군데에는 이상한 낙서와 그림이 있었어.

17 _____ _____ had old posters on them.

17 다른 부분에는 오래된 포스터들이 붙어 있었어.

18 We _____ the posters first and _____ _____ the writings and drawings _____ white paint.

18 우리는 먼저 포스터들을 제거하고 낙서와 그림을 흰색 페인트로 덧칠했어.

19 The manager _____ us _____ anything we wanted.

19 책임자는 우리가 원하는 어떤 것이든 그리게 했어.

20 We decided to paint _____ _____ because the wall was _____ an elementary school.

20 우리는 그 벽이 초등학교 근처에 있어서 귀여운 뭔가를 그리기로 했어.

21 We _____ _____ three groups and began painting.

21 우리는 세 그룹으로 나뉘어 그리기 시작했어.

22 I was _____ the group with Minsu and Jiwon.

22 나는 민수, 지원이와 같은 그룹이었어.

23 I chose my _____ and started to paint my favorite movie _____.

23 나는 내 구역을 정해서 내가 가장 좋아하는 영화 캐릭터를 그리기 시작했어.

24 Minsu painted some flowers and Jiwon did some _____ _____.

24 민수는 꽃 몇 송이를 그렸고 지원이는 배경 그림을 그렸어.

25 Our club painted _____ _____ _____ _____.

25 우리 동아리는 약 다섯 시간 동안 그림을 그렸어.

26 _____ we finished, we _____ _____ and _____ the day's experiences.

26 다 끝난 후에 우리는 모여서 그날의 경험을 함께 이야기했어.

27 Minsu was very _____ _____ his flower painting.

27 민수는 자신이 그린 꽃 그림을 정말 자랑스러워했어.

28 He said, "My flower is _____ real _____ a bee _____ on it."

28 그는 "내 꽃이 정말 진짜 같아서 벌이 꽃에 앉았어."라고 말했어.

29 I said, "Drawing on a wall was _____ _____ _____ drawing on paper."

29 나는 "벽에 그리는 것이 종이에 그리는 것보다 훨씬 더 힘들었어."라고 말했어.

30 We all _____ that our wall painting wasn't _____.

30 우리 모두는 우리 벽화가 완벽하지는 않다는 것에 동의했어.

31 But it didn't _____.

31 하지만 그것은 중요하지 않았어.

32 We made our neighborhood _____ _____ brighter and _____.

32 우리는 동네를 조금 더 밝고 행복하게 만들었어.

33 We were proud of _____.

33 우리는 스스로가 자랑스러웠어.

34 We didn't just _____ pictures on a wall _____ _____.

34 우리는 그날 벽에 그림만 그린 게 아니었어.

35 It was a _____ tomorrow _____ we painted.

35 우리가 그린 것은 바로 더 나은 내일이었어.

STEP
A

글의 내용과 문장의 어법에 맞게 괄호 안에서 알맞은 어휘를 고르시오.

01 Hi. My name (is / are) Homin.

02 This is (I / me) in front of the wall painting.

03 The wings are pretty, (are / aren't) they?

04 Many people like (take / to take) pictures in front of wall paintings.

05 They (get / make) old neighborhoods bright and new.

06 Last month, I (visited / visit) a village (at / with) wall paintings in Yeosu.

07 As I was (taken / taking) a picture, a light (was / went) on in my head.

08 I thought, "I'm (on / in) the school art club. Why don't we (do / don't) wall paintings like these?"

09 I suggested this idea at the (last / next) club meeting, and the members loved it.

10 We (found / founded) a teen volunteer project on the Internet.

11 The project was (to doing / to do) a wall painting in our neighborhood.

12 We (applied / searched) for it, and two weeks later, our club was (selecting / selected)!

13 The day of the project finally (come / came).

14 The project manager had us (meet / to meet) at the painting site at 9 a.m.

15 The wall was in very (good / poor) condition.

16 There (was / were) strange writings and drawings on (one / some) parts.

17 (Other / Some) parts had old posters on them.

18 We removed the posters first and painted (under / over) the writings and drawings with white paint.

19 The manager let us (paint / to paint) anything we wanted.

20   We decided to paint (something cute / cute something) because the wall was (far from / near) an elementary school.

21   We divided into three groups and began (painted / painting).

22   I was (for / in) the group with Minsu and Jiwon.

23   I chose my spot and started (paint / to paint) my favorite movie character.

24   Minsu painted some flowers and Jiwon (to do / did) some background drawings.

25   Our club painted (since / for) about five hours.

26   After we finished, we (made / got) together and shared the day's experiences.

27   Minsu was very (full / proud) of his flower painting.

28   He said, "My flower is (so / very) real that a bee landed on it."

29   I said, "Drawing on a wall was (very / much) harder than drawing on paper."

30   We all agreed (that / what) our wall painting wasn't perfect.

31   But it (mattered / didn't matter).

32   We made (us / our) neighborhood a little brighter and happier.

33   We were proud of (us / ourselves).

34   We didn't just paint pictures on a wall (one day / that day).

35   It was a better tomorrow (what / that) we painted.

Reading

틀린 문장 고치기

밑줄 친 부분이 내용이나 어법상 바르면 ○, 어색하면 ×에 표시하고 고쳐 쓰시오.

01   Hi. My name <u>is</u> Homin. | ○ | × |

02   This is me <u>in front</u> the wall painting. | ○ | × |

03   The wings are pretty, <u>they aren't</u>? | ○ | × |

04   Many people like <u>to take</u> pictures in front of wall paintings. | ○ | × |

05   They make old neighborhoods <u>brightly and newly</u>. | ○ | × |

06   Last month, I <u>visited to a village</u> with wall paintings in Yeosu. | ○ | × |

07   As I was taking a picture, a light <u>went on in my head</u>. | ○ | × |

08   I thought, "I'm in the school art club. <u>Why do we do wall paintings like these?</u>" | ○ | × |

09   I suggested this idea at the next club meeting, <u>and</u> the members loved it. | ○ | × |

10   We found a <u>teen volunteer project</u> on the Internet. | ○ | × |

11   The project was <u>to doing</u> a wall painting in our neighborhood. | ○ | × |

12   We applied for it, and two weeks later, our club <u>selected</u>! | ○ | × |

13   The day of the project <u>finally came</u>. | ○ | × |

14   The project manager had us <u>meeting</u> at the painting site at 9 a.m. | ○ | × |

15   The wall was in <u>very good</u> condition. | ○ | × |

16   <u>There was</u> strange writings and drawings on some parts. | ○ | × |

17   <u>Other parts</u> had old posters on them. | ○ | × |

18   We removed the posters first and painted over the writings and drawings <u>with white paint</u>. | ○ | × |

19   The manager <u>let us painting</u> anything we wanted. | ○ | × |

20 We decided to paint cute something because the wall was near an elementary school. ○ ×

21 We divided three groups and began painting. ○ ×

22 I was in the group with Minsu and Jiwon. ○ ×

23 I chose my spot and started paint my favorite movie character. ○ ×

24 Minsu painted some flowers and Jiwon does some background drawings. ○ ×

25 Our club painted about for five hours. ○ ×

26 After we finished, we got together and shared the day's experiences. ○ ×

27 Minsu was very proud of his flower painting. ○ ×

28 He said, "My flower is so real which a bee landed on it." ○ ×

29 I said, "Drawing on a wall was very harder than drawing on paper." ○ ×

30 We all agreed that our wall painting wasn't perfect. ○ ×

31 But it didn't mattered. ○ ×

32 We made a little brighter and happier our neighborhood. ○ ×

33 We were proud of us. ○ ×

34 We didn't just paint pictures on a wall that day. ○ ×

35 That was a better tomorrow that we painted. ○ ×

배열로 문장 완성하기

STEP
A

주어진 단어를 바르게 배열하여 문장을 쓰시오.

01 안녕. 내 이름은 호민이야. (Homin / name / hi / my / is)
→

02 벽화 앞에 있는 사람이 나야. (the / this / me / in / painting / front / wall / is / of)
→

03 날개가 예뻐, 그렇지 않니? (are / the / wings / pretty, / they / aren't)
→

04 많은 사람들이 벽화 앞에서 사진 찍는 것을 좋아해. (people / many / like / take / pictures / wall / in / of / paintings / front / to)
→

05 그것들(벽화)은 오래된 동네를 밝고 새롭게 만들어. (old / and / they / make / bright / new / neighborhoods)
→

06 지난달에 나는 여수에 있는 벽화 마을을 방문했어. (a village / last / I / paintings / visited / wall / month, / in / with / Yeosu)
→

07 내가 사진을 찍을 때 머릿속에 좋은 생각이 떠올랐어. (was / as / a picture, / I / taking / my / went / in / head / a light / on)
→

08 '나는 학교 미술 동아리에 있잖아. 우리가 이것처럼 벽화를 그리면 어떨까?'라고 나는 생각했어.
(I / I'm / in / thought, / the / school / do / why / like / don't / we / wall paintings / these / art club)
→

09 나는 이 아이디어를 그 다음 동아리 모임에서 제안했고, 동아리 부원들은 그것을 아주 좋아했어.
(it / I / suggested / the next / idea / at / club / this / loved / meeting, / the members / and)
→

10 우리는 인터넷에서 청소년 자원봉사 프로젝트를 찾았어. (teen / we / a / volunteer / project / the Internet / on / found)
→

11 그 프로젝트는 우리 동네에 벽화를 그리는 것이었어.
(wall / was / do / a / painting / to / in / our / the project / neighborhood)
→

12 우리는 그 일에 지원했고, 2주 후에 우리 동아리가 선택되었어!
(we / was / for / it, / and / two / applied / selected / weeks / our club / later,)
→

13 마침내 프로젝트 날이 되었어. (came / the project / the day / of / finally)
→

14 프로젝트 책임자는 우리를 오전 9시에 그림 그리는 곳에서 만나게 했어.
(9 a.m. / the project manager / us / meet / the painting site / at / had / at)
→

15 벽은 상태가 별로 좋지 않았어. (poor / the wall / in / very / condition / was)
→

16 몇 군데에는 이상한 낙서와 그림이 있었어. (strange / some / there / were / drawings / on / parts / and / writings)
→

17 다른 부분에는 오래된 포스터들이 붙어 있었어. (on / parts / had / other / old / them / posters)
→

18 우리는 먼저 포스터들을 제거하고 낙서와 그림을 흰색 페인트로 덧칠했어.

(and / we / the posters / removed / painted / over / first / the writings / white / drawings / with / and / paint)
→

19 책임자는 우리가 원하는 어떤 것이든 그리게 했어. (we / the manager / paint / let / us / wanted / anything)
→

20 우리는 그 벽이 초등학교 근처에 있어서 귀여운 뭔가를 그리기로 했어.

(because / decided / was / something / to paint / the wall / we / near / cute / an elementary school)
→

21 우리는 세 그룹으로 나뉘어 그리기 시작했어. (three / we / divided / into / and / groups / painting / began)
→

22 나는 민수, 지원이와 같은 그룹이었어. (I / the group / was / in / and / with / Minsu / Jiwon)
→

23 나는 내 구역을 정해서 내가 가장 좋아하는 영화 캐릭터를 그리기 시작했어.

(my / I / my spot / movie / and / character / chose / started / to paint / favorite)
→

24 민수는 꽃 몇 송이를 그렸고 지원이는 배경 그림을 그렸어.

(Minsu / Jiwon / background / painted / flowers / some / did / some / drawings / and)
→

25 우리 동아리는 약 다섯 시간 동안 그림을 그렸어. (for / our / five / club / about / painted / hours)
→

26 다 끝난 후에 우리는 모여서 그날의 경험을 함께 이야기했어.

(and / we / after / we / together / finished, / the day's / got / experiences / shared)
→

27 민수는 자신이 그린 꽃 그림을 정말 자랑스러워했어. (proud / very / Minsu / painting / was / of / flower / his)
→

28 그는 "내 꽃이 정말 진짜 같아서 벌이 꽃에 앉았어."라고 말했어.

(on / he / said, / real / is / so / a bee / that / it / my flower / landed)
→

29 나는 "벽에 그리는 것이 종이에 그리는 것보다 훨씬 더 힘들었어."라고 말했어.

(a wall / I / much / drawing / on / was / on / than / harder / paper / drawing / said,)
→

30 우리 모두는 우리 벽화가 완벽하지는 않다는 것에 동의했어. (painting / all / our / we / that / wall / perfect / wasn't / agreed)
→

31 하지만 그것은 중요하지 않았어. (matter / didn't / but / it)
→

32 우리는 동네를 조금 더 밝고 행복하게 만들었어. (a little / made / we / happier / brighter / and / our neighborhood)
→

33 우리는 스스로가 자랑스러웠어. (proud / we / ourselves / were / of)
→

34 우리는 그날 벽에 그림만 그린 게 아니었어. (just / we / a wall / paint / didn't / pictures / that day / on)
→

35 우리가 그린 것은 바로 더 나은 내일이었어. (we / that / it / better / painted / a / was / tomorrow)
→

[01-03] 다음 글을 읽고, 물음에 답하시오.

Hi. My name is Homin. This is me in front of the wall painting. The wings are pretty, _____ⓐ_____? Many people like to take pictures in front of wall paintings. ⓑThey ⓒmake old neighborhoods bright and new.

01 윗글의 빈칸 ⓐ에 들어갈 말로 알맞은 것은?

① is it
② they are
③ don't they
④ aren't they
⑤ do they

02 밑줄 친 ⓑ가 지칭하는 것을 윗글에서 찾아 두 단어로 쓰시오.

→ _____

03 윗글의 밑줄 친 ⓒ와 쓰임이 같은 것은?

① I will make my dress for the party.
② My father made me a kite.
③ The news will make him very happy.
④ He made me move the table.
⑤ My mother made a cake for me.

[04-07] 다음 글을 읽고, 물음에 답하시오.

Last month, I visited a village with wall paintings in Yeosu. As I was taking a picture, ⓐa light went on in my head. I thought, "I'm in the school art club. Why don't we do wall paintings ⓑlike these?" I suggested ⓒthis idea at the next club meeting, and the members loved it.

* I: Homin

04 윗글의 밑줄 친 ⓐ의 의미로 알맞은 것은?

① 현기증이 나서 움직일 수 없었다.
② 머릿속에 좋은 생각이 떠올랐다.
③ 머리를 뭔가에 부딪쳐 눈앞에 별이 보였다.
④ 충격적인 소식을 듣고 앞이 캄캄했다.
⑤ 전등 빛이 내 머리 위로 쏟아졌다.

05 윗글의 밑줄 친 ⓑ와 같은 의미로 쓰인 것은?

① Would you like something to drink?
② I like apples better than bananas.
③ The children sang like angels.
④ My sister and I like to go for a walk at weekends.
⑤ We all have different likes.

06 윗글의 밑줄 친 ⓒ가 의미하는 것을 우리말로 쓰시오.

→ _____

07 윗글을 읽고 답할 수 있는 질문의 개수는?

- Where did Homin visit last month?
- Which club is Homin in?
- What did Homin suggest at the club meeting?
- How many members are there in Homin's club?
- What did the members think about Homin's idea?

① 1개
② 2개
③ 3개
④ 4개
⑤ 5개

[08-12] 다음 글을 읽고, 물음에 답하시오.

(A) The day of the project finally came.
(B) The project was ⓐto do a wall painting in our neighborhood.
(C) We found a teen volunteer project on the Internet.
(D) We applied for it, and two weeks later, our club was selected!

The project manager had us ⓑmeet at the painting site at 9 a.m. The wall was in very poor condition. There were strange writings and drawings on _____ⓒ_____ parts. _____ⓓ_____ parts had old posters on them. We removed the posters first and painted over the writings and drawings with white paint.

08 윗글의 (A)~(D)를 글의 흐름에 맞게 배열한 것은?

① (A) – (B) – (D) – (C)
② (B) – (D) – (C) – (A)
③ (C) – (B) – (D) – (A)
④ (C) – (D) – (A) – (B)
⑤ (D) – (C) – (B) – (A)

09 윗글의 밑줄 친 ⓐto do와 쓰임이 같은 것은?

① I was pleased to do it.
② My plan is to do my best.
③ There are many things to do.
④ I went to the library to do my homework.
⑤ You must be a fool to do such a thing.

10 윗글의 밑줄 친 ⓑ의 형태로 알맞은 것은?

① meet
② met
③ meeting
④ to meet
⑤ to meeting

11 윗글의 빈칸 ⓒ와 ⓓ에 알맞은 말이 순서대로 짝 지어진 것은?

① any – Other
② some – Other
③ some – The other
④ another – Some
⑤ another – The other

12 윗글의 내용과 일치하지 <u>않는</u> 것은?

① 동네에 벽화를 그리는 자원봉사 프로젝트에 지원했다.
② 프로젝트 관리자는 그림 그리는 곳에서 만나게 했다.
③ 그림을 그릴 벽의 상태는 좋지 좋았다.
④ 낙서와 그림 위에 덧칠을 한 후 오래된 포스터들을 제거했다.
⑤ 흰색 페인트로 낙서와 그림 위에 덧칠을 했다.

[13-15] 다음 글을 읽고, 물음에 답하시오.

The manager let us _____ⓐ_____ anything we wanted. We decided _____ⓑ_____ something cute because the wall was near an elementary school. We divided into three groups and began painting. I was in the group with Minsu and Jiwon. I chose my spot and started _____ⓒ_____ my favorite movie character. Minsu _____ⓓ_____ some flowers and Jiwon did some background drawings.

* I: Homin

고난도 신유형
13 윗글의 빈칸 ⓐ~ⓓ 중 to paint가 들어갈 수 <u>없는</u> 곳으로 묶인 것은?

① ⓐ
② ⓐ, ⓑ
③ ⓐ, ⓒ
④ ⓐ, ⓓ
⑤ ⓐ, ⓒ, ⓓ

14 Why did they decide to paint something cute?

① They like cute things.

② Cute things are easy to paint.

③ They are good at painting cute things.

④ The wall was near an elementary school.

⑤ The manager asked them to paint something cute.

15 윗글에서 다음 영어 뜻풀이에 해당하는 단어를 찾아 쓰시오.

> a particular space or area

→ _____

[16-18] 다음 글을 읽고, 물음에 답하시오.

> Our club painted _____ about five hours. After we finished, we got together and shared the day's experiences. Minsu was very proud _____ his flower painting. He said, "My flower is so real that a bee landed _____ it." I said, "Drawing on a wall was ⓐmuch harder _____ drawing on paper."
>
> * I: Homin

16 윗글의 빈칸에 쓰이지 <u>않는</u> 것은?

① on　　　　② of　　　　③ than

④ with　　　⑤ for

17 윗글의 밑줄 친 ⓐmuch와 같은 의미로 쓰인 것은?

① How <u>much</u> is the jacket?

② My parents worry about me too <u>much</u>.

③ Thank you very <u>much</u>.

④ I feel <u>much</u> better today.

⑤ I don't have <u>much</u> money with me.

18 윗글을 읽고 추론한 내용으로 알맞지 <u>않은</u> 것은?

① 재하: 그림을 그리는 데 대략 5시간이 걸렸구나.

② 수진: 끝난 후에 함께 모여서 하루 동안 느낀 점을 함께 나누었구나.

③ 진아: 민수는 꽃을 그렸구나.

④ 시훈: 민수는 자신이 그린 꽃 그림을 자랑스러워하는구나.

⑤ 선우: 호민이는 벽에 그림을 그리는 것이 종이에 그리는 것보다 더 쉽다고 느꼈구나.

[19-20] 다음 글을 읽고, 물음에 답하시오.

> We all agreed _____ ⓐ our wall painting wasn't perfect. (①) We made our neighborhood a little brighter and happier. (②) We were proud of ourselves. (③) We didn't just paint pictures on a wall that day. (④) It was a better tomorrow _____ ⓑ we painted. (⑤)

19 윗글에서 다음 문장이 들어갈 위치로 알맞은 곳은?

> But it didn't matter.

①　　　②　　　③　　　④　　　⑤

20 윗글의 빈칸 ⓐ와 ⓑ에 공통으로 들어갈 말로 알맞은 한 단어를 쓰시오.

_____

[21-22] 다음 글을 읽고, 물음에 답하시오.

We found a teen volunteer project on the Internet. The project was to do a wall painting in our neighborhood. We applied for it, and two weeks later, our club was selected!

The day of the project finally came. The project manager had us meet at the painting site at 9 a.m. The wall was in very poor condition. There were strange writings and drawings on some parts. Other parts had old posters on them. We removed the posters first and painted over the writings and drawings with white paint.

21 윗글의 밑줄 친 a teen volunteer project의 구체적인 내용을 우리말로 쓰시오.

→ _____

고/난도

22 윗글의 내용과 일치하도록 프로젝트 전날 호민이와 프로젝트 책임자가 나눈 대화를 완성하시오.

> [조건]　1. 윗글에 있는 표현을 사용할 것
> 　　　　2. 시제를 맞춰 쓸 것

Homin: Our club was selected for the project. What time should our members meet tomorrow?

Manager: You should meet at the painting site _____.

Homin: Okay. What kind of work should we do there?

Manager: The wall is in _____.
First, you have to _____.
Then, you have to _____
_____.

Homin: I see. See you tomorrow.

[23-24] 다음 글을 읽고, 물음에 답하시오.

책임자는 우리가 원하는 어떤 것이든 그리게 했다. We decided to paint something cute because the wall was near an elementary school. We divided into three groups and began painting. I was in the group with Minsu and Jiwon. I chose my spot and started to paint my favorite movie character. Minsu painted some flowers and Jiwon did some background drawings.

*I: Homin

23 윗글의 밑줄 친 우리말과 같도록 주어진 단어들을 바르게 배열하여 문장을 완성하시오.

> anything, let, the manager, wanted, paint, we, us

→ _____

24 What did Homin and Minsu paint?

> Homin painted _____
> and Minsu painted _____.

[25-26] 다음 글을 읽고, 물음에 답하시오.

We all agreed that our wall painting wasn't perfect. But it didn't matter. We made our neighborhood a little brighter and happier. We were proud of us. We didn't just paint pictures on a wall that day. We painted a better tomorrow.

25 윗글에서 어법상 틀린 한 단어를 찾아 바르게 고쳐 쓰시오.

_____ → _____

26 윗글의 밑줄 친 부분을 강조하는 문장이 되도록 It ~ that을 사용하여 문장을 바꿔 쓰시오.

→ _____

After You Read_A

- Homin saw ❶ wall paintings in Yeosu.
- Homin's art club ❷ applied for a wall painting volunteer project.
- Homin's club members met at the painting site at 9 a.m.
- Homin painted his favorite movie character.
- Homin's club members shared their experiences ❸ after the volunteer work.

호민이는 여수에서 벽화를 보았다.
호민이의 미술 동아리는 벽화 그리기 자원봉사 프로젝트에 지원했다.
호민이의 동아리 부원들은 오전 9시에 그림 그리는 곳에서 만났다.
호민이는 가장 좋아하는 영화 캐릭터를 그렸다.
호민이의 동아리 부원들은 자원봉사 활동 후에 그들의 경험을 함께 이야기했다.

❶ 벽화 　　　　❷ apply for: ~에 지원하다 　　　　❸ 	⟨전⟩ ~ 후에(뒤에 명사(구)나 대명사가 옴)

After You Read_B

Project: Paint a Better Tomorrow

DATE: April 15　　　MEETING TIME: 9 a.m.

Do you like ❶ painting? Do you want to ❷ make your neighborhood brighter? Right now, the wall is in very poor condition. You ❸ need to remove the old posters and ❹ paint over the strange writings with white paint. You can paint ❺ anything you want!

프로젝트: 더 나은 내일을 그려라
날짜: 4월 15일　　만나는 시간: 오전 9시
그림 그리는 것을 좋아하나요? 동네를 더 밝게 만들고 싶나요? 지금은 벽이 상태가 별로 좋지 않습니다. 오래된 포스터들을 제거하고 이상한 낙서를 흰색 페인트로 덧칠해야 합니다. 여러분은 원하는 어떤 것이든 그릴 수 있습니다!

❶ like의 목적어로 쓰인 동명사　　　　❷ make+목적어(your neighborhood)+형용사(brighter): (목적어)를 …하게 만들다
❸ ~할 필요가 있다　　　　❹ 덧칠하다　　　　❺ anything (that) you want

Think and Write_Step 2

Volunteer Work Diary

Name: Minsu Kim

Date: Friday, May 3rd

I volunteered at Dream Library. I read English books to children. I ❶ tried to read ❷ like a voice actor. The volunteer manager ❸ had me arrange the books on the shelves. The books were ❹ so heavy that I ❺ had to ❻ take a break every 30 minutes. After I finished, the shelves ❼ looked very neat. I felt very proud. It was a fun and ❽ rewarding experience.

봉사 활동 일기
이름: 김민수
날짜: 5월 3일, 금요일
　나는 드림 도서관에서 자원봉사를 했다. 나는 아이들에게 영어 책을 읽어 주었다. 나는 성우처럼 읽으려고 노력했다. 자원봉사 책임자는 내가 책을 책장에 정리하게 했다. 책이 너무 무거워서 나는 30분마다 쉬어야 했다. 다 끝난 후에 책장이 아주 깔끔해 보였다. 나는 매우 자랑스러웠다. 재미있고 보람된 경험이었다.

❶ try to: ~하려고 애쓰다　　　　❷ 	⟨전⟩ ~처럼　　　　❸ have(사역동사)+목적어+목적격보어: (목적어)가 …하게 하다
❹ so+형용사(heavy)+that+주어+동사 …: 매우(너무) ~해서 …하다　　　　❺ have to(~해야 한다)의 과거형: ~해야 했다
❻ 휴식을 취하다　　　　❼ look(감각동사)+형용사: ~해 보이다 / neat: 깔끔한, 정돈된　　　　❽ 	⟨형⟩ 보람 있는

실전 TEST

01 다음 글을 읽고 답할 수 <u>없는</u> 질문은?

Homin saw wall paintings in Yeosu. Homin's art club applied for a wall painting volunteer project. Homin's club members met at the painting site at 9 a.m. Homin painted his favorite movie character. Homin's club members shared their experiences after the volunteer work.

① What did Homin's art club apply for?
② When did Homin's art club members meet?
③ Where was the painting site?
④ What did Homin paint?
⑤ What did Homin's club members do after the volunteer work?

[02-04] 다음 글을 읽고, 물음에 답하시오.

Project: Paint a Better Tomorrow

DATE: April 15   MEETING TIME: 9 a.m.

Do you like ⓐpainting? Do you want ⓑto make your neighborhood brighter? Right now, the wall is in very poor condition. You ⓒneed to remove the old posters and ⓓpainting over the strange writings with white paint. You can paint anything you ⓔwant!

02 윗글의 종류로 알맞은 것은?

① 자원봉사 일지   ② 그림 대회 공고
③ 낙서 금지 경고문   ④ 자원봉사자 모집 광고
⑤ 자원봉사 참가 신청서

03 윗글의 밑줄 친 ⓐ~ⓔ 중 어법상 틀린 것은?

① ⓐ   ② ⓑ   ③ ⓒ   ④ ⓓ   ⑤ ⓔ

04 윗글을 읽고 알 수 <u>없는</u> 것은?

① 프로젝트 이름   ② 프로젝트 시행 일시
③ 프로젝트 시행 장소   ④ 프로젝트의 목적
⑤ 프로젝트에서 하는 일

[05-07] 다음 글을 읽고, 물음에 답하시오.

Volunteer Work Diary

Name: Minsu Kim
Date: Friday, May 3rd

I volunteered at Dream Library. I ⓐread English books to children. I tried to ⓑread like a voice actor. The volunteer manager had me ⓒto arrange the books on the shelves. 책이 너무 무거워서 나는 30분마다 쉬어야 했다. After I finished, the shelves looked very ⓓneat. I felt very proud. ⓔIt was a fun and rewarding experience.

05 다음 중 윗글을 읽고 말한 내용으로 알맞지 <u>않은</u> 것은?

① 새미: ⓐ와 ⓑ는 형태는 같지만 발음은 서로 다르겠군.
② 지은: ⓒ는 사역동사 had의 목적격보어이므로 동사원형인 arrange로 쓰는 것이 맞아.
③ 시훈: 30분마다 쉬어야 할 만큼 책이 아주 무거웠군.
④ 정현: '깔끔하게 보였다'라는 의미이므로 ⓓ는 neatly로 고치는 것이 어법상 맞아.
⑤ 지민: ⓔ는 민수가 오늘 한 봉사 활동을 의미해.

서술형 **1**

06 윗글의 밑줄 친 우리말과 같도록 괄호 안의 단어들을 바르게 배열하여 문장을 쓰시오.

→ _____

(so, the books, take a break, were, heavy, had to, every, I, 30 minutes, that)

서술형 **2**   고/난도

07 민수가 도서관에서 한 일 두 가지를 영어로 쓰시오.

[조건]   1. 주어와 동사를 포함한 완전한 문장으로 쓸 것
         2. He를 주어로 쓰고 과거시제로 쓸 것

(1) _____

(2) _____

Words

고득점 맞기

01 다음 중 짝 지어진 단어의 관계가 나머지와 <u>다른</u> 것은?

① final : finally
② elder : elderly
③ slow : slowly
④ clear : clearly
⑤ polite : politely

02 다음 영어 뜻풀이의 빈칸에 들어갈 말로 알맞은 것은?

> matter: to be _____

① easy
② simple
③ different
④ difficult
⑤ important

03 다음 빈칸에 공통으로 알맞은 말을 한 단어로 쓰시오.

> • If you _____ your best, you will succeed.
> • It was not easy for the students to _____ wall paintings.

→ _____

04 다음 중 밑줄 친 부분의 우리말 뜻이 알맞지 <u>않은</u> 것은?

① I have visited the museum <u>many times</u>. (여러 번)
② <u>Make sure</u> you come home by 9 p.m. (반드시 ~하다)
③ I visit a <u>nursing home</u> every month to help the old people. (양로원)
④ You will read the books for the children in the <u>recording room</u>. (녹음실)
⑤ It's time to <u>say goodbye to</u> your friends.
(~에게 안부 인사를 하다)

05 다음 빈칸에 들어갈 말로 알맞은 것은?

> This soap can _____ anything. If you use this soap, your shirts will be clean.

① brush
② deliver
③ share
④ select
⑤ remove

06 다음 단어의 영어 뜻풀이로 알맞지 <u>않은</u> 것은?

① spot: a small town in the country
② deliver: to take something to a person or place
③ neighborhood: an area of a town or city
④ manager: someone who is in charge of a business, department, etc.
⑤ volunteer: a person who does a job without being paid

07 다음 밑줄 친 말과 바꿔 쓸 수 있는 것은?

> I asked my cousin to <u>give food to</u> my cat.

① greet
② feed
③ brush
④ cook for
⑤ select

08 다음 영어 뜻풀이에 <u>모두</u> 해당하는 단어는?

> • an area of ground
> • to come down through the air onto the ground or another surface

① land
② wing
③ donation
④ share
⑤ matter

09 다음 중 밑줄 친 부분에 대한 설명으로 알맞지 <u>않은</u> 것은?

① <u>Keep in mind</u> what your father said.
(to keep one's promise)

② <u>Do your best</u>, and you will pass the exam.
(to try as hard as you can in order to achieve something)

③ Let's <u>get together</u> for the club meeting in a few days.
(to meet in order to do something or to spend time together)

④ Every student in the playground will <u>line up</u>.
(to put people or things in a row)

⑤ We're <u>proud of</u> you.
(to feel happy about the achievements of people who you are connected with)

10 다음 빈칸에 쓰이지 <u>않는</u> 것을 <u>모두</u> 고르면?

> Sally _____ early and prepared for school. She said goodbye to her mom. Her mom said, "Try to _____ your friends and have fun." Sally replied, "Okay, I will," and _____ the school bus.

① got up   ② got on
③ got off   ④ get together
⑤ get along with

11 괄호 안의 우리말과 같도록 빈칸에 알맞은 말을 쓰시오.

> My club members _____ _____ at the park every month to pick up trash.
> (나의 동아리 부원들은 쓰레기를 줍기 위해 매달 공원에 모인다.)

12 다음 중 밑줄 친 단어의 의미가 서로 같은 것은?

① Can I talk to you about a personal <u>matter</u>?
It didn't <u>matter</u> that the weather was bad.

② The plane will <u>land</u> safely.
The <u>land</u> was very dry after the hot summer.

③ He worked <u>hard</u> in the nursing home.
It was <u>hard</u> to draw on the wall.

④ Spider-man is my favorite <u>character</u>.
I didn't like the main <u>character</u> in that book.

⑤ My mother <u>made</u> me a beautiful doll.
The teacher <u>made</u> us read the book.

13 다음 (A)~(C)의 각 네모 안에서 알맞은 것을 골라 쓰시오.

- He will apply (A) [of / for] the teen volunteer project.
- The project manager (B) [joined / divided] us into several teams.
- Many people like to (C) [get / take] pictures in front of flowers.

(A) _____
(B) _____
(C) _____

14 다음 영어 뜻풀이에 해당하는 단어가 쓰인 것은?

> to choose something or someone

① I packed my bag for the trip.
② Make sure you brush the fur first.
③ Don't throw away trash on the street.
④ Please select the best picture for the wall.
⑤ The bird couldn't fly because it had a broken wing.

영작하기

우리말과 일치하도록 대화를 바르게 영작하시오.

1 Listen and Speak 1-A

교과서 48쪽

B: _____

G: _____

B: _____

G: _____

B: _____

해석

B: 이 상자와 책들은 다 무엇에 쓰려는 거니?

G: 나는 기부 센터에 보내려고 책을 싸고 있어. 나를 좀 도와줄래?

B: 물론이야. 내가 무엇을 하길 원하니?

G: 상자에 주소를 써 줘.

B: 그래.

2 Listen and Speak 1-B

교과서 48쪽

B: _____

G: _____

B: _____

G: _____

B: _____

G: _____

B: _____

G: _____

B: _____

B: 이 엉망진창은 뭐니?

G: 나는 쿠키를 굽고 있어.

B: 너는 왜 이렇게 많은 쿠키를 굽고 있니?

G: 쿠키는 양로원에 계신 분들을 위한 거야.

B: 너 정말 착하구나.

G: 나를 좀 도와줄래?

B: 물론이야. 내가 무엇을 하길 원하니?

G: 선물 상자에 쿠키를 넣어 줘. 각 상자에 쿠키 3개씩.

B: 알겠어.

3 Listen and Speak 1-C

교과서 48쪽

A: _____

B: _____

A: _____

B: _____

A: _____

A: 너는 무엇을 하고 있니?

B: 나는 내일 이사를 위해 짐을 싸고 있어. 나 좀 도와줄래?

A: 물론이야. 내가 무엇을 하길 원하니?

B: 상자에 옷을 넣어 줘.

A: 그래.

4 Listen and Speak 2-A

교과서 49쪽

B: _____

W: _____

B: _____

W: _____

B: _____

B: 콘서트 재미있게 보세요, 엄마.

W: 응, 그럴게. 고마워. 네 저녁은 식탁 위에 있단다.

B: 알겠어요. 저는 걱정 마세요.

W: 저녁을 먹은 후에 반드시 개에게 먹이를 주렴.

B: 알겠어요. 엄마, 이제 가셔야 해요. 아빠가 차에서 기다리고 계세요.

5 Listen and Speak 2-B

M: _____

교과서 49쪽

해석

M: 안녕하세요, 여러분.
4명씩 모둠을 만들어 탁자에 둘러앉으세요.
오늘 우리는 베이컨 달걀 샌드위치를 만들
거예요.
우리 수업의 두 가지 규칙을 명심하세요.
첫째, 시작하기 전에 반드시 손을 씻으세요.
둘째, 칼을 사용할 때는 조심하세요.
좋아요, 시작해 봅시다.

6 Listen and Speak 2-C

A: _____
B: _____
A: _____
B: _____

교과서 49쪽

A: 집에 갈 시간이에요.
B: 그래. 반드시 문을 잠그렴.
A: 네, 그럴게요. 그 밖에 더 있으세요?
B: 아니, 그게 다야. 내일 보자.

7 Real Life Talk > Watch a Video

Woman: _____
Tony: _____
Woman: _____
Tony: _____
Woman: _____
Tony: _____
Woman: _____
Tony: _____
Woman: _____
Tony: _____

교과서 50쪽

W: 안녕하세요. 무엇을 도와드릴까요?
Tony: 안녕하세요. 저는 여기에 봉사 활동을
하러 왔어요.
W: 오, 당신이 Tony군요.
Tony: 맞아요. 오늘 제가 무엇을 하길 원하세
요?
W: 녹음실에서 시각 장애인들을 위해 이
책을 읽어 주세요.
Tony: 알겠어요. 지금 들어가야 하나요?
W: 그래요. 7번 방으로 들어가 주세요.
Tony: 네. 유념해야 할 것이 있나요?
W: 네. 반드시 천천히 그리고 명확하게 읽어
주세요.
Tony: 알겠어요. 최선을 다할게요.

STEP B

[01-02] 다음 대화를 읽고, 물음에 답하시오.

Sue: What are all these boxes and books for?

Tom: I'm packing the books for the donation center.

_____

Sue: Sure. What do you want me to do?

Tom: Please write the address on the boxes.

Sue: No problem.

01 위 대화의 빈칸에 들어갈 말로 알맞은 것을 <u>모두</u> 고르면?

① Can I help you?

② Can you help me?

③ Do you need some help?

④ Can you give me a hand?

⑤ Would you like some help?

02 위 대화의 내용과 일치하지 <u>않는</u> 것은?

① Tom is packing the books.

② Tom wants to donate the books.

③ Tom wants Sue to help him.

④ Sue will pack her books for the donation center.

⑤ Sue will write the address on the boxes.

03 다음 대화의 밑줄 친 말과 바꿔 쓸 수 있는 것은?

A: It's time to go home.

B: Yes. <u>Be sure to clean the board.</u>

A: Okay, I will. Anything else?

B: No, that's it. See you tomorrow.

① Don't clean the board, please.

② I'm sure you will clean the board.

③ I wonder if you will clean the board.

④ Make sure you clean the board.

⑤ You don't have to clean the board.

04 자연스러운 대화가 되도록 (A)~(D)를 순서대로 배열한 것은?

A: Hi, I'm Alice. I'm here for the volunteer work.

B: Thanks for coming, Alice.

(A) Okay. Is there anything to keep in mind?

(B) What do you want me to do today?

(C) Yes. Make sure you brush the fur first.

(D) Please give the dog a bath.

A: Okay, I will.

① (A) – (C) – (B) – (D)　　② (A) – (D) – (B) – (C)

③ (B) – (C) – (A) – (D)　　④ (B) – (D) – (A) – (C)

⑤ (B) – (D) – (C) – (A)

[05-06] 다음 글을 읽고, 물음에 답하시오.

Hello, class. Make groups of four people and sit around the tables. Today we're going to _____ bacon and egg sandwiches. _____ in mind two rules for our class. First, _____ sure you wash your hands before you start. Second, _____ careful when you use a knife. All right, let's _____.

05 윗글의 빈칸에 쓰이지 <u>않는</u> 단어는?

① be　　　② make　　　③ keep

④ let　　　⑤ start

06 윗글에서 언급되지 <u>않은</u> 것은?

① 한 모둠의 인원 수

② 오늘 만들 음식

③ 지켜야 할 규칙

④ 시작하기 전에 할 일

⑤ 칼을 보관하는 방법

서술형

07 다음 대화의 빈칸에 알맞은 말을 [조건]에 맞게 쓰시오.

[조건] 1. what과 want를 꼭 사용할 것
2. 7단어로 쓸 것
3. 대소문자를 구별하고 문장 부호를 정확히 쓸 것

A: Can you help me?
B: Sure. _____
A: Please take out the trash.

08 다음 대화의 우리말과 같도록 괄호 안의 단어들을 순서대로 배열하여 문장을 쓰시오.

A: 저녁을 먹은 후에 반드시 개에게 먹이를 주렴.
B: Okay, Mom.

→ _____

(after, have, sure, you, the dog, dinner, make, feed, you)

[09-10] 다음 대화를 읽고, 물음에 답하시오.

A: Hi, I'm Minsu. I'm here for the volunteer work.
B: Thanks for coming, Minsu.
A: What do you want me doing today?
B: Please deliver meals to the elderly.
A: Okay. Is there anything to keep in mind?
B: Yes. Make sure you greet them politely.
A: Okay, I will.

09 다음 질문에 완전한 영어 문장으로 답하시오.

(1) What will Minsu do for volunteer work?
→ _____
(2) Is there anything for Minsu to keep in mind?
→ _____

10 위 대화에서 어법상 틀린 부분이 있는 문장을 찾아 바른 문장으로 다시 쓰시오.

→ _____

[11-12] 다음 대화를 읽고, 물음에 답하시오.

A: Good morning. (1) _____
B: Hi. I'm here for the volunteer work.
A: Oh, you must be Tony.
B: That's right. (2) _____
A: Please read this book for the blind in the recording room.
B: No problem. Should I go in now?
A: Yes. Please go into Room 7.
B: Okay. (3) _____
A: Yes. Make sure you read slowly and clearly.
B: Okay. I'll do my best.

11 위 대화의 빈칸에 알맞은 말을 [보기]에서 골라 쓰시오.

[보기] • What can I do for you?
• Can you give me a hand?
• What do you want to do?
• What do you want me to do today?
• Is there anything to keep in mind?

(1) _____
(2) _____
(3) _____

12 위 대화의 내용과 일치하도록 Tony가 쓴 다음 글을 완성하시오.

Today I did volunteer work. I read a book for _____ _____ in the recording room. I had to read _____ and _____.

01 다음 빈칸에 들어갈 수 있는 말을 <u>모두</u> 바르게 말한 사람은?

> The manager _____ us decorate the wall.

① 새론: got, made, gave
② 준서: had, expected, asked
③ 소윤: had, made, let
④ 예영: let, helped, wanted
⑤ 동익: let, had, told

02 다음 빈칸에 들어갈 말이 순서대로 짝 지어진 것은?

> _____ was last Friday _____ I saw Susan
> at the park.

① It – what
② It – that
③ It – who
④ This – that
⑤ That – since

03 다음 우리말을 영어로 바르게 옮긴 것은?

> 그는 우리가 그의 스마트폰을 사용하게 해 주었다.

① He let we use his smartphone.
② He let us use his smartphone.
③ He let us to use his smartphone.
④ He let his smartphone we using.
⑤ He let us his smartphone used.

04 다음 중 It ~ that 강조 구문으로 강조할 수 <u>없는</u> 것을 <u>모두</u> 고르면?

> • Mina played baseball in the park yesterday.
>   ①   ②   ③
> • John broke the glass this morning.
>   ④   ⑤

05 다음 빈칸에 공통으로 들어갈 수 있는 것은?

> • Her aunt _____ her a paper airplane.
> • My teacher _____ me water the plants.

① let
② had
③ made
④ asked
⑤ wanted

06 다음 중 밑줄 친 that의 쓰임이 같은 것끼리 묶인 것은?

> ⓐ It was red roses <u>that</u> I planted last week.
> ⓑ It was possible <u>that</u> she drew this painting.
> ⓒ Do you want to have these special shoes <u>that</u> can make you fly?
> ⓓ It was this morning <u>that</u> he fell down the stairs.
> ⓔ Have you forgotten about <u>that</u> money I lent you last week?

① ⓐ, ⓑ
② ⓐ, ⓒ
③ ⓐ, ⓓ
④ ⓐ, ⓒ, ⓓ
⑤ ⓑ, ⓔ

07 다음 중 어법상 옳은 문장은?

① She made Tom to study hard.
② Yuna lets her brother rode her bike.
③ Mr. Park made them to wash their hands.
④ I had my sister brought my gym uniform.
⑤ My parents have me be polite to the elderly.

08 다음 우리말을 영어로 쓸 때, 다섯 번째로 오는 단어는?

> Mia가 신고 싶어 했던 것은 바로 그 파란색 운동화였다.

① blue
② wear
③ that
④ Mia
⑤ sneakers

09 다음 중 빈칸에 sing을 쓸 수 <u>없는</u> 것은?

① I heard Sue _____ at the park.

② Jane helped us _____ in the contest.

③ My mother let me _____ in my room.

④ They made him _____ a song at the party.

⑤ His fans wanted him _____ in the concert.

10 다음 중 어법상 <u>틀린</u> 부분을 바르게 고친 것은?

It is last Saturday that I moved into my new house.

① It → That

② is → was

③ is → will be

④ that → what

⑤ moved → moving

11 다음 우리말을 영어로 쓸 때, 빈칸에 쓰이지 <u>않는</u> 단어는?

그는 나에게 그 상자를 옮기게 했다.

→ _____ _____ _____ _____ the box.

① He

② me

③ to

④ had

⑤ carry

한 단계 더!

12 다음 빈칸에 들어갈 수 있는 것을 <u>모두</u> 고르면?

Tom helped Sora _____ the cans and bottles.

① recycle

② recycles

③ recycled

④ to recycle

⑤ recycling

13 각 문장에 대한 설명으로 알맞지 <u>않은</u> 것은?

① My uncle made me watch the movie.

→ made는 '~가 …하게 했다'라는 의미의 사역동사로 쓰였다.

② I had him repairing my computer.

→ had는 사역동사이므로 목적격보어로 repairing이 아니라 repair로 써야 한다.

③ My mom let not me take part in the festival last year.

→ 사역동사 let의 부정은 didn't let으로 써야 한다.

④ It was two hours ago that he went home.

→ two hours ago를 강조하는 문장이다.

⑤ It is Jeju-do that I want to visit this summer.

→ that은 목적격 관계대명사이므로 생략할 수 있다.

14 다음 중 어법상 <u>틀린</u> 문장의 개수는?

- My father made me feed the dog.
- The manager had us deliver meals to the elderly.
- It was the book *Frindle* what I was looking for.
- It was a small cat that ran into my room.

① 없음

② 1개

③ 2개

④ 3개

⑤ 4개

15 다음 중 어법상 <u>틀린</u> 문장끼리 묶인 것은?

ⓐ It was my dog that he broke the vase.

ⓑ He made the students line up at the gym.

ⓒ It was inside the box that I found my dog.

ⓓ She had our group members to paint the walls.

ⓔ It was on Friday that I'm going to leave for Seoul.

① ⓐ, ⓑ, ⓒ

② ⓐ, ⓑ, ⓓ

③ ⓐ, ⓓ, ⓔ

④ ⓑ, ⓒ, ⓓ

⑤ ⓒ, ⓓ, ⓔ

STEP B

16 주어진 [조건]에 맞게 각 문장을 완성하시오.

[조건]   1. 사역동사 have와 말풍선 속 말을 이용할 것
         2. 과거시제로 쓸 것

Jimin, write a diary in English.

Mr. Frank

(1) Mr. Frank _____ .

Sam, arrange the books on the bookshelf.

Ms. White

(2) Ms. White _____ .

Bora, read more science books.

Mr. Park

(3) Mr. Park _____ .

17 다음 문장을 괄호 안의 말을 강조하는 문장으로 다시 쓰시오.

Apollo 11 landed on the moon in 1969.

(1) (Apollo 11)
   → _____

(2) (on the moon)
   → _____

(3) (in 1969)
   → _____

18 다음 우리말과 같도록 괄호 안의 단어들을 순서대로 배열하여 문장을 쓰시오.

(1) 어머니는 내가 밤에 컴퓨터 게임을 하게 하지 않으신다.
(computer games, let, me, at night, my mother, doesn't, play)
   → _____

(2) 선생님은 학생들이 모든 수업에 제시간에 오게 하신다.
(has, be, the students, every class, on time, for, the teacher)
   → _____

19 고 산도 다음 중 어법상 틀린 문장을 모두 골라 기호를 쓰고, 문장을 바르게 고쳐 쓰시오.

ⓐ She made me do the dishes.
ⓑ It is his backpack that Mark lost yesterday.
ⓒ It was in the science fair that I showed my robot.
ⓓ He let his son cooking dinner.

(   ) → _____
(   ) → _____

20 고 산도 다음 학급 회의 결과를 보고, 질문에 답하시오.

Class Vote Results about Volunteer Work

• when: on Saturday
• where: in the nursing home

[조건]   1. It ~ that 강조 구문으로 답할 것
         2. 질문에 대한 답이 강조하는 말이 되도록 쓸 것

(1) When are they going to do volunteer work?
   → _____

(2) Where are they going to do volunteer work?
   → _____

다음 우리말과 일치하도록 각 문장을 바르게 영작하시오.

01 _____

안녕. 내 이름은 호민이야.

02 _____

벽화 앞에 있는 사람이 나야.

03 _____

날개가 예뻐, 그렇지 않니?

04 _____

☆ 많은 사람들이 벽화 앞에서 사진 찍는 것을 좋아해.

05 _____

그들(벽화)은 오래된 동네를 밝고 새롭게 만들어.

06 _____

지난달에 나는 여수에 있는 벽화 마을을 방문했어.

07 _____

☆ 내가 사진을 찍을 때 머릿속에 좋은 생각이 떠올랐어.

08 _____

'나는 학교 미술 동아리에 있잖아. 우리가 이것처럼 벽화를 그리면 어떨까?'라고 나는 생각했어.

09 _____

나는 이 아이디어를 그 다음 동아리 모임에서 제안했고, 동아리 부원들은 그것을 아주 좋아했어.

10 _____

우리는 인터넷에서 청소년 자원봉사 프로젝트를 찾았어.

11 _____

그 프로젝트는 우리 동네에 벽화를 그리는 것이었어.

12 _____

☆ 우리는 그 일에 지원했고, 2주 후에 우리 동아리가 선택되었어!

13 _____

마침내 프로젝트 날이 되었어.

14 _____

☆ 프로젝트 책임자는 우리를 오전 9시에 그림 그리는 곳에서 만나게 했어.

15 _____

벽은 상태가 별로 좋지 않았어.

16 _____

몇 군데에는 이상한 낙서와 그림이 있었어.

STEP
B

17
_____

다른 부분에는 오래된 포스터들이 붙어 있었어.

18
_____

우리는 먼저 포스터들을 제거하고 낙서와 그림을 흰색 페인트로 덧칠했어.

19
_____

☆ 책임자는 우리가 원하는 어떤 것이든 그리게 했어.

20
_____

우리는 그 벽이 초등학교 근처에 있어서 귀여운 뭔가를 그리기로 했어.

21
_____

☆ 우리는 세 그룹으로 나뉘어 그리기 시작했어.

22
_____

나는 민수, 지원이와 같은 그룹이었어.

23
_____

나는 내 구역을 정해서 내가 가장 좋아하는 영화 캐릭터를 그리기 시작했어.

24
_____

민수는 꽃 몇 송이를 그렸고 지원이는 배경 그림을 그렸어.

25
_____

우리 동아리는 약 다섯 시간 동안 그림을 그렸어.

26
_____

다 끝난 후에 우리는 모여서 그날의 경험을 함께 이야기했어.

27
_____

민수는 자신이 그린 꽃 그림을 정말 자랑스러워했어.

28
_____

그는 "내 꽃이 정말 진짜 같아서 벌이 꽃에 앉았어."라고 말했어.

29
_____

☆ 나는 "벽에 그리는 것이 종이에 그리는 것보다 훨씬 더 힘들었어."라고 말했어.

30
_____

우리 모두는 우리 벽화가 완벽하지는 않다는 것에 동의했어.

31
_____

하지만 그것은 중요하지 않았어.

32
_____

☆ 우리는 동네를 조금 더 밝고 행복하게 만들었어.

33
_____

우리는 스스로가 자랑스러웠어.

34
_____

우리는 그날 벽에 그림만 그린 게 아니었어.

35
_____

☆ 우리가 그린 것은 바로 더 나은 내일이었어.

고득점 맞기

[01-03] 다음 글을 읽고, 물음에 답하시오.

Hi. My name is Homin. This is me in front of the wall painting. The wings are pretty, _____ⓐ_____? Many people like to take pictures in front of wall paintings. They make old neighborhoods bright and new.

①Last month, I visited a village with wall paintings in Yeosu. ②As I was taking a picture, a light went on in my head. ③Light is most important to take pictures. I thought, "④I'm in the school art club. ⑤Why don't we do wall paintings like these?" I suggested this idea at the next club meeting, and the members loved it.

01 윗글의 빈칸 ⓐ에 들어갈 부가의문문을 두 단어로 쓰시오.

→ _____

02 윗글의 밑줄 친 ①~⑤ 중 글의 흐름상 어색한 것은?

①   ②   ③   ④   ⑤

03 윗글의 내용과 일치하지 <u>않는</u> 것은?

① Homin took pictures in front of wall paintings in Yeosu.
② While Homin was taking pictures, a good idea came to him.
③ Homin is a member of the school photo club.
④ Homin thinks that wall paintings make old neighborhoods bright and new.
⑤ Homin's club members thought Homin's suggestion was great.

[04-06] 다음 글을 읽고, 물음에 답하시오.

The day of the project finally came. The project manager _____ⓐ_____ at the painting site at 9 a.m. The wall was in very poor condition. There ⓑbe strange writings and drawings on some parts. Other parts had old posters on them. We removed the posters first and ⓒpaint over the writings and drawings with white paint.

04 다음 영어 뜻풀이에 해당하는 단어 중 윗글에서 찾을 수 <u>없</u>는 것은?

① an area of a town or city
② the place where something is
③ someone who is in charge of a business, department, etc.
④ to move or take something away from a place
⑤ a large printed picture that you put on a wall to advertise something

05 윗글의 빈칸 ⓐ에 들어갈 말로 알맞은 것은?

① had us meet   ② had meet us
③ had us to meet   ④ make us meet
⑤ made meet us

06 윗글의 밑줄 친 ⓑ와 ⓒ의 형태로 알맞은 것끼리 짝 지어진 것은?

① be – paint   ② was – paint
③ was – painted   ④ were – painted
⑤ were – to paint

[07-10] 다음 글을 읽고, 물음에 답하시오.

> The manager let us ___ⓐ___ anything we wanted. We decided to paint something cute because the wall was near an elementary school. We divided into three groups and began ___ⓑ___. I was in the group with Minsu and Jiwon. I chose my spot and started to paint my favorite movie character. Minsu painted some flowers and Jiwon did some background drawings.
>
> Our club painted for ⓒ대략 five hours. After we finished, we got together and shared the day's experiences. Minsu was very proud of his flower painting. He said, "My flower is so real that a bee landed on it." I said, "Drawing on a wall was ⓓ훨씬 harder than drawing on paper."
>
> *I: Homin

07 윗글의 빈칸 ⓐ와 ⓑ에 들어갈 paint의 형태로 알맞은 것은?

① paint – paint
② paint – painting
③ painting – paint
④ painting – to paint
⑤ to paint – painting

08 윗글의 밑줄 친 ⓒ와 ⓓ의 영어 표현이 바르게 연결된 것은?

	ⓒ	ⓓ
①	at	– a lot
②	at	– much
③	in	– very
④	about	– much
⑤	about	– very

09 윗글의 내용과 일치하는 것은?

① The manager decided what to paint on the wall.
② They painted something cute in the elementary school.
③ Minsu and Jiwon were in Homin's group.
④ Minsu and Homin painted some flowers together.
⑤ Jiwon helped Minsu and Homin to paint.

10 윗글을 읽고 답할 수 <u>없는</u> 질문은?

① How long did the club members paint?
② What did the club members do after they finished?
③ What did Minsu paint?
④ How did Jiwon feel about her drawings?
⑤ Which was harder for Homin, drawing on a wall or drawing on paper?

11 다음 중 어법상 <u>틀린</u> 부분을 <u>모두</u> 찾아 바르게 고친 것은?

> We all agreed ⓐwhat our wall painting wasn't perfect. But it didn't matter. We made our neighborhood ⓑa few brighter and happier. We were proud of ⓒus. We didn't just paint pictures on a wall that day. ⓓIt was a better tomorrow ⓔthat we painted.

① ⓐ → that   ⓒ → ourselves
② ⓐ → that   ⓑ → a little   ⓒ → ourselves
③ ⓑ → few   ⓒ → ourselves   ⓓ → That
④ ⓒ → ourselves   ⓔ → when
⑤ ⓐ → that   ⓑ → a little   ⓒ → ourselves
　ⓓ → That   ⓔ → when

12 다음 글의 밑줄 친 우리말과 같도록 주어진 단어들을 활용하여 문장을 쓰시오.

> We found a teen volunteer project on the Internet. (1) 그 프로젝트는 우리 동네에 벽화를 그리는 것이었다. We applied for it, and two weeks later, our club was selected!
>
> The day of the project finally came. (2) 프로젝트 책임자는 우리를 오전 9시에 그림 그리는 곳에서 만나게 했다. The wall was in very poor condition. There were strange writings and drawings on some parts. Other parts had old posters on them. We removed the posters first and painted over the writings and drawings with white paint.

(1) do a wall painting, neighborhood

→ _____

_____

(2) manager, have, the painting site

→ _____

_____

13 다음 글에서 어법상 틀린 부분을 모두 골라 바르게 고쳐 쓰시오.

> The manager let paint anything we wanted. We decided to paint cute something because the wall was near an elementary school. We divided three groups and began painting. I was in the group with Minsu and Jiwon. I chose my spot and started to paint my favorite movie character. Minsu painted some flowers and Jiwon did some background drawings.

_____ → _____

_____ → _____

_____ → _____

[14-15] 다음 글을 읽고, 물음에 답하시오.

> Our club painted for about five hours. After we finished, we got together and shared the day's experiences. Minsu was very proud of his flower painting. He said, "내 꽃이 너무 진짜 같아서 벌이 그 위에 앉았어." I said, "Drawing on a wall was much harder than drawing on paper."
>
> We all agreed that our wall painting wasn't perfect. But it didn't matter. We made our neighborhood a little brighter and happier. We were proud of ourselves. We didn't just paint pictures on a wall that day. It was a better tomorrow that we painted.

14 윗글의 밑줄 친 우리말과 같도록 [조건]에 맞게 문장을 쓰시오.

> [조건]　1. so ~ that 구문을 사용할 것
> 　　　　2. 주어진 단어 중 필요한 것만 골라서 쓸 것
> 　　　　3. 주어와 동사를 포함한 완전한 문장으로 쓸 것

> flower, a bee, landed, my, your, is, are, real, really, on, in, it, that, this, so, very, much

→ _____

15 윗글의 내용과 일치하도록 다음 질문에 완전한 영어 문장으로 답하시오.

(1) How long did the club members paint?

→ _____

(2) How did Minsu feel about his flower painting?

→ _____

(3) How did the club members make their neighborhood?

→ _____

서술형 100% TEST

01 다음 영어 뜻풀이에 해당하는 단어를 쓰시오.

- a situation or subject you have to deal with or think about
- to be important

→ _____

02 괄호 안의 우리말과 같도록 빈칸에 알맞은 말을 쓰시오.

Do you _____ _____ _____ your friends?
(너는 네 친구들과 잘 지내니?)

03 다음 괄호 안의 단어들을 바르게 배열하여 자연스러운 대화가 되도록 쓰시오.

A: Can you help me?
B: Sure. _____?
　　　　(do, me, what, do, you, want, to)
A: Please move the chairs outside.

04 다음 대화의 빈칸에 알맞은 말을 괄호 안의 단어를 사용하여 쓰시오.

A: It's time to go home.
B: _____
　　(make sure, close the windows)
A: Okay, I will.

05 다음 글의 내용과 일치하도록 아래 대화를 완성하시오.

Somi is packing the books for the donation center. She needs Tony's help. She wants him to write the address on the boxes.

Tony: What are all these boxes and books for?
Somi: (1) _____
　　　　Can you give me a hand?
Tony: Sure. (2) _____
Somi: (3) _____
Tony: No problem.

06 다음 대화의 내용과 일치하도록 아래 글의 빈칸에 알맞은 말을 쓰시오.

A: Hi, I'm Minsu. I'm here for the volunteer work.
B: Thanks for coming, Minsu.
A: What do you want me to do today?
B: Please pick up trash on the street.
A: Okay. Is there anything to keep in mind?
B: Yes. Make sure you put cans and bottles in the recycling bin.
A: Okay, I will.

Minsu came here for the volunteer work. He will _____. There is one thing to keep in mind. He should _____ _____.

07 괄호 안의 우리말과 같도록 [조건]에 맞게 영작하시오.

> [조건] 1. 당부하는 표현을 반드시 포함할 것
>   2. 주어진 단어 중 필요한 것만 골라서 쓸 것
>   3. 주어진 단어 중 필요한 경우 두 번 이상 사용할 것

give, make, feed, have, want, sure, certain, you, the dog, I, before, after, dinner

→ _____

(네가 저녁을 먹은 후에 반드시 개에게 먹이를 주렴.)

08 다음을 읽고, 이 수업의 규칙 두 가지를 우리말로 쓰시오.

> Hello, class. Make groups of four people and sit around the tables. Today we're going to make bacon and egg sandwiches. Keep in mind two rules for our class. First, make sure you wash your hands before you start. Second, be careful when you use a knife. All right, let's start.

(1) _____
(2) _____

09 다음 우리말과 같도록 [조건]에 맞게 영작하시오.

> [조건] 1. [보기]에서 알맞은 단어를 두 개씩 골라 쓸 것
>   2. 시제를 정확히 쓸 것

[보기]   let   make   move   touch

(1) 그는 우리가 그 뱀을 만지게 두었다.
→ _____

(2) 그녀는 그들에게 책상들을 옮기게 했다.
→ _____

10 다음 문장을 괄호 안의 부분을 강조하는 문장으로 바꿔 쓰시오.

Sally bought a baseball cap two days ago at the mall.

(1) (a baseball cap)
→ _____
_____

(2) (two days ago)
→ _____
_____

(3) (at the mall)
→ _____
_____

11 선생님이 각 학생에게 시키는 일을 [조건]에 맞게 완전한 문장으로 쓰시오.

> [조건] • have를 이용할 것
>   • 현재시제로 쓸 것

Mr. Park

Mia, clean the board.
Jinsu, share ideas with your group members.
John, be on time for every class.

(1) _____
(2) _____
(3) _____

12 다음 대화의 빈칸에 알맞은 말을 쓰시오.

A: Jimmy broke the window yesterday, didn't he?
B: No, he didn't. _____ _____ a bird _____ _____ _____ _____ yesterday.

13 다음 중 어법상 <u>틀린</u> 문장을 두 개 골라 기호를 쓴 후, 문장을 바르게 고쳐 쓰시오.

> ⓐ She made the students lined up at the gym.
> ⓑ My father makes me read lots of books.
> ⓒ The librarian didn't let us talk in the library.
> ⓓ My cousin let me use his computer.
> ⓔ I had my sister to bring my gym uniform.

(   ) → _____
(   ) → _____

14 다음 인터넷 기사의 내용과 일치하도록 댓글을 완성하시오.

> Last weekend, Dream Middle School students painted the walls in the park. They painted famous movie characters.

Sena: They painted the walls this weekend. Great!
↳ **Paul**: No. It was (1) _____
     they painted the walls.
Jane: I can't believe they painted famous K-pop stars.
↳ **Mingi**: No. (2) _____
     they painted.

[15-17] 다음 글을 읽고, 물음에 답하시오.

> The manager <u>let</u> us paint anything we wanted. We decided to paint something cute because the wall was near an elementary school. We divided into three groups and began painting. I was in the group with Minsu and Jiwon. I chose my spot and started to paint my favorite movie character. Minsu painted some flowers and Jiwon did some background drawings.
>
>   *I: Homin

15 ^{고/난도} 윗글의 밑줄 친 let과 의미와 쓰임이 같은 문장을 다음 [조건]을 참고하여 영작하시오.

> [조건]
> 1. [보기]에 제시된 단어들을 활용하되, 중복해서 쓰지 말 것
> 2. 필요시 a(n), the, 소유격 대명사, 부정어 등의 단어를 추가할 것
> 3. 각 문장 내에서 시제와 수 일치에 주의할 것

> [보기]
> | | | | |
> |---|---|---|---|
> | teacher | manager | parents | my brother |
> | use | go | watch | stay up |

(1) _____
_____
(2) _____
_____
(3) _____
_____

16 ^{고/난도} 다음 질문에 완전한 영어 문장으로 답하시오.

> [조건]   1. 시제와 인칭 대명사를 적절히 변형할 것
>   2. 대소문자를 구별하고 문장 부호를 정확히 쓸 것

(1) What did they decide to paint? And why?
   → _____
_____

(2) How many groups did they divide into?
   → _____
_____

17 윗글의 내용과 일치하도록 다음 글의 빈칸에 알맞은 말을 쓰시오.

> Homin painted (1) _____,
> and Minsu painted (2) _____.
> Jiwon did (3) _____.

[18-21] 다음 글을 읽고, 물음에 답하시오.

Our club painted for about five hours. After we finished, we got together and shared the day's experiences. Minsu was very proud of his flower painting. He said, "(A)My flower is so real that a bee landed on it." I said, "(B)Drawing on a wall was much harder than drawing on paper."

We all agreed that our wall painting wasn't perfect. But ⓐit didn't matter. (C)We made our neighborhood a little brighter and happier. We were proud of ourselves. We didn't just paint pictures on a wall that day. ⓑ우리가 그린 것은 바로 더 나은 내일이었다.

18 What did they do after they finished painting?

→ _____

19 윗글의 밑줄 친 (A)~(C)를 우리말로 해석하시오.

(A) _____
(B) _____
(C) _____

20 윗글의 밑줄 친 ⓐit이 가리키는 것을 윗글에서 찾아 쓰시오.

→ _____

21 윗글의 밑줄 친 ⓑ의 우리말을 [조건]에 맞게 영작하시오.

> [조건] 1. It ~ that 강조 구문을 쓸 것
>
> 2. 대소문자를 구별하고 문장 부호를 정확히 쓸 것

→ _____

고
/난도
22 다음 민수의 봉사 활동 일기를 읽고, 민수와 유진이의 대화를 완성하시오.

Volunteer Work Diary

Name: Minsu Kim

Date: Friday, May 3rd

I volunteered at Dream Library. I read English books to children. I tried to read like a voice actor. The volunteer manager had me arrange the books on the shelves. The books were so heavy that I had to take a break every 30 minutes. After I finished, the shelves looked very neat. I felt very proud. It was a fun and rewarding experience.

Yujin: Minsu, where did you volunteer last Friday?

Minsu: (1) _____

Yujin: What did you do there?

Minsu: (2) _____

I tried to read like a voice actor.

Yujin: Sounds great! What else?

Minsu: (3) _____

The books were very heavy.

Yujin: How did you feel after you finished?

Minsu: (4) _____

01 다음 중 짝 지어진 단어의 관계가 나머지와 <u>다른</u> 것은? [3점]

① bright – dark   ② begin – finish

③ new – old   ④ young – elderly

⑤ select – choose

02 다음 영어 뜻풀이에 해당하는 단어가 쓰인 것은? [3점]

> to be important

① Please select one color from the sample.

② We promise to deliver within 1 hour.

③ The plane is about to land at the airport.

④ Remove the old wallpaper and paint the wall.

⑤ Safety is the thing that matters most to them.

서술형 **1**

03 괄호 안의 우리말과 같도록 빈칸에 알맞은 말을 쓰시오.
[각 2점]

(1) Try to _____ _____ _____ your new
friends and have fun.
(새 친구들과 잘 지내려고 노력하고 즐겁게 보내.)

(2) Sally _____ _____ the school bus and
sat next to Mina.
(Sally는 통학 버스를 타서 미나의 옆자리에 앉았다.)

04 다음 대화의 빈칸에 들어갈 말로 알맞은 것을 <u>모두</u> 고르면?
[3점]

> A: Make sure you lock the door before you leave.
> B: _____

① That's it.   ② No problem.

③ That's right.   ④ Okay, I will.

⑤ Sounds great!

05 다음 중 짝 지어진 대화가 자연스럽지 <u>않은</u> 것은? [4점]

① A: Hi. I'm here for the volunteer work.
  B: Thanks for coming.

② A: Can you help me?
  B: Sure. I want you to move the chairs outside.

③ A: Is there anything to keep in mind?
  B: Yes. Don't forget to greet the elderly politely.

④ A: What do you want me to do?
  B: Please teach English to the children.

⑤ A: It's time to go home.
  B: Yes. Make sure you close the windows.

[06-07] 다음 대화를 읽고, 물음에 답하시오.

> A: What are you doing, Susan?
> B: Hi, Tom. I'm packing for my move tomorrow.
>   <u>Can you help me?</u>
> A: Sure. What do you want me to do?
> B: Please put the clothes into the box.
> A: No problem.

서술형 **2**

06 위 대화의 밑줄 친 말과 바꿔 쓸 수 있는 말을 괄호 안의 단
어들을 사용하여 쓰시오. [4점]

→ _____
(give, hand)

07 What will Tom do after the conversation? [4점]

① He will pack for his move.

② He will move with Susan.

③ He will carry the box for Susan.

④ He will put the clothes into the box.

⑤ He will bring some clothes to Susan.

[08-09] 다음 대화를 읽고, 물음에 답하시오.

> Woman: Good morning. What can I do for you?
> Tony: Hi. I'm here for the volunteer work.
> Woman: Oh, you must be Tony. (①)
> Tony: That's right. What do you want me to do today? (②)
> Woman: Please read this book for the blind in the recording room. (③)
> Tony: No problem. Should I go in now?
> Woman: Yes. Please go into Room 7.
> Tony: Okay. (④)
> Woman: Yes. Make sure you read slowly and clearly.
> Tony: Okay. I'll do my best. (⑤)

08 위 대화의 ①~⑤ 중 주어진 문장이 들어갈 알맞은 곳은? [4점]

> Is there anything to keep in mind?

①   ②   ③   ④   ⑤

09 위 대화를 읽고 추론한 내용으로 알맞지 <u>않은</u> 것은? [4점]

① 민지: 여자는 자원봉사 관리자이고 Tony는 자원봉사를 하러 왔구나.
② 찬영: Tony는 여자의 말을 듣기 전까지는 오늘 구체적으로 어떤 일을 하는지 몰랐던 것 같아.
③ 예나: 여자와 Tony는 여러 번 만났었던 사이구나.
④ 준성: 시각 장애인들을 위해 책을 녹음하면 그들이 책의 내용을 들을 수 있겠구나.
⑤ 소민: 녹음을 할 때는 속도를 천천히 하고 명확하게 발음하도록 노력해야 하는구나.

10 다음 중 글의 흐름과 관련 <u>없는</u> 문장은? [4점]

> Hello, class. Make groups of four people and sit around the tables. ①Today we're going to make bacon and egg sandwiches. ②There are several kinds of sandwiches you can choose from. ③Keep in mind two rules for our class. ④First, make sure you wash your hands before you start. ⑤Second, be careful when you use a knife. All right, let's start.

①   ②   ③   ④   ⑤

11 다음 빈칸에 들어갈 수 있는 말로 묶여진 것은? [4점]

> The coach _____ our team practice regularly.

① had, helped, made
② helped, get, had
③ made, gave, told
④ saw, heard, wanted
⑤ wanted, asked, told

12 밑줄 친 부분의 쓰임이 [보기]와 같은 것은? [4점]

> [보기]   It was the amusement park <u>that</u> we chose for the picnic location.

① It is said <u>that</u> he is a good doctor.
② It is important <u>that</u> you exercise regularly.
③ It is so heavy <u>that</u> she can't carry it.
④ It was a bird <u>that</u> broke the window yesterday.
⑤ It is true <u>that</u> he didn't come to the party.

13 다음 우리말을 영작할 때, 다섯 번째로 오는 단어는? [4점]

> 그는 그의 남동생에게 그 방을 청소하게 했다.

① his　　　　② brother　　　　③ to

④ clean　　　⑤ made

14 다음 중 어법상 틀린 문장은? [4점]

① It was a blue umbrella that I lost at the park.

② It was this morning that I saw Sora at the library.

③ It is my little brother that I have to look after him.

④ It is in the garden that my family grow vegetables.

⑤ It is the French movie that I'm going to watch tomorrow.

15 다음 중 어법상 옳은 문장을 모두 고르면? [4점]

① My grandmother made me call her.

② Ms. White let her son read comic books.

③ They didn't let the children running in the room.

④ The concert made us loved the singer.

⑤ The manager had us to pick up the trash on the street.

서술형**3**

16 다음 문장의 밑줄 친 부분을 강조하는 문장을 쓰시오. [4점]

> [조건]　1. It과 that을 반드시 사용할 것
> 　　　　2. 시제에 유의할 것
> 　　　　3. 대소문자를 구별하고 문장 부호를 정확히 쓸 것

> Apollo 11 landed on the moon in 1969.

→ _____

서술형**4**

17 다음 중 어법상 틀린 문장을 모두 골라 기호를 쓰고, 문장을 바르게 고쳐 쓰시오. [각 3점]

> ⓐ The teacher had us draw what we wanted.
> ⓑ Mr. Brown let his son going to Sam's birthday party.
> ⓒ My mom made me get up at 7 every morning.
> ⓓ It is a big tree that he painted on the wall yesterday.
> ⓔ It is action movies that I'm interested in.

(　　　) → _____

(　　　) → _____

[18-20] 다음 글을 읽고, 물음에 답하시오.

> Hi. My name is Homin. This is me in front of the wall painting. ⓐThe wings are pretty, aren't they? Many people like to take pictures in front of wall paintings. ⓑThey make old neighborhoods brightly and new.
> 　Last month, I visited a village with wall paintings in Yeosu. ⓒAs I was taking a picture, a light went on in my head. I thought, "I'm in the school art club. ⓓWhy don't we do wall paintings like these?" ⓔI suggested this idea at the next club meeting, and the members loved it.

18 윗글의 밑줄 친 ⓐ~ⓔ 중 어법상 틀린 것은? [4점]

① ⓐ　　② ⓑ　　③ ⓒ　　④ ⓓ　　⑤ ⓔ

19 윗글을 읽고 알 수 없는 것은? [4점]

① Homin visited Yeosu last month.

② Homin drew the wings on the wall.

③ Wall paintings make old neighborhoods new.

④ Homin is in the school art club.

⑤ The club members liked Homin's idea.

20 다음 질문에 우리말로 답하시오. [4점]

> What did Homin suggest at the club meeting?

→ _____

_____

[21-22] 다음 글을 읽고, 물음에 답하시오.

> The day of the project finally came. (A)(us, had, the project manager, at, 9 a.m., the painting site, meet, at) The wall was in very poor condition. There were strange writings and drawings on some parts. Other parts had old posters on them. We removed the posters first and painted over the writings and drawings with white paint.

21 윗글의 (A)의 괄호 안의 단어들을 바르게 배열하여 문장을 완성하시오. [4점]

> [조건] 1. 모든 단어를 사용할 것
>
> 2. 대소문자를 구별하고 문장 부호를 정확히 쓸 것

→ _____

_____

22 윗글을 읽고 답할 수 있는 질문을 <u>모두</u> 골라 기호를 쓰고, 완전한 영어 문장으로 답하시오. [5점]

> ⓐ What was the date of the wall painting?
>
> ⓑ How was the wall first?
>
> ⓒ What did they do first at the painting site?
>
> ⓓ Why did they choose white paint?

(   ) → _____

_____

(   ) → _____

_____

[23-25] 다음 글을 읽고, 물음에 답하시오.

> Our club painted for ⓐabout five hours. After we finished, we ⓑgot together and shared the day's experiences. Minsu was very proud of his flower painting. He said, "My flower is so real ___(A)___ a bee ⓒlanded on it." I said, "Drawing on a wall was much ⓓharder than drawing on paper."
>
> We all agreed that our wall painting wasn't perfect. But it ⓔdidn't matter. We made our neighborhood a little brighter and happier. We were proud of ourselves. We didn't just paint pictures on a wall that day. (B)It was a better tomorrow that we painted.

23 윗글의 빈칸 (A)에 들어갈 말로 알맞은 것은? [4점]

① what   ② when   ③ that

④ how   ⑤ whether

24 윗글의 밑줄 친 ⓐ~ⓔ의 우리말 뜻이 알맞지 <u>않은</u> 것은? [4점]

① ⓐ 약, 대략   ② ⓑ 모였다

③ ⓒ 내려앉았다   ④ ⓓ 더 열심히

⑤ ⓔ 중요하지 않았다

25 윗글의 밑줄 친 (B)를 우리말로 해석하시오. [4점]

→ _____

01 다음 중 영어 뜻풀이가 알맞지 <u>않은</u> 것은? [3점]

① spot: a particular space or area

② remove: to take something to a person or place

③ manager: someone who is in charge of a business, department, etc.

④ donation: something that you give to help a person or organization

⑤ background: the area that is behind the main thing that you are looking at

02 밑줄 친 단어가 같은 의미로 쓰인 것끼리 묶인 것은? [4점]

> ⓐ When bees land on flowers, they move pollen.
> ⓑ The land around here is quite flat.
> ⓒ People in the village are worried about dry land.
> ⓓ Don't worry. A fly will never land on your nose.

① ⓐ, ⓑ   ② ⓐ, ⓒ

③ ⓐ, ⓓ   ④ ⓑ, ⓒ, ⓓ

⑤ ⓒ, ⓓ

03 다음 밑줄 친 부분의 우리말 뜻이 알맞지 <u>않은</u> 것은? [3점]

① <u>Keep in mind</u> what I told you. (명심하다)

② We <u>get together</u> for a club meeting every Monday. (모이다)

③ She <u>gets along with</u> her sister. (~을 따라가다)

④ He is <u>proud of</u> his parents. (~을 자랑스러워하다)

⑤ I'll <u>do my best</u> to win in the singing contest. (최선을 다하다)

04 다음 중 짝 지어진 대화가 자연스럽지 <u>않은</u> 것은? [4점]

① A: What are all these boxes and books for?
   B: I'm packing the books for the donation center.

② A: Can you give me a hand?
   B: Sure. What do you want me to do?

③ A: What do you want to do?
   B: Make sure you brush the fur first.

④ A: Make sure you close the windows.
   B: Okay, I will.

⑤ A: What are you doing?
   B: I'm baking cookies for the children at the hospital.

05 자연스러운 대화가 되도록 순서대로 배열한 것은? [4점]

> (A) Please put the clothes into the box.
> (B) I'm packing for my move tomorrow. Can you help me?
> (C) What are you doing?
> (D) No problem.
> (E) Sure. What do you want me to do?

① (A) – (B) – (C) – (D) – (E)

② (B) – (A) – (C) – (E) – (D)

③ (B) – (C) – (A) – (E) – (D)

④ (C) – (B) – (A) – (D) – (E)

⑤ (C) – (B) – (E) – (A) – (D)

[06-07] 다음 대화를 읽고, 물음에 답하시오.

> A: Enjoy the concert, Mom.
> B: Okay, I will. Thanks, Tony. Your dinner is on the table.
> A: All right. Don't worry about me.
> B: 네가 저녁을 먹은 후에 반드시 개에게 먹이를 주렴.
> A: Okay. Mom, you should go now. Dad is waiting in the car.

06 위 대화의 밑줄 친 우리말과 같도록 괄호 안의 단어들을 사용하여 문장을 쓰시오. [4점]

→ _____

(sure, feed, after)

07 위 대화의 내용으로 추론할 수 <u>없는</u> 것은? [4점]

① Tony와 엄마의 대화이다.

② 대화를 나누고 있는 시점은 저녁 식사 전이다.

③ Tony는 스스로 저녁 식사를 차려 먹을 것이다.

④ Tony가 저녁을 먹은 후에 개에게 먹이를 줄 것이다.

⑤ 엄마는 아빠와 함께 갈 예정이다.

[08-10] 다음 대화를 읽고, 물음에 답하시오.

> Boy: What is this mess?
> Girl: ⓐI'm baking cookies.
> Boy: ⓑWhy are you baking so many cookies?
> Girl: They're for the people at the nursing home.
> Boy: That's very nice of you. ⓒThe elderly don't like cookies.
> Girl: ⓓCan you give me a hand?
> Boy: Sure. 너는 내가 무엇을 하길 원하니?
> Girl: Please put the cookies in the gift boxes. ⓔThree cookies in each box.
> Boy: Okay.

08 위 대화의 밑줄 친 ⓐ~ⓔ 중 흐름상 <u>어색한</u> 것은? [4점]

① ⓐ   ② ⓑ   ③ ⓒ   ④ ⓓ   ⑤ ⓔ

09 위 대화의 밑줄 친 우리말과 같도록 [조건]에 맞게 영작하시오. [4점]

> [조건]   1. what과 want를 반드시 포함할 것
>   2. 대소문자를 구별하고 문장 부호를 정확히 쓸 것

→ _____

10 위 대화를 읽고 답할 수 <u>없는</u> 질문은? [4점]

① What is the girl doing now?

② Who are the cookies for?

③ Where is the nursing home?

④ What will the boy do after the conversation?

⑤ How many cookies should be in each box?

11 다음 빈칸에 들어갈 말로 알맞은 것은? [3점]

> It was gimbap that _____.

① made for Linda yesterday

② I made for Linda yesterday

③ I make for Linda yesterday

④ I did made for Linda yesterday

⑤ for me to make for Linda yesterday

12 다음 중 빈칸에 들어갈 수 있는 동사의 개수는? [3점]

> Mr. Brown _____ me drive his car.

ⓐ let	ⓑ got	ⓒ had
ⓓ made	ⓔ told	ⓕ wanted

① 2개   ② 3개   ③ 4개

④ 5개   ⑤ 6개

13 다음 문장에 대한 설명으로 올바른 것은? [3점]

> It was in the garden that my uncle planted some apple trees on April 5th.

① It은 지시대명사로 '그것'으로 해석한다.

② in the garden을 강조하는 문장이다.

③ that은 생략할 수 있다.

④ be동사는 시제와 관계없이 항상 was를 쓴다.

⑤ 원인과 결과를 나타내는 표현이다.

모의고사

14 다음 빈칸에 들어갈 말이 의미와 어법상 바르게 짝 지어진 것은? [4점]

> ⓐ Daniel made his brother _____ the TV.
> ⓑ I didn't let my cousin _____ my bike.
> ⓒ The dentist had me _____ my mouth.
> ⓓ Ms. Johns let them _____ something cute.

| | ⓐ | ⓑ | ⓒ | ⓓ |

① turn off – to ride – opening – paint
② turn on – ride – to close – draw
③ turn on – sell – closing – to draw
④ turn off – ride – open – draw
⑤ turn off – sell – open – painted

서술형 3

15 다음 우리말과 같도록 괄호 안의 단어들을 배열하여 완전한 영어 문장으로 쓰시오. [4점]

> 내가 나의 첫 쿠키를 구운 것은 바로 어제였다.

→ _____

(yesterday, I, my, cookie, it, that, was, baked, first)

서술형 4

16 다음 학교 규칙을 보고, [조건]에 맞게 문장을 쓰시오. [각 2점]

> [조건]
> 1. Ms. Brown을 주어로 쓰고, 사역동사 let을 쓸 것
> 2. 동사는 현재시제로 쓸 것
> 3. 대소문자를 구별하고 문장 부호를 정확히 쓸 것

> **School Rules for Students**
> • You can play outside during lunch time.
> • Don't use smartphones in class.
> • Don't run in the classroom.
> – *The Principal, Sue Brown*

(1) _____
(2) _____
(3) _____

서술형 5

17 [조건]에 맞게 다음 대화를 완성하시오. [5점]

> [조건]
> 1. It ~ that 강조 구문을 반드시 포함할 것
> 2. 대소문자를 구별하고 문장 부호를 정확히 쓸 것

A: Minji's family planted trees in the neighborhood park last Sunday.
B: I didn't hear you. Did they plant trees in the National Park last Sunday?
A: No. _____
_____

[18-19] 다음 글을 읽고, 물음에 답하시오.

> We found a teen volunteer project on the Internet. The project was (A) done / to do a wall painting in our neighborhood. We applied for it, and two weeks later, our club was selected!
> The day of the project finally came. The project manager had us (B) meet / to meet at the painting site at 9 a.m. The wall was in very ___ⓐ___ condition. There (C) was / were strange writings and drawings on some parts. Other parts had old posters on them. We removed the posters first and painted over the writings and drawings with white paint.

18 윗글의 (A)~(C)에 알맞은 것끼리 짝 지어진 것은? [4점]

| | (A) | (B) | (C) |

① done – meet – was
② done – to meet – were
③ to do – meet – was
④ to do – meet – were
⑤ to do – to meet – were

19 윗글의 빈칸 ⓐ에 들어갈 말로 알맞은 것은? [4점]

① good   ② poor   ③ perfect
④ worse   ⑤ excellent

[20-21] 다음 글을 읽고, 물음에 답하시오.

> The manager let us ___ⓐ___ anything we wanted. We decided ___ⓑ___ something cute ___(A)___ the wall was near an elementary school. We divided into three groups and began painting. I was in the group with Minsu and Jiwon. I chose my spot and started ___ⓒ___ my favorite movie character. Minsu ___ⓓ___ some flowers and Jiwon did some background drawings.

20 윗글의 빈칸 ⓐ~ⓓ 중 to paint가 들어갈 수 있는 곳의 개수는? [4점]

① 0개 ② 1개 ③ 2개 ④ 3개 ⑤ 4개

21 윗글의 빈칸 (A)에 들어갈 단어가 사용된 문장은? [4점]

① Is it okay if I leave now?
② We waited for him until he came back.
③ Kevin played the guitar while I sang a song.
④ Susan went to bed early because she was tired.
⑤ I'll play badminton after I finish my homework.

[22-24] 다음 글을 읽고, 물음에 답하시오.

> Our club painted for about five hours. After we finished, we got together and shared the day's experiences. Minsu was very proud of his flower painting. He said, "My flower is so real that a bee landed on it." I said, "Drawing on a wall was much harder than drawing on paper."
>
> We all agreed that our wall painting wasn't perfect. But it didn't matter. We made our neighborhood a little brighter and happier. We were proud of ourselves. We didn't just paint pictures on a wall that day. <u>We painted a better tomorrow.</u>
>
>   * I: Homin

서술형 **6**

22 How long did the club members paint? [4점]

→ _____

23 윗글의 내용과 일치하지 <u>않는</u> 것은? [4점]

① 벽화 그리기를 마친 후, 동아리 부원들은 그날의 경험을 함께 이야기했다.
② 민수는 자신의 꽃 그림이 실제 같아서 벌이 그 위에 앉았다고 했다.
③ 호민이는 벽에 그림을 그리는 것이 종이에 그림을 그리는 것보다 더 힘들었다고 생각한다.
④ 동아리 부원들은 완벽한 그림을 완성하는 것이 무엇보다 중요하다고 생각한다.
⑤ 벽화가 동네를 더 밝고 행복하게 만들었다.

서술형 **7**

24 윗글의 밑줄 친 문장을 [조건]에 맞게 바꿔 쓰시오. [4점]

> [조건] 1. a better tomorrow를 강조하는 문장으로 바꿔 쓸 것
>   2. 8단어로 쓸 것
>   3. 대소문자를 구별하고 문장 부호를 정확히 쓸 것

→ _____

서술형 **8**

25 다음 글을 읽고, 물음에 완전한 영어 문장으로 답하시오. [각 3점]

> I volunteered at Dream Library. I read English books to children. I tried to read like a voice actor. The volunteer manager had me arrange the books on the shelves. The books were so heavy that I had to take a break every 30 minutes. After I finished, the shelves looked very neat. I felt very proud. It was a fun and rewarding experience.

(1) Where did Minsu volunteer?

 → _____

(2) What did Minsu do there?

 → _____

  _____

01 다음 중 품사의 종류가 <u>다른</u> 하나는? [3점]

① slowly　　② clearly　　③ elderly
④ politely　　⑤ hardly

02 다음 빈칸에 쓰이지 <u>않는</u> 단어는? [4점]

- Some old people live in a _____ because they need help.
- The park is a good _____ for a picnic.
- I could see the plane's _____ out of my window.
- I'm sixteen years old, so I can join the _____ volunteer project.

① teen　　② wing　　③ spot
④ donation　　⑤ nursing home

03 다음 빈칸에 get을 쓸 수 <u>없는</u> 것은? [3점]

① I _____ up at 6 o'clock every morning.
② Try to _____ along with your friends.
③ She wants to _____ pictures with her pet.
④ We will _____ together and share our ideas.
⑤ We couldn't _____ on the bus because it was very crowded.

04 자연스러운 대화가 되도록 순서대로 배열한 것은? [3점]

(A) It's time to go home.
(B) Okay, I will. Anything else?
(C) No, that's it. See you tomorrow.
(D) Yes. Make sure you lock the doors.

① (A) – (B) – (C) – (D)　　② (A) – (C) – (B) – (D)
③ (A) – (C) – (D) – (B)　　④ (A) – (D) – (B) – (C)
⑤ (A) – (D) – (C) – (B)

[05-06] 다음 대화를 읽고, 물음에 답하시오.

A: What are all these boxes and books ___ⓐ___?
B: I'm packing the books ___ⓑ___ the donation center. ⓒCan you give me a hand?
A: Sure. What do you want me to do?
B: Please write the address on the boxes.
A: No problem.

05 윗글의 빈칸 ⓐ와 ⓑ에 공통으로 들어갈 말로 알맞은 것은? [3점]

① of　　② with
③ for　　④ into
⑤ through

06 윗글의 밑줄 친 ⓒ와 바꿔 쓸 수 있는 것은? [3점]

① Can I help you?
② Can I ask you a favor?
③ Do you need some help?
④ What can I do for you?
⑤ Would you like some help?

07 다음 밑줄 친 ⓐ~ⓔ 중 어법상 <u>틀린</u> 것은? [3점]

Hello, class. Make groups of four people and ⓐsit around the tables. Today we're going ⓑto make bacon and egg sandwiches. ⓒKeep in mind two rules for our class. First, make sure you ⓓto wash your hands before you start. Second, ⓔbe careful when you use a knife. All right, let's start.

① ⓐ　　② ⓑ　　③ ⓒ　　④ ⓓ　　⑤ ⓔ

[08-10] 다음 대화를 읽고, 물음에 답하시오.

> A: Good morning. _____
> B: Hi. I'm here for the volunteer work.
> A: Oh, you <u>must</u> be Tony.
> B: That's right. _____
> A: Please read this book for the blind in the recording room.
> B: No problem. _____
> A: Yes. Please go into Room 7.
> B: Okay. _____
> A: Yes. Make sure you read slowly and clearly.
> B: Okay. I'll do my best.

08 다음 중 위 대화의 빈칸에 쓰이지 <u>않는</u> 것은? [4점]

① Should I go in now?
② What can I do for you?
③ What are you doing now?
④ Is there anything to keep in mind?
⑤ What do you want me to do today?

09 위 대화의 밑줄 친 <u>must</u>와 같은 의미로 쓰인 것은? [4점]

① Teens <u>must</u> read this book.
② The kids <u>must</u> follow the rules.
③ You <u>must</u> be quiet in the library.
④ You <u>must</u> be hungry after all that walking.
⑤ I <u>must</u> write a letter to my parents every month.

서술형 **1**

10 위 대화의 내용과 일치하도록 다음 빈칸에 알맞은 말을 쓰시오. [4점]

> When Tony reads the book for the blind in the recording room, he should _____ _____ _____ _____.

11 다음 우리말을 영어로 쓸 때, 쓰이지 <u>않는</u> 것은? [3점]

> 그는 나에게 창문을 열게 했다.

① he   ② made   ③ opened
④ me   ⑤ window

12 다음 중 어법상 <u>틀린</u> 문장은? [4점]

① It is my cat Hope that makes me happy.
② It was a kite that made at school last Friday.
③ It was last June that the old man left the town.
④ It was *The Lion King* that I watched with my aunt last week.
⑤ It was a soccer ball that my parents bought for my birthday present.

13 다음 중 어법상 자연스러운 문장은? [4점]

① Tina helped me picking up the trash.
② She wants her sister feed the dogs.
③ Mr. White made them moved the boxes.
④ Dad had us prepare Paul's birthday party.
⑤ Grandmother let me playing computer games.

서술형 **2**

14 괄호 안의 단어들을 순서대로 배열하여 주어진 문장에 이어지는 문장을 쓰시오. [각 3점]

(1) I left my lunch box at home.
  → _____
  (my brother, I, had, my lunch box, bring)

(2) I lost my baseball glove yesterday.
  → _____
  (his baseball glove, me, my friend, wear, let)

서술형3

15 주어진 [조건]에 맞게 문장을 바꿔 쓰시오. [각 2점]

> [조건]　1. 괄호 안의 말을 강조하는 문장으로 바꿔 쓸 것
>
> 2. 문장은 It으로 시작할 것
>
> 3. 대소문자를 구별하고 문장 부호를 정확히 쓸 것

> I met Nora in the library this morning.

(1) (in the library)

　→ _____

(2) (this morning)

　→ _____

서술형4

16 엄마가 Ann에게 시킨 일의 목록을 보고, [조건]에 맞게 문장을 쓰시오. [각 2점]

> [조건]　1. 사역동사 make나 have를 이용할 것
>
> 2. Ann's mom으로 시작하고 동사는 과거시제로 쓸 것
>
> 3. 대소문자를 구별하고 문장 부호를 정확히 쓸 것

> • water the plants
> • take out the trash
> • arrange the books on the bookshelves

(1) _____

(2) _____

(3) _____

[17-18] 다음 글을 읽고, 물음에 답하시오.

> Hi. My name is Homin. This is me in front of the wall painting. ⓐ날개가 예뻐, 그렇지 않니? Many people like to take pictures in front of wall paintings. They make old neighborhoods bright and new.
>
> Last month, I visited a village with wall paintings in Yeosu. As I was taking a picture, a light went on in my head. I thought, "I'm in the school art club. Why don't we do wall paintings like these?" I suggested this idea at the next club meeting, and the members loved it.

서술형5

17 윗글의 밑줄 친 ⓐ의 우리말을 영작하시오. [4점]

> [조건]　1. the wings를 꼭 사용할 것
>
> 2. 부가의문문을 꼭 포함할 것
>
> 3. 대소문자를 구별하고 문장 부호를 정확히 쓸 것

→ _____

18 윗글을 읽고 답할 수 없는 질문의 개수는? [4점]

> • Who painted the wings?
> • When did Homin visit Yeosu?
> • Which club is Homin in?
> • What did Homin suggest at the club meeting?
> • How many people are there in the school art club?

① 1개　　　　② 2개　　　　③ 3개

④ 4개　　　　⑤ 5개

[19-21] 다음 글을 읽고, 물음에 답하시오.

> We ⓐfound a teen volunteer project on the Internet. (①) The project was ⓑto do a wall painting in our neighborhood. (②) We applied for it, and two weeks later, our club ⓒselected!
>
> (③) The project manager had us ⓓto meet at the painting site at 9 a.m. (④) The wall was in very poor condition. (⑤) There were strange writings and drawings on some parts. Other parts had old posters on them. We removed the posters first and ⓔpainted over the writings and drawings with white paint.

19 윗글의 ①~⑤ 중 주어진 문장이 들어갈 알맞은 곳은? [4점]

> The day of the project finally came.

①　　　　②　　　　③　　　　④　　　　⑤

서술형**6**

20 윗글의 밑줄 친 ⓐ~ⓔ 중 어법상 **틀린** 것을 **두 개** 골라 바르게 고쳐 쓴 후, **틀린** 이유를 각각 우리말로 쓰시오. [각 3점]

(1) _____ → _____

틀린 이유: _____

_____

(2) _____ → _____

틀린 이유: _____

_____

서술형**7**

21 다음 질문에 완전한 영어 문장으로 답하시오. [각 3점]

(1) Where did they find a teen volunteer project?

→ _____

(2) What was the project?

→ _____

[22-25] 다음 글을 읽고, 물음에 답하시오.

The manager let us paint anything we wanted. We decided to paint something cute because the wall was near an elementary school. We divided into three groups and began painting. I was in the group with Minsu and Jiwon. I chose my spot and started to paint my favorite movie character. Minsu painted some flowers and Jiwon did some background drawings.

Our club painted for ____ⓐ____ five hours. After we finished, we got together and shared the day's experiences. Minsu was very proud ____ⓑ____ his flower painting. He said, "My flower is so real that a bee landed ____ⓒ____ it." I said, "Drawing on a wall was much harder ____ⓓ____ drawing on paper."

We all agreed that our wall painting wasn't perfect. But it didn't matter. We were proud ____ⓔ____ ourselves. 우리는 우리 동네를 조금 더 밝고 행복하게 만들었다. We didn't just paint pictures on a wall that day. It was a better tomorrow that we painted.

22 윗글의 빈칸 ⓐ~ⓔ에 쓰이지 **않는** 것은? [3점]

① on   ② of   ③ to

④ than   ⑤ about

23 다음 중 윗글에 나오는 단어의 영어 뜻풀이를 **모두** 고르면? [4점]

① between 13 and 19 years old

② to be important

③ a particular space or area

④ a person who does a job without being paid

⑤ something that you give to help a person or organization

서술형**8**

24 윗글의 밑줄 친 우리말과 같도록 [조건]에 맞게 영작하시오. [4점]

[조건]   1. neighborhood와 a little을 반드시 포함할 것
2. 동사의 시제와 비교급을 정확히 쓸 것
3. 대소문자를 구별하고 문장 부호를 정확히 쓸 것

→ _____

25 윗글의 내용과 일치하는 것은? [4점]

① The manager had them draw some flowers.

② They divided into four groups.

③ In Minsu's group, there were only Minsu and Jiwon.

④ Minsu helped Jiwon do some background drawings.

⑤ They didn't think their wall painting was perfect.

01 다음 중 밑줄 친 단어가 같은 의미로 쓰인 것은? [4점]

① Look at that <u>pretty</u> hat over there.

This horror movie made me <u>pretty</u> scared.

② She read a book <u>like</u> a voice actor.

Do you <u>like</u> to take pictures?

③ A bee <u>landed</u> on this flower.

The <u>land</u> is green after the rain.

④ I'm packing for my <u>move</u> tomorrow.

I can't <u>move</u> this box since it's too heavy.

⑤ What <u>matters</u> most to him is a healthy life.

It doesn't <u>matter</u> to us who did the work.

02 주어진 단어의 영어 뜻풀이에 해당하지 <u>않는</u> 것은? [3점]

arrange	deliver	neighborhood	remove

① an area of a town or city

② to take something to a person or place

③ to move or take something away from a place

④ to choose something or someone

⑤ to put a group of things or people in a particular order or position

[03-04] 다음 대화를 읽고, 물음에 답하시오.

Boy: What is this mess?

Girl: I'm baking cookies.

Boy: (1) _____

Girl: They're for the people at the nursing home.

Boy: (2) _____

Girl: Can you give me a hand?

Boy: Sure. (3) _____

Girl: Please put the cookies in the gift boxes.

(4) _____

Boy: Okay.

서술형**1**

03 위 대화의 빈칸에 알맞은 말을 [보기]에서 골라 쓰시오. [5점]

[보기]
- That's very nice of you.
- Can you help me?
- What do you want me to do?
- Three cookies in each box.
- Why are you baking so many cookies?

(1) _____

(2) _____

(3) _____

(4) _____

서술형**2**

04 What will the boy do after the conversation? Write the answer as much detail as possible. [4점]

→ _____

서술형**3**

05 다음 글의 내용과 일치하도록 대화를 완성하시오. [각 2점]

Susan is going to move out tomorrow, so she is packing now. Susan asks John to help her. John asks what Susan wants him to do. Susan tells him to take out the trash.

John: What are you doing, Susan?

Susan: I'm packing for my move tomorrow.

(1) _____

John: Sure. What do you want me to do?

Susan: (2) _____

John: No problem.

06 다음 우리말을 영어로 바꿀 때, 네 번째로 오는 단어는? [3점]

그녀는 우리가 아이디어를 모둠 구성원들과 공유하게 한다.

① us   ② to   ③ share

④ has   ⑤ ideas

07 다음 중 어법상 틀린 문장으로 묶인 것은? [4점]

ⓐ They helped me to do my homework.
ⓑ It is his dog that Kevin is looking for.
ⓒ My mom let me go to the beach.
ⓓ He made us to read lots of books.
ⓔ It was bought that he these shoes at this shop last weekend.

① ⓐ, ⓑ   ② ⓐ, ⓑ, ⓓ   ③ ⓒ, ⓓ
④ ⓒ, ⓓ, ⓔ   ⑤ ⓓ, ⓔ

08 다음 문장에 대해 잘못 설명한 사람은? [3점]

It was Jeju-do that I visited last weekend.

① 민기: Jeju-do를 강조하는 말이구나.
② 시은: It ~ that 강조 구문을 사용했구나.
③ 지우: 과거시제라서 was를 썼구나.
④ 서연: Jeju-do는 장소이므로 앞에 전치사 in을 써야 해.
⑤ 선우: last weekend를 강조하고 싶으면 It was last weekend that I visited Jeju-do.로 쓰면 돼.

서술형4
09 다음 우리말과 같도록 [조건]에 맞게 영작하시오. [4점]

[조건]   1. 적절한 사역동사를 사용할 것
         2. 시제와 수 일치에 주의할 것

그녀는 그녀의 남동생이 그녀의 자전거를 타게 해 준다.

→ _____

서술형5
10 It ~ that 강조 구문을 이용하여 다음 문장의 밑줄 친 부분을 강조하는 문장을 쓰시오. [각 2점]

(1) Jack played the guitar at the school festival yesterday.

→ _____

(2) Yuri left her baseball cap in the school gym.

→ _____

[11-14] 다음 글을 읽고, 물음에 답하시오.

Hi. My name is Homin. This is me in front of the wall painting. The wings are pretty, aren't they? Many people like to take pictures in front of wall paintings. They make old neighborhoods bright and new.

Last month, I visited a village with wall paintings in Yeosu. ⓐAs I was taking a picture, ⓑa light went on in my head. I thought, "I'm in the school art club. Why don't we do wall paintings like these?"
(A) We found a teen volunteer project on the Internet.
(B) The project was to do a wall painting in our neighborhood.
(C) I suggested this idea at the next club meeting, and the members loved it.
(D) We applied for it, and two weeks later, our club was selected!

11 윗글의 (A)~(D)를 글의 흐름에 맞게 배열한 것은? [4점]

① (A) – (D) – (B) – (C)   ② (B) – (C) – (A) – (D)
③ (C) – (A) – (B) – (D)   ④ (C) – (B) – (A) – (D)
⑤ (D) – (C) – (B) – (A)

12 윗글의 밑줄 친 ⓐ와 바꿔 쓸 수 있는 것은? [3점]

① If   ② After   ③ Before
④ While   ⑤ Until

13 윗글의 밑줄 친 ⓑ의 의미로 알맞은 것은? [4점]

① I turned on the light.
② A great idea came to me.
③ I could see something bright.
④ I felt so good that I kept walking.
⑤ Something strange happened.

14 윗글의 내용과 일치하지 <u>않는</u> 것은? [4점]

① Homin visited Yeosu last month.

② Homin is the member of the school art club.

③ Homin took a picture in front of the wall painting.

④ Homin thought that his club members could do wall paintings.

⑤ Homin's club members did volunteer work in Yeosu.

[15-17] 다음 글을 읽고, 물음에 답하시오.

> The day of the project finally came. The project manager (A)<u>had</u> us meet at the painting site at 9 a.m. The wall was in very ⓐ<u>poor</u> condition. There were strange writings and drawings on some parts. Other parts (B)<u>had</u> old posters on them. We removed the posters first and painted over the writings and drawings with white paint.

15 다음 [보기]에서 윗글의 밑줄 친 (A), (B)와 같은 의미로 쓰인 것이 바르게 짝 지어진 것은? [4점]

> [보기]
> ⓐ I went to the beach and <u>had</u> a good time.
> ⓑ The book <u>had</u> lots of pictures in it.
> ⓒ My family <u>had</u> dinner in the garden yesterday.
> ⓓ My uncle <u>had</u> us clean the house.

	(A)	(B)			(A)	(B)
①	ⓐ	–	ⓑ	②	ⓑ	–	ⓒ
③	ⓑ	–	ⓓ	④	ⓓ	–	ⓑ
⑤	ⓓ	–	ⓒ				

16 윗글의 밑줄 친 ⓐpoor와 같은 의미로 쓰인 것은? [4점]

① Andy is <u>poor</u> at math and science.

② The old man is too <u>poor</u> to buy a coat.

③ We donated money for the <u>poor</u> in Africa.

④ The roof of the house is in <u>poor</u> condition.

⑤ The family decided to take care of the <u>poor</u> dog.

서술형6

17 Answer the following questions in English. [각 2점]

(1) Where did they meet on the day of the project?

→ _____

(2) What did they do first at the painting site?

→ _____

(3) What did they do after they removed the posters?

→ _____

[18-20] 다음 글을 읽고, 물음에 답하시오.

> (A)(the manager, we, paint, wanted, us, anything, let) ⓐ<u>We decided to paint cute something because the wall was near an elementary school.</u> ⓑ<u>We divided into three groups and began painting.</u> ⓒ<u>I was in the group with Minsu and Jiwon.</u> ⓓ<u>I chose my spot and started paint my favorite movie character.</u> ⓔ<u>Minsu painted some flowers and Jiwon do some background drawings.</u>

서술형7

18 윗글의 (A)의 괄호 안에 주어진 단어들을 바르게 배열하여 완전한 문장을 쓰시오. [4점]

→ _____

19 윗글의 밑줄 친 ⓐ~ⓔ 중 어법상 틀린 것끼리 묶인 것은? [4점]

① ⓐ, ⓑ   ② ⓐ, ⓑ, ⓒ   ③ ⓐ, ⓓ, ⓔ

④ ⓑ, ⓓ, ⓔ   ⑤ ⓑ, ⓔ

서술형8

20 다음 영어 뜻풀이에 해당하는 단어를 윗글에서 찾아 쓰시오. [3점]

> the area that is behind the main thing that you are looking at

→ _____

[21-23] 다음 글을 읽고, 물음에 답하시오.

> Our club painted for about five hours. After we finished, we got together and shared the day's experiences. Minsu was very proud of his flower painting. He said, "My flower is so real ___ⓐ___ a bee landed on it." I said, "Drawing on a wall was much harder ___ⓑ___ drawing on paper."
>
> We all agreed ___ⓒ___ our wall painting wasn't perfect. But it didn't matter. We made our neighborhood a little brighter and happier. We were proud of ourselves. We didn't just paint pictures on a wall that day. It was a better tomorrow ___ⓓ___ we painted.

21 윗글의 빈칸 ⓐ~ⓓ에 들어갈 말이 같은 것끼리 묶인 것은? [4점]

① ⓐ, ⓑ   ② ⓐ, ⓑ, ⓒ   ③ ⓐ, ⓑ, ⓓ

④ ⓐ, ⓒ, ⓓ   ⑤ ⓑ, ⓒ

22 윗글의 내용과 일치하지 <u>않는</u> 것은? [4점]

① It took about five hours to paint on the wall.

② Minsu was proud of his painting.

③ The writer thought drawing on a wall was not easy.

④ They thought that their wall painting should be perfect.

⑤ The wall painting made the neighborhood bright and happy.

서술형 9

23 윗글을 읽고 답할 수 있는 질문을 모두 골라 기호를 쓴 후, 완전한 영어 문장으로 답하시오. [5점]

> ⓐ What did they do after they finished the wall painting?
>
> ⓑ Why did Minsu choose to draw a flower?
>
> ⓒ Why was drawing on a wall harder than drawing on paper?
>
> ⓓ How did they feel about themselves?

(   ) → _____

(   ) → _____

서술형 10

24 다음 대화를 읽고, Alice의 일기를 완성하시오. [5점]

> A: Hi, I'm Alice. I'm here for the volunteer work.
>
> B: Thanks for coming, Alice.
>
> A: What do you want me to do today?
>
> B: Please deliver meals to the elderly.
>
> A: Okay. Is there anything to keep in mind?
>
> B: Yes. Make sure you greet them politely.
>
> A: Okay, I will.

> Today I did _____ _____ for the elderly. What I did was _____ _____ _____ _____ _____. I had to _____ _____ _____. It was a rewarding experience.

서술형 11

25 각 선생님의 말을 읽고, [조건]에 맞게 문장을 쓰시오. [각 2점]

> [조건]   1. 예시와 같이 문장을 쓸 것
>
>   2. have를 반드시 이용할 것
>
>   3. 필요시 동사의 형태를 바꿀 것

Mina, read two books every month.

Mr. Frank

Chris, be on time for school every day.

Ms. White

Yena, stretch your neck often.

Mr. Park

e.g. Mr. Frank has Mina read two books every month.

(1) _____

(2) _____

● 틀린 문항을 표시해 보세요.

● 부족한 영역을 점검해 보고 어떻게 더 학습할지 학습 계획을 적어 보세요.

〈1회〉 대표 기출로 내신 **적중** 모의고사　　　총점 _____ / 100

문항	영역	문항	영역	문항	영역
01	p.10(W)	10	p.15(L&S)	19	pp.30-31(R)
02	p.10(W)	11	p.22(G)	20	pp.30-31(R)
03	p.8(W)	12	p.23(G)	21	pp.30-31(R)
04	p.13(L&S)	13	p.22(G)	22	pp.30-31(R)
05	p.13(L&S)	14	p.23(G)	23	pp.30-31(R)
06	p.14(L&S)	15	p.22(G)	24	pp.30-31(R)
07	p.14(L&S)	16	p.23(G)	25	pp.30-31(R)
08	p.15(L&S)	17	pp.22-23(G)		
09	p.15(L&S)	18	pp.30-31(R)		

	오답 공략
부족한 영역	
학습 계획	

〈2회〉 대표 기출로 내신 **적중** 모의고사　　　총점 _____ / 100

문항	영역	문항	영역	문항	영역
01	p.10(W)	10	p.14(L&S)	19	pp.30-31(R)
02	p.10(W)	11	p.23(G)	20	pp.30-31(R)
03	p.8(W)	12	p.22(G)	21	pp.30-31(R)
04	p.13(L&S)	13	p.23(G)	22	pp.30-31(R)
05	p.14(L&S)	14	p.22(G)	23	pp.30-31(R)
06	p.14(L&S)	15	p.23(G)	24	pp.30-31(R)
07	p.14(L&S)	16	p.22(G)	25	p.44(M)
08	p.14(L&S)	17	p.23(G)		
09	p.14(L&S)	18	pp.30-31(R)		

	오답 공략
부족한 영역	
학습 계획	

〈3회〉 대표 기출로 내신 **적중** 모의고사　　　총점 _____ / 100

문항	영역	문항	영역	문항	영역
01	p.8(W)	10	p.15(L&S)	19	pp.30-31(R)
02	p.8(W)	11	p.22(G)	20	pp.30-31(R)
03	p.10(W)	12	p.23(G)	21	pp.30-31(R)
04	p.15(L&S)	13	p.22(G)	22	pp.30-31(R)
05	p.14(L&S)	14	p.22(G)	23	pp.30-31(R)
06	p.14(L&S)	15	p.23(G)	24	pp.30-31(R)
07	p.15(L&S)	16	p.22(G)	25	pp.30-31(R)
08	p.15(L&S)	17	pp.30-31(R)		
09	p.15(L&S)	18	pp.30-31(R)		

	오답 공략
부족한 영역	
학습 계획	

〈4회〉 고난도로 내신 **적중** 모의고사　　　총점 _____ / 100

문항	영역	문항	영역	문항	영역
01	p.10(W)	10	p.23(G)	19	pp.30-31(R)
02	p.10(W)	11	pp.30-31(R)	20	pp.30-31(R)
03	p.14(L&S)	12	pp.30-31(R)	21	pp.30-31(R)
04	p.14(L&S)	13	pp.30-31(R)	22	pp.30-31(R)
05	p.14(L&S)	14	pp.30-31(R)	23	pp.30-31(R)
06	p.22(G)	15	pp.30-31(R)	24	p.15(L&S)
07	pp.22-23(G)	16	pp.30-31(R)	25	p.22(G)
08	p.23(G)	17	pp.30-31(R)		
09	p.22(G)	18	pp.30-31(R)		

	오답 공략
부족한 영역	
학습 계획	

Lesson 4

Open a Book, Open Your Mind

Charlotte's Web
E.B.WHITE

주요 학습 내용	의사소통 기능	의견 묻기	A: **How do you feel about** the single food diet? (너는 한 가지 음식만 먹는 다이어트에 관해 어떻게 생각하니?) B: **I think** it's easy but unhealthy. (나는 그것이 쉽지만 건강에 좋지 않다고 생각해.)
		동의하기	A: I think reading books on a smartphone is good. We can read anytime. (나는 스마트폰으로 책을 읽는 것이 좋다고 생각해. 우리는 언제든지 읽을 수 있어.) B: **I'm with you on that.** (네 말에 동의해.)
	언어 형식	the+비교급 ~, the+비교급 ...	**The more** Stanley dug, **the stronger** he became. (Stanley는 많이 파면 팔수록, 더 힘이 세져 갔다.)
		접속사 since	It couldn't be real gold **since** it was too light. (그것은 너무 가벼웠기 때문에 진짜 금일 리가 없었다.)

 **Words**

만점 노트

☆ 자주 출제되는 어휘

* 완벽히 외운 단어는 □ 안에 √표 해 봅시다.

Listen & Speak

□□ acting	휑 (연극·영화에서의) 연기
□□ actually	휑 실제로 (= really)
□□ agree	통 동의하다 (↔ disagree)
□□ anytime	튀 언제든지
□□ awake☆	휑 잠들지 않은, 깨어 있는
□□ bone	명 뼈
□□ brain	명 뇌
□□ caffeine	명 카페인
□□ convenience	명 편리, 편의
□□ convenient☆	휑 편리한
□□ cruel	휑 잔인한, 잔혹한
□□ focus on☆	~에 집중하다
□□ helpful	휑 유용한, 도움이 되는 (= useful)

□□ look up	~을 찾다(찾아보다)
□□ not ~ at all	전혀 ~ 아니다(않다)
□□ online	휑 온라인의 튀 온라인으로
□□ order	통 (상품을) 주문하다
□□ raise	통 키우다, 기르다
□□ reason	명 이유, 까닭
□□ return	통 돌려주다, 반품하다
□□ scary	휑 무서운, 겁나는
□□ single	휑 단 하나의, 단일의
□□ skip	통 (일을) 거르다, 빼먹다
□□ testing	명 실험(하기), 시험(하기)
□□ try one's best	최선을 다하다
□□ unhealthy	휑 건강에 해로운, 유해한 (↔ healthy)

Reading

□□ assign☆	통 (사람을) 배치하다
□□ be full of	~로 가득 차다
□□ beat	통 (심장이) 고동치다, 때리다
□□ belong to☆	~의 것이다, ~의 소유이다
□□ bottom	명 맨 아래, 바닥 (↔ top)
□□ brush off	털다, 털어 내다
□□ character☆	명 품성, 인격
□□ day off	휴일, 쉬는 날
□□ dig☆	통 (구멍 등을) 파다 (dig-dug-dug)
□□ dirt	명 흙 (= soil)
□□ each	휑 각각의
□□ end up☆	결국 ~이 되다, 결국 ~하게 되다
□□ happen	통 일어나다, 발생하다
□□ hole☆	명 구덩이, 구멍
□□ letter	명 글자, 문자

□□ light	휑 가벼운 (↔ heavy)
□□ muscle	명 근육
□□ object☆	명 물건, 물체
□□ pick up	~을 집다
□□ shiny	휑 빛나는, 반짝거리는
□□ since☆	접 ~이기 때문에, ~여서
□□ stand for☆	~을 의미하다, ~을 나타내다
□□ steal	통 훔치다 (steal-stole-stolen)
□□ stop	통 멈추게 하다, 세우다
□□ suddenly	튀 갑자기
□□ tube	명 통, 관
□□ unfortunately☆	튀 불행히도 (↔ fortunately)
□□ wide	휑 폭이 ~인
□□ wrong	휑 잘못된 (↔ right)
□□ yell	통 소리치다, 소리 지르다 (= shout)

Language Use

□□ detective	명 형사, 탐정
□□ farther	튀 더 멀리 (far의 비교급)
□□ pack	통 (짐을) 싸다, 꾸리다

□□ sooner	튀 더 빨리(일찍) (soon의 비교급)
□□ taste	통 ~ 맛이 나다
□□ whole	휑 전체의, 모든

Think and Write · Project

□□ dead	휑 죽은 (↔ alive)
□□ fall in love with	~와 사랑에 빠지다
□□ marry	통 (~와) 결혼하다

□□ popular	휑 인기 있는
□□ scene	명 장면
□□ summary	명 요약, 개요

연습 문제

A 다음 단어의 우리말 뜻을 쓰시오.

01 online

02 actually

03 assign

04 acting

05 beat

06 bottom

07 steal

08 dig

09 dirt

10 shiny

11 hole

12 yell

13 skip

14 single

15 return

16 anytime

17 awake

18 helpful

19 taste

20 marry

B 다음 우리말에 해당하는 영어 단어를 쓰시오.

21 근육

22 가벼운

23 물건, 물체

24 불행히도

25 품성, 인격

26 통, 관

27 폭이 ~인

28 잔인한, 잔혹한

29 편리한

30 무서운, 겁나는

31 키우다, 기르다

32 (상품을) 주문하다

33 형사, 탐정

34 더 멀리

35 동의하다

36 갑자기

37 요약, 개요

38 인기 있는

39 글자, 문자

40 죽은

C 다음 영어 표현의 우리말 뜻을 쓰시오.

01 belong to

02 focus on

03 stand for

04 look up

05 end up

06 try one's best

07 brush off

08 pick up

Words Plus
만점 노트

영어 뜻풀이

☐☐ assign	(사람을) 배치하다	to send someone to a particular group or place as part of a job
☐☐ awake	잠들지 않은, 깨어 있는	not sleeping
☐☐ beat	(심장이) 고동치다, 때리다	to make a regular movement or sound
☐☐ bottom	맨 아래, 바닥	the lowest part of something
☐☐ brush	털다	to remove something with a brush or with your hand
☐☐ character	품성, 인격	strong personal qualities such as the ability to deal with difficult situations
☐☐ convenient	편리한	allowing you to do something easily or without trouble
☐☐ day off	휴일, 쉬는 날	a day when you do not go to work, school, etc.
☐☐ dig	(구멍 등을) 파다	to move soil, sand, snow, etc., in order to create a hole
☐☐ dirt	흙	loose earth or soil
☐☐ focus	집중하다	to give special attention to one particular person or thing
☐☐ hole	구덩이, 구멍	an empty space in something solid
☐☐ muscle	근육	a body tissue that can contract and produce movement
☐☐ object	물건, 물체	a thing that you can see and touch but is not alive
☐☐ raise	키우다, 기르다	to take care of children or young animals until completely grown
☐☐ shiny	빛나는, 반짝거리는	smooth and bright
☐☐ skip	(일을) 거르다, 빼먹다	to pass over or not do something
☐☐ tube	통, 관	a long and empty object that is usually round, like a pipe
☐☐ unfortunately	불행히도	used to say that something bad or unlucky has happened
☐☐ wide	폭이 ~인	measured from side to side

단어의 의미 관계

- **유의어**

  actually = really (실제로)
  helpful = useful (유용한, 도움이 되는)
  yell = shout (소리치다, 소리 지르다)

- **반의어**

  bottom (맨 아래, 바닥) ↔ top (맨 위, 꼭대기)
  dead (죽은) ↔ alive (살아 있는)
  light (가벼운) ↔ heavy (무거운)
  wrong (잘못된) ↔ right (옳은)

- **a pair of+복수 명사**

  1. 물건의 한 쌍을 말하는 경우
     a pair of shoes(gloves/sneakers)
     (구두(장갑/운동화) 한 켤레)
  2. 하나의 물건이 쌍으로 이루어진 경우
     a pair of glasses (안경 한 개)
     a pair of jeans (청바지 한 벌)

다의어

- **light** 1. 휑 가벼운 2. 휑 빛

  1. Use a **light** ball such as a tennis ball.
     테니스공과 같이 가벼운 공을 사용해라.
  2. **Light** and water are necessary to plants.
     빛과 물은 식물에게 꼭 필요하다.

- **object** 1. 휑 물건, 물체 2. 휑 목적, 목표

  1. I saw a strange **object** in the sky.
     나는 하늘에서 이상한 물체를 보았다.
  2. The **object** of the class is to educate people about safety.
     그 수업의 목적은 사람들에게 안전에 대해 교육을 시키는 것이다.

- **raise** 1. 통 키우다, 기르다 2. 통 (들어) 올리다

  1. Some people **raise** spiders at home.
     몇몇 사람들은 집에서 거미를 키운다.
  2. **Raise** your hand if you know the answer.
     정답을 알면 손을 드세요.

Words Plus
연습 문제

A 다음 뜻풀이에 알맞은 말을 [보기]에서 골라 쓴 후, 우리말 뜻을 쓰시오.

[보기]	day off	dirt	shiny	skip	beat	hole	object	bottom

1 _____ : loose earth or soil : _____
2 _____ : smooth and bright : _____
3 _____ : the lowest part of something : _____
4 _____ : to pass over or not do something : _____
5 _____ : an empty space in something solid : _____
6 _____ : to make a regular movement or sound : _____
7 _____ : a day when you do not go to work, school, etc. : _____
8 _____ : a thing that you can see and touch but is not alive : _____

B 다음 짝 지어진 두 단어의 관계가 같도록 빈칸에 알맞은 말을 쓰시오.

1 win : lose = top : _____
2 light : heavy = right : _____
3 yell : shout = really : _____
4 agree : disagree = alive : _____

C 다음 빈칸에 알맞은 말을 [보기]에서 골라 쓰시오.

[보기]	convenient	brush	dig	muscle	letter

1 Can you _____ the dirt off my jacket?
2 Kim's family will _____ a hole and plant a tree.
3 Ben exercises every day to develop _____.
4 Delivery services have made our lives more _____.
5 To give you a hint, the first _____ of the word is "m."

D 다음 우리말과 같도록 빈칸에 알맞은 말을 쓰시오.

1 이 기호는 무엇을 의미하나요? → What does this sign _____ _____?
2 나를 위해 연필 좀 집어 줄래? → Can you _____ _____ the pencil for me?
3 그 책상에 있는 책들은 나의 것이다. → The books on the desk _____ _____ me.
4 우리는 결국 늦게 집에 돌아올 것이다. → We will _____ _____ coming home late.
5 너는 모둠 프로젝트에 더 집중해야 한다. → You should _____ _____ the group project more.
6 너는 그가 Ann과 사랑에 빠질 것 같니? → Do you think he'll _____ _____ _____ _____ Ann?

실전 TEST

01 다음 중 나머지 넷과 성격이 <u>다른</u> 하나는?

① wide   ② dead   ③ awake

④ helpful   ⑤ convenience

02 다음 영어 뜻풀이에 알맞은 단어는?

> to send someone to a particular group or place as part of a job

① yell   ② skip   ③ return

④ assign   ⑤ happen

[03-04] 다음 빈칸에 공통으로 들어갈 말로 알맞은 것을 고르시오.

03
- We _____ snails in our classroom.
- First, _____ your arms over your head.

① pack   ② raise   ③ taste

④ order   ⑤ agree

04
- I looked _____ the word in the dictionary.
- Ms. Johns told her son to pick _____ the trash.

① on   ② in   ③ up

④ for   ⑤ off

고난도

05 다음 중 밑줄 친 부분의 쓰임이 알맞지 <u>않은</u> 것은?

① Stop being <u>cruel</u> to wild animals.

② Mike's shoes were covered in <u>dirt</u>.

③ If you need my help, call me <u>anytime</u>.

④ Drinking coffee can keep you <u>awake</u>.

⑤ The workers are going to <u>brush</u> a deep hole in the garden.

06 다음 중 밑줄 친 우리말 뜻이 알맞지 <u>않은</u> 것은?

① WTO <u>stands for</u> World Trade Organization. (~을 의미하다)

② The blue coat <u>belongs to</u> my grandmother. (~의 것이다)

③ Sara <u>ended up</u> in hospital with a broken leg. (~을 끝냈다)

④ Joan <u>tried her best</u> to win the Olympic medal. (최선을 다했다)

⑤ Chris couldn't <u>focus on</u> the club meeting because of a headache. (~에 집중하다)

신유형

07 다음 문장의 밑줄 친 단어와 같은 뜻으로 쓰인 것의 개수는?

> Susan is holding a <u>light</u> box in her hands.

ⓐ A red <u>light</u> shone in the sky.

ⓑ This camera is <u>light</u> and easy to carry.

ⓒ <u>Light</u> travels much faster than sound.

ⓓ Turn off the <u>light</u> when you leave the room.

① 0개   ② 1개   ③ 2개

④ 3개   ⑤ 4개

L&S · Listen & Speak

핵심 노트

1 의견 묻기

A: **How do you feel about** the single food diet?

B: **I think** it's easy but unhealthy.

너는 한 가지 음식만 먹는 다이어트에 관해 어떻게 생각하니?

나는 그것이 쉽지만 건강에 좋지 않다고 생각해.

'~에 관해 어떻게 생각하니?'라는 뜻으로 상대방의 의견을 물을 때 How do you feel about ~?이라는 표현을 사용할 수 있다. about 뒤에 명사(구)나 동명사(구) 형태로 의견을 묻는 내용을 넣어 말한다. 이에 대한 답으로 자신의 의견을 말할 때는 I think ~. 등의 표현을 사용할 수 있다.

e.g. • A: **How do you feel about** online shopping?

너는 온라인 쇼핑에 관해 어떻게 생각하니?

What do you think about(of) online shopping?

What is your opinion on online shopping?

온라인 쇼핑에 관한 너의 의견은 무엇이니?

Do you have any opinions on(about) online shopping?

너는 온라인 쇼핑에 관한 의견이 있니?

• B: **I think** it's very convenient. 나는 그것이 매우 편리하다고 생각해.

> **시험 포인트** point
>
> 의견을 묻고 답하는 대화가 자연스러운지 묻는 문제가 자주 출제돼요. 의견을 물을 때 사용하는 표현을 잘 익혀 두세요.

2 동의하기

A: I think reading books on a smartphone is good.
We can read anytime.

B: **I'm with you on that.**

나는 스마트폰으로 책을 읽는 것이 좋다고 생각해.

우리는 언제든지 읽을 수 있어.

네 말에 동의해.

'나는 네 말에 동의해.'라는 뜻으로 상대방의 의견에 동의할 때 I'm with you on that.이라는 표현을 사용할 수 있다. 상대방이 한 말에 대해 동의하지 않을 때는 I don't agree. 또는 I don't think so. 등의 표현을 사용할 수 있다.

e.g. • A: I think eating fast food is good. We can save time.

나는 패스트푸드를 먹는 것이 좋다고 생각해. 우리는 시간을 절약할 수 있어.

• B: **I'm with you on that.** 네 말에 동의해.

I agree with you.

I think so, too. 나도 그렇게 생각해.   ⎤ 동의할 때

You're (absolutely) right. 네 말이 (전적으로) 맞아.

I couldn't agree with you more. 네 말에 전적으로 동의해. ⎦

I don't agree (with you). 나는 (네 말에) 동의하지 않아.   ⎤

I don't think so. 나는 그렇게 생각하지 않아.   ⎬ 동의하지 않을 때

I totally disagree. 나는 전혀 그렇게 생각하지 않아.   ⎦

참고! 동의하지 않는 표현 뒤에는 동의하지 않는 이유를 덧붙여 말할 수 있어요.

> **시험 포인트** point
>
> 상대방의 의견에 대해 동의 여부를 표현하는 말을 고르는 문제가 자주 출제돼요. 문맥상 또는 이유를 나타내는 말을 잘 파악하여 동의 여부를 구별할 수 있어야 해요. 동의할 때와 동의하지 않을 때 쓰는 표현을 모두 익혀 두세요.

STEP A

Listen and Speak 1-A

교과서 66쪽

B: Hi, Amy. Welcome to Korea.

G: ❶ Long time no see, Minho. ❷ How have you been?

B: Great. How did you come here from the airport?

G: I came here ❸ by subway.

B: ❹ How do you feel about the subway in Korea?

G: ❺ I think it's very clean.

❶ '오랜만이야'라는 뜻의 안부 인사 표현
❷ '어떻게 지냈니?'라는 뜻으로, 오랜만에 만난 상대방에게 안부를 묻는 표현
❸ by+교통수단: ~을 타고, ~으로
❹ '너는 ~에 관해 어떻게 생각하니?'라는 뜻으로, 상대방의 의견을 묻는 표현
❺ '나는 ~라고 생각해'라는 뜻으로, 자신의 의견을 말할 때 쓰는 표현

Q1. Amy는 공항에서 무엇을 타고 왔나요?

Listen and Speak 1-B

교과서 66쪽

G: Brian, did you hear the news?

B: What news?

G: We can use smartphones ❶ during classes from next week.

B: Yes, I heard ❷ that.

G: ❸ How do you feel about ❹ it?

B: ❺ I think ❻ it will be very useful. I can ❼ look up words ❽ I don't know.

G: Yeah. We can also find information on the Internet.

B: ❾ Right. It will be very helpful.

❶ during+특정 기간: ~ 동안
❷, ❹, ❻ 다음 주부터 수업 중에 스마트폰을 사용할 수 있는 것을 가리킴 (= We can use smartphones during classes from next week.)
❸ 상대방의 의견을 묻는 표현
❺ 자신의 의견을 말하는 표현 / think 뒤에 목적어 역할을 하는 명사절을 이끄는 접속사 that이 생략되어 있음
❼ (사전 등에서) ~을 찾아보다
❽ I don't know 앞에 words를 선행사로 하는 목적격 관계대명사 that(which)이 생략되어 있음
❾ 동의하는 표현

Q2. 두 사람이 다음 주부터 수업 중에 사용할 수 있는 것은 무엇인가요?

Q3. ❼이 포함된 문장을 해석해 보세요.

Listen and Speak 1-C

교과서 66쪽

A: Can I ask you a difficult question?

B: Sure. I'll ❶ try my best.

A: How do you feel about ❷ the single food diet?

B: I think ❸ it's easy but unhealthy.

❶ try one's best: 최선을 다하다
❷ 한 가지 음식만 먹는 다이어트
❸ = the single food diet
think 뒤에 목적어 역할을 하는 명사절을 이끄는 접속사 that이 생략되어 있음

Q4. B는 한 가지 음식만 먹는 다이어트에 관해 어떻게 생각하나요?

Listen and Speak 2-A

교과서 67쪽

B: Did you enjoy the movie?

G: Yes, I liked ❶ it a lot.

B: ❷ What did you like most about ❸ it?

G: The ❹ acting was so great.

B: ❺ I'm with you on that.

❶, ❸ 앞에 나온 the movie를 가리킴
❷ 무엇이 가장 좋았는지 묻는 표현
❹ ⑲ (연극·영화에서의) 연기
❺ '나는 네 말에 동의해.'라는 뜻으로, 상대방의 말에 동의할 때 쓰는 표현

Q5. 소녀는 영화의 무엇이 가장 좋았다고 했나요?

Listen and Speak 2-B

교과서 67쪽

B: Hey, Jessica. ❶ Why are you always drinking energy ❷ drinks?

G: Because they ❸ help me ❹ stay awake.

B: ❺ I'm with you on that, but they have too much caffeine.

G: Well, they ❻ help me ❼ focus on my studies.

B: Did you know ❽ that ❾ too much caffeine can hurt your bones?

G: Oh, I didn't know ❿ that.

B: ⓫ I think you should drink energy drinks ⓬ less often.

G: Maybe you're right. Thanks, Tom.

❶ 의문사(Why)와 현재진행형(be동사＋동사원형-ing)을 포함한 의문문

❷ drink ⑲ 음료

❸, ❻ help＋목적어＋목적격보어(동사원형): (목적어)가 ～하는 것을 돕다

❹ stay＋보어(형용사): (～한 상태로) 있다

❺ 상대방의 말에 동의할 때 쓰는 표현

❼ focus on: ～에 집중하다

❽ know의 목적어 역할을 하는 명사절을 이끄는 접속사

❾ 너무 많은, 과도한

❿ = 너무 많은 카페인이 뼈를 상하게 할 수 있다는 것

⓫ '나는 네가 ～해야 한다고 생각해'라는 뜻으로, 상대방에게 충고하는 표현

⓬ 부사 less(덜)가 often(자주)을 수식하고 있음

Q6. Why does Jessica drink energy drinks?

Q7. ⓫과 ⓬가 포함된 문장을 해석해 보세요.

Listen and Speak 2-C

교과서 67쪽

A: How do you feel about reading books ❶ on a smartphone?

B: I think ❷ it's good. We can read ❸ anytime.

A: ❹ I'm with you on that. /

　❺ I don't agree. ❻ It's not good for our eyes.

❶ '～으로'라는 뜻으로 수단을 나타내는 전치사

❷ = 스마트폰으로 책을 읽는 것

❸ ⑲ 언제든지

❹ 상대방의 말에 동의할 때 쓰는 표현

❺ 상대방의 말에 동의하지 않을 때 쓰는 표현

❻ 동의하지 않는 이유에 해당함

Q8. B는 왜 스마트폰으로 책을 읽는 것이 좋다고 생각하나요?

Real Life Talk > Watch a Video

교과서 68쪽

Tony: What are all these boxes, Suji?

Suji: They're items ❶ I ordered online.

Tony: You like shopping on the Internet, ❷ don't you?

Suji: Yes, I do. ❸ How do you feel about online shopping, Tony?

Tony: I ❹ don't like it at all.

Suji: Why?

Tony: ❺ It's very difficult to know what an item actually looks like.

Suji: ❻ I'm with you on that.

Tony: ❼ It's also difficult to return an item ❽ if you don't like it.

Suji: ❾ You're right, but ❿ I think it's very convenient.

Tony: Well, convenience isn't everything.

❶ I 앞에 items를 선행사로 하는 목적격 관계대명사 that (which)이 생략되어 있음

❷ 부가의문문

❸ 상대방의 의견을 묻는 표현

❹ not ~ at all: 전혀 ~ 아니다(않다)

❺ It은 가주어, to know 이하가 진주어
　의문사(what)＋주어(an item)＋동사(looks) ～: 간접의문문

❻ 상대방의 말에 동의할 때 쓰는 표현

❼ It은 가주어, to return an item이 진주어

❽ '만약 ～라면'이라는 뜻의 조건을 나타내는 접속사

❾ 상대방의 말에 동의하는 표현

❿ 자신의 의견을 말하는 표현 / think 뒤에 목적어 역할을 하는 명사절을 이끄는 접속사 that이 생략되어 있음

Q9. 두 사람은 무엇에 관해 이야기하고 있는지 두 단어의 영어로 쓰시오.

Q10. Why doesn't Tony like online shopping? Write two reasons.

　　(1) It's very difficult to know _____.

　　(2) It's difficult _____.

우리말과 일치하도록 대화의 빈칸에 알맞은 말을 쓰시오.

주요 표현

1 Listen and Speak 1-A

B: Hi, Amy. Welcome to Korea.

G: Long time no see, Minho. _____?

B: Great. How did you come here from the airport?

G: I came here _____ _____.

B: _____ the subway in Korea?

G: I think it's very clean.

  교과서 66쪽

B: 안녕, Amy. 한국에 온 것을 환영해.

G: 오랜만이야, 민호야. 어떻게 지냈니?

B: 잘 지냈어. 너는 공항에서 여기에 어떻게 왔니?

G: 나는 여기까지 지하철을 타고 왔어.

B: 너는 한국 지하철에 관해 어떻게 생각하니?

G: 나는 그것이 매우 깨끗하다고 생각해.

2 Listen and Speak 1-B

G: Brian, did you hear the news?

B: What news?

G: We can use smartphones _____ _____ from next week.

B: Yes, I heard that.

G: _____?

B: _____ _____ it will be very useful. I can look up words I don't know.

G: Yeah. We can also _____ _____ _____.

B: Right. It will be very helpful.

교과서 66쪽

G: Brian, 너는 그 소식을 들었니?

B: 어떤 소식?

G: 우리는 다음 주부터 수업 중에 스마트폰을 사용할 수 있어.

B: 응, 나는 그 소식을 들었어.

G: 너는 그것에 관해 어떻게 생각하니?

B: 나는 그것이 매우 유용할 거라고 생각해. 나는 내가 모르는 단어들을 찾아볼 수 있어.

G: 그래. 우리는 인터넷으로 정보를 찾을 수도 있어.

B: 맞아. 그것은 매우 도움이 될 거야.

3 Listen and Speak 1-C

A: _____ you a difficult question?

B: Sure. I'll _____ _____ _____.

A: How do you feel about the single food diet?

B: I think _____ _____ _____.

교과서 66쪽

A: 내가 어려운 질문을 하나 해도 될까?

B: 물론이지. 최선을 다할게.

A: 너는 한 가지 음식만 먹는 다이어트에 관해 어떻게 생각하니?

B: 나는 그것이 쉽지만 건강에 좋지 않다고 생각해.

4 Listen and Speak 2-A

B: Did you enjoy the movie?

G: Yes, I liked it a lot.

B: _____ about it?

G: The acting was so great.

B: _____ on that.

교과서 67쪽

B: 너는 영화가 재미있었니?

G: 응, 나는 영화가 아주 좋았어.

B: 너는 무엇이 가장 좋았니?

G: 연기가 아주 훌륭했어.

B: 나도 그 점에 동의해.

5 Listen and Speak 2-B

B: Hey, Jessica. Why are you always drinking energy drinks?

G: Because they _____ _____ _____ _____ .

B: _____ _____ _____ _____ _____ , but they have too much caffeine.

G: Well, they help me focus on my studies.

B: Did you know that too much caffeine _____ _____ _____ _____ ?

G: Oh, I didn't know that.

B: I think you should _____ _____ _____ _____ _____ .

G: Maybe you're right. Thanks, Tom.

B: 얘, Jessica. 너는 왜 늘 에너지 음료를 마시니?

G: 에너지 음료는 내가 깨어 있도록 도와주기 때문이야.

B: 나도 그 점에는 동의하지만, 에너지 음료에는 카페인이 너무 많아.

G: 음, 에너지 음료는 내가 공부에 집중하는 데 도움이 돼.

B: 너는 너무 많은 카페인이 뼈를 상하게 할 수 있다는 것을 알고 있었니?

G: 오, 그건 몰랐어.

B: 나는 네가 에너지 음료를 덜 자주 마셔야 한다고 생각해.

G: 네 말이 맞는 것 같아. 고마워, Tom.

6 Listen and Speak 2-C

A: How do you feel about reading books on a smartphone?

B: _____ _____ _____ _____ . We can read anytime.

A: I'm with you on that. /
_____ _____ _____ . It's not good for our eyes.

A: 너는 스마트폰으로 책을 읽는 것에 관해 어떻게 생각하니?

B: 나는 그것이 좋다고 생각해. 우리는 언제든지 읽을 수 있어.

A: 나도 그 점에 동의해. /
나는 동의하지 않아. 그건 우리 눈에 좋지 않아.

7 Real Life Talk > Watch a Video

Tony: What are all these boxes, Suji?

Suji: They're items _____ _____ _____ .

Tony: You like shopping on the Internet, don't you?

Suji: Yes, I do. _____ _____ _____ _____ _____ online shopping, Tony?

Tony: I _____ _____ _____ _____ _____ .

Suji: Why?

Tony: It's very difficult to know _____ _____ _____ _____
_____ _____ .

Suji: _____ _____ _____ _____ _____ _____ .

Tony: It's also difficult to return an item if you don't like it.

Suji: You're right, but I think it's very convenient.

Tony: Well, _____ _____ _____ .

Tony: 이 상자들은 전부 뭐니, 수지야?

수지: 내가 온라인으로 주문한 물건들이야.

Tony: 너는 인터넷으로 쇼핑하는 것을 좋아하는구나, 그렇지 않니?

수지: 응, 그래. 너는 온라인 쇼핑에 관해 어떻게 생각하니, Tony?

Tony: 나는 그것을 전혀 좋아하지 않아.

수지: 왜?

Tony: 물건이 실제로 어떻게 생겼는지 알기가 매우 어렵거든.

수지: 나도 그 점에는 동의해.

Tony: 만약 물건이 마음에 들지 않으면 물건을 돌려보내는 것도 어려워.

수지: 네 말이 맞지만, 나는 온라인 쇼핑이 매우 편리하다고 생각해.

Tony: 음, 편리함이 전부는 아니야.

대화 순서 배열하기

자연스러운 대화가 되도록 순서를 바르게 배열하시오.

1 Listen and Speak 1-A
교과서 66쪽

ⓐ Hi, Amy. Welcome to Korea.
ⓑ Great. How did you come here from the airport?
ⓒ Long time no see, Minho. How have you been?
ⓓ I came here by subway.
ⓔ I think it's very clean.
ⓕ How do you feel about the subway in Korea?

(ⓐ) – ( ) – ( ) – ( ) – ( ) – ( )

2 Listen and Speak 1-B
교과서 66쪽

ⓐ We can use smartphones during classes from next week.
ⓑ What news?
ⓒ Brian, did you hear the news?
ⓓ Yeah. We can also find information on the Internet.
ⓔ Yes, I heard that.
ⓕ Right. It will be very helpful.
ⓖ How do you feel about it?
ⓗ I think it will be very useful. I can look up words I don't know.

(ⓒ) – ( ) – ( ) – ( ) – (ⓖ) – ( ) – ( ) – (ⓕ)

3 Listen and Speak 1-C
교과서 66쪽

ⓐ How do you feel about the single food diet?
ⓑ Can I ask you a difficult question?
ⓒ Sure. I'll try my best.
ⓓ I think it's easy but unhealthy.

( ) – ( ) – ( ) – ( )

4 Listen and Speak 2-A
교과서 67쪽

ⓐ What did you like most about it?
ⓑ Did you enjoy the movie?
ⓒ The acting was so great.
ⓓ Yes, I liked it a lot.
ⓔ I'm with you on that.

( ) – ( ) – ( ) – ( ) – ( )

5 Listen and Speak 2-B

교과서 67쪽

ⓐ I think you should drink energy drinks less often.
ⓑ Did you know that too much caffeine can hurt your bones?
ⓒ Because they help me stay awake.
ⓓ I'm with you on that, but they have too much caffeine.
ⓔ Hey, Jessica. Why are you always drinking energy drinks?
ⓕ Maybe you're right. Thanks, Tom.
ⓖ Oh, I didn't know that.
ⓗ Well, they help me focus on my studies.

(　ⓔ　) – (　　　) – (　ⓓ　) – (　　　) – (　ⓑ　) – (　　　) – (　　　) – (　　　)

6 Listen and Speak 2-C

교과서 67쪽

ⓐ I think it's good. We can read anytime.
ⓑ I'm with you on that.
ⓒ How do you feel about reading books on a smartphone?

(　　　) – (　　　) – (　　　)

7 Real Life Talk > Watch a Video

교과서 68쪽

ⓐ Yes, I do. How do you feel about online shopping, Tony?
ⓑ You like shopping on the Internet, don't you?
ⓒ It's very difficult to know what an item actually looks like.
ⓓ What are all these boxes, Suji?
ⓔ They're items I ordered online.
ⓕ You're right, but I think it's very convenient.
ⓖ Why?
ⓗ I don't like it at all.
ⓘ I'm with you on that.
ⓙ Well, convenience isn't everything.
ⓚ It's also difficult to return an item if you don't like it.

(　ⓓ　) – (　　　) – (　ⓑ　) – (　　　) – (　　　) – (　ⓖ　) – (　　　) – (　ⓘ　) – (　　　) – (　　)– (　　)

01 다음 대화의 빈칸에 들어갈 말로 알맞은 것은?

> A: _____
>
> B: I think it's easy but unhealthy.

① What is the single food diet good for?
② When did you start the single food diet?
③ How do you feel about the single food diet?
④ Why is the single food diet good for health?
⑤ Who will you recommend the single food diet to?

02 다음 대화의 빈칸에 들어갈 말로 알맞은 것을 <u>모두</u> 고르면?

> A: I think eating fast food is good. We can save time.
>
> B: _____ We should eat fresh food.

① I don't agree.
② I think so, too.
③ I don't think so.
④ I'm with you on that.
⑤ You're absolutely right.

03 자연스러운 대화가 되도록 (A)~(D)를 바르게 배열한 것은?

> (A) I came here by subway.
> (B) How do you feel about the subway in Korea?
> (C) I think it's very clean.
> (D) How did you come here from the airport?

① (B) – (C) – (A) – (D) ② (B) – (C) – (D) – (A)
③ (D) – (A) – (B) – (C) ④ (D) – (A) – (C) – (B)
⑤ (D) – (C) – (B) – (A)

04 다음 대화의 빈칸에 들어갈 말로 알맞지 <u>않은</u> 것은?

> A: Did you enjoy the movie?
> B: Yes, I liked it a lot.
> A: What did you like most about it?
> B: The acting was so great.
> A: _____

① You're right.   ② I don't think so.
③ I agree with you.   ④ I'm with you on that.
⑤ I'm sorry to hear that.

[05-06] 다음 대화를 읽고, 물음에 답하시오.

> Tony: ①What are all these boxes, Suji?
> Suji: They're items I ordered online.
> Tony: ②You like shopping on the Internet, don't you?
> Suji: Yes, I do. How do you feel about online shopping, Tony?
> Tony: ③I like it a lot.
> Suji: Why?
> Tony: It's very difficult to know what an item actually looks like.
> Suji: I'm with you on that.
> Tony: ④It's also difficult to return an item if you don't like it.
> Suji: You're right, but I think it's very convenient.
> Tony: ⑤Well, convenience isn't everything.

05 위 대화의 내용과 일치하지 <u>않는</u> 것은?

① 수지는 온라인으로 물건을 주문했다.
② 수지는 온라인 쇼핑을 좋아한다.
③ 두 사람은 물건이 실제로 어떻게 생겼는지 온라인 쇼핑으로는 알기 어렵다는 것에 동의한다.
④ Tony는 온라인 쇼핑의 단점을 두 가지 말했다.
⑤ Tony는 쇼핑하는 데 있어 편리함이 제일 중요하다고 생각한다.

06 위 대화의 밑줄 친 ①~⑤ 중 흐름상 어색한 것은?

①   ②   ③   ④   ⑤

[07-09] 다음 대화를 읽고, 물음에 답하시오.

A: Hey, Jessica. ___(A)___ are you always drinking energy drinks?

B: Because they ①help me stay awake.

A: ⓐI'm with you on that, but they have ②too much caffeine.

B: Well, they help me ③focus on my studies.

A: Did you know ___(B)___ too much caffeine ④can hurt your bones?

B: Oh, I didn't know that.

A: I think you should drink energy drinks ⑤often less.

B: Maybe you're right. Thanks, Tom.

07 위 대화의 빈칸 (A)와 (B)에 들어갈 말이 순서대로 짝 지어진 것은?

	(A)	(B)		(A)	(B)
①	What	– what	②	What	– that
③	Why	– what	④	Why	– that
⑤	Where	– which			

08 위 대화의 밑줄 친 ⓐ와 바꿔 쓸 수 있는 것은?

① You're wrong

② I don't think so

③ I agree with you

④ I'm glad to hear that

⑤ I don't agree with you

09 위 대화의 밑줄 친 ①~⑤ 중 어법상 틀린 것은?

①   ②   ③   ④   ⑤

서술형

[10-11] 다음 대화를 읽고, 물음에 답하시오.

A: Did you hear the news? We can use smartphones during classes from next week.

B: Yes, I heard that.

A: What do you think about it?

B: I think it will be very useful.

   (A) (I, look, don't, up, words, know, can, I)

10 다음 질문에 대한 답을 완성하시오.

Q: What's the news?

A: They can _____.

11 위 대화의 (A)의 괄호 안의 단어들을 바르게 배열하여 문장을 쓰시오.

→ _____

12 다음 대화의 빈칸에 알맞은 말을 [보기]에서 골라 쓰시오.

A: (1) _____

B: I like it a lot.

A: (2) _____

B: I don't need to worry about what to wear.

A: (3) _____

   Everybody looks the same.

[보기]
- I agree with you.
- I don't agree.
- Can you tell me the reason?
- How do you feel about wearing school uniforms?

STEP **A**

1 the+비교급 ～, the+비교급 ...

- **The more** Stanley dug, **the stronger** he became.
  주어   동사   주어   동사

  Stanley는 많이 파면 팔수록, 더 힘이 세져 갔다.

- **The older** we grow, **the wiser** we become.
  주어   동사   주어   동사

  우리는 나이가 들면 들수록, 더 현명해진다.

- **The higher** you climb, **the farther** you see.
  주어   동사   주어   동사

  네가 높이 올라가면 올라갈수록, 너는 더 멀리 본다.

「The+비교급+주어+동사 ～, the+비교급+주어+동사 ...」는 '～하면 할수록 더 …하다'라는 의미를 나타내는 비교급 구문이다.

- **The less** you spend, **the more** you save.

  네가 돈을 적게 쓰면 쓸수록, 너는 더 많이 저축한다.

- **The more** you practice, **the better** you do. 네가 연습하면 할수록, 너는 더 잘한다.

- **The more** you have, **the more** you want.

  네가 많이 가지면 가질수록, 너는 더 많이 원한다.

한 단계 더!

형용사의 비교급이 명사를 수식할 경우에는 비교급 바로 뒤에 명사를 쓴다.

- **The** more *water* you drink, **the healthier** you become.

  네가 더 많은 물을 마실수록, 너는 더 건강해진다.

참고 **비교급의 형태**: 형용사나 부사가 2음절 이하이면 주로 단어 끝에 -er을 붙이고, 3음절 이상이거나 -ful, -ous, -able, -less 등으로 끝나는 경우에는 단어 앞에 more를 붙여 비교급을 만든다.

- He is **taller** than his brother. 그는 남동생보다 키가 더 크다.

- This bike is **more expensive** than that one. 이 자전거가 저것보다 더 비싸다.

> **point**
> **시험 포인트**
> 문장의 형태와 어순을 묻는 문제가 자주 출제돼요. 비교급 앞에 the를 쓰는 것과 비교급 뒤에 「주어+동사」의 어순이 되는 것에 유의하세요.

비교급, 비교급 강조 부사

- Samgyetang is *much* **tastier than** chicken soup.
  삼계탕은 닭고기 수프보다 훨씬 더 맛있다.

  [중1 8과]

QUICK CHECK

1 다음 괄호 안에서 알맞은 것을 고르시오.

(1) The more you exercise, the (healthy / healthier) you get.

(2) The (higher / highest) we go up, the colder it becomes.

(3) The more I sleep, the (much / more) tired I feel.

2 다음 문장의 밑줄 친 부분이 어법상 틀렸으면 바르게 고쳐 쓰시오.

(1) Warmer the weather is, the better she feels. → _____

(2) The more she had, the more wanted she. → _____

(3) The earlier you start, the soon you finish. → _____

2 접속사 since

- It couldn't be real gold **since it was too light**.

- **Since he was sick**, he couldn't go to school.

- **Since the sunlight was very strong**, she had to wear her hat.

그것은 너무 가벼웠기 때문에 진짜 금일 리가 없었다.

그는 아팠기 때문에 학교에 갈 수 없었다.

햇빛이 매우 강했기 때문에 그녀는 모자를 써야 했다.

(1) 이유의 접속사 since

'~이기 때문에, ~여서'라는 뜻으로 이유를 나타내는 부사절을 이끈다. 접속사 since 뒤에는 「주어+동사 ~」가 이어진다.

- **Since** he was sleepy, he went to bed early.
  그는 졸렸기 때문에 일찍 잠자리에 들었다.

- The plane can't fly **since** the weather is bad.
  날씨가 나쁘기 때문에 비행기가 날 수 없다.

시험 포인트 **point**
since의 쓰임과 의미를 구분하는 문제가 자주 출제돼요. since가 이유를 나타내는 접속사 외에, 시간의 접속사, 전치사, 부사로 쓰일 경우를 각각 구분할 수 있어야 해요.

(2) since의 다양한 쓰임

① **시간의 접속사** since: '~ 이후로, ~ 이래로'라는 뜻으로, 주로 주절에 현재완료 (have/has+과거분사)나 과거완료(had+과거분사)가 쓰인다.

- I have raised Tom **since** he was born.
  나는 Tom이 태어난 이후로 그를 키워 왔다.

② **전치사** since: '~ 이후, ~부터'라는 뜻으로, 뒤에 명사(구)가 온다.

- She has changed a lot **since** the accident.
  그녀는 그 사고 이후 많이 달라졌다.

③ **부사** since: '그 이후로'라는 뜻을 나타낸다.

- Mark moved to New York one year ago and has lived there **since**.
  Mark는 일 년 전에 뉴욕으로 이사 가서 그 이후로 그곳에서 살고 있다.

QUICK CHECK

1 다음 괄호 안에서 알맞은 것을 고르시오.

(1) (Since / Before) I got up late, I had to run to school.

(2) I can't sleep (since / but) it's very noisy here.

(3) I closed the window (although / since) it was very cold outside.

2 자연스러운 문장이 되도록 괄호 안의 말을 바르게 배열하시오.

(1) We sat on the bench _____. (we, too, were, since, tired)

(2) _____, he doesn't have to go to work. (since, is, today, a holiday)

(3) _____, I had a whole pizza. (I, since, hungry, very, was)

Grammar
연습 문제

1 the + 비교급 ~, the + 비교급 ...

A 다음 괄호 안에서 알맞은 것을 고르시오.

1 (The / That) less you spend, the more you save.

2 The (much / more) he practices, the better he does.

3 The higher the birds fly, the (far / farther) they can see.

4 The louder (you sing / sing you), the more excited you get.

5 The closer the exam got, the (nervouser / more nervous) the students became.

B 다음 우리말과 같도록 괄호 안의 단어들을 바르게 배열하여 문장을 완성하시오.

1 많이 사면 살수록, 가격이 더 싸다. (is, the, price, cheaper, the)
→ The more you buy, _____.

2 날씨가 맑으면 맑을수록, 그녀는 더 상쾌하게 느낀다. (the, is, sunnier, weather, the)
→ _____, the fresher she feels.

3 네가 일찍 도착하면 도착할수록, 너는 더 많은 기회를 얻는다. (get, the, chances, more, you)
→ The earlier you arrive, _____.

C 다음 빈칸에 알맞은 말을 [보기]에서 골라 쓰시오.

[보기]	the healthier	the more expensive	the older	the sooner

1 The larger the room is, _____ it is.

2 The earlier you start, _____ you arrive.

3 _____ she got, the weaker she became.

4 The more you exercise, _____ you become.

D 다음 [보기]에서 알맞은 단어를 골라 빈칸에 알맞은 형태로 바꿔 쓰시오.

[보기]	wise	fresh	popular	weak

1 _____ the fruit is, the better it tastes.

2 The more books we read, _____ we get.

3 The older you grow, _____ your memory becomes.

4 _____ the singer became, the busier he was.

2 접속사 since

A 다음 우리말과 같도록 괄호 안의 말과 since를 사용하여 문장을 완성하시오.

1 그는 바빴기 때문에 그의 친구를 도울 수 없었다. (busy)

→ _____, he couldn't help his friend.

2 Mary는 과체중이어서 다이어트 중이다. (overweight)

→ Mary is on a diet _____.

3 그들은 지루했기 때문에 컴퓨터 게임을 했다. (feel, bored)

→ They played computer games _____.

4 부모님께서 동물을 좋아하지 않으시기 때문에 나는 애완동물을 키울 수 없다. (like)

→ _____, I can't raise a pet.

5 Chris는 어제부터 나에게 전화를 하지 않는다. (yesterday)

→ Chris hasn't called me _____.

6 그녀는 부산으로 이사한 이후로 서점에서 일하고 있다. (move to)

→ _____, she has worked at the bookstore.

B 접속사 since를 사용하여 두 문장을 한 문장으로 바꿔 쓰시오.

1 She had a headache. She went home early.

→ _____

2 I couldn't focus on reading. I turned down the music.

→ _____

3 He didn't bring his lunch box. He ate gimbap at the snack bar.

→ _____

C Ⓐ와 Ⓑ에서 문장을 하나씩 골라 접속사 since를 사용하여 한 문장으로 쓰시오.

Ⓐ	Ⓑ
• Paul was tired.	• The game will be canceled.
• The weather is bad.	• He can't find the classroom.
• Andy is a new student.	• He stopped reading the book.

1 _____

2 _____

3 _____

[01-02] 다음 빈칸에 들어갈 말로 알맞은 것을 고르시오.

01 _____ I was sick, I couldn't go to school.

① If ② Due to ③ Since

④ Before ⑤ Although

02 The more questions you ask, the _____ you can learn.

① many ② much ③ more

④ worst ⑤ most

03 다음 빈칸에 공통으로 들어갈 말로 알맞은 것은?

• I couldn't hear her _____ she spoke in a quiet voice.
• I have known her _____ I was 9 years old.

① as ② if ③ when

④ since ⑤ because

[04-05] 다음 빈칸에 알맞은 말이 순서대로 짝 지어진 것을 고르시오.

04 _____ you run, _____ you arrive.

① Fast – early ② The fast – the early

③ Faster – earlier ④ The faster – earlier

⑤ The faster – the earlier

05
• She doesn't like this restaurant _____ the service is very poor.
• _____ I have a lot of work to do, I can't spend time with my family this weekend.

① if – Until ② since – Although

③ unless – Because ④ because – Although

⑤ because – Since

[06-07] 다음 밑줄 친 부분 중 어법상 틀린 것을 고르시오.

06 ①The ②harder ③you practice, ④the well you can ⑤dance.

07 ①Since ②don't have ③a class today, I ④can go ⑤to the amusement park with you.

[08-09] 다음 괄호 안의 말을 바르게 배열한 것을 고르시오.
한 단계 | 더!

08 (you, drink, more, water, the), the healthier you become.

① You drink the more water

② You drink water the more

③ The water you drink more

④ The more drink you water

⑤ The more water you drink

09 I couldn't buy the computer (didn't, I, have, money, since, enough).

① I didn't have since enough money

② I didn't have enough money since

③ enough money since I didn't have

④ since I didn't have enough money

⑤ since didn't I have enough money

[10-11] 다음 우리말을 영어로 옮길 때, 빈칸에 쓰이지 않는 것을 고르시오.

10 그녀가 집에 더 가까워질수록, 그녀는 더 안심하게 되었다.

→ _____ _____ she got to her house, _____ _____ _____ she became.

① the   ② more   ③ closer

④ most   ⑤ relieved

11 나는 시간이 없기 때문에 아침을 먹을 수 없다.

→ I cannot have breakfast _____ _____ _____ _____ time.

① I   ② since   ③ don't

④ while   ⑤ have

12 다음 중 밑줄 친 since의 의미가 나머지 넷과 다른 것은?

① I'm tired since I worked too much yesterday.

② It has been five years since she left.

③ He felt sad since he lost the baseball game.

④ We didn't stay outside since it was very cold.

⑤ Since I don't like horror movies, I'll watch the action movie instead.

13 다음 중 어법상 틀린 문장은?

① The faster you drive a car, the more dangerous you are.

② The higher you climb, the farther you see.

③ The older we grow, the more wise we become.

④ The more lights we have, the brighter it gets.

⑤ The less you eat, the weaker you will become.

14 다음 두 문장의 의미가 같도록 할 때, 빈칸에 들어갈 말로 알맞은 것은?

It is noisy outside, so I can't sleep.

= _____ it is noisy outside, I can't sleep.

① Until   ② Before   ③ Since

④ Unless   ⑤ As soon as

15 다음 중 빈칸에 since가 들어갈 수 없는 것은?

① David can eat more _____ he is full.

② I didn't call her _____ it was too late.

③ We didn't need umbrellas _____ the rain stopped.

④ We can't study here _____ people are making too much noise.

⑤ I can't buy a concert ticket _____ they are sold out.

16 다음 단어들을 자연스러운 문장이 되도록 배열할 때, 다섯 번째로 오는 단어는?

we, the, talked, more, we, closer, the, became

① the   ② we   ③ more

④ talked   ⑤ closer

17 다음 ①～⑤ 중 since가 들어가기에 알맞은 곳은?

We (①) can go (②) home (③) there's (④) no more (⑤) work.

[18-19] 다음 문장에서 어법상 틀린 부분을 찾아 바르게 고쳐 쓰시오.

18 They need a brochure in English since can't read Korean.

_____ → _____

19 The harder you practice, the best you will sing.

_____ → _____

고난도 신유형
20 다음 중 밑줄 친 since의 쓰임이 같은 것끼리 짝 지어진 것은?

ⓐ She has changed a lot <u>since</u> her graduation.
ⓑ I'm not hungry <u>since</u> I ate a large lunch.
ⓒ <u>Since</u> she walked all day, she felt tired.
ⓓ He has learned Spanish <u>since</u> he was 5 years old.

① ⓐ, ⓑ   ② ⓐ, ⓒ   ③ ⓐ, ⓑ, ⓓ
④ ⓑ, ⓒ   ⑤ ⓑ, ⓒ, ⓓ

21 다음 괄호 안의 단어를 이용하여 빈칸에 알맞은 말을 쓰시오.

The _____ you climb, the _____ it gets.
(high, cold)

신유형
22 다음 우리말과 같도록 괄호 안의 단어들을 배열하여 문장을 완성할 때, 추가해야 하는 것은?

나는 야외 활동을 좋아하기 때문에 매달 캠핑을 간다.
(I, camping, like, every, go, I, activities, outdoor, month)

① the   ② more   ③ that
④ since   ⑤ because of

고난도 신유형
23 다음 중 어법상 옳은 문장의 개수는?

ⓐ Since he missed the school bus, he was late for school.
ⓑ John hasn't called since he went to Paris.
ⓒ The more you learn, the smart you can be.
ⓓ I couldn't see her since she was too busy.
ⓔ The more friends you have, the happier you are.

① 1개   ② 2개   ③ 3개   ④ 4개   ⑤ 5개

고난도
24 다음 밑줄 친 부분을 어법에 맞게 고친 것 중 옳지 <u>않은</u> 것은?

① The more you talk, the <u>little</u> she listens. (→ less)
② The soccer match was canceled <u>though</u> it rained heavily. (→ since)
③ The more people come, the <u>good</u> we feel. (→ better)
④ Bora was absent from school <u>while</u> the flu. (→ since)
⑤ The more stress <u>got he</u>, the more he ate. (→ he got)

25 Ⓐ와 Ⓑ에서 알맞은 단어를 하나씩 골라 각 학생에게 해 줄 조언을 완성하시오.

Ⓐ	healthier	Ⓑ	taste
	more		save
	better		get

(1) **Mingi**: I want to save more.

→ The less you spend, _____.

(2) **Somi**: I want to be healthy.

→ The more you exercise, _____.

(3) **Taeho**: I want to choose the delicious fruit.

→ The fresher the fruit is, _____.

26 다음 그림을 보고, [조건]에 맞게 문장을 완성하시오.

> [조건] 1. [보기]에서 알맞은 접속사를 골라 사용할 것
>   2. 말풍선 속의 말을 이용할 것

[보기]   although   since   because

(1)
I have a headache.

(2)
I'm thirsty.

(1) _____,

Tom will go to see the doctor.

(2) Alice wants to drink a glass of water _____

_____.

27 since를 사용하여 두 문장을 한 문장으로 바꿔 쓰시오.

(1) We were too tired. We took some rest.

→ _____

(2) Everyone likes Kelly. She is kind and generous.

→ _____

28 밑줄 친 since의 뜻에 유의하여 다음 문장을 우리말로 해석하시오.

(1) We couldn't swim <u>since</u> the water in the pool was too cold.

→ _____

(2) She has moved three times <u>since</u> she came to Korea.

→ _____

(3) He hasn't won a game <u>since</u> last year.

→ _____

한 단계 | 더!

29 다음 우리말과 같도록 괄호 안의 단어들을 이용하여 문장을 완성하시오.

(1) 날씨가 따뜻하면 따뜻할수록, 그는 기분이 더 좋다.
(warm, weather)

→ _____,

the better he feels.

(2) 우리는 나이가 들면 들수록, 더 많이 이해한다. (old, grow)

→ _____,

the more we understand.

(3) 연습을 많이 하면 할수록, 너는 더 적은 실수를 할 것이다.
(few, mistakes, will, make)

→ The more you practice, _____

_____.

30 다음 우리말과 같도록 [조건]에 맞게 문장을 완성하시오.

> [조건] 1. 접속사 since로 문장을 시작할 것
>   2. 괄호 안의 말을 사용할 것

(1) 그 컴퓨터는 너무 비싸서 나는 그것을 살 수 없었다.
(expensive, buy)

→ _____

(2) 날씨가 화창해서 우리는 소풍을 갔다.
(it, sunny, go on a picnic)

→ _____

(3) 그는 아파서 동아리 모임에 갈 수 없었다.
(sick, the club meeting)

→ _____

구덩이

01 "더 열심히 파, Stanley! 네가 열심히 파면 팔수록, 너는 더 빨리 끝낼 거야!" Sir 씨가 소리를 질렀다.

02 Stanley Yelnats는 모든 근육 하나하나가 아팠기 때문에 더 열심히 팔 수가 없었다.

03 그는 목이 마르고 배가 고팠다.

04 그는 집에 가고 싶었다.

05 불행히도, 앞으로 18개월 동안 Stanley의 집은 바로 여기 Green Lake 캠프가 될 것이었다.

06 Green Lake 캠프는 형편없는 이름이었다.

07 그곳은 초록색도 아니었고 호수도 없었다.

08 Green Lake 캠프는 뜨거웠고 온통 모래였다.

09 사실 그곳은 캠프조차 아니었다.

10 그곳은 나쁜 소년들을 위한 곳이었다.

11 그렇다면 Stanley같이 착한 소년이 여기서 무엇을 하고 있었을까?

12 그는 운동화 한 켤레를 훔쳤다는 이유로 캠프에 보내졌다.

13 Stanley가 정말로 운동화 한 켤레를 훔친 것은 아니었다.

14 그는 그저 잘못된 시간에 잘못된 장소에 있었다.

15 어느 날, 그는 학교에서 집으로 걸어가고 있었다.

16 갑자기, 낡은 운동한 한 켤레가 하늘에서 떨어졌다.

17 그 운동화는 그의 머리에 맞았다.

18 그는 그의 아버지에게 무슨 일이 일어났는지 말하기 위해 운동화를 가지고 달리기 시작했다.

Holes

01 "Dig harder, Stanley! The harder you dig, the faster you'll finish!" yelled Mr. Sir.
The+비교급+주어+동사 ~, the+비교급+주어+동사 ...:
~하면 할수록 더 ···하다

02 Stanley Yelnats couldn't dig any harder since every single muscle hurt.
every+단수 명사(구)
전혀, 조금도   이유를 나타내는 접속사

03 He was thirsty and hungry.

04 He wanted to go home.
명사적 용법의 to부정사 (목적어)

05 Unfortunately, Stanley's home for the next 18 months would be right here, at Camp Green Lake.
(전) ~ 동안   조동사 will의 과거형
=

06 Camp Green Lake was a terrible name.
(형) 끔찍한

07 It wasn't green and there was no lake.
there was+단수 명사: ~이 있었다

08 Camp Green Lake was hot and full of sand.
be full of: ~으로 가득 차다

09 In fact, it wasn't even a camp.
사실은, 실제로는   (부) ~조차(도)

10 It was a place for bad boys.
= Camp Green Lake

11 Then what was a good boy like Stanley doing here?
(전) ~과 같은, ~처럼
과거진행형 (be동사의 과거형+동사원형-ing)   = Camp Green Lake

12 He was sent to the camp for stealing a pair of sneakers.
쌍을 이루는 물건의 수량 표현
수동태 (be동사+과거분사)   이유를 나타내는 전치사

13 Stanley didn't really steal a pair of sneakers.

14 He was just in the wrong place at the wrong time.
(부) 단지, 그저

15 One day, he was walking home from school.
(과거의) 어느 날   과거진행형

16 Suddenly, a pair of old sneakers fell from the sky.
(형) 낡은, 오래된

17 The sneakers hit him on the head.
hit+사람+on+신체 부위: (사람)의 (신체 부위)를 때리다

18 He started running with the sneakers to tell his father what happened.
tell의 간접목적어
start는 동명사와 to부정사를 모두 목적어로 취함   부사적 용법의 to부정사 (목적)   tell의 직접목적어로 쓰인 간접의문문 (의문사(주어)+동사)

19 A few minutes later, the police stopped Stanley and asked him why he was
시간+later: ~ 후에
stop:
멈추게 하다, 세우다
간접의문문 (의문사+주어+동사)
ask+간접목적어(him)+직접목적어
(why ~ running): ~에게 …을 묻다
running.

20 Unfortunately for Stanley, the sneakers belonged to a famous baseball
player, Clyde Livingstone.
=

21 That was why Stanley ended up at Camp Green Lake.
그것이 ~한 이유였다

22 Stanley was assigned to Group D in the camp.
be assigned to: ~에 배치되다 (수동태)

23 There were six other boys in Stanley's group.
there were+복수 명사:
~이 있었다
ⓗ 멋진

24 They all had cool names like X-Ray, Zigzag and Zero.
= Six other boys in Stanley's group ⓒ ~과 같은, ~처럼

25 Each boy had to dig one hole every day.
each+단수 명사 └have to의 과거형: ~해야 했다

26 It had to be about 150cm deep and 150cm wide.
= 매일 파야 하는 구덩이

27 Mr. Sir said, "You are digging to build character."
현재진행형   부사적 용법의 to부정사 (목적)

28 The more Stanley dug, the stronger he became.
The+비교급+주어+동사 ~, the+비교급+주어+동사 …: ~하면 할수록 더 …하다

29 It took less time to finish his hole each day.
It takes+시간+to부정사 ~: ~하는 데 (…의) 시간이 걸리다

30 In his second week, as Stanley was finishing his hole, he saw
ⓒ ~하고 있을 때   과거진행형
something shiny in the dirt.
-thing으로 끝나는 대명사는 형용사가 뒤에서 수식

31 Stanley's heart beat faster.

주격 관계대명사
32 He heard that anyone(who found something interesting)would be given the
접속사 └선행사   조동사(would)+수동태
day off.

33 He carefully picked up the shiny object and brushed off the dirt.

34 It was a small gold tube.
~일 리가 없었다

35 But it couldn't be real gold since it was too light.
= a small gold tube   이유를 나타내는 접속사

36 There were two letters, *KB*, at the bottom of the tube.
=

37 What did KB stand for?

38 Stanley's heart beat even faster.
훨씬, 더욱 (비교급 강조)

---

19 몇 분 후에, 경찰이 Stanley를 멈춰 세웠고 그가 왜 달리고 있었는지를 그에게 물었다.

20 Stanley에게는 불행히도, 그 운동화는 유명한 야구 선수인 Clyde Livingstone의 것이었다.

21 그것이 Stanley가 결국 Green Lake 캠프에 오게 된 이유였다.

22 Stanley는 캠프에서 D 그룹에 배치되었다.

23 Stanley의 그룹에는 6명의 다른 소년들이 있었다.

24 그들은 모두 X-Ray, Zigzag, Zero와 같은 멋진 이름을 가지고 있었다.

25 각 소년은 매일 구덩이를 하나씩 파야 했다.

26 그것은 150cm 정도 깊이와 150cm 정도 너비여야 했다.

27 Sir 씨는 "너희들은 인격을 수양하기 위해 구덩이를 파고 있는 것이야."라고 말했다.

28 Stanley는 많이 파면 팔수록, 더 힘이 세져 갔다.

29 하루하루 구덩이를 끝내는 데 시간이 덜 걸렸다.

30 그가 온 지 두 번째 주에, Stanley가 자신의 구덩이를 끝내 가고 있었을 때, 그는 흙속에서 빛나는 뭔가를 보았다.

31 Stanley의 심장은 더 빨리 뛰었다.

32 그는 흥미로운 뭔가를 발견한 사람은 그날을 쉬게 된다고 들었다.

33 그는 조심스럽게 그 빛나는 물체를 집어 흙을 털어 냈다.

34 그것은 작은 금색 통이었다.

35 그러나 그것은 너무 가벼웠기 때문에 진짜 금일 리가 없었다.

36 그 통의 바닥에는 KB라는 두 글자가 있었다.

37 KB는 무엇을 의미했을까?

38 Stanley의 심장은 훨씬 더 빨리 뛰었다.

빈칸 채우기

우리말 뜻과 일치하도록 교과서 본문의 문장을 완성하시오.

중요 문장

01 "Dig harder, Stanley! _____ _____ you dig, _____ _____ you'll finish!" yelled Mr. Sir.

01 "더 열심히 파, Stanley! 네가 열심히 파면 팔수록, 너는 더 빨리 끝낼 거야!" Sir 씨가 소리를 질렀다.

02 Stanley Yelnats _____ _____ _____ _____ since every single muscle hurt.

02 Stanley Yelnats는 모든 근육 하나하나가 아팠기 때문에 더 열심히 팔 수가 없었다.

03 He was _____ _____ _____.

03 그는 목이 마르고 배가 고팠다.

04 He wanted to _____ _____.

04 그는 집에 가고 싶었다.

05 _____, Stanley's home for the next 18 months would be right here, at Camp Green Lake.

05 불행히도, 앞으로 18개월 동안 Stanley의 집은 바로 여기 Green Lake 캠프가 될 것이었다.

06 Camp Green Lake was a _____ _____.

06 Green Lake 캠프는 형편없는 이름이었다.

07 It wasn't _____ and there was _____ _____.

07 그곳은 초록색도 아니었고 호수도 없었다.

08 Camp Green Lake was hot and _____ _____ _____.

08 Green Lake 캠프는 뜨거웠고 온통 모래였다.

09 _____ _____, it wasn't even a camp.

09 사실 그곳은 캠프조차 아니었다.

10 It was a place for _____ _____.

10 그곳은 나쁜 소년들을 위한 곳이었다.

11 Then what was a good boy _____ Stanley doing here?

11 그렇다면 Stanley같이 착한 소년이 여기서 무엇을 하고 있었을까?

12 He _____ _____ to the camp for stealing _____ _____ _____ _____.

12 그는 운동화 한 켤레를 훔쳤다는 이유로 캠프에 보내졌다.

13 Stanley _____ _____ _____ a pair of sneakers.

13 Stanley가 정말로 운동화 한 켤레를 훔친 것은 아니었다.

14 He was just in the wrong place _____ _____ _____ _____.

14 그는 그저 잘못된 시간에 잘못된 장소에 있었다.

15 _____ _____, he was walking home from school.

15 어느 날, 그는 학교에서 집으로 걸어가고 있었다.

16 Suddenly, a pair of old sneakers _____ _____ _____ _____.

16 갑자기, 낡은 운동한 한 켤레가 하늘에서 떨어졌다.

17 The sneakers _____ _____.

17 그 운동화는 그의 머리에 맞았다.

18 He _____ _____ with the sneakers to tell his father _____ _____.

18 그는 그의 아버지에게 무슨 일이 일어났는지 말하기 위해 운동화를 가지고 달리기 시작했다.

19 A few minutes later, the police stopped Stanley and asked him _____ _____ _____ _____.

19 몇 분 후에, 경찰이 Stanley를 멈춰 세웠고 그가 왜 달리고 있었는지를 그에게 물었다.

20 Unfortunately for Stanley, the sneakers _____ _____ a famous baseball player, Clyde Livingstone.

21 _____ _____ _____ Stanley ended up at Camp Green Lake.

22 Stanley _____ _____ _____ Group D in the camp.

23 There were _____ _____ _____ in Stanley's group.

24 They all had _____ _____ _____ X-Ray, Zigzag and Zero.

25 Each boy _____ _____ _____ _____ _____ every day.

26 It had to be about 150cm _____ and 150cm _____.

27 Mr. Sir said, "You are digging _____ _____ _____."

28 The more Stanley dug, _____ _____ _____ _____.

29 It took less time _____ _____ _____ _____ each day.

30 In his second week, as Stanley was finishing his hole, he saw _____ _____ _____ _____ _____.

31 Stanley's heart _____ _____.

32 He heard that anyone _____ _____ _____ _____ would be given the day off.

33 He carefully _____ _____ the shiny object and _____ _____ the dirt.

34 It was a _____ _____ _____.

35 But it couldn't be real gold _____ _____ _____ _____ _____.

36 There were two letters, *KB*, _____ _____ _____ of the tube.

37 What did KB _____ _____?

38 Stanley's heart _____ _____ _____.

20 Stanley에게는 불행히도, 그 운동화는 유명한 야구 선수인 Clyde Livingstone의 것이었다.

21 그것이 Stanley가 결국 Green Lake 캠프에 오게 된 이유였다.

22 Stanley는 캠프에서 D 그룹에 배치되었다.

23 Stanley의 그룹에는 6명의 다른 소년들이 있었다.

24 그들은 모두 X-Ray, Zigzag, Zero와 같은 멋진 이름을 가지고 있었다.

25 각 소년은 매일 구덩이를 하나씩 파야 했다.

26 그것은 150cm 정도 깊이와 150cm 정도 너비여야 했다.

27 Sir 씨는 "너희들은 인격을 수양하기 위해 구덩이를 파고 있는 것이야."라고 말했다.

28 Stanley는 많이 파면 팔수록, 더 힘이 세져 갔다.

29 하루하루 구덩이를 끝내는 데 시간이 덜 걸렸다.

30 그가 온 지 두 번째 주에, Stanley가 자신의 구덩이를 끝내 가고 있었을 때, 그는 흙속에서 빛나는 뭔가를 보았다.

31 Stanley의 심장은 더 빨리 뛰었다.

32 그는 흥미로운 뭔가를 발견한 사람은 그 날을 쉬게 된다고 들었다.

33 그는 조심스럽게 그 빛나는 물체를 집어 흙을 털어 냈다.

34 그것은 작은 금색 통이었다.

35 그러나 그것은 너무 가벼웠기 때문에 진짜 금일 리가 없었다.

36 그 통의 바닥에는 KB라는 두 글자가 있었다.

37 KB는 무엇을 의미했을까?

38 Stanley의 심장은 훨씬 더 빨리 뛰었다.

R ▶ Reading
바른 어휘·어법 고르기

글의 내용과 문장의 어법에 맞게 괄호 안에서 알맞은 어휘를 고르시오.

01 "Dig harder, Stanley! The harder you dig, the (fast / faster) you'll finish!" yelled Mr. Sir.

02 Stanley Yelnats couldn't dig any harder (before / since) every single muscle hurt.

03 He was thirsty and (full / hungry).

04 He wanted (going / to go) home.

05 (Fortunately / Unfortunately), Stanley's home for the next 18 months would be right here, at Camp Green Lake.

06 Camp Green Lake was a (good / terrible) name.

07 It wasn't green and there (was / were) no lake.

08 Camp Green Lake was hot and (filled / full) of sand.

09 (For example / In fact), it wasn't even a camp.

10 It was a place for (bad / good) boys.

11 Then what was a good boy (like / as) Stanley doing here?

12 He was (sending / sent) to the camp for stealing a pair of sneakers.

13 Stanley didn't really steal (a / a pair of) sneakers.

14 He was just in the wrong place (at / from) the wrong time.

15 One day, he was (walking / walked) home from school.

16 Suddenly, a pair of old sneakers fell (of / from) the sky.

17 The sneakers hit (him / his) on the head.

18 He started (run / running) with the sneakers to tell his father (what / why) happened.

19 A few minutes later, the police stopped Stanley and asked him (when / why) he was running.

20   Unfortunately for Stanley, the sneakers belonged (to / with) a famous baseball player, Clyde Livingstone.

21   That was why Stanley ended (for / up) at Camp Green Lake.

22   Stanley was (assigning / assigned) to Group D in the camp.

23   There (was / were) six other boys in Stanley's group.

24   They all had cool names (like / such) X-Ray, Zigzag and Zero.

25   Each (boy / boys) had to dig one hole every day.

26   It (had to / have to) be about 150cm deep and 150cm wide.

27   Mr. Sir said, "You are digging (to build / building) character."

28   The more Stanley dug, the (strong / stronger) he became.

29   It took (less / more) time to finish his hole each day.

30   In his second week, as Stanley was finishing his hole, he saw (something shiny / shiny something) in the dirt.

31   Stanley's heart beat (faster / more fast).

32   He heard that anyone (who / which) found something interesting would be given the day off.

33   He carefully picked up the shiny object and (to brush / brushed) off the dirt.

34   It was a small gold (tube / tubes).

35   But it couldn't be real gold (after / since) it was too light.

36   There (was / were) two letters, *KB*, at the bottom of the tube.

37   (Who / What) did KB stand for?

38   Stanley's heart beat (very / even) faster.

틀린 문장 고치기

밑줄 친 부분이 내용이나 어법상 바르면 ○, 어색하면 ✕에 표시하고 고쳐 쓰시오.

01 "Dig harder, Stanley! <u>The hard</u> you dig, the faster you'll finish!" yelled Mr. Sir. ○ ✕

02 Stanley Yelnats couldn't dig any harder <u>since</u> every single muscle hurt. ○ ✕

03 He was <u>thirsty</u> and hungry. ○ ✕

04 He wanted <u>going</u> home. ○ ✕

05 Unfortunately, Stanley's home for the next 18 months <u>will be</u> right here, at Camp Green Lake. ○ ✕

06 Camp Green Lake was a <u>terrible</u> name. ○ ✕

07 It wasn't green and there <u>were</u> no lake. ○ ✕

08 Camp Green Lake was hot and <u>full of sand</u>. ○ ✕

09 In fact, it <u>was</u> even a camp. ○ ✕

10 It was a <u>place</u> for bad boys. ○ ✕

11 Then what was a good boy <u>for</u> Stanley doing here? ○ ✕

12 He was sent to the camp <u>for steal</u> a pair of sneakers. ○ ✕

13 Stanley didn't really steal <u>a pair of</u> sneakers. ○ ✕

14 He was just <u>in the wrong place</u> at the wrong time. ○ ✕

15 One day, he <u>is walking</u> home from school. ○ ✕

16 <u>Sudden</u>, a pair of old sneakers fell from the sky. ○ ✕

17 The sneakers <u>hit him on the head</u>. ○ ✕

18 He started running with the sneakers to tell his father <u>how</u> happened. ○ ✕

19 A few minutes later, the police stopped Stanley and asked him <u>why was running</u>. ○ ✕

20 Fortunately for Stanley, the sneakers belonged to a famous baseball player, Clyde Livingstone. ◯ ✕

21 That was why Stanley ended up at Camp Green Lake. ◯ ✕

22 Stanley was assigning to Group D in the camp. ◯ ✕

23 There were six other boy in Stanley's group. ◯ ✕

24 They all had cool names likely X-Ray, Zigzag and Zero. ◯ ✕

25 Each boy had to digging one hole every day. ◯ ✕

26 It had to be about 150cm deep and 150cm widely. ◯ ✕

27 Mr. Sir said, "You are digging to build character." ◯ ✕

28 The more Stanley dug, the stronger he became. ◯ ✕

29 It took less time to finish his hole each days. ◯ ✕

30 In his second week, as Stanley was finishing his hole, he saw something shiny in the dirt. ◯ ✕

31 Stanley's heart beat more fast. ◯ ✕

32 He heard that anyone who found interesting something would be given the day off. ◯ ✕

33 He carefully picked up the shiny object and brushed off the dirt. ◯ ✕

34 It were a small gold tube. ◯ ✕

35 But it couldn't be real gold when it was too light. ◯ ✕

36 There were two pictures, *KB*, at the bottom of the tube. ◯ ✕

37 What did KB stand at? ◯ ✕

38 Stanley's heart beat evenly faster. ◯ ✕

주어진 단어를 바르게 배열하여 문장을 쓰시오.

01 "더 열심히 파, Stanley! 네가 열심히 파면 팔수록, 너는 더 빨리 끝낼 거야!" Sir 씨가 소리를 질렀다.
(Stanley! / you dig, / you'll finish! / yelled Mr. Sir / the harder / the faster / dig harder,)
→

02 Stanley Yelnats는 모든 근육 하나하나가 아팠기 때문에 더 열심히 팔 수가 없었다.
(Stanley Yelnats / any harder / hurt / couldn't dig / every single muscle / since)
→

03 그는 목이 마르고 배가 고팠다. (was / thirsty / he / and / hungry)
→

04 그는 집에 가고 싶었다. (he / to go / home / wanted)
→

05 불행히도, 앞으로 18개월 동안 Stanley의 집은 바로 여기 Green Lake 캠프가 될 것이었다.
(unfortunately, / right here, / would be / for the next 18 months / Stanley's home / at Camp Green Lake)
→

06 Green Lake 캠프는 형편없는 이름이었다. (a terrible name / Camp Green Lake / was)
→

07 그곳은 초록색도 아니었고 호수도 없었다. (there / was / it / and / wasn't / green / no lake)
→

08 Green Lake 캠프는 뜨거웠고 온통 모래였다. (full of / was / Camp Green Lake / sand / and / hot)
→

09 사실 그곳은 캠프조차 아니었다. (wasn't / in fact, / a camp / even / it)
→

10 그곳은 나쁜 소년들을 위한 곳이었다. (bad boys / for / was / it / a place)
→

11 그렇다면 Stanley같이 착한 소년이 여기서 무엇을 하고 있었을까? (a good boy / like Stanley / what / here / doing / was / then)
→

12 그는 운동화 한 켤레를 훔쳤다는 이유로 캠프에 보내졌다. (sneakers / a pair of / sent to / he / stealing / was / the camp / for)
→

13 Stanley가 정말로 운동화 한 켤레를 훔친 것은 아니었다. (really / a pair of / didn't / sneakers / steal / Stanley)
→

14 그는 그저 잘못된 시간에 잘못된 장소에 있었다. (just / in the wrong place / was / he / at the wrong time)
→

15 어느 날, 그는 학교에서 집으로 걸어가고 있었다. (he / one day, / from school / home / was walking)
→

16 갑자기, 낡은 운동한 한 켤레가 하늘에서 떨어졌다. (a pair of / the sky / suddenly, / old sneakers / fell from)
→

17 그 운동화는 그의 머리에 맞았다. (hit / him / on the head / the sneakers)
→

18 그는 그의 아버지에게 무슨 일이 일어났는지 말하기 위해 운동화를 가지고 달리기 시작했다.
(with the sneakers / he / what happened / started / to tell / running / his father)
→

19 몇 분 후에, 경찰이 Stanley를 멈춰 세웠고 그가 왜 달리고 있었는지를 그에게 물었다.
(he was running / the police / asked / and / stopped / Stanley / why / a few minutes later, / him)
→

20 Stanley에게는 불행히도, 그 운동화는 유명한 야구 선수인 Clyde Livingstone의 것이었다.
(for Stanley, / unfortunately / a famous baseball player, / belonged to / Clyde Livingstone / the sneakers)
→

21 그것이 Stanley가 결국 Green Lake 캠프에 오게 된 이유였다. (was / at Camp Green Lake / why / Stanley / that / ended up)
→

22 Stanley는 캠프에서 D 그룹에 배치되었다. (in the camp / to Group D / Stanley / was assigned)
→

23 Stanley의 그룹에는 6명의 다른 소년들이 있었다. (were / in Stanley's group / there / six other boys)
→

24 그들은 모두 X-Ray, Zigzag, Zero와 같은 멋진 이름을 가지고 있었다. (had / they / cool names / X-Ray, Zigzag and Zero / like / all)
→

25 각 소년은 매일 구덩이를 하나씩 파야 했다. (had to / one hole / every day / each / dig / boy)
→

26 그것은 150cm 정도 깊이와 150cm 정도 너비여야 했다. (and / had to / about 150cm deep / be / it / 150cm wide)
→

27 Sir 씨는 "너희들은 인격을 수양하기 위해 구덩이를 파고 있는 것이야."라고 말했다.
(you / to build / Mr. Sir said, / character / are digging)
→

28 Stanley는 많이 파면 팔수록, 더 힘이 세져 갔다. (he / the more / the stronger / Stanley / dug, / became)
→

29 하루하루 구덩이를 끝내는 데 시간이 덜 걸렸다. (each day / his hole / took / it / less time / to finish)
→

30 그가 온 지 두 번째 주에, Stanley가 자신의 구덩이를 끝내 가고 있었을 때, 그는 흙 속에서 빛나는 뭔가를 보았다.
(something / in his second week, / shiny / in the dirt / as / was finishing / Stanley / saw / he / his hole,)
→

31 Stanley의 심장은 더 빨리 뛰었다. (faster / Stanley's heart / beat)
→

32 그는 흥미로운 뭔가를 발견한 사람은 그 날을 쉬게 된다고 들었다.
(the day off / would be given / he / who / that / anyone / interesting / found / something / heard)
→

33 그는 조심스럽게 그 빛나는 물체를 집어 흙을 털어 냈다.
(carefully / he / the shiny object / picked up / the dirt / brushed off / and)
→

34 그것은 작은 금색 통이었다. (was / a small gold tube / it)
→

35 그러나 그것은 너무 가벼웠기 때문에 진짜 금일 리가 없었다. (too light / real gold / couldn't be / it / since / it / but / was)
→

36 그 통의 바닥에는 KB라는 두 글자가 있었다. (the tube / were / two letters, / *KB,* / at the bottom of / there)
→

37 KB는 무엇을 의미했을까? (stand for / did / KB / what)
→

38 Stanley의 심장은 훨씬 더 빨리 뛰었다. (beat / faster / even / Stanley's heart)
→

[01-04] 다음 글을 읽고, 물음에 답하시오.

"Dig harder, Stanley! The ___ⓐ___ you dig, the faster you'll finish!" yelled Mr. Sir. Stanley Yelnats couldn't dig any harder ⓑsince every single muscle hurt. He was thirsty and hungry. He wanted to go home. Unfortunately, Stanley's home for the next 18 months would be right here, at Camp Green Lake.

01 윗글의 빈칸 ⓐ에 들어갈 말로 알맞은 것은?

① less   ② slower   ③ smaller
④ harder   ⑤ higher

02 윗글의 밑줄 친 ⓑsince와 바꿔 쓸 수 있는 것은?

① but   ② after   ③ when
④ while   ⑤ because

03 다음 영어 뜻풀이에 해당하는 단어를 윗글에서 찾아 쓰시오.

to move soil, sand, snow, etc., in order to create a hole

→ _____

04 윗글의 내용과 일치하지 않는 것은?

① Stanley는 구덩이를 파고 있었다.
② Sir 씨는 Stanley에게 소리쳤다.
③ Stanley는 힘들었지만 근육이 아프지는 않았다.
④ Stanley는 목이 마르고 배가 고팠다.
⑤ Stanley는 18개월 동안 Green Lake 캠프에 있어야 할 것이었다.

[05-08] 다음 글을 읽고, 물음에 답하시오.

Camp Green Lake was a terrible name. ①It wasn't green and ⓐ(was, lake, no, there). Camp Green Lake was hot and full of sand. In fact, it wasn't even ②a camp. ③It was a place for bad boys. Then what was a good boy like Stanley doing ④here? He was sent to ⑤the camp for ⓑsteal a pair of sneakers.

05 윗글의 밑줄 친 ①~⑤ 중 가리키는 것이 다른 하나는?

①   ②   ③   ④   ⑤

06 윗글의 ⓐ의 괄호 안의 단어들을 바르게 배열한 것은?

① there no was lake
② there was no lake
③ there was lake no
④ no was lake there
⑤ was no lake there

07 윗글의 밑줄 친 ⓑsteal의 형태로 알맞은 것은?

① steals   ② stole   ③ stolen
④ stealing   ⑤ to steal

08 윗글의 Green Lake 캠프에 대한 설명으로 옳은 것은?

① 초록색 건물이 있었다.
② 캠프에는 호수가 있었다.
③ 온통 모래로 가득했다.
④ 학생들이 캠프를 하러 오는 곳이었다.
⑤ 나쁜 소년들은 들어갈 수 없었다.

[09-13] 다음 글을 읽고, 물음에 답하시오.

Stanley didn't really steal ①a pair of sneakers. He was just in the wrong place at the wrong time. One day, he was walking home ___ⓐ___ school. Suddenly, a pair of old sneakers fell ___ⓑ___ the sky. The sneakers hit him ___ⓒ___ the head.

He ②started running with the sneakers to tell his father ___ⓓ___ happened. ③A few minutes later, the police stopped Stanley and asked him ___ⓔ___ he was running. ④Unfortunately for Stanley, the sneakers ⑤belonged a famous baseball player, Clyde Livingstone. That was why Stanley ended up at Camp Green Lake.

09 윗글의 빈칸 ⓐ와 ⓑ에 공통으로 들어갈 말을 한 단어로 쓰시오.

→ _____

10 윗글의 빈칸 ⓒ에 들어갈 말로 알맞은 것은?

① in   ② on   ③ for
④ from   ⑤ of

11 윗글의 빈칸 ⓓ와 ⓔ에 들어갈 말이 순서대로 짝 지어진 것은?

① what – why   ② what – how
③ why – how   ④ why – what
⑤ how – which

12 윗글의 밑줄 친 ①~⑤ 중 어법상 틀린 것은?

①   ②   ③   ④   ⑤

13 윗글을 읽고 알 수 있는 것은?

① Stanley가 다니는 학교의 위치
② Stanley가 운동화를 훔친 이유
③ Stanley가 운동화에 맞은 부위
④ Stanley가 운동화를 훔친 날짜
⑤ Green Lake 캠프의 위치

[14-18] 다음 글을 읽고, 물음에 답하시오.

Stanley ⓐassign to Group D in the camp. (①) There were six other boys in Stanley's group. (②) They all had ⓑcool names like X-Ray, Zigzag and Zero. (③) Each boy had to dig one hole every day. (④) Mr. Sir said, "You are digging ⓒto build character." (⑤)

14 윗글의 밑줄 친 ⓐassign을 어법상 올바른 형태로 고쳐 쓰시오.

→ _____

15 윗글의 ①~⑤ 중 주어진 문장이 들어갈 알맞은 곳은?

It had to be about 150cm deep and 150cm wide.

①   ②   ③   ④   ⑤

16 윗글의 밑줄 친 ⓑcool과 같은 의미로 쓰인 문장을 <u>모두</u> 고른 것은?

> ⓐ The weather is <u>cool</u> and windy today.
> ⓑ Keep this object in a <u>cool</u> dry place.
> ⓒ You look really <u>cool</u> in those jeans.
> ⓓ It was a pretty <u>cool</u> movie.

① ⓐ, ⓑ   ② ⓑ, ⓒ   ③ ⓑ, ⓒ, ⓓ

④ ⓑ, ⓓ   ⑤ ⓒ, ⓓ

17 윗글의 밑줄 친 ⓒto build와 쓰임이 같은 것은?

① It is impossible <u>to live</u> without water.

② Would you like something <u>to drink</u>?

③ Our group project was <u>to do</u> a wall painting.

④ My family agreed <u>to go</u> on a trip to Spain.

⑤ My uncle ran to the station <u>to catch</u> the first train.

18 윗글을 읽고 알 수 <u>없는</u> 것은?

① Stanley가 배치된 그룹 이름

② D 그룹의 총 인원 수

③ D 그룹의 몇몇 아이들의 이름

④ D 그룹의 아이들이 매일 해야 하는 일

⑤ Sir 씨가 캠프에서 하는 일

[19-21] 다음 글을 읽고, 물음에 답하시오.

The more Stanley dug, the (A) strong / stronger he became. It took (B) less / fewer time to finish his hole each day. In his second week, as Stanley was finishing his hole, he saw something shiny in the dirt. Stanley's heart beat faster. He heard that anyone who found something (C) interesting / interestingly would be given the day off. He carefully picked up the shiny object and brushed off the dirt. It was a small gold tube. But it couldn't be real gold since it was too light. There were two letters, *KB*, at the bottom of the tube. What did KB stand for? Stanley's heart beat even faster.

19 윗글의 (A)~(C)에서 알맞은 것끼리 짝 지어진 것은?

	(A)	(B)	(C)
①	strong	– less	– interesting
②	strong	– fewer	– interestingly
③	stronger	– less	– interesting
④	stronger	– fewer	– interestingly
⑤	stronger	– less	– interestingly

20 윗글의 내용과 일치하는 것을 <u>모두</u> 고르면?

① Stanley spent less time finishing his hole each day.

② Stanley found a gold tube in his second week.

③ When Stanley found something shiny in the dirt, he felt scared.

④ The gold tube was very heavy.

⑤ Stanley already knew the meaning of KB.

21 윗글을 읽고 답할 수 있는 질문을 <u>모두</u> 고른 것은?

> ⓐ How long did it take for Stanley to finish his hole?
> ⓑ What did Stanley find in the dirt?
> ⓒ What were the letters on the object?
> ⓓ Who did Stanley give the object to?

① ⓐ, ⓒ   ② ⓐ, ⓓ   ③ ⓑ, ⓒ

④ ⓑ, ⓒ, ⓓ   ⑤ ⓒ, ⓓ

[22-23] 다음 글을 읽고, 물음에 답하시오.

"Dig harder, Stanley! 네가 열심히 파면 팔수록, 너는 더 빨리 끝낼 거야!" yelled Mr. Sir. Stanley Yelnats couldn't dig any harder since every single muscle hurt. He was thirsty and hungry. He wanted to go home. Unfortunately, Stanley's home for the next 18 months would be right here, at Camp Green Lake.

22 윗글의 밑줄 친 우리말을 [조건]에 맞게 영작하시오.

[조건]　　1. 비교급 구문을 사용할 것
　　　　　2. hard, dig, fast, finish를 이용할 것
　　　　　3. 철자와 어법에 주의할 것

→ _____

23 다음 질문에 대한 답을 윗글에서 찾아 [조건]에 맞게 쓰시오.

Q: Why couldn't Stanley dig any harder?

[조건]　　1. 알맞은 대명사로 문장을 시작할 것
　　　　　2. 윗글에 쓰인 이유를 나타내는 접속사를 사용할 것

→ _____

24 다음 글의 밑줄 친 ⓐ와 ⓑ의 우리말 뜻을 쓰시오.

Camp Green Lake was a terrible name. ⓐIt wasn't green and there was no lake. Camp Green Lake was hot and full of sand. In fact, it wasn't even a camp. It was a place for bad boys. Then what was a good boy like Stanley doing here? ⓑHe was sent to the camp for stealing a pair of sneakers.

ⓐ _____

ⓑ _____

25 다음 글의 (A)와 (B)의 괄호 안의 단어들을 바르게 배열하여 쓰시오.

He started running with the sneakers to tell his father what happened. A few minutes later, the police stopped Stanley and (A)(him, running, why, was, asked, he). Unfortunately for Stanley, the sneakers belonged to a famous baseball player, Clyde Livingstone. (B)(was, Stanley, that, ended, why, up) at Camp Green Lake.

(A) _____
(B) _____

[26-27] 다음 글을 읽고, 물음에 답하시오.

The more Stanley dug, the stronger he became. ⓐIt took more time to finish his hole each day. In his second week, as Stanley was finishing his hole, he saw something shiny in the dirt. ⓑStanley's heart beat faster. He heard that anyone who found something interesting would be given the day off. ⓒHe carefully picked up the shiny object and brushed off the dirt. It was a small gold tube. (A)But it couldn't be real gold. (B)It was too light. ⓓThere were two letters, *KB*, at the bottom of the tube. What did KB stand for? Stanley's heart beat even faster.

26 윗글의 ⓐ~ⓓ 중 흐름상 어색한 문장을 골라 기호를 쓴 후, 문장을 바르게 고쳐 쓰시오.

(　　) → _____

27 윗글의 밑줄 친 (A)와 (B) 문장을 [조건]에 맞게 한 문장으로 바꿔 쓰시오.

[조건]　　1. (A)와 (B) 문장을 순서대로 사용할 것
　　　　　2. 접속사 since를 사용할 것

→ _____

만점 노트

After You Read_A

❶ A pair of sneakers ❷ fell from the sky. Stanley ❸ picked them up and ❹ started running home.

The police stopped Stanley. He ❺ was sent to Camp Green Lake.

Stanley met six other boys in Group D. ❻ Each boy ❼ had to dig one hole every day.

Stanley found a shiny gold tube in the dirt. He saw two letters at the bottom of it.

한 켤레의 운동화가 하늘에서 떨어졌다. Stanley는 그것을 집어 들고 집으로 달리기 시작했다.

경찰이 Stanley를 멈춰 세웠다. 그는 Green Lake 캠프로 보내졌다.

Stanley는 D 그룹의 여섯 명의 다른 소년들을 만났다. 각 소년은 매일 구덩이를 하나씩 파야 했다.

Stanley는 흙 속에서 반짝이는 금색 통을 발견했다. 그는 그것의 바닥에서 두 글자를 보았다.

❶ a pair of+복수 명사: 쌍으로 이루어진 물건의 수량 표현　　　❷ fall from: ~에서 떨어지다
❸ pick up: ~을 집다 / pick up과 같이 「동사+부사」로 이루어진 경우 목적어로 대명사(them)가 오면, 목적어는 동사와 부사 사이에 위치함
❹ start+동명사: ~하기 시작하다 / start는 목적어로 to부정사와 동명사를 모두 취할 수 있음
❺ be동사+과거분사: 수동태　　　❻ each+단수 명사: 각각의 ~
❼ have to(~해야 한다)의 과거형: ~해야 했다

After You Read_B

Monday, August 5th

Unfortunately, the camp isn't green and ❶ there is no lake. I'm in Group D. My group members have ❷ cool names ❸ like X-Ray, Zigzag and Zero. We ❹ have to dig one hole ❺ about 150cm deep and 150cm wide. The good news is this: anyone ❻ who finds ❼ something interesting can get the ❽ day off. I hope I can be the one.

8월 5일 월요일

불행히도, 캠프는 초록색도 아니고 호수도 없다. 나는 D 그룹이다. 나의 그룹 구성원들은 X-Ray, Zigzag, Zero와 같은 멋진 이름을 가지고 있다. 우리는 150cm 정도 깊이와 150cm 정도 너비의 구덩이가 한 개를 파야 한다. 반가운 소식은 흥미로운 뭔가를 발견한 사람은 그 날을 쉴 수 있다는 것이다. 내가 그 사람이 될 수 있으면 좋겠다.

❶ there is+단수 명사: ~이 있다　　　❷ 웹 멋진　　　❸ 웹 ~과 같은
❹ have to+동사원형: ~해야 한다　　　❺ 웹 정도, 약　　　❻ 앞의 anyone을 선행사로 하는 주격 관계대명사
❼ interesting이 앞의 something을 수식함 (-thing으로 끝나는 대명사(something)는 수식하는 형용사(interesting)가 뒤에 위치함)
❽ 휴일, 쉬는 날

Think and Write

Kate Barlow was a teacher in Green Lake. She was very popular. Many rich men in the town ❶ wanted to marry her. But Kate ❷ fell in love with ❸ Sam, a poor man. The rich men ❹ tried to hurt Sam. Later, ❺ Sam was found dead. Kate ❻ became sad and left the town.

Kate Barlow는 Green Lake 마을의 교사였다. 그녀는 매우 인기가 있었다. 마을의 많은 부유한 남자들이 그녀와 결혼하고 싶어 했다. 그러나 Kate는 가난한 남자인 Sam과 사랑에 빠졌다. 부유한 남자들은 Sam을 다치게 하려고 했다. 나중에 Sam은 죽은 채로 발견되었다. Kate는 슬퍼서 마을을 떠났다.

❶ want는 to부정사를 목적어로 취하는 동사 / marry는 '~와 결혼하다'라는 뜻의 타동사로 뒤에 전치사 없이 바로 목적어를 씀
❷ fall in love with: ~와 사랑에 빠지다　　　❸ Sam과 a poor man은 동격으로 콤마(,)로 연결되어 있음
❹ try to+동사원형: ~하려고 노력하다
❺ 능동태 문장(People found Sam dead.)의 목적어(Sam)가 수동태의 주어가 되고 목적격보어(dead)가 남아 있는 수동태 문장
❻ become+형용사(보어): ~이 되다, ~해지다

기타 지문
실전 TEST

[01-02] 다음 글을 읽고, 물음에 답하시오.

A pair of sneakers fell ___(A)___ the sky. Stanley picked them ___(B)___ and started running home.

The police stopped Stanley. He was sent ___(C)___ Camp Green Lake.

Stanley met six other boys in Group D. Each boy had to dig one hole every day.

Stanley found a shiny gold tube in the dirt. He saw two letters at the bottom of it.

01 윗글의 빈칸 (A)~(C)에 알맞은 말이 순서대로 짝 지어진 것은?

① on – in – to
② from – on – at
③ from – up – to
④ off – in – at
⑤ off – up – to

02 윗글을 읽고 알 수 없는 것은?

① 하늘에서 떨어진 물건
② Stanley가 보내진 곳
③ Stanley가 속한 그룹의 인원 수
④ 각 소년이 파야 하는 구덩이의 크기
⑤ Stanley가 흙 속에서 발견한 물건

[03-04] 다음 글을 읽고, 물음에 답하시오.

Monday, August 5th

___ⓐ___, the camp isn't green and there is no lake. I'm in Group D. My group members have cool names ___ⓑ___ X-Ray, Zigzag and Zero. We have to ___ⓒ___ one hole about 150cm deep and 150cm ___ⓓ___. The good news is this: 흥미로운 뭔가를 발견한 사람은 그 날을 쉴 수 있다. I hope I can be the one.

03 윗글의 빈칸 ⓐ~ⓓ에 들어갈 수 없는 단어는?

① dig
② like
③ wide
④ shiny
⑤ unfortunately

서술형 고난도

04 윗글의 밑줄 친 우리말과 같도록 주어진 말을 바르게 배열하여 쓰시오.

anyone, something, the day off, can, who, interesting, finds, get

→ _____

[05-06] 다음 글을 읽고, 물음에 답하시오.

Kate Barlow was a teacher in Green Lake. She was very ___ⓐ___. ①Many rich men in the town ②wanted to marry her. But Kate ③fell in love with Sam, a poor man. The rich men ④tried to hurt Sam. Later, Sam was found dead. Kate ⑤became sadly and left the town.

05 윗글의 빈칸 ⓐ에 들어갈 말로 알맞은 것은?

① rich
② popular
③ terrible
④ nervous
⑤ common

06 윗글의 밑줄 친 ①~⑤ 중 어법상 틀린 것은?

①   ②   ③   ④   ⑤

Words

고득점 맞기

01 다음 중 짝 지어진 두 단어의 관계가 [보기]와 같은 것은?

> [보기]　　　　　　　top – bottom

① alive – dead　　　　② yell – shout
③ wake – awake　　　 ④ sudden – suddenly
⑤ convenient – convenience

02 다음 빈칸에 공통으로 들어갈 알맞은 단어를 쓰시오.

> • A(n) _____ is an empty space in something solid.
> • To dig means to move soil, sand, snow, etc., in order to create a(n) _____.
>
> → _____

03 다음 대화의 빈칸에 공통으로 들어갈 말로 알맞은 것은?

> A: How _____ is that road?
> B: It is about 5 meters _____.

① wide　　　② beat　　　③ assign
④ pack　　　⑤ whole

04 다음 영어 뜻을 모두 나타내는 단어는?

> • a thing that you can see and touch but is not alive
> • the goal or aim of a plan or action

① tube　　　② letter　　　③ muscle
④ object　　　⑤ character

05 다음 중 단어와 우리말 뜻이 바르게 짝 지어진 것을 모두 고른 것은?

> ⓐ tube: 보물　　　ⓑ steal: 훔치다
> ⓒ farther: 더 일찍　 ⓓ return: 돌려주다
> ⓔ character: 품성, 인격　 ⓕ unfortunately: 다행히도

① ⓐ, ⓑ, ⓒ　　　② ⓑ, ⓒ, ⓓ
③ ⓑ, ⓓ, ⓔ　　　④ ⓒ, ⓓ, ⓔ
⑤ ⓓ, ⓔ, ⓕ

06 다음 빈칸에 공통으로 들어갈 말로 알맞은 것은?

> • I usually go fishing with my dad on my day _____.
> • Can you brush _____ the dust on my shoulder?

① of　　　② on　　　③ up
④ off　　　⑤ about

07 다음 중 밑줄 친 단어에 대한 영어 뜻풀이로 알맞지 않은 것은?

① Jane felt her heart beat fast.
(to make a regular movement or sound)
② Cooking robots will make our lives convenient.
(smooth and bright)
③ I can't stay awake any longer because I'm really tired. (not sleeping)
④ All his clothes were covered with dirt.
(loose earth or soil)
⑤ Our house is at the bottom of the hill.
(the lowest part of something)

08 다음 우리말과 같도록 빈칸에 알맞은 말을 쓰시오.

나는 댄스 오디션에 통과하기 위해 최선을 다할 것이다.

→ I'll _____ _____ _____ to pass the dance audition.

09 다음 빈칸에 들어갈 말이 순서대로 짝 지어진 것은?

- The bus was full _____ passengers.
- Philip picked _____ the letter and read it.

① off – of   ② off – up

③ of – up   ④ of – from

⑤ out – from

10 다음 글의 빈칸에 공통으로 들어갈 말을 세 단어로 쓰시오.

I saw a detective at the park. He was wearing a hat. He was also wearing _____ jeans and _____ sneakers.

→ _____

11 괄호 안의 우리말과 같도록 빈칸에 공통으로 들어갈 알맞은 단어를 쓰시오.

- He looked pretty _____ in his new coat.
  (그는 새 코트를 입은 모습이 매우 멋졌다.)
- You should keep onions in a _____ dry place.
  (양파는 서늘하고 건조한 곳에 보관해야 한다.)

→ _____

12 다음 중 밑줄 친 부분의 쓰임이 알맞지 <u>않은</u> 것은?

① I go to the library to <u>focus on</u> my studies.

② I don't take what doesn't <u>belong in</u> me.

③ WHO <u>stands for</u> World Health Organization.

④ <u>Look up</u> the word "assign" in the dictionary.

⑤ The man stole the money and <u>ended up</u> in prison.

고/난도

13 다음 중 밑줄 친 단어의 의미가 서로 같은 것은?

① We're going to <u>raise</u> hamsters in this cage.
  <u>Raise</u> the ball over your head and throw it to me.

② I learned that <u>light</u> is faster than sound.
  I recommend this bike because it's <u>light</u> and cheap.

③ Mr. Brown found a huge <u>object</u> under the sea.
  We were scared to see a strange <u>object</u> in the dark.

④ There is a big <u>letter</u> "A" at the bottom of the tube.
  My aunt in Busan sends us a <u>letter</u> every month.

⑤ He promised to <u>return</u> after 3 days.
  I had to <u>return</u> the hairdryer to the store because it didn't work.

고/난도 신/유형

14 다음 영어 뜻풀이에 해당하는 단어가 쓰인 문장은?

to pass over or not do something

① Pick up all the apples under the tree.

② They need more days to dig the hole.

③ Kevin should focus on his work more.

④ There is a treasure at the bottom of the sea.

⑤ We decided to skip the afternoon exercise.

L&S Listen & Speak
영작하기

정답 보기 >> 88~89쪽

우리말과 일치하도록 대화를 바르게 영작하시오.

1 Listen and Speak 1-A

B: _____

G: _____

B: _____

G: _____

B: _____

G: _____

교과서 66쪽

해석

B: 안녕, Amy. 한국에 온 것을 환영해.

G: 오랜만이야, 민호야. 어떻게 지냈니?

B: 잘 지냈어. 너는 공항에서 여기에 어떻게 왔니?

G: 나는 여기까지 지하철을 타고 왔어.

B: 너는 한국 지하철에 관해 어떻게 생각하니?

G: 나는 그것이 매우 깨끗하다고 생각해.

2 Listen and Speak 1-B

G: _____

B: _____

G: _____

B: _____

G: _____

B: _____

G: _____

B: _____

교과서 66쪽

G: Brian, 너는 그 소식을 들었니?

B: 어떤 소식?

G: 우리는 다음 주부터 수업 중에 스마트폰을 사용할 수 있어.

B: 응, 나는 그 소식을 들었어.

G: 너는 그것에 관해 어떻게 생각하니?

B: 나는 그것이 매우 유용할 거라고 생각해. 나는 내가 모르는 단어들을 찾아볼 수 있어.

G: 그래. 우리는 인터넷으로 정보를 찾을 수도 있어.

B: 맞아. 그것은 매우 도움이 될 거야.

3 Listen and Speak 1-C

A: _____

B: _____

A: _____

B: _____

교과서 66쪽

A: 내가 어려운 질문을 하나 해도 될까?

B: 물론이지. 최선을 다할게.

A: 너는 한 가지 음식만 먹는 다이어트에 관해 어떻게 생각하니?

B: 나는 그것이 쉽지만 건강에 좋지 않다고 생각해.

4 Listen and Speak 2-A

B: _____

G: _____

B: _____

G: _____

B: _____

교과서 67쪽

B: 너는 영화가 재미있었니?

G: 응, 나는 영화가 아주 좋았어.

B: 너는 무엇이 가장 좋았니?

G: 연기가 아주 훌륭했어.

B: 나도 그 점에 동의해.

5 Listen and Speak 2-B

B: _____
G: _____
B: _____
G: _____
B: _____
G: _____
B: _____
G: _____

교과서 67쪽

B: 얘, Jessica. 너는 왜 늘 에너지 음료를 마시니?
G: 에너지 음료는 내가 깨어 있도록 도와주기 때문이야.
B: 나도 그 점에는 동의하지만, 에너지 음료에는 카페인이 너무 많아.
G: 음, 에너지 음료는 내가 공부에 집중하는 데 도움이 돼.
B: 너는 너무 많은 카페인이 뼈를 상하게 할 수 있다는 것을 알고 있었니?
G: 오, 그건 몰랐어.
B: 나는 네가 에너지 음료를 덜 자주 마셔야 한다고 생각해.
G: 네 말이 맞는 것 같아. 고마워, Tom.

6 Listen and Speak 2-C

A: _____
B: _____
A: _____

교과서 67쪽

A: 너는 스마트폰으로 책을 읽는 것에 관해 어떻게 생각하니?
B: 나는 그것이 좋다고 생각해. 우리는 언제든지 읽을 수 있어.
A: 나도 그 점에 동의해.

7 Real Life Talk > Watch a Video

Tony: _____
Suji: _____
Tony: _____
Suji: _____
Tony: _____
Suji: _____
Tony: _____
Suji: _____
Tony: _____
Suji: _____
Tony: _____

교과서 68쪽

Tony: 이 상자들은 전부 뭐니, 수지야?
수지: 내가 온라인으로 주문한 물건들이야.
Tony: 너는 인터넷으로 쇼핑하는 것을 좋아하는구나, 그렇지 않니?
수지: 응, 그래. 너는 온라인 쇼핑에 관해 어떻게 생각하니, Tony?
Tony: 나는 그것을 전혀 좋아하지 않아.
수지: 왜?
Tony: 물건이 실제로 어떻게 생겼는지 알기가 매우 어렵거든.
수지: 나도 그 점에는 동의해.
Tony: 만약 물건이 마음에 들지 않으면 물건을 돌려보내는 것도 어려워.
수지: 네 말이 맞지만, 나는 온라인 쇼핑이 매우 편리하다고 생각해.
Tony: 음, 편리함이 전부는 아니야.

STEP B

01 다음 대화의 밑줄 친 부분과 같은 의미로 바꿔 쓸 수 <u>없는</u> 것을 <u>모두</u> 고르면?

> A: I think reading books on a smartphone is bad. It's not good for our eyes.
> B: <u>I agree with you.</u>

① You're right.

② I don't think so.

③ I don't agree.

④ I think so, too.

⑤ I'm with you on that.

[02-03] 다음 대화를 읽고, 물음에 답하시오.

> A: Hi, Amy. Welcome to Korea. (①)
> B: Long time no see, Minho. (②)
> A: Great. How did you come here from the airport?
> B: I came here by subway. (③)
> A: ⓐHow do you feel about the subway in Korea? (④)
> B: I think it's very clean. (⑤)

02 위 대화의 ①~⑤ 중 주어진 문장이 들어갈 알맞은 곳은?

> How have you been?

①   ②   ③   ④   ⑤

03 위 대화의 밑줄 친 ⓐ와 바꿔 쓸 수 있는 것을 <u>모두</u> 고르면?

① How about taking

② What do you think about

③ What is your opinion on

④ What can you do to take

⑤ Why do you enjoy taking

04 다음 중 짝 지어진 대화가 자연스럽지 <u>않은</u> 것은?

① A: What are all these boxes?
  B: They're items I ordered online.

② A: What do you think about raising pets?
  B: I'm with you on that.

③ A: Did you enjoy the movie?
  B: Yes, I liked it a lot.

④ A: How do you feel about animal testing?
  B: I think it's helpful but cruel.

⑤ A: I don't like school uniforms. Everybody looks the same.
  B: I think so, too.

[05-06] 다음 대화를 읽고, 물음에 답하시오.

> A: Brian, did you hear ①the news?
> B: What ②news, Sujin?
> A: We can use smartphones during classes from next week.
> B: Yes, I heard ③that.
> A: How do you feel about ④it?
> B: I think ⑤it will be very useful. I can look up words I don't know.
> A: Yeah. We can also find information on the Internet.

05 위 대화의 밑줄 친 ①~⑤ 중 가리키는 것이 <u>다른</u> 하나는?

①   ②   ③   ④   ⑤

고난도
06 위 대화의 내용과 일치하는 것은?

① Brian and Sujin are best friends.

② Brain didn't hear the news before.

③ They are using smartphones during classes now.

④ Brian thinks using smartphones during classes will be very useful.

⑤ They have different opinions about using smartphones during classes.

07 다음 대화의 빈칸에 알맞은 말을 쓰시오.

> A: I think skipping breakfast is good. We can sleep more.
>
> B: _____ Our brain may not work well.

고/난도

08 다음 두 주제에 대한 Jason의 의견을 표시한 표를 보고, 이를 바탕으로 Jason과 친구의 대화를 완성하시오.

Topic	the AI robot	the driverless car
Opinion	☑ helpful ☑ scary ☐ convenient ☐ dangerous	☐ helpful ☐ cruel ☑ convenient ☑ dangerous

(1) Sia: I think the AI robot is helpful but scary.

Jason: _____

(2) Ben: Jason, how do you feel about the driverless car?

Jason: I think _____ .

[09-10] 다음 대화를 읽고, 물음에 답하시오.

> A: Hey, Jessica. Why are you always drinking energy drinks?
>
> B: Because they help me stay awake, Tom.
>
> A: I'm with you on that, but they have too much caffeine.
>
> B: Well, they help me focus on my studies.
>
> A: Did you know that too much caffeine can hurt your bones?
>
> B: Oh, I didn't know that.

09 위 대화의 내용과 일치하도록 빈칸에 알맞은 말을 쓰시오.

> Jessica: Energy drinks help me _____.
>
> They also help me _____.
>
> Tom: They have _____.

10 다음 질문에 대한 답을 주어진 [조건]에 맞게 영어로 답하시오.

> [조건] 1. 철자와 어법에 주의할 것
>
> 2. 주어와 동사를 포함한 완전한 문장으로 답할 것

Q: What can too much caffeine do?

A: _____

고/난도

11 다음 글의 내용과 일치하도록 아래 대화를 완성하시오.

> Suji asks Tony his opinion about online shopping. Tony doesn't like it at all because it's very difficult to know what an item actually looks like. Suji agrees with him, but she thinks it's very convenient.

▼

> Suji: (1) _____
>
> Tony: I don't like it at all.
>
> Suji: Why?
>
> Tony: (2) _____
>
> _____
>
> Suji: I'm with you on that, but I think
>
> (3) _____ .

01 다음 빈칸에 들어갈 말로 알맞은 것을 모두 고르면?

_____ tomorrow is Sunday, I can get up late.

① When   ② Since   ③ Though
④ Until   ⑤ Because

02 다음 빈칸에 들어갈 말이 순서대로 짝 지어진 것은?

Surfing is the sport of riding waves. _____ the waves become, _____ surfers feel.

① Big – excited
② Bigger – excited
③ Bigger – more excited
④ The bigger – more excited
⑤ The bigger – the more excited

고난도 신유형
03 다음 중 어법상 옳은 문장의 개수는?

ⓐ The dark it got, the colder it became.
ⓑ The more I know, the better I can understand.
ⓒ The fresher the apple is, the sweet it tastes.
ⓓ The more she earned, she spent the more.
ⓔ The older we grow, the wiser we become.

① 0개   ② 1개   ③ 2개   ④ 3개   ⑤ 4개

04 다음 우리말을 영어로 옮길 때, 여섯 번째로 오는 단어는?

우리는 행복하면 행복할수록, 더 많이 웃는다.

① the   ② more   ③ happier
④ laugh   ⑤ become

05 다음 중 영어를 우리말로 잘못 해석한 것은?

① Since Ann was sleepy, she stopped working.
→ Ann은 졸려서 일하는 것을 멈췄다.
② Rosa went to bed early since she was tired.
→ Rosa는 피곤해서 일찍 자러 갔다.
③ He couldn't go to school since he was sick.
→ 그는 아팠기 때문에 학교에 갈 수 없었다.
④ She has lived in Canada since she was born.
→ 그녀는 캐나다에서 태어났기 때문에 거기서 살았다.
⑤ I have worked here since I was 30.
→ 나는 30살 때부터 여기에서 근무해 왔다.

한 단계 더!
06 다음 괄호 안의 단어들을 바르게 배열한 것은?

The more you study, (will, you, get, better, the, grades).

① you will get the better grades
② you will get grades the better
③ you will the better grades get
④ the better will you get grades
⑤ the better grades you will get

고난도
07 다음 중 밑줄 친 since의 쓰임이 같은 것끼리 짝 지어진 것은?

ⓐ My family didn't go on a picnic <u>since</u> it rained a lot.
ⓑ <u>Since</u> he had a toothache, he went to see the dentist.
ⓒ Judy has been very sick <u>since</u> last Monday.
ⓓ Everything has changed <u>since</u> the teacher came here.
ⓔ We can't play soccer <u>since</u> the fine dust is really bad today.

① ⓐ, ⓑ, ⓓ   ② ⓐ, ⓑ, ⓔ   ③ ⓑ, ⓒ
④ ⓑ, ⓓ, ⓔ   ⑤ ⓒ, ⓓ, ⓔ

[08-09] 다음 빈칸에 공통으로 들어갈 말로 알맞은 것을 고르시오.

08
- Brian and I were almost crying _____ the movie was so sad.
- Dr. Smith has been in this hospital _____ the end of March.

① as ② when ③ though
④ since ⑤ because

09
- The _____ choices you have, the harder it is to decide.
- The older Snow White grew, the _____ beautiful she became.

① very ② many ③ much
④ more ⑤ worse

10 다음 문장의 밑줄 친 Since와 쓰임이 같은 것은?

Since he couldn't play outside, he spent much of his time watching movies.

① It has been three years since he moved to Jeju-do.
② Helen has lived with her grandmother since 2003.
③ My uncle hasn't been to this city since he was a kid.
④ He can't afford to buy a new bike since he doesn't have any money.
⑤ Since then, the painting has become more and more popular.

11 다음 중 빈칸에 more가 들어갈 수 없는 것은?

① The _____ you study, the smarter you get.
② The _____ he went up, the colder it became.
③ The _____ you exercise, the healthier you become.
④ The _____ places you visit, the more you can learn.
⑤ The _____ you work, the more money you can earn.

12 다음 중 어법상 틀린 부분을 찾아 바르게 고친 것은?

The time less you spend watching TV, the more things you can do.

① The time less → The less time
② watching TV → to watch TV
③ the more → the most
④ more things → things more
⑤ can → could

13 다음 중 문장에 대해 바르게 설명하지 못한 사람은?

① Since he was hungry, he had a whole pizza.
→ 미선: Since는 '~이기 때문에'라는 뜻으로 쓰였어.
② Ms. White has lived in Seoul since last month.
→ 준성: since는 '~ 이후, ~부터'라는 뜻을 나타내는 전치사야.
③ I shouted for joy since I became a new guitar player in the school band.
→ 아람: since 대신 because를 쓸 수도 있어.
④ I have known Steve since he was born.
→ 연호: 이 문장의 since는 ①의 Since와 같은 의미로 쓰였어.
⑤ She plays basketball very well since she is tall.
→ 혜린: since가 이끄는 절인 since she is tall의 위치를 문장 맨 앞으로 이동시킬 수도 있어.

서술형

14 다음 우리말을 [조건]에 맞게 영작하시오.

[조건] 1. 비교급 구문을 사용할 것
2. 괄호 안의 말을 이용할 것
3. 시제를 정확히 쓸 것

(1) 그녀가 오래 기다리면 기다릴수록, 그녀는 더 화가 났다.

→ _____

(long, wait, angry, become)

(2) 어두워지면 질수록, 나는 더 무서움을 느꼈다.

→ _____

(dark, get, scared, feel)

(3) 문제가 쉬우면 쉬울수록, 그는 그것을 더 빨리 풀 수 있다.

→ _____

(easy, the problem, fast, solve)

15 다음 각 상자에서 서로 관련 있는 문장을 하나씩 골라 접속사 since를 사용하여 한 문장으로 쓰시오.

- I told him to take his umbrella.
- I couldn't visit my parents.
- I felt sorry for Sujin.

- I forgot her birthday.
- I had a lot of work.
- It was raining outside.

(1) _____

(2) _____

(3) _____

16 나이가 들어가면서 자신에게 어떤 변화가 생길지 [조건]에 맞게 문장을 완성하시오.

[조건] 1. 비교급을 반드시 사용할 것
2. 철자와 어법에 주의할 것

(1) The older I get, _____.

(2) The older I get, _____.

17 다음 중 어법상 틀린 문장을 모두 골라 기호를 쓴 후, 문장을 바르게 고쳐 쓰시오.

ⓐ The more Pinocchio lies, the longer his nose grows.

ⓑ The heavy the object is, the faster it will fall.

ⓒ The better the chair is, the more comfortable you feel.

ⓓ The less time you spend playing computer games, the things more you can do.

ⓔ The bigger the garden is, the more my grandma likes it.

(   ) → _____

(   ) → _____

18 자연스러운 문장이 되도록 빈칸에 알맞은 말을 자유롭게 쓰시오.

(1) My sister was upset since _____

_____ .

(2) We stayed home since _____

_____ .

(3) He couldn't catch the ball since _____

_____ .

19 다음 [조건]에 맞게 문장을 바꿔 쓰시오.

[조건] 1. 주어진 문장과 의미가 같도록 할 것
2. 「The+비교급 ~, the+비교급 ...」 구문을 사용할 것

(1) As he is hungrier, he eats more.

→ _____

(2) As you give more, you get back more.

→ _____

(3) As she climbs higher, she feels colder.

→ _____

다음 우리말과 일치하도록 각 문장을 바르게 영작하시오.

01
_____
☆ "더 열심히 파, Stanley! 네가 열심히 파면 팔수록, 너는 더 빨리 끝낼 거야!" Sir 씨가 소리를 질렀다.

02
_____
☆ Stanley Yelnats는 모든 근육 하나하나가 아팠기 때문에 더 열심히 팔 수가 없었다.

03
_____
그는 목이 마르고 배가 고팠다.

04
_____
그는 집에 가고 싶었다.

05
_____
☆ 불행히도, 앞으로 18개월 동안 Stanley의 집은 바로 여기 Green Lake 캠프가 될 것이었다.

06
_____
Green Lake 캠프는 형편없는 이름이었다.

07
_____
그곳은 초록색도 아니었고 호수도 없었다.

08
_____
Green Lake 캠프는 뜨거웠고 온통 모래였다.

09
_____
사실 그곳은 캠프조차 아니었다.

10
_____
그곳은 나쁜 소년들을 위한 곳이었다.

11
_____
그렇다면 Stanley같이 착한 소년이 여기서 무엇을 하고 있었을까?

12
_____
☆ 그는 운동화 한 켤레를 훔쳤다는 이유로 캠프에 보내졌다.

13
_____
☆ Stanley가 정말로 운동화 한 켤레를 훔친 것은 아니었다.

14
_____
그는 그저 잘못된 시간에 잘못된 장소에 있었다.

15
_____
어느 날, 그는 학교에서 집으로 걸어가고 있었다.

16
_____
갑자기, 낡은 운동한 한 켤레가 하늘에서 떨어졌다.

17
_____
그 운동화는 그의 머리에 맞았다.

18
_____
그는 그의 아버지에게 무슨 일이 일어났는지 말하기 위해 운동화를 가지고 달리기 시작했다.

19
_____
몇 분 후에, 경찰이 Stanley를 멈춰 세웠고 그가 왜 달리고 있었는지를 그에게 물었다.

STEP
B

20
_____

Stanley에게는 불행히도, 그 운동화는 유명한 야구 선수인 Clyde Livingstone의 것이었다.

21
_____

그것이 Stanley가 결국 Green Lake 캠프에 오게 된 이유였다.

22
_____

Stanley는 캠프에서 D 그룹에 배치되었다.

23
_____

Stanley의 그룹에는 6명의 다른 소년들이 있었다.

24
_____

그들은 모두 X-Ray, Zigzag, Zero와 같은 멋진 이름을 가지고 있었다.

25
_____

☆ 각 소년은 매일 구덩이를 하나씩 파야 했다.

26
_____

그것은 150cm 정도 깊이와 150cm 정도 너비여야 했다.

27
_____

Sir 씨는 "너희들은 인격을 수양하기 위해 구덩이를 파고 있는 것이야."라고 말했다.

28
_____

☆ Stanley는 많이 파면 팔수록, 더 힘이 세져 갔다.

29
_____

하루하루 구덩이를 끝내는 데 시간이 덜 걸렸다.

30
_____

☆ 그가 온 지 두 번째 주에, Stanley가 자신의 구덩이를 끝내 가고 있었을 때, 그는 흙 속에서 빛나는 뭔가를 보았다.

31
_____

Stanley의 심장은 더 빨리 뛰었다.

32
_____

그는 흥미로운 뭔가를 발견한 사람은 그 날을 쉬게 된다고 들었다.

33
_____

그는 조심스럽게 그 빛나는 물체를 집어 흙을 털어 냈다.

34
_____

그것은 작은 금색 통이었다.

35
_____

☆ 그러나 그것은 너무 가벼웠기 때문에 진짜 금일 리가 없었다.

36
_____

그 통의 바닥에는 KB라는 두 글자가 있었다.

37
_____

KB는 무엇을 의미했을까?

38
_____

Stanley의 심장은 훨씬 더 빨리 뛰었다.

고득점 맞기

[01-04] 다음 글을 읽고, 물음에 답하시오.

"Dig harder, Stanley! ①The harder dig you, the faster you'll finish!" yelled Mr. Sir. ②Stanley Yelnats couldn't dig any harder since every single muscle hurt. He was thirsty and hungry. ③He wanted to go home. Unfortunately, Stanley's home for the next 18 months would be right here, at Camp Green Lake. Camp Green Lake was a terrible name. It wasn't green and there was no lake. ④Camp Green Lake was hot and full of sand. In fact, it wasn't even a camp. It was a place for bad boys. Then what was a good boy like Stanley doing here? ⑤He was sent to the camp for stealing a pair of sneakers.

01 윗글을 두 문단으로 나눌 때 두 번째 문단의 첫 문장을 찾아 쓰시오.

→ _____

02 윗글의 밑줄 친 ①~⑤ 중 어법상 틀린 문장은?

①   ②   ③   ④   ⑤

03 다음 영어 뜻풀이에 해당하는 단어 중 윗글에서 찾을 수 없는 것을 모두 고르면?

① a thing that you can see and touch but is not alive

② used to say that something bad or unlucky has happened

③ an empty space in something solid

④ to move soil, sand, snow, etc., in order to create a hole

⑤ a body tissue that can contract and produce movement

04 윗글을 읽고 답할 수 없는 질문을 모두 고르면?

① What was Stanley doing?

② What was Mr. Sir's job?

③ How long would Stanley stay at the camp?

④ What was the camp like?

⑤ Who sent Stanley to the camp?

[05-08] 다음 글을 읽고, 물음에 답하시오.

Stanley didn't really steal a pair of sneakers. He was just in the wrong place at the wrong time. One day, he was (A) walked / walking home from school. Suddenly, a pair of old sneakers fell ____ⓐ____ the sky. The sneakers hit him ____ⓑ____ the head.

He (B) started / stopped running with the sneakers ©to tell his father what happened. A few minutes later, the police stopped Stanley and asked him why he was running. Unfortunately for Stanley, the sneakers (C) belonged / belonged to a famous baseball player, Clyde Livingstone. That was why Stanley ⓓended up at Camp Green Lake.

05 윗글의 (A)~(C)에서 알맞은 것끼리 짝 지어진 것은?

   (A)   (B)   (C)

① walked – started – belonged

② walked – stopped – belonged to

③ walking – started – belonged

④ walking – stopped – belonged

⑤ walking – started – belonged to

06 윗글의 빈칸 ⓐ와 ⓑ에 들어갈 말이 순서대로 짝 지어진 것은?

① in – by   ② in – on   ③ on – of

④ from – by   ⑤ from – on

07 윗글의 밑줄 친 ©to tell과 쓰임이 같은 것은?

① It's time to go to bed.

② To love is to trust each other.

③ I want something cold to drink.

④ To play computer games is fun and exciting.

⑤ I went out to play tennis with my friend.

08 윗글의 밑줄 친 ⓓended up의 우리말 뜻으로 알맞은 것은?

① 완전히 끝났다   ② 최후를 맞이했다

③ 위쪽으로 올라갔다   ④ 결국 ～하게 되었다

⑤ 위기에 처하게 되었다

[09-11] 다음 글을 읽고, 물음에 답하시오.

Stanley was assigned to Group D in the camp. ①There were six other boys in Stanley's group. ②They all had cool names like X-Ray, Zigzag and Zero. ③Each boy had to dig one hole every day. ④It had to be about 150cm deep and 150cm wide. ⑤The black holes were 1.3 billion light years away from Earth. Mr. Sir said, "You are digging ⓐbuild character."

09 윗글의 밑줄 친 ①~⑤ 중 흐름상 관계없는 문장은?

①   ②   ③   ④   ⑤

10 윗글의 밑줄 친 ⓐbuild의 형태로 알맞은 것은?

① build   ② built   ③ to build

④ building   ⑤ to have built

11 윗글을 읽고 답할 수 <u>없는</u> 질문은?

① What group was Stanley in?

② How many people were there in Group D?

③ Who gave the boys their cool names?

④ What did each boy have to do every day?

⑤ How deep and wide did the hole have to be?

[12-14] 다음 글을 읽고, 물음에 답하시오.

The more Stanley dug, (A) stronger / the stronger he became. It took less time to finish his hole each day. In his second week, as Stanley was finishing his hole, he saw (B) shiny something / something shiny in the dirt. Stanley's heart beat faster. He heard that anyone (C) who / which found something interesting would be given the day off. He carefully picked up the shiny object and brushed off the dirt. It was a small gold tube. But it couldn't be real gold ⓐsince it was too light.

12 윗글의 (A)~(C)에서 알맞은 것끼리 짝 지어진 것은?

	(A)	(B)	(C)
①	stronger	– something shiny	– who
②	stronger	– shiny something	– which
③	the stronger	– shiny something	– who
④	the stronger	– something shiny	– who
⑤	the stronger	– something shiny	– which

13 윗글의 밑줄 친 ⓐsince와 쓰임이 같은 것은?

① I haven't eaten since yesterday.

② It has been 10 years since we last met.

③ I need some more sleep since I'm too tired.

④ Ann hasn't ridden a bike since she was a little girl.

⑤ He has worked at the farm since he moved to the country.

14 윗글을 읽고 알 수 <u>없는</u> 것은?

① Stanley가 빛나는 물체를 발견한 때

② 빛나는 물체를 발견한 후의 Stanley의 반응

③ Stanley가 물체를 집어 들고 한 일

④ Stanley가 흙 속에서 발견한 것

⑤ Stanley가 발견한 물체의 주인

15 다음 글에서 어법상 **틀린** 부분을 <u>모두</u> 찾아 바르게 고쳐 쓰시오.

> Camp Green Lake was a terrible name. It wasn't green and there was no lake. Camp Green Lake was hot and full with sand. In fact, it wasn't even a camp. It was a place for bad boys. Then what was a good boy like Stanley doing here? He sent to the camp for stealing a pair of sneakers.

(1) _____ → _____

(2) _____ → _____

17 윗글의 내용과 일치하도록 [조건]에 맞게 주어진 질문에 답하시오.

> [조건] 1. 대명사로 문장을 시작할 것
> 2. 괄호 안의 말을 이용할 것
> 3. 주어와 동사를 포함한 완전한 문장으로 쓸 것

(1) When did a pair of sneakers fall from the sky? (when)

→ _____

(2) Who was the owner of the sneakers? (belong to)

→ _____

[16-17] 다음 글을 읽고, 물음에 답하시오.

> Stanley didn't really steal a pair of sneakers. He was just in the wrong place at the wrong time. One day, he was walking home from school. Suddenly, a pair of old sneakers fell from the sky. The sneakers hit him on the head.
>
> He started running with the sneakers to tell his father what happened. A few minutes later, the police stopped Stanley and asked him why he was running. Unfortunately for Stanley, the sneakers belonged to a famous baseball player, Clyde Livingstone. That was why Stanley ended up at Camp Green Lake.

16 윗글을 다음과 같이 요약할 때 빈칸에 알맞은 말을 쓰시오.

> On the way home, Stanley was hit by _____ _____ that fell from the sky. He picked them up and ran to tell _____. But _____ stopped him, and he was sent to _____ for stealing the sneakers.

[18-19] 다음 글을 읽고, 물음에 답하시오.

> It took less time to finish his hole each day. (A)In his second week, as Stanley was finishing his hole, he saw something shiny in the dirt. Stanley's heart beat faster. He heard that anyone who found something interesting would be given the day off. He carefully picked up the shiny object and brushed off the dirt. It was a small gold tube. (B)But it couldn't be real gold since it was too light. There were two letters, *KB*, at the bottom of the tube. What did KB stand for? Stanley's heart beat even faster.

18 윗글의 밑줄 친 (A)와 (B)를 우리말로 해석하시오.

(A) _____

(B) _____

19 What was the shiny object which Stanley found in the dirt?

→ _____

01 다음 빈칸에 알맞은 단어를 [조건]에 맞게 쓰시오.

I think online shopping is cheap and _____.

> [조건]   1. The word is an adjective.
>
>   2. The word starts with c.
>
>   3. The word means "allowing you to do something easily or without trouble."

02 다음 우리말과 같도록 빈칸에 알맞은 말을 쓰시오.

(1) UFO가 무엇을 의미하나요?

→ What does UFO _____ _____?

(2) 로미오는 줄리엣과 사랑에 빠졌다.

→ Romeo _____ _____ _____ _____ Juliet.

(3) 나는 네가 동아리 활동에 집중하길 원한다.

→ I want you to _____ _____ the club activities.

(4) 배드민턴 선수 Richard는 금메달을 따기 위해 최선을 다하고 있다.

→ The badminton player Richard is _____ _____ _____ to win the gold medal.

03 다음 대화의 빈칸에 알맞은 말을 괄호 안의 말을 사용하여 쓰시오.

A: Can I ask you a difficult question?

B: Sure. I'll try my best.

A: (1) _____

(how, feel, animal testing)

B: I think it's helpful but cruel.

A: Right. (2) _____

(with, that)

04 다음 표의 내용과 일치하도록 [조건]에 맞게 대화를 완성하시오.

Topic	wearing school uniforms	
Student	Sumin	Jack
Opinion	She likes it a lot.	He doesn't like it.
Reason	She doesn't need to worry about what to wear.	Everybody looks the same.

> [조건]   1. 괄호 안의 단어를 사용할 것
>
>   2. 주어와 동사를 포함한 완전한 문장으로 쓸 것

Jack: (1) _____

(what, think)

Sumin: I like it a lot.

Jack: Can you tell me the reason?

Sumin: (2) _____

Jack: (3) _____ (agree)

Everybody looks the same.

05 다음 글의 내용과 일치하도록 아래 대화를 완성하시오.

Tom asks Jessica why she is always drinking energy drinks. She says that it's because they help her stay awake. Tom agrees with her, but he also says that they have too much caffeine.

Tom: Hey, Jessica. Why (1) _____

_____ ?

Jessica: Because (2) _____.

Tom: I'm (3) _____, but they

(4) _____.

06 주어진 주제에 관한 Brian과 Mia의 의견을 보고, 대화의 빈칸에 알맞은 말을 쓰시오.

Topic: using smartphones during classes

Students can look up words they don't know.

Students can find information on the Internet.

Mia: Brian, Did you hear the news? We can (1) _____ from next week.

Brian: Yes, I heard that.

Mia: How do you feel about it?

Brian: I think it will be very useful. I can (2) _____ _____.

Mia: Yeah. We can also (3) _____ _____.

Brian: Right. It will be very helpful.

[07-08] 다음 대화를 읽고, 물음에 답하시오.

Tony: What are all these boxes, Suji?

Suji: They're items I ordered online.

Tony: You like shopping on the Internet, don't you?

Suji: Yes, I do. How do you feel about online shopping, Tony?

Tony: I don't like it at all.

Suji: Why?

Tony: It's very difficult to know what an item actually looks like.

Suji: I'm with you on that.

Tony: It's also difficult to return an item if you don't like it.

Suji: You're right, but I think it's very convenient.

Tony: Well, convenience isn't everything.

07 다음 질문에 대한 답을 우리말로 쓰시오.

Q: What does Suji agree with Tony on?

(1) _____

(2) _____

08 위 대화를 아래와 같이 요약할 때 빈칸에 알맞은 말을 쓰시오.

Tony and Suji are talking about (1) _____ _____. Tony doesn't (2) _____ _____ _____ _____ because it's very difficult to know what an item actually looks like. On the other hand, Suji likes online shopping and she thinks (3) _____ _____ _____. But Tony thinks (4) _____ _____ _____.

09 다음 그림을 보고, [조건]에 맞게 문장을 완성하시오.

[조건] 1. 괄호 안의 단어를 이용할 것
2. [보기]에서 알맞은 접속사를 골라 사용할 것 (필요시 중복 사용 가능)

[보기]   before   until   since

(1)

(break)

David was angry at his sister _____ _____.

(2)

(stomachache)

_____,
Tara doesn't want to have dinner.

10 다음 우리말과 같도록 괄호 안의 단어들을 이용하여 영작하시오.

(1) 네가 덜 쓸수록, 너는 더 많이 저축한다. (spend, save)

→ _____

(2) 우리가 높이 오르면 오를수록, 더 추워질 것이다.
(climb, become)

→ _____

(3) 그가 빠르게 걸으면 걸을수록, 그는 더 많은 통증을 느꼈다.
(walk, pain)

→ _____

11 다음 [조건]에 맞게 문장을 완성하시오.

> [조건] 1. [보기]에서 관련 있는 문장을 골라 쓸 것
> 2. (1), (2), (3)에 공통으로 사용할 수 있는 접속사를 이용할 것

> [보기] • It rained a lot.
> • She started her long journey.
> • She won first prize at the talent show.

(1) _____,
she received a new bike.

(2) She has visited many places _____
_____.

(3) We didn't go on a picnic yesterday _____
_____.

12 다음 [조건]에 맞게 빈칸에 알맞은 말을 자유롭게 쓰시오.

> [조건] • 비교급 구문을 사용할 것

(1) _____,
the healthier you become.

(2) _____,
the sooner you finish.

(3) _____,
the faster you will run.

[13-15] 다음 글을 읽고, 물음에 답하시오.

"Dig harder, Stanley! ⓐThe harder dig you, the more fast you'll finish!" yelled Mr. Sir. Stanley Yelnats couldn't dig any harder ⓑsince every single muscle hurt. He was thirsty and hungry. He wanted to go home. Unfortunately, Stanley's home for the next 18 months would be right here, at Camp Green Lake.

13 윗글의 밑줄 친 문장 ⓐ를 어법상 바르게 고쳐 쓰시오.

→ _____

14 윗글의 밑줄 친 ⓑsince와 [보기]의 말을 사용하여 [조건]에 맞게 문장을 쓰시오.

> [조건] 1. 윗글의 ⓑsince와 같은 의미, 쓰임으로 쓸 것
> 2. [보기]의 말을 모두 한 번씩 사용할 것
> 3. 동사는 현재시제로 쓸 것
> 4. 주어와 동사를 포함한 완전한 문장으로 쓸 것

> [보기] should   have   a cold   stay home

→ _____
_____

15 윗글의 내용과 일치하도록 Stanley에 관한 문장을 완성하시오.

• Stanley's _____ _____ _____ hurt.
• Stanley was _____ and _____.
• Stanley wanted _____.

[16-17] 다음 글을 읽고, 물음에 답하시오.

He started running with the sneakers to tell his father what happened. A few minutes later, the police stopped Stanley and asked him why he was running. Unfortunately for Stanley, the sneakers belonged to a famous baseball player, Clyde Livingstone. ⓐ그것이 Stanley가 결국 Camp Green Lake 에 오게 된 이유였다.

Stanley was assigned to Group D in the camp. There were six other boys in Stanley's group. They all had cool names like X-Ray, Zigzag and Zero. Each boy had to dig one hole every day. It had to be about 150cm deep and 150cm wide. Mr. Sir said, "You are digging to build character."

16 윗글의 밑줄 친 ⓐ의 우리말을 [조건]에 맞게 영작하시오.

> [조건]　1. why를 반드시 포함할 것
> 　　　　2. ended up을 사용할 것
> 　　　　3. 10단어의 문장으로 쓸 것

→ _____

고난도

17 윗글의 내용과 일치하도록 다음 대화를 완성하시오.

Reporter : Why did you start running with the sneakers?

Stanley : Because I wanted (1) _____

_____ .

Reporter : Did you know that the sneakers (2) _____

_____ ?

Stanley : No, I didn't know they belonged to him.

Reporter : What did you have to do at Camp Green Lake?

Stanley : (3) _____ .

[18-20] 다음 글을 읽고, 물음에 답하시오.

The more Stanley dug, the stronger he became. It took less time to finish his hole each day. In his second week, as Stanley was finishing his hole, he saw something shiny in the dirt. Stanley's heart beat faster. He heard that anyone who found something interesting would be given the day off. He carefully picked up the shiny object and brushed off the dirt. It was a small gold tube. But ⓐit couldn't be real gold since it was too light. There were two letters, *KB*, at the bottom of the tube. What did KB stand for? Stanley's heart beat even faster.

18 윗글의 밑줄 친 ⓐit이 가리키는 것을 윗글에서 찾아 쓰시오. (4단어)

→ _____

고난도

19 윗글을 아래와 같이 요약할 때 빈칸에 알맞은 말을 쓰시오.

> One day, Stanley found a small gold tube. It had (1) _____ _____ at the bottom of it. Since he heard that anyone who (2) _____ _____ _____ could get the day off, his heart (3) _____ _____ .

20 윗글의 내용과 일치하도록 다음 질문에 완전한 영어 문장으로 답하시오.

(1) In which week did Stanley find a shiny object?
→ _____

(2) What did Stanley do right after he found the shiny object?
→ _____

01 다음 중 짝 지어진 단어의 관계가 [보기]와 같은 것은? [3점]

> [보기]　　　　　actually – really

① alive – dead　　　② light – heavy
③ bottom – top　　　④ wrong – right
⑤ helpful – useful

02 다음 중 영어 뜻풀이가 알맞지 <u>않은</u> 것은? [3점]

① dirt: loose earth or soil
② raise: to pass over or not do something
③ hole: an empty space in something solid
④ beat: to make a regular movement or sound
⑤ assign: to send someone to a particular group or place as part of a job

03 다음 빈칸에 공통으로 들어갈 말로 알맞은 것은? [3점]

> • The boy is holding a round _____ in his hands.
> • The _____ of this game is to score the most points in a short time.

① wide　　　② light　　　③ tube
④ object　　　⑤ bottom

04 다음 중 밑줄 친 부분의 쓰임이 <u>어색한</u> 것은? [4점]

① Yuri bent down to <u>pick up</u> her bag.
② Who do these glasses <u>belong with</u>?
③ Without education, the children will <u>end up</u> in a difficult situation.
④ These colors <u>stand for</u> peace and effort.
⑤ I cannot really <u>focus on</u> my work because of the noise.

서술형 **1**
05 다음 대화의 밑줄 친 우리말과 같도록 괄호 안의 말을 사용하여 영작하시오. [4점]

> A: <u>너는 무인 자동차에 관해 어떻게 생각하니?</u>
> B: I think it's convenient but dangerous.

→ _____
　(how, feel, the driverless car)

[06-07] 다음 대화를 읽고, 물음에 답하시오.

> A: Hey, Jessica. Why are you always drinking energy drinks?
> B: Because they help me stay awake.
> A: _____ⓐ_____, but they have too much caffeine.
> B: Well, they help me focus on my studies.
> A: Did you know that too much caffeine can hurt your bones?
> B: Oh, I didn't know ⓑthat.
> A: I think you should drink energy drinks less often.
> B: Maybe you're right. Thanks, Tom.

06 위 대화의 빈칸 ⓐ에 들어갈 말로 알맞은 것은? [4점]

① It's time to wake up
② I'm with you on that
③ Thanks for helping me
④ You don't need to stay awake
⑤ Make sure you stay awake

서술형 **2**
07 위 대화의 밑줄 친 ⓑ가 가리키는 내용을 우리말로 쓰시오. [3점]

→ _____

08 자연스러운 대화가 되도록 (A)~(D)를 순서대로 배열한 것은? [4점]

> A: What do you think about wearing school uniforms?
> (A) I don't need to worry about what to wear.
> (B) Can you tell me the reason?
> (C) I don't agree. Everybody looks the same.
> (D) I like it a lot.

① (A) – (B) – (D) – (C)　　② (A) – (C) – (B) – (D)
③ (B) – (A) – (C) – (D)　　④ (D) – (A) – (B) – (C)
⑤ (D) – (B) – (A) – (C)

[09-10] 다음 대화를 읽고, 물음에 답하시오.

> Tony: What are all these boxes, Suji?
> Suji: They're items I ordered online. (①)
> Tony: You like shopping on the Internet, don't you?
> Suji: Yes, I do. (②)
> Tony: I don't like it at all.
> Suji: Why? (③)
> Tony: It's very difficult to know what an item actually looks like. (④)
> Suji: I'm with you on that. (⑤)
> Tony: It's also difficult to return an item if you don't like it.
> Suji: You're right, but I think it's very convenient.
> Tony: Well, convenience isn't everything.

09 위 대화의 ①~⑤ 중 주어진 문장이 들어갈 알맞은 곳은? [4점]

> How do you feel about online shopping?

①　　　②　　　③　　　④　　　⑤

서술형 **3**

10 What are Tony's opinions about online shopping? Write two sentences in Korean. [각 3점]

(1) _____
(2) _____

11 다음 빈칸에 들어갈 말이 순서대로 짝 지어진 것은? [3점]

> The _____ the tree trunk gets, the _____ it becomes.

① thick – dark　　　② thick – darker
③ thicker – dark　　④ thicker – darker
⑤ thicker – more darker

12 다음 [보기]의 접속사 중 빈칸에 들어갈 수 있는 것의 개수는? [4점]

> [보기]　　until　　　unless　　　since
> 　　　　because　　although

> Ms. Johns opened the window _____ she wanted some fresh air.

① 1개　　　　② 2개　　　　③ 3개
④ 4개　　　　⑤ 5개

13 다음 중 어법상 **틀린** 문장은? [4점]

① The higher you climb, the colder you feel.
② The more we pollute the environment, the bad it becomes.
③ The bigger the diamond is, the more expensive it is.
④ The more I see her, the more I like her.
⑤ The more you exercise, the more your muscles develop.

서술형 **4**

14 다음 우리말과 같도록 괄호 안의 말을 바르게 배열하여 문장을 완성하시오. [각 3점]

(1) 나는 아이스크림을 많이 먹었기 때문에 배가 아팠다.

→ I _____.

(had, ate, a stomachache, ice cream, lots of, since, I)

(2) 꽤 추웠기 때문에 그녀는 코트를 입었다.

→ She _____.

(since, a coat, it, wore, was, cold, quite)

[15-17] 다음 글을 읽고, 물음에 답하시오.

"Dig harder, Stanley! ⓐ네가 열심히 파면 팔수록, 너는 더 빨리 끝낼 거야!" yelled Mr. Sir. Stanley Yelnats couldn't dig any harder since every single muscle hurt. He was thirsty and hungry. He wanted to go home. Unfortunately, Stanley's home for the next 18 months would be ⓑright here, at Camp Green Lake.

서술형 5

15 윗글의 밑줄 친 ⓐ의 우리말을 [조건]에 맞게 영작하시오. [4점]

[조건]   1. 괄호 안의 말을 바르게 배열할 것
　　　 2. 필요시 단어의 형태를 바꿀 것
　　　 3. 대소문자를 구별하고, 문장 기호를 정확히 쓸 것

→ _____

(hard, dig, the, you'll, the, fast, finish, you)

16 윗글의 밑줄 친 ⓑright과 같은 의미로 쓰인 것은? [4점]

① You're right. The answer is six.
② Peter is the right person for the job.
③ She turned right and walked 10 meters.
④ The bank is right next to the post office.
⑤ Telling the truth was the right thing to do.

서술형 6

17 다음 질문에 완전한 영어 문장으로 답하시오. [각 3점]

(1) Why couldn't Stanley dig harder?
　　→ _____

(2) Where was Stanley?
　　→ _____

[18-20] 다음 글을 읽고, 물음에 답하시오.

Camp Green Lake was ⓐa terrible name. It wasn't green and there was no lake. Camp Green Lake was hot and full of sand. In fact, it wasn't even a camp. It was a place for bad boys. Then what was a good boy like Stanley doing here? He was sent to the camp for stealing _____ⓑ_____ sneakers.

Stanley didn't really steal _____ⓒ_____ sneakers. He was just in the wrong place at the wrong time. One day, he was walking home from school. Suddenly, _____ⓓ_____ old sneakers fell from the sky. The sneakers hit him on the head.

서술형 7

18 윗글에서 Camp Green Lake를 밑줄 친 ⓐ로 언급한 이유를 우리말로 쓰시오. [4점]

→ _____

서술형 8

19 윗글의 빈칸 ⓑ, ⓒ, ⓓ에 공통으로 들어갈 말을 세 단어로 쓰시오. [3점]

→ _____

20 윗글을 읽고 답할 수 있는 질문을 모두 고르면? [4점]

① Why was Camp Green Lake full of sand?
② Which camp was Stanley sent to?
③ When was Stanley sent to the camp?
④ Who was the camp for?
⑤ Whose were the sneakers?

[21-24] 다음 글을 읽고, 물음에 답하시오.

Stanley was _____ⓐ_____ to Group D in the camp. (A) There was six other boys in Stanley's group. They all had cool names like X-Ray, Zigzag and Zero. (B) Each boy had to dig one hole every day. It had to be about 150cm deep and 150cm wide. Mr. Sir said, "You are digging ⓑto build character."

The more Stanley dug, the stronger he became. It took less time to finish his hole each day. (C) In his second week, as Stanley was finishing his hole, he saw something shiny in the dirt. Stanley's heart beat faster. He heard that anyone who found something interesting would be given the day off. (D) He carefully picked up the shiny object and brush off the dirt. It was a small gold tube. (E) But it couldn't be real gold since it was too light. There were two letters, *KB*, at the bottom of the tube. What did KB stand for? Stanley's heart beat even faster.

21 윗글의 빈칸 ⓐ에 들어갈 단어가 사용된 문장은? [4점]

① The table in this room is 2 meters wide.

② Tom was assigned to the office in Paris.

③ The SF movie was really cool and exciting.

④ Each student has a good character and generous mind.

⑤ My heart started to beat faster when I saw the old school in the dark.

22 윗글의 밑줄 친 ⓑto build와 쓰임이 같은 것을 모두 고르면? [3점]

① I didn't have a pen to write with.

② We want something cold to drink.

③ To become a pianist is very difficult.

④ Mark went to the park to meet his friends.

⑤ He worked hard not to disappoint his parents.

23 윗글의 내용과 일치하지 <u>않는</u> 것을 <u>모두</u> 고르면? [4점]

① Stanley는 매일 구덩이를 하나씩 파야 했다.

② 구덩이는 150cm 정도의 깊이와 150cm 정도의 너비여야 했다.

③ Sir 씨는 인격을 수양하기 위해 구덩이를 팠다.

④ 하루하루 지날수록 Stanley가 구덩이를 끝내는 데 걸리는 시간이 짧아졌다.

⑤ Stanley의 그룹에 있는 다른 소년이 구덩이에서 작고 반짝이는 물체를 발견했다.

서술형 9

24 윗글의 밑줄 친 (A)~(E) 중 어법상 틀린 문장을 모두 골라 기호를 쓴 후, 문장을 바르게 고쳐 쓰시오. [5점]

(   ) → _____

_____

(   ) → _____

_____

25 자연스러운 글이 되도록 (A)~(E)를 순서대로 배열한 것은? [4점]

Kate Barlow was a teacher in Green Lake. She was very popular.

(A) Many rich men in the town wanted to marry her.

(B) The rich men tried to hurt Sam.

(C) But Kate fell in love with Sam, a poor man.

(D) Kate became sad and left the town.

(E) Later, Sam was found dead.

① (A) – (C) – (B) – (E) – (D)

② (A) – (C) – (E) – (D) – (B)

③ (C) – (B) – (E) – (D) – (A)

④ (E) – (A) – (B) – (C) – (D)

⑤ (E) – (B) – (C) – (A) – (D)

01 다음 중 짝 지어진 단어의 관계가 나머지 넷과 다른 것은? [3점]

① light – heavy
② better – worse
③ yell – shout
④ agree – disagree
⑤ healthy – unhealthy

02 다음 중 밑줄 친 단어의 쓰임이 어색한 것은? [4점]

① How wide is the desk?
② There is a huge hole under the tree.
③ When I was scared, my heart beat fast.
④ I am so tired that I cannot stay wake.
⑤ I was waiting for my friend at the bottom of the stairs.

03 다음 중 밑줄 친 부분의 우리말 뜻이 알맞지 않은 것은? [3점]

① You can look up the word in the dictionary. (올려 보다)
② Next year, this building will be full of students.
(~로 가득 차다)
③ What does D.C. stand for in Washington D.C.?
(~을 의미하다)
④ Lydia lives in the house which belongs to her parents. (~의 소유이다)
⑤ He had to brush off the dust to see the colors below. (털어 내다)

04 다음 대화의 빈칸에 들어갈 말로 알맞은 것은? [4점]

> A: I think eating fast food is good. We can save time.
> B: _____

① I don't agree. We can sleep more.
② We have lots of time to prepare lunch.
③ You're right. I can make it faster than you.
④ I agree with you. I don't like fast food.
⑤ I don't think so. Fast food has a lot of fat.

05 다음 중 짝 지어진 대화가 자연스럽지 않은 것은? [4점]

① A: What's your opinion on the single food diet?
   B: I think it's easy but unhealthy.
② A: Why are you always drinking energy drinks?
   B: Because they help me stay awake.
③ A: I think skipping breakfast is good.
   B: I don't agree.
④ A: How did you come here from the airport?
   B: I came here by subway.
⑤ A: How do you feel about raising pets?
   B: I'm with you on that.

서술형 **1**

06 다음 글의 내용과 일치하도록 아래 대화의 빈칸에 알맞은 말을 쓰시오. [4점]

> Jinsu and Mina watched a movie together. Mina liked the movie a lot. She thinks the acting was so great. Jinsu agrees with her.

> Jinsu: Did you enjoy the movie?
> Mina: Yes, (1) _____.
> Jinsu: What did you like most about it?
> Mina: The acting was so great.
> Jinsu: (2) _____

[07-08] 다음 대화를 읽고, 물음에 답하시오.

> A: Brian, did you hear the news?
> B: What news, Sujin? (①)
> A: We can use smartphones during classes from next week. (②)
> B: Yes, I heard that. (③)
> A: How do you feel about it? (④)
> B: I think it will be very useful. (⑤)
> A: Yeah. We can also find information on the Internet.
> B: Right. It will be very helpful.

07 위 대화의 ①~⑤ 중 주어진 문장이 들어갈 알맞은 곳은? [4점]

> I can look up words I don't know.

①   ②   ③   ④   ⑤

서술형2

08 위 대화의 내용과 일치하도록 빈칸에 알맞은 말을 쓰시오. [4점]

> Sujin and Brian are talking about _____
> _____ _____ _____.

09 다음 빈칸에 공통으로 들어갈 말로 알맞은 것은? [3점]

> • My brother can't travel abroad _____ he doesn't have a passport.
> • Homin and I have been good friends _____ we first met at elementary school.

① if   ② after   ③ when
④ since   ⑤ although

10 다음 우리말을 영어로 옮길 때, 쓰이지 <u>않는</u> 것은? [4점]

> 네가 덥다고 느끼면 느낄수록, 너는 더 많은 물을 마신다.

① the   ② hotter   ③ much
④ water   ⑤ drink

11 다음 중 밑줄 친 since의 쓰임이 나머지 넷과 다른 것은? [4점]

① Since he was very busy, he couldn't help me.
② I don't drink coffee since it makes me nervous.
③ My grandmother has been sick since last week.
④ Dona always passes her exams since she studies hard.
⑤ You should stay away from bears since they are dangerous.

서술형3

12 다음 중 어법상 틀린 문장을 골라 기호를 쓴 후, 문장을 바르게 고쳐 쓰시오. [4점]

> ⓐ He opened the window since he wanted to see the clear sky.
> ⓑ The cooler the weather gets, the fresher the air becomes.
> ⓒ Since the sunlight was strong, he had to wear a hat.
> ⓓ The harder I studied, the better could I understand.

(   ) → _____

[13-16] 다음 글을 읽고, 물음에 답하시오.

> "Dig harder, Stanley! The harder you dig, the faster you'll finish!" yelled Mr. Sir. Stanley Yelnats couldn't dig any harder __ⓐ__ every single muscle hurt. He was thirsty and hungry. He wanted to go ①home. Unfortunately, Stanley's home for the next 18 months would be right ②here, at Camp Green Lake.
> Camp Green Lake was a terrible name. ③It wasn't green and there was no lake. Camp Green Lake was hot and full of sand. __ⓑ__, it wasn't even a camp. ④It was a place for bad boys. Then what was a good boy like Stanley doing here? He was sent to ⑤the camp ⓒfor stealing a pair of sneakers.

13 윗글의 빈칸 ⓐ와 ⓑ에 들어갈 말이 순서대로 짝 지어진 것은? [4점]

① until – Also
② as – Because
③ since – In fact
④ because – Then
⑤ since – For example

14 윗글의 밑줄 친 ①~⑤ 중 가리키는 것이 다른 하나는? [3점]

①　　②　　③　　④　　⑤

15 윗글의 밑줄 친 ⓒfor와 쓰임이 같은 것은? [4점]

① These birthday cards are for you.
② The man was arrested for drunk driving.
③ They're heading for home right after school.
④ We will prepare a surprise party for grandfather.
⑤ Mr. Rock has been in Chicago for more than 10 years.

서술형 **4**

16 윗글을 읽고 쓴 각 학생의 서평을 완성하시오. [각 2점]

> • **Bora**: Stanley's home for the next 18 months would be (1) _____.
> He would be very hard.
> • **Insu**: I agree that Camp Green Lake was a terrible name. Because (2) _____
> _____.
> • **Semi**: Stanley was sent to the camp for (3) _____.
> I wonder if he really stole them.

[17-19] 다음 글을 읽고, 물음에 답하시오.

> He ①started running with the sneakers to tell his father what happened. A few minutes later, ⓐ(running, asked, why, stopped, and, he, him, Stanley, was, the police). Unfortunately for Stanley, the sneakers ②belonged to a famous baseball player, Clyde Livingstone. ③That was why Stanley ended up at Camp Green Lake.
>
> Stanley ⓑassign to Group D in the camp. There were six other boys in Stanley's group. They all had cool names like X-Ray, Zigzag and Zero. Each boy ④had to digging one hole every day. It had to be ⑤about 150cm deep and 150cm wide. Mr. Sir said, "You are digging ⓒbuild character."

17 윗글의 밑줄 친 ①~⑤ 중 어법상 틀린 것은? [4점]

①　　②　　③　　④　　⑤

서술형 **5**

18 윗글의 ⓐ의 괄호 안의 말을 바르게 배열하여 문장을 완성하시오. [4점]

> A few minutes later, _____
> _____.

서술형 **6**

19 윗글의 밑줄 친 ⓑ와 ⓒ를 알맞은 형태로 고쳐 쓰시오. [각 2점]

ⓑ _____

ⓒ _____

[20-23] 다음 글을 읽고, 물음에 답하시오.

(A)Stanley가 많이 파면 팔수록, 그는 더 힘이 세져갔다. It took less time to finish his hole each day. In his second week, as Stanley was finishing his hole, he saw something shiny in the dirt. Stanley's heart beat faster. (①) He heard that anyone who found something interesting would be given the day off. (②) He carefully picked up the shiny object and brushed off the dirt. (③) It was a small gold tube. (④) There were two letters, *KB*, at the bottom of the tube. (⑤) What did KB stand for? Stanley's heart beat even faster.

서술형**7**

20 윗글의 밑줄 친 (A)의 우리말을 [조건]에 맞게 영작하시오. [4점]

[조건]   1. 비교급 구문을 사용할 것
        2. dig, strong, become을 이용할 것

→ _____

21 윗글의 ①~⑤ 중 주어진 문장이 들어갈 알맞은 곳은? [4점]

But it couldn't be real gold since it was too light.

①   ②   ③   ④   ⑤

22 윗글을 읽고 알 수 <u>없는</u> 것은? [4점]

① when Stanley found the tube
② where Stanley found the tube
③ Stanley's reaction when he found the tube
④ the color of the tube that Stanley found
⑤ the meaning of the letters at the bottom of the tube

서술형**8**

23 윗글의 내용과 일치하도록 Stanley의 일기를 완성하시오. [각 1점]

It is my (1) _____ week to dig holes. Now, it takes less time for me to (2) _____ _____ _____ _____ _____.
Today I found a small gold tube in (3) _____ _____. There were (4) _____ _____, *KB*, at the (5) _____ of it. What does KB (6) _____ _____? I really want to know.

[24-25] 다음 글을 읽고, 물음에 답하시오.

A pair of sneakers fell _____ⓐ_____ the sky. Stanley picked them _____ⓑ_____ and started running home.
The police stopped Stanley. He was sent _____ⓒ_____ Camp Green Lake.
Stanley met six other boys _____ⓓ_____ Group D. Each boy had to dig one hole every day.
Stanley found a shiny gold tube _____ⓔ_____ the dirt. He saw two letters at the bottom of it.

24 윗글의 빈칸 ⓐ~ⓔ에 들어가지 <u>않는</u> 단어는? [4점]

① in   ② to   ③ away
④ up   ⑤ from

25 윗글의 내용과 일치하지 <u>않는</u> 것은? [4점]

① 운동화 한 켤레가 하늘에서 떨어졌다.
② Stanley는 운동화를 들고 집으로 달렸다.
③ 경찰이 Stanley의 집으로 찾아왔다.
④ Stanley는 캠프에서 D 그룹의 여섯 명의 소년들을 만났다.
⑤ Stanley가 발견한 물체에는 글자가 있었다.

01 다음 빈칸에 공통으로 들어갈 단어로 알맞은 것은? [3점]

> • After a 12 hour flight, he ended _____ in New York.
> • Can you pick _____ that pencil for me?

① on　　　　② off　　　　③ up
④ for　　　　⑤ to

02 다음 중 영어 뜻풀이가 알맞은 것은? [3점]

① hole: loose earth or soil
② brush: to make a regular movement or sound
③ skip: to give special attention to one particular person or thing
④ muscle: a body tissue that can contract and produce movement
⑤ wide: allowing you to do something easily or without trouble

03 다음 빈칸에 들어갈 수 <u>없는</u> 단어는? [4점]

> ⓐ They _____ chickens on their farm.
> ⓑ This box is as _____ as a feather.
> ⓒ The team lost the game by a _____ point.
> ⓓ He says he can't trust people who are _____ to animals.

① cruel　　　② raise　　　③ steal
④ single　　　⑤ light

04 다음 대화의 밑줄 친 부분과 바꿔 쓸 수 있는 것을 <u>모두</u> 고르면? [4점]

> A: I think skipping breakfast is bad. Our brain may not work well.
> B: <u>I agree with you.</u>

① I have no idea.
② I think so, too.
③ Of course you can.
④ I don't think it's right.
⑤ I'm with you on that.

[05-06] 다음 대화를 읽고, 물음에 답하시오.

> A: Hi, Amy. Welcome _____ⓐ_____ Korea.
> B: Long time no see, Minho. How have you been?
> A: Great. How did you come here from the airport?
> B: I came here _____ⓑ_____ subway.
> A: How do you feel about the subway in Korea?
> B: I think it's very clean.

05 위 대화의 빈칸 ⓐ와 ⓑ에 알맞은 말이 순서대로 짝 지어진 것은? [4점]

① at – with　　② to – in　　③ to – by
④ on – by　　　⑤ on – to

서술형 **1**

06 다음 중 위 대화를 읽고 답할 수 있는 질문을 골라 기호를 쓴 후, 완전한 영어 문장으로 답하시오. [4점]

> ⓐ Where is Amy from?
> ⓑ When did Amy and Minho last see each other?
> ⓒ What kind of transportation did Amy use?
> ⓓ Which subway line does Amy need to take to get to the airport?

(　　) → _____

[07-08] 다음 대화를 읽고, 물음에 답하시오.

> Ann: What's your opinion on wearing school uniforms?
>
> Bob: I like it a lot.
>
> Ann: Can you tell me the reason?
>
> Bob: I don't need to worry about what to wear.
>
> Ann: I don't agree. Everybody looks the same.

서술형 2

07 위 대화의 밑줄 친 문장을 [조건]에 맞게 바꿔 쓰시오. [3점]

> [조건] 1. 같은 의미를 나타내는 문장으로 바꿔 쓸 것
>
> 2. how와 feel을 반드시 포함할 것

→ _____

08 위 대화의 내용과 일치하는 것은? [4점]

① Ann likes her school uniform a lot.

② Bob doesn't like wearing school uniforms.

③ Ann worries about what to wear every morning.

④ Ann agrees with Bob's opinion.

⑤ Ann thinks everybody looks the same in school uniforms.

서술형 3

09 다음 [조건]에 맞게 우리말을 영작하시오. [각 3점]

> [조건] 1. 비교급 구문을 사용할 것
>
> 2. 괄호 안의 말을 이용할 것
>
> 3. 시제를 정확히 쓸 것

(1) 우리가 더 많이 나눌수록, 우리는 더 행복해진다.

(share, happy, become)

→ _____

(2) 그가 신이 나면 신이 날수록, 그의 목소리는 더 커진다.

(excited, loud, become)

→ _____

(3) 그녀는 나이가 들면 들수록, 더 인기를 얻었다.

(get, popular, become)

→ _____

10 다음 중 빈칸에 since가 들어갈 수 <u>없는</u> 것끼리 짝 지어진 것은? [4점]

> ⓐ I couldn't go to school _____ I got the flu.
>
> ⓑ I took an umbrella _____ it wasn't raining.
>
> ⓒ I like spring _____ I can see beautiful flowers.
>
> ⓓ I decided to buy the computer _____ it was too expensive for me.

① ⓐ, ⓑ   ② ⓐ, ⓒ   ③ ⓑ, ⓒ

④ ⓑ, ⓓ   ⑤ ⓑ, ⓒ, ⓓ

11 다음 빈칸에 공통으로 들어갈 말로 알맞은 것은? [3점]

> • The more money he made, the _____ generous he became.
>
> • The faster I try to solve the problems, the _____ mistakes I make.

① many   ② more   ③ much

④ less   ⑤ large

[12-13] 다음 빈칸에 들어갈 말로 가장 알맞은 것을 고르시오.

[각 3점]

12

> Emma failed the test _____.

① so she passed the test

② because she didn't give up

③ but she couldn't pass the test

④ since she didn't prepare for it

⑤ although she didn't prepare for it

13

> The harder you practice, _____.

① you can better dance

② you can dance the better

③ the better you can dance

④ the better can you dance

⑤ the better can dance you

서술형**4**

14 다음 [조건]에 맞게 각 문장을 완성하시오. [각 2점]

> [조건]　1. [보기]에서 관련 있는 문장을 골라 쓸 것
> 　　　　2. since를 반드시 포함할 것

> [보기]　• My computer was broken.
> 　　　　• I missed the bus.
> 　　　　• There is nothing to eat in the refrigerator.

(1) I couldn't arrive on time _____

_____ .

(2) _____ ,

all the data has gone.

(3) I need to go to the market _____

_____ .

서술형**5**

16 윗글의 밑줄 친 ⓐ~ⓔ의 우리말 뜻이 알맞지 않은 것을 모두 골라 기호를 쓴 후, 바르게 고쳐 쓰시오. [4점]

> ⓐ 훔치다　　　ⓑ 잘못된　　　ⓒ 하루
> ⓓ 나이 든　　　ⓔ ~에서 넘어지다

(　　) → _____

(　　) → _____

(　　) → _____

17 윗글의 (A)의 괄호 안의 단어들을 바르게 배열하여 문장을 완성할 때, 다섯 번째로 오는 단어는? [3점]

① him　　　② hit　　　③ on
④ sneakers　　⑤ head

[15-18] 다음 글을 읽고, 물음에 답하시오.

> 　Stanley didn't really ⓐsteal a pair of sneakers. He was just in the ⓑwrong place at the wrong time. ⓒOne day, he was walking home from school. Suddenly, a pair of ⓓold sneakers ⓔfell from the sky. (A)(on, him, the, hit, sneakers, head, the).
> 　He started running with the sneakers (B)to tell what happened his father. A few minutes later, the police stopped Stanley and asked him why he was running. Unfortunately for Stanley, (C)the sneakers belonged to a famous baseball player, Clyde Livingstone. That was why Stanley ended up at Camp Green Lake.

15 윗글의 주제로 알맞은 것은? [4점]

① the most famous baseball player ever
② why Stanley had to steal the sneakers
③ Stanley's long journey home from school
④ the dangers you can face on the way home
⑤ why Stanley ended up at Camp Green Lake

서술형**6**

18 윗글의 밑줄 친 (B), (C)가 어법상 바르면 ○를 쓰고, 틀리면 ✕를 쓴 후 바르게 고쳐 쓰시오. [4점]

(B) (　　) → _____

(C) (　　) → _____

[19-22] 다음 글을 읽고, 물음에 답하시오.

> 　The more Stanley dug, the (A)strong he became. It took less time (B)finish his hole each day. In his second week, as Stanley was finishing his hole, he saw something shiny in the dirt. Stanley's heart beat faster. He heard that anyone who found something interesting would (C)give the day off. He carefully picked up the shiny object and brushed off the dirt. It was a small gold tube. But it couldn't be real gold ⓐsince it was too light. There were two letters, *KB*, at the bottom of the tube. What did KB stand for? Stanley's heart beat ⓑeven faster.

19 윗글 속 Stanley의 심정으로 가장 알맞은 것은? [3점]

① bored   ② sad   ③ upset

④ excited   ⑤ scared

20 윗글의 밑줄 친 (A)~(C)의 알맞은 형태가 순서대로 짝 지어진 것은? [4점]

	(A)	(B)	(C)
①	strong	– to finish	– give
②	stronger	– finishing	– given
③	stronger	– to finish	– be given
④	strongest	– to finish	– be given
⑤	strongest	– finishing	– be giving

서술형**7**

21 윗글의 밑줄 친 ⓐ와 ⓑ를 각각 사용한 문장을 [조건]에 맞게 쓰시오. [각 3점]

> [조건]   1. 각 단어의 의미와 쓰임은 글에 쓰인 것과 같게 할 것
>   2. 주어와 동사를 포함한 완전한 문장으로 쓸 것

ⓐ → _____

ⓑ → _____

22 윗글의 내용과 일치하는 것은? [4점]

① Stanley spent more time finishing his hole every day.

② Stanley found something shiny in the dirt.

③ There was real gold at the bottom of the hole.

④ Stanley wasn't interested in the gold tube.

⑤ The tube had two letters on the top of it.

[23-25] 다음 Stanley의 일기를 읽고, 물음에 답하시오.

> Monday, August 5th
>
>   Unfortunately, the camp isn't green and there is no lake. I'm in Group D. My group members have cool names ⓐlike X-Ray, Zigzag and Zero. We have to dig one hole about 150cm deep and 150cm wide. The good news is this: anyone who finds something interesting can get the day off. I hope I can be the one.

23 윗글의 밑줄 친 ⓐlike와 쓰임이 같은 것은? [3점]

① Would you like a cup of tea?

② I like to play the guitar in my free time.

③ Alice doesn't like action movies at all.

④ I love baseball, but my sisters like football.

⑤ Ben studied subjects like math and science.

서술형**8**

24 Why does Stanley hope to find something interesting? Answer in English. [4점]

→ _____

_____

25 윗글의 Stanley에 관한 내용과 일치하지 <u>않는</u> 것은? [4점]

① 초록색도 아니고 호수도 없는 캠프에 와 있다.

② D 그룹에 속해 있다.

③ X-Ray, Zigzag, Zero와 같은 그룹이다.

④ 그룹 구성원들의 이름이 멋지다고 생각한다.

⑤ 깊이와 너비가 각각 150cm 정도인 구덩이를 메워야 한다.

01 주어진 단어의 영어 뜻풀이에 해당하지 <u>않는</u> 것은? [3점]

| day off   character   unfortunately   object |

① an empty space in something solid
② a day when you do not go to work, school, etc.
③ a thing that you can see and touch but is not alive
④ used to say that something bad or unlucky has happened
⑤ strong personal qualities such as the ability to deal with difficult situations

02 다음 빈칸에 알맞은 말이 순서대로 짝 지어진 것은? [3점]

- Our names all start with the _____ P.
- A new teacher was _____ to the class.
- When is a(n) _____ time for you to come?

① muscle – packed – helpful
② muscle – assigned – convenient
③ letter – packed – helpful
④ letter – assigned – shiny
⑤ letter – assigned – convenient

03 다음 중 밑줄 친 단어가 같은 의미로 쓰인 것은? [4점]

① I could hardly <u>raise</u> the injured arm at all.
  The farmers <u>raise</u> chickens and pigs.
② Aluminum is a <u>light</u> metal.
  <u>Light</u> and water are necessary to plants.
③ Look, there is a strange <u>object</u> in the sky!
  The <u>object</u> of this lesson is to improve your creativity.
④ The street is about four meters <u>wide</u>.
  Her eyes were <u>wide</u> with wonder.
⑤ <u>Dig</u> a hole three meters deep.
  The first step of the project is to <u>dig</u> a tunnel.

04 다음 대화의 빈칸에 들어갈 말로 알맞지 <u>않은</u> 것은? [4점]

A: I think reading books on a smartphone is good.
B: _____

① I'm with you on that.
② I don't agree with you.
③ That's too bad.
④ You're absolutely right. We can read anytime.
⑤ I don't think so. It's not good for our eyes.

05 다음 대화의 빈칸에 들어갈 말로 알맞지 <u>않은</u> 것을 <u>모두</u> 고르면? [3점]

A: _____
B: I think it's helpful but scary.

① Why do you like the AI robot?
② How do you feel about the AI robot?
③ When can you use the AI robot?
④ What do you think about the AI robot?
⑤ What's your opinion on the AI robot?

서술형1

06 다음 글의 내용과 일치하도록 아래 대화를 완성하시오. [4점]

Sumin and I are talking about raising pets. Sumin doesn't like it because it's a lot of work to take care of pets. I don't agree with her because they make us happy.

I: How do you feel about raising pets?
Sumin: (1) _____
I: Can you tell me the reason?
Sumin: (2) _____
I: I don't agree. (3) _____

[07-08] 다음 대화를 읽고, 물음에 답하시오.

Tony: What are all these boxes, Suji?

Suji: They're items I ordered online.

Tony: You like shopping on the Internet, ___①___?

Suji: Yes, I do. ___②___ online shopping?

Tony: I don't like it at all.

Suji: ___③___?

Tony: It's very difficult to know what an item actually looks like.

Suji: ___④___

Tony: It's also difficult to return an item if you don't like it.

Suji: ___⑤___, but I think it's very convenient.

Tony: Well, convenience isn't everything.

---

07 위 대화의 빈칸 ①~⑤에 들어가는 말로 알맞지 <u>않은</u> 것은? [4점]

① don't you

② What do you think about

③ Why

④ I'm with you on that.

⑤ I don't agree

서술형 2

08 위 대화의 내용과 일치하도록 다음 문장을 완성하시오. [각 2점]

(1) The boxes are items _____.

(2) Suji likes shopping _____.

(3) Tony doesn't like online shopping because it's very difficult to know _____ _____.

09 다음 우리말을 영어로 옮길 때, 일곱 번째로 오는 단어는? [3점]

더 많은 질문을 하면 할수록, 너는 더 많이 배울 것이다.

---

① the   ② more   ③ you

④ ask   ⑤ questions

서술형 3

10 다음 대화의 내용과 일치하도록 빈칸에 알맞은 말을 쓰시오. [각 3점]

(1)
Hana: Why did Nick call you? Grace: He wanted to ask about the math homework.

→ Nick _____ since _____.

(2)
Noel: Why didn't you run the marathon? Emily: I had a pain in my leg. Noel: Oh, I'm sorry to hear that.

→ Emily _____ since _____.

서술형 4

11 다음 [조건]에 맞게 우리말을 영작하시오. [각 3점]

[조건]   1. 비교급 구문을 사용할 것
        2. [보기]에서 필요한 말을 골라 이용할 것

[보기]   things   blow   the waves
        high   learn   the wind

---

(1) 바람이 불면 불수록, 파도는 더 높아졌다.

→ _____

(2) 네가 많은 책을 읽을수록, 너는 더 많은 것들을 배운다.

→ _____

서술형 5

12 [보기]의 밑줄 친 since를 사용하여 다음 문장을 자유롭게 완성하시오. [각 2점]

[보기]   We couldn't go camping <u>since</u> it rained a lot.

---

(1) Bora went to see the dentist _____ _____.

(2) Paul drank a lot of water _____ _____.

[13-16] 다음 글을 읽고, 물음에 답하시오.

"Dig harder, Stanley! ①Harder you dig, the faster you'll finish!" yelled Mr. Sir. ⓐStanley Yelnats는 모든 근육 하나하나가 아팠기 때문에 더 열심히 팔 수가 없었다. He was thirsty and hungry. He wanted to go home. Unfortunately, Stanley's home ____ⓑ____ the next 18 months ②be right here, at Camp Green Lake.

Camp Green Lake was a terrible name. It wasn't green and there ③were no lake. Camp Green Lake was hot and full of sand. In fact, it wasn't even a camp. It was a place for bad boys. Then what was a good boy ④likely Stanley doing here? He ⑤send to the camp ____ⓒ____ stealing a pair of sneakers.

13 윗글의 밑줄 친 ①~⑤를 어법에 맞게 고친 것 중 알맞지 **않은** 것은? [4점]

① Harder → The harder   ② be → would be
③ were → was   ④ likely → like
⑤ send → sent

서술형 6

14 윗글의 밑줄 친 ⓐ의 우리말을 [조건]에 맞게 영작하시오. [4점]

> [조건] 1. Stanley Yelnats를 주어로 쓸 것
>   2. 알맞은 접속사를 사용할 것
>   3. any, every, single을 포함할 것

→ _____

_____

15 윗글의 빈칸 ⓑ와 ⓒ에 공통으로 들어갈 말로 알맞은 것은? [3점]

① at   ② about   ③ for
④ during   ⑤ with

16 According to the passage above, which one is true? [4점]

① Mr. Sir helped Stanley dig a hole.
② Stanley can go home tomorrow if he finishes his hole.
③ Camp Green Lake was full of sand.
④ There was a big lake at Camp Green Lake.
⑤ Stanley enjoyed himself at Camp Green Lake.

[17-19] 다음 글을 읽고, 물음에 답하시오.

①Stanley didn't really steal a pair of sneakers. ②He was just in the wrong place at the wrong time. ③One day, he was walking home from school. ④Suddenly, a pair of old sneakers fell from the sky. ⑤Sneakers were first made in America in 1916. The sneakers hit him on the head.

He started running with the sneakers to tell his father (A)⟨that / what⟩ happened. A few minutes later, the police stopped Stanley and asked him (B)⟨why / what⟩ he was running. (C)⟨Luckily / Unfortunately⟩ for Stanley, the sneakers belonged to a famous baseball player, Clyde Livingstone. ⓐ(ended up, Stanley, was, at Camp Green Lake, why, that)

17 윗글의 밑줄 친 ①~⑤ 중 글의 흐름상 **관계없는** 문장은? [4점]

①   ②   ③   ④   ⑤

18 윗글의 (A)~(C)에 알맞은 것이 바르게 짝 지어진 것은? [4점]

　　　(A)　　(B)　　　(C)
① that – why – Luckily
② that – what – Unfortunately
③ what – why – Luckily
④ what – why – Unfortunately
⑤ what – what – Unfortunately

서술형7

19 윗글의 @의 괄호 안의 말을 바르게 배열하여 문장을 쓰시오. [3점]

→ _____

[20-21] 다음 글을 읽고, 물음에 답하시오.

①Stanley was assigned to Group D in the camp. ② There were six other boy in Stanley's group. ③They all had cool names like X-Ray, Zigzag and Zero. ④Each boy had to dig one hole every day. ⑤It had to be about 150cm deep and 150cm wide. Mr. Sir said, "You are digging to build character."

서술형8

20 윗글의 밑줄 친 ①~⑤ 중 어법상 틀린 문장을 골라 번호를 쓴 후, 문장을 바르게 고쳐 쓰시오. [3점]

(   ) → _____

21 윗글을 읽고 알 수 없는 것은? [4점]

① the group which Stanley was in
② the number of the groups in the camp
③ the number of boys in Stanley's group
④ the job that Stanley had to do every day
⑤ the size of the hole which Stanley had to dig

[22-25] 다음 글을 읽고, 물음에 답하시오.

@The more Stanley dug, the more strong he became. It took less time to finish his hole each day. In his second week, as Stanley was finishing his hole, he saw something shiny in the dirt. ⓑStanley's heart beat faster. (A)그는 흥미로운 뭔가를 발견한 사람은 그 날을 쉬게 될 것이라고 들었다. He carefully picked up the shiny object and brushed off the dirt. ©It was a small gold tube. @But it couldn't real gold since it was too light. There were two letters, *KB*, at the bottom of the tube. What did KB stand for? ⓔStanley's heart beat even faster.

22 윗글의 @~ⓔ 중 어법상 틀린 것끼리 짝 지어진 것은? [4점]

① @, ⓑ   ② @, @   ③ ⓑ, @
④ ©, @   ⑤ ©, ⓔ

서술형9

23 윗글의 밑줄 친 (A)의 우리말과 같도록 [조건]에 맞게 영작하시오. [4점]

[조건]   1. 주어진 단어들 중 2단어를 제외하고 사용할 것
        2. 단어들을 순서대로 배열하여 문장을 완성할 것

he, which, interesting, anyone, that, who, day, found, something, heard, given, the, off, find, would, be

→ _____

_____

24 윗글을 바르게 이해하지 못한 사람은? [4점]

① Julia: It was in his second week at the camp that Stanley saw something shiny in the dirt.
② Simon: As Stanley was finishing his hole, he found something in the dirt.
③ Terry: When Stanley found something in his hole, his heart beat faster.
④ Naomi: Stanley picked up the small object and called someone to show it.
⑤ Daniel: Stanley saw two letters at the bottom of the tube he found in his hole.

서술형10

25 윗글을 읽고 답할 수 있는 질문을 모두 골라 기호를 쓴 후, 완전한 영어 문장으로 답하시오. [5점]

@ When did Stanley find the shiny object?
ⓑ From whom did Stanley hear about the day off?
© What did Stanley do right after he picked up the shiny object?
@ What did KB stand for?

(   ) → _____
(   ) → _____

● 틀린 문항을 표시해 보세요.

● 부족한 영역을 점검해 보고 어떻게 더 학습할지 학습 계획을 적어 보세요.

〈1회〉 대표 기출로 내신 **적중** 모의고사   총점 _____ / 100

문항	영역	문항	영역	문항	영역
01	p.84(W)	10	p.89(L&S)	19	pp.104-105(R)
02	p.84(W)	11	p.96(G)	20	pp.104-105(R)
03	p.82(W)	12	p.97(G)	21	pp.104-105(R)
04	p.82(L&S)	13	p.96(G)	22	pp.104-105(R)
05	p.87(L&S)	14	p.97(G)	23	pp.104-105(R)
06	p.89(L&S)	15	pp.104-105(R)	24	pp.104-105(R)
07	p.89(L&S)	16	pp.104-105(R)	25	p.118(M)
08	p.87(L&S)	17	pp.104-105(R)		
09	p.89(L&S)	18	pp.104-105(R)		

오답 공략	
부족한 영역	
학습 계획	

〈2회〉 대표 기출로 내신 **적중** 모의고사   총점 _____ / 100

문항	영역	문항	영역	문항	영역
01	p.82(W)	10	p.96(G)	19	pp.104-105(R)
02	p.82(W)	11	p.97(G)	20	pp.104-105(R)
03	p.82(W)	12	pp.96-97(G)	21	pp.104-105(R)
04	p.87(L&S)	13	pp.104-105(R)	22	pp.104-105(R)
05	p.87(L&S)	14	pp.104-105(R)	23	pp.104-105(R)
06	p.88(L&S)	15	pp.104-105(R)	24	p.118(M)
07	p.88(L&S)	16	pp.104-105(R)	25	p.118(M)
08	p.88(L&S)	17	pp.104-105(R)		
09	p.97(G)	18	pp.104-105(R)		

오답 공략	
부족한 영역	
학습 계획	

〈3회〉 대표 기출로 내신 **적중** 모의고사   총점 _____ / 100

문항	영역	문항	영역	문항	영역
01	p.82(W)	10	p.97(G)	19	pp.104-105(R)
02	p.84(W)	11	p.96(G)	20	pp.104-105(R)
03	p.82(W)	12	p.97(G)	21	pp.104-105(R)
04	p.87(L&S)	13	p.96(G)	22	pp.104-105(R)
05	p.88(L&S)	14	p.97(G)	23	p.118(M)
06	p.88(L&S)	15	pp.104-105(R)	24	p.118(M)
07	p.87(L&S)	16	pp.104-105(R)	25	p.118(M)
08	p.87(L&S)	17	pp.104-105(R)		
09	p.96(G)	18	pp.104-105(R)		

오답 공략	
부족한 영역	
학습 계획	

〈4회〉 고난도로 내신 **적중** 모의고사   총점 _____ / 100

문항	영역	문항	영역	문항	영역
01	p.84(W)	10	p.97(G)	19	pp.104-105(R)
02	p.82(W)	11	p.96(G)	20	pp.104-105(R)
03	p.84(W)	12	p.97(G)	21	pp.104-105(R)
04	p.89(L&S)	13	pp.104-105(R)	22	pp.104-105(R)
05	p.87(L&S)	14	pp.104-105(R)	23	pp.104-105(R)
06	p.87(L&S)	15	pp.104-105(R)	24	pp.104-105(R)
07	p.89(L&S)	16	pp.104-105(R)	25	pp.104-105(R)
08	p.89(L&S)	17	pp.104-105(R)		
09	p.96(G)	18	pp.104-105(R)		

오답 공략	
부족한 영역	
학습 계획	

Lesson

5

Believe in Yourself

주요 학습 내용	의사소통 기능	**기대 표현하기** A: Are you going to travel to Jeju-do next week? (너는 다음 주에 제주도로 여행 갈 예정이니?) B: Yes, **I'm really looking forward to** riding a horse. (응, 나는 말을 타는 것이 정말 기대돼.)
		거절하기 A: Do you want to join me? (나와 함께 할래?) B: **I'd love to, but I can't.** I have to do my homework. (그러고 싶지만, 안 돼. 나는 숙제를 해야 해.)
	언어 형식	**가정법 과거** **If** I **were** a bird, I **would fly.** (내가 새라면, 날아오를 텐데.)
		의문사 + to부정사 We didn't know **how to read** music. (우리는 악보를 읽는 법을 알지 못했다.)

학습 단계
PREVIEW

STEP **A**	Words	Listen & Speak	Grammar	Reading	기타 지문
STEP **B**	Words	Listen & Speak	Grammar	Reading	서술형 100% TEST
내신 적중 모의고사	제 **1** 회	제 **2** 회	제 **3** 회	제 **4** 회	

Words

만점 노트

Listen & Speak

□□ actor	몡 배우	□□ mask	몡 마스크, 가면
□□ award	몡 상	□□ ocean	몡 바다, 대양
□□ cheer	동 응원하다	□□ parade	몡 퍼레이드, 행진
□□ contest	몡 대회, 시합	□□ performance	몡 공연, 연주회
□□ drone	몡 무인 항공기, 드론	□□ take care of	~을 돌보다
□□ gym	몡 체육, 운동, 체육관	□□ take part in☆	~에 참가하다 (= participate in)
□□ hurt☆	동 다치게 하다	□□ volunteer work	자원봉사 활동
□□ look forward to☆	~을 기대하다	□□ without☆	전 ~ 없이

Reading

□□ afford☆	동 ~을 할 형편이 되다	□□ mostly	부 대부분, 일반적으로
□□ be able to	~할 수 있다	□□ musical instrument☆	악기
□□ cheek	몡 볼, 뺨	□□ one another	서로
□□ educator	몡 교육자	□□ orchestra☆	몡 오케스트라, 관현악단
□□ environmental	형 환경의	□□ out of tune☆	음이 맞지 않는
□□ expect	동 기대하다, 예상하다	□□ patience☆	몡 인내심
□□ from then on	그때부터 (쭉)	□□ piece	몡 (미술·음악 등의) 작품
□□ gather	동 모이다	□□ put ~ into practice☆	~을 실행에 옮기다
□□ giant☆	형 거대한	□□ roll	동 구르다, 굴러가다
□□ give ~ a big hand☆	~에게 큰 박수를 보내다	□□ step by step	점차로
□□ give up	포기하다	□□ talented	형 재능 있는
□□ huge	형 거대한	□□ tear	몡 눈물
□□ journey	몡 여행, 여정	□□ thrilled☆	형 황홀해하는, 아주 신이 난
□□ joy	몡 기쁨	□□ trash	몡 쓰레기
□□ landfill☆	몡 쓰레기 매립지		

Language Use

□□ appear	동 나타나다 (↔ disappear 사라지다)	□□ speech	몡 연설
□□ get ready for	~을 준비하다	□□ stick	동 붙이다 (stick – stuck – stuck)
□□ million	몡 100만	□□ take out	꺼내다
□□ president	몡 대통령	□□ turn off	~을 끄다 (↔ turn on ~을 켜다)

Think and Write · Project

□□ admiral	몡 해군 대장, 해군 장성	□□ hero	몡 영웅
□□ amazing	형 놀라운	□□ respect☆	동 존경하다
□□ battle	몡 전투, 투쟁	□□ save	동 구하다
□□ decorate	동 장식하다	□□ situation	몡 상황

Words

연습 문제

A 다음 단어의 우리말 뜻을 쓰시오.

01 expect _____
02 journey _____
03 educator _____
04 patience _____
05 gym _____
06 orchestra _____
07 huge _____
08 piece _____
09 actor _____
10 cheer _____
11 amazing _____
12 admiral _____
13 thrilled _____
14 award _____
15 roll _____
16 mostly _____
17 giant _____
18 landfill _____
19 afford _____
20 performance _____

B 다음 우리말에 해당하는 영어 단어를 쓰시오.

21 환경의 _____
22 쓰레기 _____
23 볼, 뺨 _____
24 모이다 _____
25 상황 _____
26 ~ 없이 _____
27 다치게 하다 _____
28 바다, 대양 _____
29 재능 있는 _____
30 나타나다 _____
31 대통령 _____
32 구하다 _____
33 눈물 _____
34 퍼레이드, 행진 _____
35 악기 _____
36 100만 _____
37 존경하다 _____
38 붙이다 _____
39 연설 _____
40 전투, 투쟁 _____

C 다음 영어 표현의 우리말 뜻을 쓰시오.

01 step by step _____
02 one another _____
03 from then on _____
04 give ~ a big hand _____
05 out of tune _____
06 be able to _____
07 put ~ into practice _____
08 take part in _____

실전 TEST

01 다음 중 단어의 품사가 <u>다른</u> 하나는?

① joy   ② admiral   ③ journey

④ mostly   ⑤ educator

02 다음 영어 뜻풀이에 알맞은 단어는?

action rather than ideas

① tune   ② landfill   ③ drone

④ practice   ⑤ patience

03 다음 우리말과 같도록 할 때 빈칸에 들어갈 말로 알맞은 것은?

그들은 아이들을 위해 새 코트를 살 형편이 안 되었다.

→ They couldn't _____ to buy new coats for the children.

① roll   ② hurt   ③ afford

④ stick   ⑤ respect

04 다음 중 밑줄 친 부분의 우리말 뜻이 알맞지 <u>않은</u> 것은?

① The guitar was <u>out of tune</u>. (음이 정확한)

② It's time to <u>get ready for</u> winter. (~을 준비하다)

③ Mina's family and Alice greeted <u>one another</u>. (서로)

④ Please <u>take out</u> a pencil and begin the test. (꺼내다)

⑤ The company decided to <u>put</u> the new ideas <u>into practice</u>. (~을 실행에 옮기다)

05 다음 문장의 빈칸에 들어갈 알맞은 말을 [보기]에서 골라 쓰시오.

[보기]   bored   excited   scared   sad

(1) I saw something moving in the dark. I was so _____ that I couldn't sleep.

(2) I'm going to visit my best friend in Paris. I am so _____.

06 다음 빈칸에 들어갈 단어로 알맞지 <u>않은</u> 것은?

- This medicine can ____①____ thousands of lives each year.
- My friends and I stood and ____②____ our school soccer team.
- Mike is a ____③____ actor, and many people love him.
- Look! A rock is ____④____ down the hill.
- The ____⑤____ tree is almost 10 meters tall.

① save   ② cheered

③ talented   ④ gathering

⑤ giant

07 괄호 안의 우리말과 같도록 빈칸에 알맞은 말을 쓰시오.

Please _____ the band a _____ _____ for their amazing performance.

(밴드의 놀라운 공연에 큰 박수를 보내 주세요.)

Words
연습 문제

A 다음 단어의 우리말 뜻을 쓰시오.

01 expect

02 journey

03 educator

04 patience

05 gym

06 orchestra

07 huge

08 piece

09 actor

10 cheer

11 amazing

12 admiral

13 thrilled

14 award

15 roll

16 mostly

17 giant

18 landfill

19 afford

20 performance

B 다음 우리말에 해당하는 영어 단어를 쓰시오.

21 환경의

22 쓰레기

23 볼, 뺨

24 모이다

25 상황

26 ~ 없이

27 다치게 하다

28 바다, 대양

29 재능 있는

30 나타나다

31 대통령

32 구하다

33 눈물

34 퍼레이드, 행진

35 악기

36 100만

37 존경하다

38 붙이다

39 연설

40 전투, 투쟁

C 다음 영어 표현의 우리말 뜻을 쓰시오.

01 step by step

02 one another

03 from then on

04 give ~ a big hand

05 out of tune

06 be able to

07 put ~ into practice

08 take part in

Words Plus

만점 노트

영어 뜻풀이

□□ able	~할 수 있는	having the power, skill, money, etc., that is needed to do something
□□ afford	~을 할 형편이 되다	to be able to pay for something
□□ cheek	볼, 뺨	either side of the face below the eyes
□□ drone	무인 항공기	an aircraft without a pilot that is controlled by someone on the ground
□□ drum	드럼통	a large container usually used for storing liquids
□□ educator	교육자	a person whose job is to teach or educate people
□□ environmental	환경의	related to the natural conditions in which people, animals and plants live
□□ giant	거대한	very large
□□ journey	여행	an act of traveling from one place to another
□□ landfill	쓰레기 매립지	an area where waste is buried under the ground
□□ mostly	대부분, 일반적으로	mainly, generally
□□ musical instrument	악기	a device that is used to make music
□□ orchestra	오케스트라, 관현악단	a group of musicians playing many different kinds of musical instruments
□□ patience	인내심	the ability to stay calm and accept a delay or suffering without complaining
□□ practice	실행, 실천	action rather than ideas
□□ roll	구르다, 굴러가다	to move along a surface by turning over and over
□□ talented	재능 있는	able or skillful
□□ thrilled	황홀해하는, 아주 신이 난	very excited and happy
□□ tune	곡, 곡조, 선율	a series of musical notes that make a pleasing sound when played together
□□ violinist	바이올린 연주자	a person who plays the violin

단어의 의미 관계

● 유의어
huge = giant (거대한)
joy = pleasure (기쁨)

● 명사 – 형용사
joy (기쁨) – joyful (기쁜)
patience (인내심) – patient (인내심 있는)
education (교육) – educational (교육적인)
environment (환경) – environmental (환경의)

● 감정을 나타내는 형용사
boring (지루한) – bored (지루해하는)
exciting (신나는, 흥미진진한) – excited (신이 난, 흥분한)
surprising (놀라운) – surprised (놀란, 놀라는)
scared (무서워하는, 겁먹은)
thrilled (아주 신이 난, 황홀해하는)
worried (걱정하는, 걱정스러운)

다의어

● **piece** 1. 명 조각, 일부분 2. 명 (글, 미술, 음악 등의) 작품
  1. Sally cut the cake into six **pieces**.
     Sally는 케이크를 여섯 조각으로 잘랐다.
  2. The school orchestra will perform a **piece** by J. S. Bach.
     학교 오케스트라는 바흐의 곡을 연주할 것이다.

● **save** 1. 동 구하다 2. 동 절약하다 3. 동 저축하다
  1. Sam fell in the river, but his friend **saved** him.
     Sam이 강에 빠졌는데 그의 친구가 그를 구했다.
  2. You'll **save** a lot of time if you go by car.
     차로 가면 너는 시간을 많이 절약할 것이다.
  3. They **saved** enough money to buy the house.
     그들은 그 집을 살 충분한 돈을 저축했다.

연습 문제

A 다음 뜻풀이에 알맞은 말을 [보기]에서 골라 쓴 후, 우리말 뜻을 쓰시오.

| [보기] | landfill | afford | patience | journey | thrilled | roll | musical instrument | educator |

1 _____ : to be able to pay for something : _____

2 _____ : very excited and happy : _____

3 _____ : an act of traveling from one place to another : _____

4 _____ : to move along a surface by turning over and over : _____

5 _____ : an area where waste is buried under the ground : _____

6 _____ : a device that is used to make music : _____

7 _____ : a person whose job is to teach or educate people : _____

8 _____ : the ability to stay calm and accept a delay or suffering without complaining : _____

B 다음 짝 지어진 두 단어의 관계가 같도록 빈칸에 알맞은 말을 쓰시오.

1 education : educational = environment : _____

2 joy : pleasure = giant : _____

3 surprising : surprised = boring : _____

C 다음 빈칸에 알맞은 말을 [보기]에서 골라 쓰시오.

| [보기] | respect | talented | journey | mostly | gather |

1 My family wished Kevin a safe and pleasant _____.

2 The photographer _____ takes pictures of beautiful nature.

3 I expect that thousands of people will _____ in the food festival.

4 People _____ Dr. Johns because he always helps sick people.

5 Clare is a really _____ violinist. Her technique is perfect.

D 다음 우리말과 같도록 빈칸에 알맞은 말을 쓰시오.

1 점차로, Chris는 독감에서 회복되었다. → _____ _____ _____, Chris recovered from the flu.

2 Sara의 멋진 연설에 큰 박수를 보내 주시기 바랍니다.

→ Please _____ Sara _____ _____ _____ for her wonderful speech.

3 우리 동아리는 그 계획을 실행에 옮기려고 노력했다.

→ Our club tried to _____ the plan _____ _____.

4 나는 다음 주 토요일에 댄스 오디션에 참가할 예정이다.

→ I'm going to _____ _____ _____ the dance audition next Saturday.

5 Olivia는 1999년에 고향을 떠났고 그때부터 쭉 그녀는 혼자 살았다.

→ Olivia left her hometown in 1999 and _____ _____ _____ she lived alone.

STEP A

01 다음 중 단어의 품사가 <u>다른</u> 하나는?

① joy   ② admiral   ③ journey

④ mostly   ⑤ educator

02 다음 영어 뜻풀이에 알맞은 단어는?

action rather than ideas

① tune   ② landfill   ③ drone

④ practice   ⑤ patience

03 다음 우리말과 같도록 할 때 빈칸에 들어갈 말로 알맞은 것은?

그들은 아이들을 위해 새 코트를 살 형편이 안 되었다.

→ They couldn't _____ to buy new coats for the children.

① roll   ② hurt   ③ afford

④ stick   ⑤ respect

04 다음 중 밑줄 친 부분의 우리말 뜻이 알맞지 <u>않은</u> 것은?

① The guitar was <u>out of tune</u>. (음이 정확한)

② It's time to <u>get ready for</u> winter. (~을 준비하다)

③ Mina's family and Alice greeted <u>one another</u>. (서로)

④ Please <u>take out</u> a pencil and begin the test. (꺼내다)

⑤ The company decided to <u>put</u> the new ideas <u>into practice</u>. (~을 실행에 옮기다)

05 다음 문장의 빈칸에 들어갈 알맞은 말을 [보기]에서 골라 쓰시오.

[보기]   bored   excited   scared   sad

(1) I saw something moving in the dark. I was so _____ that I couldn't sleep.

(2) I'm going to visit my best friend in Paris. I am so _____.

06 고난도 신유형 다음 빈칸에 들어갈 단어로 알맞지 <u>않은</u> 것은?

• This medicine can ___①___ thousands of lives each year.
• My friends and I stood and ___②___ our school soccer team.
• Mike is a ___③___ actor, and many people love him.
• Look! A rock is ___④___ down the hill.
• The ___⑤___ tree is almost 10 meters tall.

① save   ② cheered

③ talented   ④ gathering

⑤ giant

07 괄호 안의 우리말과 같도록 빈칸에 알맞은 말을 쓰시오.

Please _____ the band a _____ for their amazing performance.

(밴드의 놀라운 공연에 큰 박수를 보내 주세요.)

L&S

핵심 노트

1 기대 표현하기

A: Are you going to travel to Jeju-do next week?

B: Yes, **I'm really looking forward to** riding a horse.

너는 다음 주에 제주도로 여행 갈 예정이니?

응, 나는 말을 타는 것이 정말 기대돼.

I'm looking forward to ~.는 '나는 ~하기를 기대한다.'라는 뜻으로, 기대를 나타낼 때 사용하는 표현이다. 이때 to는 전치사이기 때문에 뒤에 명사 또는 동명사(구)가 이어진다. 기대를 표현할 때 I can't wait to ~.로 말할 수도 있는데, 이때 to 뒤에는 동사원형이 온다. 간절히 고대하는 것은 I'm really looking forward to ~.로 표현한다.

e.g. • A: Are you going to learn to fly a drone?

너는 드론을 날리는 것을 배울 거니?

• B: Yes, **I'm looking forward to** flying a drone in the park.

응, 나는 공원에서 드론을 날리는 게 기대돼.

Yes, **I'm really looking forward to** flying a drone in the park.

응, 나는 공원에서 드론을 날리는 게 정말 기대돼.

Yes, **I can't wait to** fly a drone in the park.

응, 나는 어서 공원에서 드론을 날렸으면 좋겠어.

> **시험 포인트** point
>
> look forward to의 to가 전치사이므로 뒤에 명사나 동명사가 온다는 점에 유의하세요.

2 거절하기

A: I'm going to ride my bike. Do you want to join me?

B: **I'd love to, but I can't**. I have to do my homework.

나는 자전거를 탈 거야. 나와 함께 탈래?

그러고 싶지만, 안 돼. 나는 숙제를 해야 해.

I'd love to, but I can't.는 '나는 그러고 싶지만, 할 수 없어.'라는 뜻으로 상대방의 제안이나 요청을 거절할 때 사용하는 표현이다. 뒤에 거절할 수밖에 없는 이유를 덧붙여 상대방의 양해를 구할 수 있다. I'm sorry, but I can't. 또는 I'm afraid I can't. 또한 상대방의 제안이나 요청을 거절할 때 사용할 수 있는 표현이다.

e.g. • A: I'm going to play soccer. Do you want to join me?

나는 축구를 할 거야. 나와 함께 할래?

• B: **I'd love to, but I can't**. I have to visit my grandparents.

그러고 싶지만, 안 돼. 나는 조부모님을 찾아뵈어야 해.

I'm sorry, but I can't. I have to take care of my little brother.

미안하지만, 안 되겠어. 나는 남동생을 돌봐야 해.

I'm afraid I can't. I have to do volunteer work.

안 될 것 같아. 나는 자원봉사 활동을 해야 해.

> **시험 포인트** point
>
> 제시된 상황이 거절하는 상황인지 수락하는 상황인지 파악해서 알맞은 대답을 고르는 문제가 많이 출제돼요. 거절의 말 뒤에는 거절하는 이유를 덧붙여 말하는 경우가 많으므로 잘 살펴보도록 해요.

L&S Listen & Speak
만점 노트

주요 표현
구문 해설

Listen and Speak 1-A

교과서 86쪽

B: Hey, Bora. ❶ Welcome to our rock band.

G: Thanks. ❷ I'm looking forward to playing in a concert with you.

B: We're ❸ excited ❹ to have a new guitar player.

G: Great. ❺ See you on Friday.

❶ welcome to: ~에 온 것을 환영하다

❷ I'm looking forward to ~.는 '나는 ~하는 게 기대돼.'라는 뜻으로, 기대를 나타낼 때 사용하는 표현

❸ 주어(We)가 신이 나는 감정을 느끼는 주체이므로 과거분사 형태의 형용사 excited를 사용

❹ 감정의 원인(~해서)을 나타내는 to부정사의 부사적 용법

❺ 헤어질 때 쓰는 표현

Q1 보라는 록 밴드에서 어떤 악기를 연주하나요?

Listen and Speak 1-B

교과서 86쪽

G: Jiho, ❶ what are you reading?

B: I'm reading a book about a baseball player ❷ named Jim Abbott.

G: Oh, the man ❸ who was born without a right hand?

B: That's right. He tried really hard and even won the MVP award.

G: Yeah. His story ❹ was made into a movie. ❺ I'm going to watch it this Saturday.

B: Really? What's the title?

G: *Our Hero.* ❻ I'm really looking forward to watching it.

B: ❼ Can I join you?

G: Sure. See you on Saturday.

❶ 의문사(what)가 포함된 현재진행형(be동사+동사원형-ing)의 의문문

❷ named는 과거분사로, named Jim Abbott이 앞의 명사구 a baseball player를 수식

❸ who는 주격 관계대명사로, who was born without a right hand가 앞의 명사 the man을 수식
was born: 태어났다 / without 졘 ~ 없이

❹ be made into: ~로 만들어지다

❺ be going to+동사원형: ~할 예정이다

❻ I'm really looking forward to ~.는 간절히 고대하는 것을 나타내는 표현으로, to는 전치사이므로 뒤에 명사나 동명사가 온다.

❼ 함께 해도 되는지 상대방에게 허락을 구하는 표현

Q2 ❻을 해석해 보세요.

Listen and Speak 1-C

교과서 86쪽

A: You ❶ look happy today. ❷ What's going on?

B: I'm so excited. ❸ I'm going to travel ❹ to Jeju-do.

A: That sounds great!

B: Yes, I'm really looking forward to riding a horse.

❶ look+형용사(보어)(보어): ~해 보이다

❷ 무슨 일이 있는지 묻는 표현

❸ be going to+동사원형: ~할 예정이다

❹ '~에, ~로'라는 의미의 장소를 나타내는 전치사

Q3 Why is B so excited? → Because B _____.

Listen and Speak 2-A

교과서 87쪽

G: Minho, did you finish the math homework?

B: ❶ Not yet. Math is difficult.

G: Yes, but it's interesting, too.

B: ❷ Then can you help me with my math homework?

G: ❸ I'd love to, but I can't. I ❹ have to ❺ take care of my brother.

❶ 아직 못 끝냈어.

❷ Can you help me with ~?: '(내가) ~(하는 것)을 도와줄 수 있니?'라는 뜻으로, 상대방에게 도움을 요청하는 표현

❸ '나는 그러고 싶지만, 할 수 없어.'라는 뜻으로, 상대방의 제안이나 요청을 거절하는 표현

❹ have to+동사원형: ~해야 한다

❺ take care of: ~을 돌보다

Q4 소녀가 소년의 수학 숙제를 도와줄 수 없는 이유는 무엇인가요?

Listen and Speak 2-B

교과서 87쪽

G: Alex, I'm going to ❶ take part in a singing contest next Monday.

B: That's great, Sumin!

G: You know ❷ how to play the guitar, right?

B: Yes, ❸ I've played the guitar for 3 years.

G: Great. ❹ Can you play the guitar ❺ while I sing in the contest?

B: ❻ I'd love to, but I can't. I hurt my hand in gym class yesterday.

G: Oh! ❼ I'm sorry to hear that.

B: Thanks. But I'll be there to cheer for you.

Q5 Alex는 얼마 동안 기타를 쳤나요?

Q6 What happened to Alex yesterday?

❶ ~에 참가하다 (= participate in)

❷ how+to부정사: ~하는 (방)법, 어떻게 ~할지 (❷는 동사 know의 목적어 역할)

❸ have played는 계속을 나타내는 현재완료(have+과거분사)

❹ Can you ~?: '~해 줄 수 있니?'라는 뜻으로 상대방에게 요청할 때 사용하는 표현

❺ '~하는 동안'의 뜻을 나타내는 접속사로, 뒤에 「주어+동사 ~」를 갖춘 완전한 절이 이어진다.

❻ 상대방의 제안이나 요청을 거절하는 표현

❼ 유감을 나타내는 표현

Listen and Speak 2-C

교과서 87쪽

A: ❶ What are you going to do this afternoon?

B: I'm going to ride my bike. ❷ Do you want to join me?

A: I'd love to, but I can't. I have to do my homework.

B: ❸ Okay, then next time.

Q7 A는 오늘 오후에 무엇을 해야 하나요?

❶ What are you going to do ~?: '너는 무엇을 할 거니?'라는 뜻의 계획을 묻는 표현

❷ '나와 함께 하고 싶니?'라는 뜻으로 상대방에게 제안하는 표현

❸ 자신의 제안에 대한 거절의 말에 알겠다며 다음에 함께 할 것을 기약하는 표현

Real Life Talk > Watch a Video

교과서 88쪽

Linda: Hi, Tony! ❶ What are you going to do this weekend?

Tony: I'm going to watch ❷ the musical, *Billy Elliot*.

Linda: *Billy Elliot*? ❸ What is it about?

Tony: It's about a boy ❹ who became a famous dancer. ❺ I'm looking forward to watching it.

Linda: Sounds interesting. ❻ Who is the main actor?

Tony: Jason Kim. ❼ He's a great dancer.

Linda: He's my favorite actor. I watched his musical last year.

Tony: Oh, really? Do you want to join me?

Linda: ❽ I'd love to, but I can't. I have ❾ volunteer work this weekend.

Tony: Okay. Maybe next time!

Q8 What is the musical *Billy Elliot* about?

Q9 Linda는 왜 Tony와 함께 뮤지컬을 보러 갈 수 없나요?

❶ 너는 이번 주말에 무엇을 할 거니?

❷ the musical = *Billy Elliot*

❸ '그것은 무엇에 관한 거니?'라는 뜻으로 뮤지컬의 내용을 묻는 표현

❹ who는 주격 관계대명사로, who became a famous dancer가 앞의 명사 a boy를 수식

❺ I'm looking forward to ~.는 기대를 나타내는 표현

❻ '누구'라는 의미의 의문사

❼ = Jason Kim

❽ 상대방의 제안이나 요청을 거절하는 표현

❾ 자원봉사 활동

STEP A

우리말과 일치하도록 대화의 빈칸에 알맞은 말을 쓰시오.

주요 표현

1 Listen and Speak 1-A

B: Hey, Bora. _____ _____ our rock band.

G: Thanks. _____ _____ _____ _____ playing in a concert with you.

B: _____ _____ to have a new guitar player.

G: Great. See you on Friday.

교과서 86쪽

B: 얘, 보라야. 우리 록 밴드에 온 걸 환영해.

G: 고마워. 나는 공연에서 너희들과 함께 연주하는 게 기대돼.

B: 우리는 새로운 기타 연주자가 생겨서 신이 나.

G: 잘됐다. 금요일에 봐.

2 Listen and Speak 1-B

G: Jiho, _____ _____ _____ _____?

B: I'm reading a book about a baseball player named Jim Abbott.

G: Oh, the man _____ _____ _____ without a right hand?

B: That's right. He tried really hard and even won the MVP award.

G: Yeah. His story _____ _____ into a movie. I'm going to watch it this Saturday.

B: Really? What's the title?

G: *Our Hero*. I'm really looking forward _____ _____ _____.

B: _____ _____ _____ _____?

G: Sure. See you on Saturday.

교과서 86쪽

G: 지호야, 너는 뭘 읽고 있니?

B: 나는 Jim Abbott이라는 이름의 야구 선수에 관한 책을 읽고 있어.

G: 아, 오른손이 없이 태어난 그 사람?

B: 맞아. 그는 정말 열심히 노력해서 최우수 선수 상까지 받았어.

G: 그래. 그의 이야기가 영화로 만들어졌어. 나는 이번 주 토요일에 그 영화를 볼 거야.

B: 정말? 제목이 뭐니?

G: "우리의 영웅"이야. 나는 그 영화를 보는 게 정말 기대돼.

B: 나도 너와 함께 해도 될까?

G: 물론이지. 토요일에 봐.

3 Listen and Speak 1-C

A: You _____ _____ _____. What's going on?

B: I'm so excited. _____ _____ _____ _____ to Jeju-do.

A: That sounds great!

B: Yes, I'm really looking forward to _____ _____ _____.

교과서 86쪽

A: 너는 오늘 행복해 보여. 무슨 일이니?

B: 나는 매우 신이 나. 나는 제주도로 여행을 갈 거야.

A: 그거 좋겠다!

B: 응, 나는 말을 타는 게 정말 기대돼.

4 Listen and Speak 2-A

G: Minho, did you finish the math homework?

B: Not yet. _____ _____ _____.

G: Yes, but it's interesting, too.

B: Then _____ _____ _____ _____ with my math homework?

G: I'd love to, _____ _____ _____. I have to _____ _____ _____ my brother.

교과서 87쪽

G: 민호야, 너는 수학 숙제를 끝냈니?

B: 아직 못 끝냈어. 수학은 어려워.

G: 맞아, 그렇지만 재미있기도 해.

B: 그럼 네가 내 수학 숙제를 좀 도와줄래?

G: 그러고 싶지만, 안 되겠어. 나는 내 남동생을 돌봐야 해.

5 Listen and Speak 2-B

교과서 87쪽

G: Alex, I'm going to _____ _____ _____ a singing contest next Monday.

B: That's great, Sumin!

G: You know _____ _____ _____ _____ _____, right?

B: Yes, I've played the guitar for 3 years.

G: Great. Can you play the guitar while I sing in the contest?

B: _____ _____ _____, but I can't. I hurt my hand in gym class yesterday.

G: Oh! _____ _____ _____ _____ _____.

B: Thanks. But I'll be there _____ _____ for you.

G: Alex, 나는 다음 주 월요일에 노래 대회에 참가할 거야.

B: 대단하다, 수민아!

G: 너는 기타를 치는 법을 알지, 그렇지?

B: 응, 나는 3년 동안 기타를 쳤어.

G: 잘됐다. 내가 대회에서 노래하는 동안 기타를 쳐 줄 수 있니?

B: 그러고 싶지만, 안 돼. 나는 어제 체육 수업 중에 손을 다쳤어.

G: 오! 그 말을 들어 유감이야.

B: 고마워. 하지만 너를 응원하러 거기에 갈게.

6 Listen and Speak 2-C

교과서 87쪽

A: What are you going to do this afternoon?

B: I'm going _____ _____ _____. Do you want to join me?

A: I'd love to, but I can't. I _____ _____ _____ _____.

B: Okay, then _____ _____.

A: 너는 오늘 오후에 무엇을 할 거니?

B: 나는 자전거를 탈 거야. 나와 함께 탈래?

A: 그러고 싶지만, 안 돼. 나는 숙제를 해야 해.

B: 알겠어, 그럼 다음에 같이 타자.

7 Real Life Talk > Watch a Video

교과서 88쪽

Linda: Hi, Tony! What are you going to do this weekend?

Tony: I'm going to _____ _____ _____, *Billy Elliot*.

Linda: *Billy Elliot*? What is it about?

Tony: It's about a boy _____ _____ _____ _____ _____. I'm looking forward to watching it.

Linda: Sounds interesting. Who is the main actor?

Tony: Jason Kim. He's a great dancer.

Linda: He's _____ _____ _____. I watched his musical last year.

Tony: Oh, really? Do you _____ _____ _____ _____?

Linda: I'd love to, but I can't. I _____ _____ _____ this weekend.

Tony: Okay. Maybe next time!

Linda: 안녕, Tony! 너는 이번 주말에 무엇을 할 거니?

Tony: 나는 뮤지컬 "빌리 엘리어트"를 볼 거야.

Linda: "빌리 엘리어트"? 무슨 내용이니?

Tony: 그건 유명한 무용수가 된 한 소년에 관한 거야. 나는 그 뮤지컬을 보는 게 기대돼.

Linda: 재미있겠다. 주연 배우가 누구니?

Tony: Jason Kim이야. 그는 훌륭한 무용수야.

Linda: 그는 내가 가장 좋아하는 배우야. 나는 작년에 그의 뮤지컬을 봤어.

Tony: 오, 정말? 나와 함께 가고 싶니?

Linda: 그러고 싶지만, 안 돼. 나는 이번 주말에 자원봉사 활동이 있어.

Tony: 알겠어. 다음에 같이 가자!

대화 순서 배열하기

자연스러운 대화가 되도록 순서를 바르게 배열하시오.

1 Listen and Speak 1-A

교과서 86쪽

ⓐ Great. See you on Friday.
ⓑ We're excited to have a new guitar player.
ⓒ Hey, Bora. Welcome to our rock band.
ⓓ Thanks. I'm looking forward to playing in a concert with you.

( ) – ( ) – ( ) – ( )

2 Listen and Speak 1-B

교과서 86쪽

ⓐ Jiho, what are you reading?
ⓑ Really? What's the title?
ⓒ Oh, the man who was born without a right hand?
ⓓ Can I join you?
ⓔ That's right. He tried really hard and even won the MVP award.
ⓕ I'm reading a book about a baseball player named Jim Abbott.
ⓖ Sure. See you on Saturday.
ⓗ *Our Hero*. I'm really looking forward to watching it.
ⓘ Yeah. His story was made into a movie. I'm going to watch it this Saturday.

(ⓐ) – ( ) – ( ) – ( ) – (ⓘ) – ( ) – ( ) – ( ) – ( )

3 Listen and Speak 1-C

교과서 86쪽

ⓐ That sounds great!
ⓑ You look happy today. What's going on?
ⓒ I'm so excited. I'm going to travel to Jeju-do.
ⓓ Yes, I'm really looking forward to riding a horse.

( ) – ( ) – ( ) – ( )

4 Listen and Speak 2-A

교과서 87쪽

ⓐ Not yet. Math is difficult.
ⓑ I'd love to, but I can't. I have to take care of my brother.
ⓒ Yes, but it's interesting, too.
ⓓ Minho, did you finish the math homework?
ⓔ Then can you help me with my math homework?

( ) – ( ) – ( ) – ( ) – ( )

5 Listen and Speak 2-B

ⓐ Yes, I've played the guitar for 3 years.

ⓑ I'd love to, but I can't. I hurt my hand in gym class yesterday.

ⓒ Alex, I'm going to take part in a singing contest next Monday.

ⓓ That's great, Sumin!

ⓔ Thanks. But I'll be there to cheer for you.

ⓕ Great. Can you play the guitar while I sing in the contest?

ⓖ You know how to play the guitar, right?

ⓗ Oh! I'm sorry to hear that.

(ⓒ) – ( ) – ( ) – ( ) – (ⓕ) – ( ) – ( ) – ( )

6 Listen and Speak 2-C

ⓐ What are you going to do this afternoon?

ⓑ Okay, then next time.

ⓒ I'd love to, but I can't. I have to do my homework.

ⓓ I'm going to ride my bike. Do you want to join me?

( ) – ( ) – ( ) – ( )

7 Real Life Talk > Watch a Video

ⓐ Jason Kim. He's a great dancer.

ⓑ *Billy Elliot*? What is it about?

ⓒ Oh, really? Do you want to join me?

ⓓ Hi, Tony! What are you going to do this weekend?

ⓔ Sounds interesting. Who is the main actor?

ⓕ He's my favorite actor. I watched his musical last year.

ⓖ It's about a boy who became a famous dancer. I'm looking forward to watching it.

ⓗ Okay. Maybe next time!

ⓘ I'm going to watch the musical, *Billy Elliot*.

ⓙ I'd love to, but I can't. I have volunteer work this weekend.

(ⓓ) – ( ) – ( ) – ( ) – (ⓔ) – ( ) – ( ) – ( ) – ( )

01 다음 대화의 밑줄 친 부분의 의도로 가장 알맞은 것은?

> A: Are you going to travel to Jeju-do this weekend?
> B: Yes, I'm really looking forward to riding a horse.

① 승인하기　　　　② 충고하기
③ 위로하기　　　　④ 기대 표현하기
⑤ 선호 표현하기

02 다음 대화의 빈칸에 들어갈 말로 알맞은 것은?

> A: I'm going to play soccer after school. Do you want to join me?
> B: _____ I have to take care of my little sister.
> A: Okay, then next time.

① No problem.　　　　② Not bad.
③ That's too bad.　　　④ Sounds interesting.
⑤ I'd love to, but I can't.

03 다음 중 짝 지어진 대화가 자연스럽지 <u>않은</u> 것은?

① A: Did you finish the math homework?
　 B: Not yet. Math is difficult.
② A: I'm going to visit the museum. Do you want to join me?
　 B: Yes, I'd love to.
③ A: You look happy today. What's going on?
　 B: I'm so excited. I'm going to learn to fly a drone.
④ A: Can you help me with my math homework?
　 B: Of course. I have to do volunteer work.
⑤ A: What are you going to do at the festival?
　 B: I'm going to watch a parade. I'm really looking forward to watching it.

04 자연스러운 대화가 되도록 (A)~(D)를 순서대로 배열한 것은?

> (A) Thanks. I'm looking forward to playing in a concert with you.
> (B) Great. See you on Friday.
> (C) Hey, Bora. Welcome to our rock band.
> (D) We're excited to have a new guitar player.

① (A) – (C) – (D) – (B)　　② (A) – (D) – (B) – (C)
③ (C) – (A) – (D) – (B)　　④ (C) – (D) – (B) – (A)
⑤ (D) – (B) – (A) – (C)

신유형
05 다음 대화의 밑줄 친 우리말을 영어로 옮길 때 사용하지 <u>않는</u> 단어는?

> A: I'm going to make a mask. <u>나는 그것을 만드는 게 정말 기대돼.</u>
> B: Sounds fun.

① to　　　② make　　　③ forward
④ looking　　⑤ really

[06-07] 다음 대화를 읽고, 물음에 답하시오.

> Ann: Jiho, what are you reading? (①)
> Jiho: I'm reading a book about a baseball player named Jim Abbott.
> Ann: Oh, the man who was born without a right hand? (②)
> Jiho: That's right. He tried really hard and even won the MVP award.
> Ann: Yeah. (③) I'm going to watch it this Saturday.
> Jiho: Really? What's the title?
> Ann: (④) *Our Hero*. I'm really looking forward to watching it.
> Jiho: Can I join you?
> Ann: Sure. (⑤) See you on Saturday.

06 위 대화의 ①~⑤ 중 주어진 문장이 들어갈 알맞은 곳은?

His story was made into a movie.

①   ②   ③   ④   ⑤

07 위 대화의 내용과 일치하지 <u>않는</u> 것은?

① 지호는 책을 읽고 있다.

② Jim Abbott은 야구 선수이다.

③ Jim Abbott은 오른손 없이 태어났다.

④ Jim Abbott은 최우수 선수 상을 받은 적이 있다.

⑤ Ann은 이번 주 토요일에 혼자 영화를 볼 것이다.

[08-09] 다음 대화를 읽고, 물음에 답하시오.

Linda: Hi, Tony! What are you going to do this weekend?

Tony: I'm going to watch the musical, *Billy Elliot*.

Linda: *Billy Elliot*? What is it about?

Tony: It's about a boy ___ⓐ___ became a famous dancer. I'm looking forward to watching it.

Linda: Sounds interesting. ___ⓑ___ is the main actor?

Tony: Jason Kim. He's a great dancer.

Linda: He's my favorite actor. I watched his musical last year.

Tony: Oh, really? Do you want to join me?

Linda: I'd love to, but I can't. I have volunteer work this weekend.

Tony: Okay. Maybe next time!

08 위 대화의 빈칸 ⓐ와 ⓑ에 공통으로 들어갈 말로 알맞은 것은?

① how(How)   ② who(Who)   ③ whom(Whom)

④ what(What)   ⑤ which(Which)

09 위 대화를 통해 알 수 <u>없는</u> 것은?

① Tony가 주말에 할 일   ② 뮤지컬 "빌리 엘리어트"의 내용

③ Jason Kim의 직업   ④ Tony가 가장 좋아하는 배우

⑤ Linda가 주말에 할 일

10 다음 괄호 안의 말을 바르게 배열하여 대화의 빈칸에 알맞은 말을 쓰시오.

A: What are you going to do tomorrow?

B: I'm going to go to the beach with my family.

A: That sounds great!

B: Yes, _____

_____. (really, to, I'm, swimming, forward, the, in, ocean, looking)

[11-12] 다음 대화를 읽고, 물음에 답하시오.

A: Alex, I'm going to take part in a singing contest next Monday.

B: That's great, Sumin!

A: (1) _____

B: Yes, I've played the guitar for 3 years.

A: Great. (2) _____

B: I'd love to, but I can't. I hurt my hand in gym class yesterday.

A: Oh! (3) _____

B: Thanks. But I'll be there to cheer for you.

11 위 대화의 빈칸에 알맞은 말을 [보기]에서 골라 쓰시오.

[보기]
- I'm sorry to hear that.
- You know how to play the guitar, right?
- Can you play the guitar while I sing in the contest?

(1) _____

(2) _____

(3) _____

12 다음 질문에 완전한 영어 문장으로 답하시오.

Q: How long has Alex played the guitar?

A: _____

핵심 노트

1 가정법 과거

- If I **were** a bird, I **would fly**.

  내가 새라면, 나는 날아오를 텐데.

- If she **had** a flying carpet, she **could travel** all over the world.

  그녀가 날아다니는 양탄자를 가지고 있다면, 그녀는 전 세계를 여행할 수 있을 텐데.

- If he **knew** my address, he **would send** me a letter.

  그가 내 주소를 안다면, 그는 내게 편지를 보낼 텐데.

(1) 쓰임: 현재 사실과 반대되거나 실제 일어날 가능성이 없는 것을 가정할 때 사용한다.

(2) 형태와 의미: 「If+주어+동사의 과거형 ~, 주어+조동사의 과거형(would/could 등)+동사원형 ......」의 형태로 쓰며, '만약 ~라면, …할 텐데.'로 해석한다.

- If he **had** enough time, he **would visit** us. 〈가정법 과거〉

  그가 충분한 시간이 있다면, 그는 우리를 방문할 텐데.

  → As he doesn't have enough time, he doesn't visit us. 〈직설법 현재〉

  그는 충분한 시간이 없어서 우리를 방문하지 않는다.

- If I **had** enough eggs, I **could bake** bread for my family. 〈가정법 과거〉

  내가 충분한 달걀을 가지고 있다면, 나는 가족을 위한 빵을 구울 수 있을 텐데.

  → As I don't have enough eggs, I can't bake bread for my family. 〈직설법 현재〉

  나는 충분한 달걀이 없어서 가족을 위한 빵을 구울 수 없다.

  비교 If가 조건문에 쓰이면 실제로 일어날 수 있는 일에 대한 조건을 나타낸다.

- If you leave early, you can catch the train. ← 일찍 떠나는 것이 가능함

  네가 일찍 떠난다면, 너는 기차를 탈 수 있다.

(3) if절에 be동사가 쓰일 때는 주어의 인칭과 수에 관계없이 주로 **were**를 쓴다.

- If I **were** you, I **would accept** his offer. 내가 너라면, 나는 그의 제안을 받아들일 텐데.

시험 포인트 **point**

가정법 과거 문장을 정확하게 쓸 수 있도록 가정법 과거의 형태 「If+주어+동사의 과거형 ~, 주어+조동사의 과거형(would/could 등)+동사원형 ......」을 반드시 기억해야 해요.

접속사 if

- **If** you like today's idols, you will love the original idol.

  만약 네가 요즘의 아이돌을 좋아한다면, 너는 본래의 아이돌도 좋아할 것이다.

  [중2 3과]

QUICK CHECK

1 다음 괄호 안에서 알맞은 것을 고르시오.

(1) If John (were / is) here, he could do the work.

(2) If today were Saturday, I (will / would) go to the park.

(3) If I (am / were) tall enough, I could ride the roller coaster.

2 다음 문장의 밑줄 친 부분이 어법상 틀렸으면 바르게 고쳐 쓰시오.

(1) If she had more time, she <u>will visit</u> her parents. → _____

(2) If he <u>knows</u> your phone number, he would call you. → _____

(3) If Bob <u>were</u> not tired, he could finish his work. → _____

2 의문사+to부정사

- We didn't know **how to read** music.

  우리는 악보를 읽는 법을 알지 못했다.

- I told him **when to feed** the dog.

  나는 개에게 언제 먹이를 주는지 그에게 말했다.

- Alex found out **where to buy** the book.

  Alex는 그 책을 어디에서 사야 할지 알아냈다.

(1) 형태와 쓰임: 「의문사+to+동사원형」의 형태로 쓴다. 문장에서 주어, 목적어, 보어의 역할을 할 수 있으며, ask, tell, know, show, decide 등과 같은 동사의 목적어로 자주 쓰인다.

- **When to leave** is up to you. 〈주어〉 언제 떠날지는 너에게 달려 있다.
- I don't know **where to go**. 〈목적어〉 나는 어디로 가야 할지 모르겠다.
- The problem is **what to do** now. 〈보어〉 문제는 이제 무엇을 할지이다.

point

시험 포인트

문맥에 맞게 「의문사+to부정사」의 형태가 쓰이고, 적절한 의문사가 사용되었는지를 묻는 문제가 자주 출제돼요. 또한 「의문사 +to부정사」가 문장에서 어떤 역할을 하는지 구별할 수 있어야 해요.

(2) 종류와 의미   **주의!** 의문사 why는 to부정사와 함께 쓰지 않아요.

how+to부정사	어떻게 ~할지, ~하는 방법
when+to부정사	언제 ~할지
where+to부정사	어디에서(어디로) ~할지
what+to부정사	무엇을 ~할지

- Can you show me **how to make** a kite?

  너는 내게 연을 만드는 법을 보여 줄 수 있니?

- I don't know **when to take** the medicine. 나는 약을 언제 먹어야 할지 모른다.
- Tell me **where to take** the book. 그 책을 어디로 가져갈지 나에게 말해 줘.
- I haven't decided **what to buy**. 나는 무엇을 살지 결정하지 못했다.

(3) 「의문사+to부정사」는 「의문사+주어+should+동사원형」으로 바꿔 쓸 수 있다.

- Let me know **what to bring**. 무엇을 가져와야 하는지 내게 알려 줘.

  = Let me know **what I should bring**.

QUICK CHECK

1 다음 괄호 안에서 알맞은 것을 고르시오.

(1) I didn't know (when to tell / when telling) the truth.

(2) He decided (where / what) to put his new computer.

(3) I have a lot of homework. I don't know (how / what) to do first.

2 자연스러운 문장이 되도록 괄호 안의 말을 바르게 배열하시오.

(1) I learned _____. (how, a, ride, to, bike)

(2) Angela didn't tell _____. (us, to, when, arrive)

(3) Tommy _____ the empty bottles. (to, knows, put, where)

연습 문제

1 가정법 과거

A 다음 괄호 안에서 알맞은 것을 고르시오.

1 If I were you, I (would / will) not buy those pants.

2 If you (live / lived) here, I could see you every day.

3 If I (am / were) a bird, I would fly to the clouds.

4 If she (were / is) home, we could visit her.

5 If I had enough milk, I (could / could have) make some cookies for my little brother.

B 다음 가정법 과거 문장에서 어법상 <u>틀린</u> 부분을 찾아 바르게 고쳐 쓰시오.

1 If she has flying shoes, she could fly in the sky.   _____ → _____

2 If it were Sunday, we can go camping.   _____ → _____

3 If Robin were here, he could fixed the computer.   _____ → _____

4 If I have had a lot of money, I could buy the building.   _____ → _____

C 다음 우리말과 같도록 괄호 안의 말을 사용하여 문장을 완성하시오.

1 그녀가 학생이라면, 그녀는 할인을 받을 수 있을 텐데. (get a discount)
  → If she were a student, _____.

2 내게 100만 달러가 있다면, 나는 무인 자동차를 살 텐데. (a million dollars)
  → _____, I would buy a driverless car.

3 그가 내 주소를 안다면, 그는 내게 편지를 보낼 텐데. (send me a letter)
  → If he knew my address, _____.

D 다음 두 문장의 의미가 같도록 빈칸에 알맞은 말을 쓰시오.

1 As I am tired, I _____.
  → If I were not tired, I could go shopping with Emma.

2 As they don't have enough time, they won't go to Paris on vacation.
  → If they _____, they would go to Paris on vacation.

3 As she doesn't have a time machine, she can't go back in time.
  → If she had a time machine, she _____.

2 의문사+to부정사

A 다음 괄호 안에서 알맞은 것을 고르시오.

1 I haven't decided where (go / to go) during the vacation.

2 He taught me (how / that) to cook tomato spaghetti.

3 I need to meet Laura. Do you know (what / where) to find her?

4 Excuse me. Can you tell me (when / what) to board the plane?

5 Let's talk about (what / where) to do for African children in need.

B 다음 두 문장의 의미가 같도록 빈칸에 알맞은 말을 쓰시오.

1 I want to know when I should ask her the question.

→ I want to know _____ _____ _____ her the question.

2 Please tell me where to put this table.

→ Please tell me _____ _____ _____ _____ this table.

C 다음 우리말과 같도록 괄호 안의 말을 바르게 배열하여 문장을 완성하시오.

1 그는 이 도구를 사용하는 방법을 배웠다. (this, use, how, to, tool)

→ He learned _____.

2 나에게 사과를 어디에서 사야 할지 말해 줘. (buy, to, where, apples)

→ Please tell me _____.

3 그녀는 점심으로 무엇을 먹을지 이미 결정했다. (what, to, for lunch, eat)

→ She has already decided _____.

4 나는 언제 생일 케이크를 안으로 가져와야 하는지 모른다. (to, bring, when, the birthday cake)

→ I don't know _____ in.

D 다음 우리말과 같도록 괄호 안의 말을 사용하여 문장을 완성하시오.

1 그녀는 Tom에게 그 문제를 푸는 방법을 물었다. (to, the problem)

→ She asked Tom _____.

2 그는 나에게 오늘 무엇을 해야 하는지 말해 주었다. (to, today)

→ He told me _____.

3 나에게 언제 우회전을 해야 할지 알려 줘. (to, turn)

→ Let me know _____.

4 너는 이번 여름에 어디에서 머물지 정했니? (to, stay)

→ Have you decided _____?

[01-02] 다음 빈칸에 들어갈 말로 알맞은 것을 고르시오.

01 _____ my uncle were with me now, I would be happy.

① As   ② So   ③ If

④ When   ⑤ Unless

02 _____, I would tell you.

① If I know the answer

② If I knows the answer

③ If I knew the answer

④ If I will know the answer

⑤ If I has known the answer

03 다음 빈칸에 공통으로 들어갈 말로 알맞은 것은?

- Can you tell me _____ to use this camera?
- Do you know _____ to get there?

① why   ② how   ③ what

④ which   ⑤ where

04 다음 빈칸에 들어갈 have의 형태로 알맞은 것은?

If you _____ a better camera, you could take better photos.

① have   ② has   ③ had

④ to have   ⑤ having

신유형
05 다음 우리말을 영어로 옮길 때 여섯 번째로 오는 단어는?

너는 내게 어디로 가는지 말해 줄 수 있니?

① tell   ② me   ③ to

④ go   ⑤ where

06 다음 빈칸에 들어갈 말로 알맞지 <u>않은</u> 것을 <u>모두</u> 고르면?

If I were you, _____.

① I won't eat fast food

② I would tell the truth

③ I wouldn't lie to them

④ I will join the magic club

⑤ I would help the children in need

07 다음 빈칸에 들어갈 말로 알맞지 <u>않은</u> 것은?

I want to know _____.

① when to start

② how to play chess

③ why to do the project

④ what to buy for the party

⑤ where to go during the holidays

08 다음 우리말을 영어로 바르게 옮긴 것은?

만약 내가 아름다운 목소리를 가진다면, 나는 유명한 가수가 될 수 있을 텐데.

① If I have a beautiful voice, I could be a famous singer.

② If I had a beautiful voice, I can be a famous singer.

③ If I were a beautiful voice, I could be a famous singer.

④ If I had a beautiful voice, I am a famous singer.

⑤ If I had a beautiful voice, I could be a famous singer.

09 다음 두 문장의 의미가 같도록 어법상 **틀린** 부분을 찾아 바르게 고쳐 쓰시오.

> As I am busy, I can't have lunch with you.
> → If I were not busy, I can have lunch with you.

_____ → _____

[10-11] 다음 대화의 빈칸에 들어갈 말로 알맞은 것을 고르시오.

10 A: Do you know _____ this machine?
B: Yes. First, press the red button.

① how to use   ② what to use
③ where to use   ④ when to use
⑤ why to use

11 A: Tell me _____ at the grocery store.
B: You should buy some apples and onions.

① how to buy   ② what to buy
③ where to buy   ④ when to buy
⑤ that to buy

12 다음 두 문장의 의미가 같도록 할 때 빈칸에 알맞은 말이 순서대로 짝 지어진 것은?

> As Chris has the flu, he can't go to the museum.
> → If Chris _____ the flu, he _____ to the museum.

① had – couldn't go
② didn't have – can go
③ didn't have – could go
④ doesn't have – could go
⑤ doesn't have – couldn't go

13 다음 밑줄 친 부분 중 어법상 틀린 것은?

> ①If I were you, I ②will ③invite ④him ⑤to my birthday party.

①   ②   ③   ④   ⑤

14 신유형 다음 우리말을 영어로 옮길 때, 빈칸에 쓰이지 **않는** 것은?

> Steve는 언제 피아노를 치기 시작해야 하는지 알고 있다.
> → Steve knows _____ _____ _____ _____ the piano.

① to   ② when   ③ start
④ playing   ⑤ should

15 다음 중 어법상 틀린 문장은?

① If you lived here, we would be happy.
② We haven't decided what to buy for Paul.
③ If Nicole had the key, she could open this box.
④ Can you tell me how to do the volunteer work?
⑤ If I were Superman, I will save people in danger.

16 고난도 다음 두 문장의 의미가 같도록 should를 사용하여 빈칸에 알맞은 말을 쓰시오.

> She doesn't know when to take the medicine.
> = She doesn't know _____ _____ _____ _____ the medicine.

17 다음 빈칸에 알맞은 말이 순서대로 짝 지어진 것은?

I don't have much time. If I _____ enough time, I _____ hiking with you.

① have – went
② have – could go
③ had – went
④ had – could go
⑤ had – have gone

18 다음 단어들을 자연스러운 문장이 되도록 순서대로 배열할 때 네 번째로 오는 단어는?

haven't, where, we, stay, decided, to

① to
② stay
③ where
④ decided
⑤ haven't

19 다음 빈칸에 were가 들어갈 수 <u>없는</u> 것은?

① If I _____ younger, I would go abroad.
② If I _____ rich, I would travel in space.
③ If you _____ busy now, I'll stop by later.
④ If she _____ not busy, she could visit my family.
⑤ If the computer _____ cheaper, I would buy it.

20 다음 중 어법상 옳은 문장의 개수는?

• I want to know how to joining the singing club.
• We asked the girl where to take the subway.
• If I had more time, I would finish my homework.
• If Peter were not tired, he will come to the meeting.

① 0개
② 1개
③ 2개
④ 3개
⑤ 4개

21 다음 문장에 대한 설명으로 옳은 것은?

If I were an inventor, I would make a magic lamp.

① If절의 주어가 I이므로 동사 were를 쓸 수 없다.
② 현재 사실의 반대를 가정하는 문장이다.
③ would를 will로 고쳐야 한다.
④ I는 현재 발명가이다.
⑤ would를 생략할 수 있다.

22 다음 대화의 빈칸에 알맞은 말이 순서대로 짝 지어진 것은?

A: Mom, I'll cook the eggs. Please tell me _____ them.
B: Cook the eggs in the boiling water.
A: Okay. Let me know _____ the eggs.
B: Take out the eggs after 10 minutes.
A: I see. Thank you, Mom.

① what to cook – what to take out
② what to cook – where to take out
③ how to cook – when to take out
④ how to cook – where to take out
⑤ when to cook – where to take out

23 다음 밑줄 친 부분을 어법상 바르게 고친 것 중 옳지 <u>않은</u> 것은?

① Aron couldn't decide where to <u>traveling</u>. (→ travel)
② Let me know what <u>pack</u> for the trip. (→ to pack)
③ If it <u>is</u> sunny, I would go fishing. (→ be)
④ If I had time, I <u>will</u> drop you off at school. (→ would)
⑤ If I <u>am</u> a king, I would make my country more beautiful. (→ were)

24 다음 괄호 안의 말을 바르게 배열하여 문장을 완성한 후, 우리말로 해석하시오.

(1) Do you know (fix, how, this machine, to)?

→ Do you know _____?

→ 해석: _____

(2) Let's decide (where, in, to, New Zealand, go).

→ Let's decide _____.

→ 해석: _____

(3) I asked (do, the teacher, what, to) next.

→ I asked _____ next.

→ 해석: _____

고
난도
25 Ⓐ와 Ⓑ에서 알맞은 말을 하나씩 골라 [조건]에 맞게 한 문장으로 쓰시오.

Ⓐ
- If I (be) a super hero,
- If it (snow) a lot,
- If I (understand) French,

Ⓑ
- I (enjoy) the French movie.
- I (build) a big snowman.
- I (save) people and the world.

[조건]   1. Ⓐ와 Ⓑ의 말을 모두 한 번씩만 사용할 것

2. 가정법 과거의 문장으로 쓸 것

3. 괄호 안의 동사를 알맞은 형태로 고쳐 쓸 것

(1) _____

(2) _____

(3) _____

26 다음 [조건]에 맞게 우리말을 영작하시오.

[조건]   1. [보기]에서 알맞은 말을 골라 쓸 것

2. 중복해서 사용하지 말 것

[보기]   when   how   where   what   why
the boy   to   for   told   me   I
get off   get on   getting off   getting on

그 소년은 내게 언제 내려야 할지 말해 주었다.

→ _____

27 다음 두 문장의 의미가 같도록 빈칸에 알맞은 말을 쓰시오.

(1) As I don't have enough time, I can't eat breakfast.

→ If I _____,

I _____.

(2) As I am tired, I can't play tennis with my dad.

→ If _____,

I _____.

28 다음 우리말과 같도록 괄호 안의 말을 이용하여 문장을 쓰시오.

(1) 그는 기타 치는 법을 배웠다. (learn, to, play)

→ _____

(2) 내게 우주선이 있다면, 나는 화성으로 여행을 갈 텐데.

(if, a spaceship, travel, Mars)

→ _____

(3) 나는 이 상자를 어디에 놓아야 할지 모르겠다.

(know, to, put)

→ _____

쓰레기를 음악으로

From Trash to Music

01 기쁨의 눈물이 내 볼에 흘러내리고 있다.

01 Tears of joy are rolling down my cheeks.
현재진행형: be동사의 현재형 + 동사원형-ing

02 나는 정말 기쁘고 황홀하다.

02 I'm so happy and thrilled.

03 내가 새라면, 나는 날아오를 텐데.

03 If I were a bird, I would fly.
가정법 과거: If + 주어 + 동사의 과거형 ~, 주어 + 조동사의 과거형 + 동사원형 ....

04 나는 주위를 둘러본다.

04 I look around.

05 우리 오케스트라의 다른 단원들이 서로 껴안고 있다.

05 The other members in my orchestra are hugging one another.
수 일치

06 우리의 연주회가 이제 막 끝났고 모든 사람들이 일어서서 우리에게 큰 박수를 보내고 있다.

06 Our concert has just finished and everyone is standing and giving us a big hand.
has + 과거분사: 현재완료 (완료)   수 일치   is standing과 giving이 등위접속사 and에 의해 병렬 연결

07 우리 중 아무도 이런 날이 올 거라고 예상하지 못했다.

07 None of us ever expected that this day would come.
⒟ 아무도 ~ 않다   목적절을 이끄는 접속사

08 그것은 긴 여정이었다.

08 It has been a long journey.

09 내 이름은 Andrea이고 나는 Recycled Orchestra(재활용 오케스트라)의 바이올린 연주자이다.

09 My name is Andrea and I'm a violinist in the Recycled Orchestra.
⒨ 바이올린 연주자 (접미사 -ist: 행위자를 나타냄)

10 오케스트라가 왜 재활용 오케스트라로 불리냐고?

10 Why is it called the Recycled Orchestra?
의문사 + be동사 + 주어 + 과거분사 ~? (수동태 의문문)

11 그것은 우리의 악기들이 쓰레기 매립지에서 나온 물건들로 만들어져 있기 때문이다.

11 It's because our musical instruments are made of objects from a landfill.
It's because ~: 그것은 ~이기 때문이다   ⒟ ~에서, ~로부터

12 그것이 오케스트라가 Landfill Harmonic Orchestra로도 알려진 이유이다.

12 That's why it's also known as the Landfill Harmonic Orchestra.
That's why ~: 그것이 ~한 이유이다   of 뒤의 us와 수 일치

13 오케스트라의 우리들 대부분은 파라과이의 작은 마을인 카테우라 출신이다.

13 Most of us in the orchestra are from Cateura, a small town in Paraguay.
주어 (most of + 대명사)   복수 동사   동격

14 우리 마을에는 거대한 쓰레기 매립지가 있다.

14 There is a huge landfill in our town.
There is + 단수 명사: ~이 있다   목적절을 이끄는 접속사

15 몇몇 사람들은 심지어 카테우라 자체가 거대한 쓰레기 매립지라고 말한다.

15 Some people even say that Cateura itself is a giant landfill.
⒟ 심지어 (say 수식)   재귀대명사 (강조 용법 / Cateura를 지칭)

16 우리들 중 많은 이들이 가난하다.

16 Many of us are poor.

17 우리 마을에는 희망과 꿈이 많지 않았다.

17 There weren't many hopes and dreams in our town.
There were + 복수 명사: ~이 있었다   그러나 (앞 문장과 상반되는 내용 제시)

18 그러나 우리가 Favio Chávez 선생님을 만났을 때 모든 것이 바뀌기 시작했다.

18 Everything began to change, however, when we met Favio Chávez.
begin은 목적어로 to부정사와 동명사 모두 사용 가능   ~할 때 (시간의 접속사)
(begin-began-begun)

19 Favio 선생님은 환경 교육가이자 음악가였다.

19 Favio was an environmental educator and a musician.
⒨ 교육가 (접미사 -or, -ian: 행위자를 나타냄)

20 그는 우리에게 음악을 가르치고 싶어 했지만, 큰 문제가 있었다.

20 He wanted to teach us music, but there was a big problem.
동사 want는 목적어로 to부정사 사용

21 온 마을에 악기가 단지 몇 개뿐이었다.

21 There were only a few musical instruments in the whole town.
약간의, 몇 개의 (셀 수 있는 명사 앞에 사용)   ⒨ 전체의

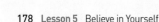

22 We couldn't afford to buy new ones.
앞의 musical instruments를 가리킴

22 우리는 새 악기를 살 형편이 안 되었다.

23 But Favio didn't give up.

23 그러나 Favio 선생님은 포기하지 않았다.

24 He said that we could make musical instruments with objects from the
목적절을 이끄는 접속사 ⌐ make A with B: B로 A를 만들다 ⌐

landfill.

24 그는 우리가 쓰레기 매립지에서 나온 물건들로 악기를 만들 수 있다고 말했다.

25 A talented man named Nicholas was able to put this idea into practice.
앞의 명사구 수식 | be able to: ~할 수 있다 | '쓰레기 매립지에서 나온 물건들로 악기를 만드는 것'을 가리킴 | put ~ into practice: ~을 실행에 옮기다

25 재주가 뛰어난 Nicholas 아저씨가 이 생각을 실행에 옮길 수 있었다.

26 He made violins from oil drums.

26 그는 기름통으로 바이올린을 만들었다.

27 He turned water pipes into flutes.
turn A into B: A를 B로 바꾸다

27 그는 수도관을 플루트로 바꾸었다.

28 We had another problem.
(형) 다른

28 우리는 또 다른 문제가 있었다.

29 No one knew how to play musical instruments.
how + to부정사: ~하는 방법, 어떻게 ~하는지

29 아무도 악기를 연주하는 법을 몰랐다.

30 We didn't even know how to read music.
how + to부정사: ~하는 방법, 어떻게 ~하는지

30 우리는 심지어 악보를 읽는 법도 알지 못했다.

31 Favio taught us with great patience.

31 Favio 선생님은 엄청난 인내심을 가지고 우리를 가르쳤다.

32 Step by step, we began to make some sounds on our instruments.
make sounds: 소리를 내다

32 점차로, 우리는 악기로 어떤 소리를 만들어 내기 시작했다.

33 I still remember the first piece of music that we played.
(부) 아직도, 여전히   선행사   목적격 관계대명사절 (that: 목적격 관계대명사)

33 나는 아직도 우리가 연주했던 첫 곡을 기억한다.

(부) 대부분, 주로, 일반적으로

34 It was very short and mostly out of tune.
앞 문장의 the first piece of music that we played를 가리킴

34 그 곡은 매우 짧고 대부분은 음이 맞지 않았다.

35 But it was the most beautiful music to us.
형용사 beautiful의 최상급

35 하지만 그것은 우리에게는 가장 아름다운 곡이었다.

36 We felt a new hope in our hearts.
heart (명) 마음

36 우리는 마음속에 새로운 희망을 느꼈다.

37 From then on, we gathered to practice every day.
to부정사의 부사적 용법 (목적: ~하기 위해)

37 그때부터, 우리는 매일 연습을 하기 위해 모였다.

38 One day, Favio told us some great news.
tell + 간접목적어(us) + 직접목적어(some great news) 〈4형식〉
= tell + 직접목적어 + to + 간접목적어 〈3형식〉

38 어느 날, Favio 선생님은 우리에게 엄청난 소식을 말해 주었다.

39 We were going to have a concert, a real concert!

39 우리는 공연을, 진짜 공연을 하게 될 것이었다!

40 And here we are now in front of hundreds of people.
수백의

40 그리고 우리는 지금 여기 수백 명의 사람들 앞에 있다.

41 They love our music.
앞 문장의 hundreds of people을 가리킴

41 그들은 우리의 음악을 사랑한다.

42 The world sends us trash, but we send back music!
send + 간접목적어(us) + 직접목적어(trash) 〈4형식〉
= send + 직접목적어 + to + 간접목적어 〈3형식〉

42 세상은 우리에게 쓰레기를 보내지만, 우리는 음악을 돌려보낸다!

우리말 뜻과 일치하도록 교과서 본문의 문장을 완성하시오.

중요 문장

01 Tears of joy _____ _____ _____ my cheeks.

02 I'm so _____ _____ _____ .

03 If _____ _____ a bird, I _____ _____ .

04 I _____ _____ .

05 The other members in my orchestra are hugging _____ _____ .

06 Our concert _____ _____ _____ and everyone is standing and giving us a big hand.

07 _____ _____ us ever expected that this day would come.

08 It has been a _____ _____ .

09 My name is Andrea and I'm _____ _____ in the Recycled Orchestra.

10 Why _____ _____ _____ the Recycled Orchestra?

11 It's because our musical instruments are made of objects _____ _____ _____ .

12 That's why it's also _____ _____ the Landfill Harmonic Orchestra.

13 _____ _____ _____ in the orchestra are from Cateura, a small town in Paraguay.

14 There is _____ _____ _____ in our town.

15 Some people even say that Cateura itself is _____ _____ _____ .

16 Many of us _____ _____ .

17 There weren't _____ _____ _____ _____ in our town.

18 Everything began to change, however, _____ _____ _____ Favio Chávez.

19 Favio was _____ _____ _____ and a musician.

20 He wanted to _____ _____ _____ , but there was a big problem.

21 There were only _____ _____ _____ _____ in the whole town.

01 기쁨의 눈물이 내 볼에 흘러내리고 있다.

02 나는 정말 기쁘고 황홀하다.

03 내가 새라면, 나는 날아오를 텐데.

04 나는 주위를 둘러본다.

05 우리 오케스트라의 다른 단원들이 서로 껴안고 있다.

06 우리의 연주회가 이제 막 끝났고 모든 사람들이 일어서서 우리에게 큰 박수를 보내고 있다.

07 우리 중 아무도 이런 날이 올 거라고 예상하지 못했다.

08 그것은 긴 여정이었다.

09 내 이름은 Andrea이고 나는 Recycled Orchestra(재활용 오케스트라)의 바이올린 연주자이다.

10 오케스트라가 왜 재활용 오케스트라로 불리냐고?

11 그것은 우리의 악기들이 쓰레기 매립지에서 나온 물건들로 만들어져 있기 때문이다.

12 그것이 오케스트라가 Landfill Harmonic Orchestra로도 알려진 이유이다.

13 오케스트라의 우리들 대부분은 파라과이의 작은 마을인 카테우라 출신이다.

14 우리 마을에는 거대한 쓰레기 매립지가 있다.

15 몇몇 사람들은 심지어 카테우라 자체가 거대한 쓰레기 매립지라고 말한다.

16 우리들 중 많은 이들이 가난하다.

17 우리 마을에는 희망과 꿈이 많지 않았다.

18 그러나 우리가 Favio Chávez 선생님을 만났을 때 모든 것이 바뀌기 시작했다.

19 Favio 선생님은 환경 교육가이자 음악가였다.

20 그는 우리에게 음악을 가르치고 싶어 했지만, 큰 문제가 있었다.

21 온 마을에 악기가 단지 몇 개뿐이었다.

22 We couldn't _____ _____ _____ new ones.

23 But Favio _____ _____ _____ .

24 He said that we could _____ _____ _____ with objects from the landfill.

25 A talented man named Nicholas was able to _____ _____ _____ _____ _____ .

26 He _____ _____ from oil drums.

27 He _____ water pipes _____ flutes.

28 We had _____ _____ .

29 No one knew _____ _____ _____ musical instruments.

30 We _____ _____ _____ how to read music.

31 Favio taught us _____ _____ _____ .

32 _____ _____ _____ , we began to make some sounds on our instruments.

33 I still remember the first piece of music _____ _____ _____ .

34 It was very short and _____ _____ _____ _____ .

35 But it was _____ _____ _____ _____ to us.

36 We felt a new hope _____ _____ _____ .

37 From then on, we _____ _____ _____ every day.

38 _____ _____ , Favio told us some great news.

39 We were going to _____ _____ _____ , a real concert!

40 And here we are now _____ _____ _____ hundreds of people.

41 _____ _____ our music.

42 The world sends us trash, but we _____ _____ _____ !

22 우리는 새 악기를 살 형편이 안 되었다.

23 그러나 Favio 선생님은 포기하지 않았다.

24 그는 우리가 쓰레기 매립지에서 나온 물건들로 악기를 만들 수 있다고 말했다.

25 재주가 뛰어난 Nicholas 아저씨가 이 생각을 실행에 옮길 수 있었다.

26 그는 기름통으로 바이올린을 만들었다.

27 그는 수도관을 플루트로 바꾸었다.

28 우리는 또 다른 문제가 있었다.

29 아무도 악기를 연주하는 법을 몰랐다.

30 우리는 심지어 악보를 읽는 법도 알지 못했다.

31 Favio 선생님은 엄청난 인내심을 가지고 우리를 가르쳤다.

32 점차로, 우리는 악기로 어떤 소리를 만들어 내기 시작했다.

33 나는 아직도 우리가 연주했던 첫 곡을 기억한다.

34 그 곡은 매우 짧고 대부분은 음이 맞지 않았다.

35 하지만 그것은 우리에게는 가장 아름다운 곡이었다.

36 우리는 마음속에 새로운 희망을 느꼈다.

37 그때부터, 우리는 매일 연습을 하기 위해 모였다.

38 어느 날, Favio 선생님은 우리에게 엄청난 소식을 말해 주었다.

39 우리는 공연을, 진짜 공연을 하게 될 것이었다!

40 그리고 우리는 지금 여기 수백 명의 사람들 앞에 있다.

41 그들은 우리의 음악을 사랑한다.

42 세상은 우리에게 쓰레기를 보내지만, 우리는 음악을 돌려보낸다!

바른 어휘·어법 고르기

글의 내용과 문장의 어법에 맞게 괄호 안에서 알맞은 어휘를 고르시오.

01 Tears of joy (is / are) rolling down my cheeks.

02 I'm so happy and (thrilling / thrilled).

03 If I (were / am) a bird, I would fly.

04 I (look / looks) around.

05 The other members in my orchestra (is / are) hugging one another.

06 Our concert has just finished and everyone is standing and (gave / giving) us a big hand.

07 None of us ever expected that this day would (come / came).

08 It (has been / were) a long journey.

09 My name is Andrea (and / but) I'm a violinist in the Recycled Orchestra.

10 Why is it (calling / called) the Recycled Orchestra?

11 It's (because of / because) our musical instruments are made of objects from a landfill.

12 That's why it's also (knew / known) as the Landfill Harmonic Orchestra.

13 Most of us in the orchestra (is / are) from Cateura, a small town in Paraguay.

14 There (is / are) a huge landfill in our town.

15 Some people even say that Cateura (itself / themselves) is a giant landfill.

16 (Many / Much) of us are poor.

17 There (were / weren't) many hopes and dreams in our town.

18 Everything began to change, however, (when / whom) we met Favio Chávez.

19 Favio was (an / a) environmental educator and a musician.

20 He wanted to teach (us music / music us), but there was a big problem.

21 There were only (a little / a few) musical instruments in the whole town.

22 We couldn't afford (buying / to buy) new ones.

23 But Favio (gave up / didn't give up).

24 He said that we could make musical instruments with objects (for / from) the landfill.

25 A talented man named Nicholas was able to put this idea (into / with) practice.

26 He (made / make) violins from oil drums.

27 He turned water pipes (from / into) flutes.

28 We had (other / another) problem.

29 No one knew (how to play / how playing) musical instruments.

30 We didn't even know (what / how) to read music.

31 Favio taught us with great (patience / patient).

32 Step by step, we began (to make / make) some sounds on our instruments.

33 I still remember the first piece of music (that / what) we played.

34 It was very short and (most / mostly) out of tune.

35 But it was the most beautiful music (to / of) us.

36 We felt a new hope in our (heart / hearts).

37 From then on, we gathered (practice / to practice) every day.

38 One day, Favio told (us some great news / some great news us).

39 We were going to (have / watch) a concert, a real concert!

40 And here we are now (in front of / behind) hundreds of people.

41 They (love / loves) our music.

42 The world sends us (trash / music), but we send back (trash / music)!

밑줄 친 부분이 내용이나 어법상 바르면 ○, 어색하면 ✕에 표시하고 고쳐 쓰시오.

01   Tears of joy <u>are rolling up</u> my cheeks.   ○ ✕

02   I'm so happy and <u>thrilling</u>.   ○ ✕

03   <u>As</u> I were a bird, I would fly.   ○ ✕

04   I <u>look around</u>.   ○ ✕

05   The other members in my orchestra are hugging <u>one another</u>.   ○ ✕

06   Our concert has just finished and everyone is standing and <u>giving a big hand us</u>.   ○ ✕

07   <u>None of us</u> ever expected that this day would come.   ○ ✕

08   It has been a <u>short</u> journey.   ○ ✕

09   My name is Andrea <u>and</u> I'm a violinist in the Recycled Orchestra.   ○ ✕

10   <u>How</u> is it called the Recycled Orchestra?   ○ ✕

11   It's because our musical instruments <u>make of</u> objects from a landfill.   ○ ✕

12   That's <u>what</u> it's also known as the Landfill Harmonic Orchestra.   ○ ✕

13   Most of us in the orchestra are <u>from</u> Cateura, a small town in Paraguay.   ○ ✕

14   <u>There are</u> a huge landfill in our town.   ○ ✕

15   Some people even say that Cateura <u>it</u> is a giant landfill.   ○ ✕

16   Many of us <u>is</u> poor.   ○ ✕

17   There weren't <u>much</u> hopes and dreams in our town.   ○ ✕

18   Everything <u>began to change</u>, however, when we met Favio Chávez.   ○ ✕

19   Favio was an <u>environment</u> educator and a musician.   ○ ✕

20   He wanted <u>teaching</u> us music, but there was a big problem.   ○ ✕

21   <u>There was</u> only a few musical instruments in the whole town.   ○ ✕

22 We could afford to buy new ones. ○ ✕

23 But Favio didn't give up. ○ ✕

24 He said that we could make musical instruments for objects from the landfill. ○ ✕

25 A talented man named Nicholas was able to put this idea into participation. ○ ✕

26 He made violins into oil drums. ○ ✕

27 He turned water pipes into flutes. ○ ✕

28 We had another problem. ○ ✕

29 No one knew how to playing musical instruments. ○ ✕

30 We didn't even know how reading music. ○ ✕

31 Favio taught us with great patience. ○ ✕

32 Step to step, we began to make some sounds on our instruments. ○ ✕

33 I still forget the first piece of music that we played. ○ ✕

34 It was very short and most out of tune. ○ ✕

35 But it was most beautiful music to us. ○ ✕

36 We felt a new hope in our hearts. ○ ✕

37 From then on, we gathered practice every day. ○ ✕

38 One day, Favio told some great news us. ○ ✕

39 We were going to have a concert, a real concert! ○ ✕

40 And here we are now in front of hundreds of people. ○ ✕

41 They don't love our music. ○ ✕

42 The world sends trash us, but we send back music! ○ ✕

주어진 단어를 바르게 배열하여 문장을 쓰시오.

01 기쁨의 눈물이 내 볼에 흘러내리고 있다. (rolling down / my cheeks / tears / are / of / joy)
→

02 나는 정말 기쁘고 황홀하다. (happy / so / thrilled / and / I'm)
→

03 내가 새라면, 나는 날아오를 텐데. (would / I / a bird, / I / if / were / fly)
→

04 나는 주위를 둘러본다. (look / I / around)
→

05 우리 오케스트라의 다른 단원들이 서로 껴안고 있다. (in my orchestra / one another / are / the other members / hugging)
→

06 우리의 연주회가 이제 막 끝났고 모든 사람들이 일어서서 우리에게 큰 박수를 보내고 있다.
(and / everyone / a big hand / has just finished / and / our concert / is standing / giving / us)
→

07 우리 중 아무도 이런 날이 올 거라고 예상하지 못했다. (that / would come / ever expected / none of us / this day)
→

08 그것은 긴 여정이었다. (has been / it / a long journey)
→

09 내 이름은 Andrea이고 나는 Recycled Orchestra(재활용 오케스트라)의 바이올린 연주자이다.
(and / a violinist / my name / Andrea / in the Recycled Orchestra / I'm / is)
→

10 그것이 왜 재활용 오케스트라로 불리냐고? (it / called / is / why / the Recycled Orchestra)
→

11 그것은 우리의 악기들이 쓰레기 매립지에서 나온 물건들로 만들어져 있기 때문이다.
(of objects / from a landfill / it's / our musical instruments / are made / because)
→

12 그것이 오케스트라가 Landfill Harmonic Orchestra로도 알려진 이유이다.
(known / why / that's / it's / the Landfill Harmonic Orchestra / also / as)
→

13 오케스트라의 우리들 대부분은 파라과이의 작은 마을인 카테우라 출신이다.
(in Paraguay / from Cateura, / a small town / most of us / in the orchestra / are)
→

14 우리 마을에는 거대한 쓰레기 매립지가 있다. (in our town / a huge landfill / is / there)
→

15 몇몇 사람들은 심지어 카테우라 자체가 거대한 쓰레기 매립지라고 말한다.
(is / even / say / Cateura / some people / itself / a giant landfill / that)
→

16 우리들 중 많은 이들이 가난하다. (poor / many of us / are)
→

17 우리 마을에는 희망과 꿈이 많지 않았다. (dreams / and / weren't / hopes / there / in our town / many)
→

18 그러나 우리가 Favio Chávez 선생님을 만났을 때 모든 것이 바뀌기 시작했다.
(however, / began / when / we / everything / met / Favio Chávez / to change,)
→

19 Favio 선생님은 환경 교육가이자 음악가였다. (was / Favio / a musician / and / an environmental educator)
→

20 그는 우리에게 음악을 가르치고 싶어 했지만, 큰 문제가 있었다. (there was / but / us / to teach / he / music, / wanted / a big problem)
→

21 온 마을에 악기가 단지 몇 개뿐이었다. (only / there were / a few / in the whole town / musical instruments)
→

22 우리는 새 악기를 살 형편이 안 되었다. (new ones / afford / couldn't / we / to buy)
→

23 그러나 Favio 선생님은 포기하지 않았다. (didn't / but / give up / Favio)
→

24 그는 우리가 쓰레기 매립지에서 나온 물건들로 악기를 만들 수 있다고 말했다.
(he / that / said / musical instruments / from the landfill / make / we / could / with objects)
→

25 재주가 뛰어난 Nicholas 아저씨가 이 생각을 실행에 옮길 수 있었다.
(named Nicholas / this idea / a talented man / into practice / was able / to put)
→

26 그는 기름통으로 바이올린을 만들었다. (made / he / oil drums / violins / from)
→

27 그는 수도관을 플루트로 바꾸었다. (water pipes / into / he / turned / flutes)
→

28 우리는 또 다른 문제가 있었다. (had / we / problem / another)
→

29 아무도 악기를 연주하는 법을 몰랐다. (how / no one / musical instruments / knew / to play)
→

30 우리는 심지어 악보를 읽는 법도 알지 못했다. (even / know / didn't / how / we / music / to read)
→

31 Favio 선생님은 엄청난 인내심을 가지고 우리를 가르쳤다. (taught / great patience / Favio / us / with)
→

32 점차로, 우리는 악기로 어떤 소리를 만들어 내기 시작했다.
(began / some sounds / step by step, / we / on our instruments / to make)
→

33 나는 아직도 우리가 연주했던 첫 곡을 기억한다. (of music / I / played / the first piece / that / we / still remember)
→

34 그것은 매우 짧고 대부분은 음이 맞지 않았다. (very short / out of tune / and / was / it / mostly)
→

35 하지만 그것은 우리에게는 가장 아름다운 곡이었다. (it / most beautiful music / but / was / to / us / the)
→

36 우리는 마음속에 새로운 희망을 느꼈다. (we / in our hearts / a new hope / felt)
→

37 그때부터, 우리는 매일 연습을 하기 위해 모였다. (to practice / from then on, / gathered / every day / we)
→

38 어느 날, Favio 선생님은 우리에게 엄청난 소식을 말해 주었다. (us / one day, / told / some great news / Favio)
→

39 우리는 공연을, 진짜 공연을 하게 될 것이었다! (were going / we / a real concert / to have / a concert,)
→

40 그리고 우리는 지금 여기 수백 명의 사람들 앞에 있다. (people / in front of / and / here we are now / hundreds of)
→

41 그들은 우리의 음악을 사랑한다. (music / love / they / our)
→

42 세상은 우리에게 쓰레기를 보내지만, 우리는 음악을 돌려보낸다! (trash, / we / sends / the world / us / but / send back / music)
→

[01-03] 다음 글을 읽고, 물음에 답하시오.

Tears of joy are rolling down my cheeks. I'm so ⓐ_____ . If I (A) am / were a bird, I would fly. I look around. The other members in my orchestra are hugging one another. Our concert has just finished and everyone is standing and (B) give / giving us a big hand. None of us ever expected that ⓑthis day would come. It has been a long journey.

01 윗글의 빈칸 ⓐ에 들어갈 말로 알맞은 것은?

① tired and down   ② worried and angry
③ sad and scared   ④ happy and thrilled
⑤ bored and sleepy

02 윗글의 (A)와 (B)에서 알맞은 것을 골라 쓰시오.

(A) _____   (B) _____

03 윗글의 밑줄 친 ⓑthis day가 가리키는 내용으로 알맞은 것은?

① 긴 여행을 함께 가는 날
② 처음으로 연주회에 초청받은 날
③ 유명한 오케스트라의 연주회를 관람하는 날
④ 많은 어려움을 이겨내고 오케스트라를 결성한 날
⑤ 연주회를 마치고 사람들에게서 큰 박수를 받는 날

[04-06] 다음 글을 읽고, 물음에 답하시오.

My name is Andrea and I'm a violinist in ①the Recycled Orchestra. Why is ②it called the Recycled Orchestra? ③It's because our musical instruments ⓐmake of objects from a landfill. That's why ④it's also known as ⑤the Landfill Harmonic Orchestra.

04 윗글의 밑줄 친 ①~⑤ 중 가리키는 것이 다른 하나는?

①   ②   ③   ④   ⑤

05 윗글의 밑줄 친 ⓐmake의 형태로 알맞은 것은?

① make   ② are made   ③ are making
④ will make   ⑤ have made

06 다음 영어 뜻풀이에 해당하는 단어를 윗글에서 찾아 쓰시오.

an area where waste is buried under the ground

→ _____

[07-09] 다음 글을 읽고, 물음에 답하시오.

Most of us in the orchestra are from Cateura, a small town in Paraguay. There is a huge landfill in our town. Some people even say that Cateura ⓐitself is a giant landfill. Many of us are poor. There weren't many hopes and dreams in our town. Everything began to change, _____ⓑ_____, when we met Favio Chávez.

고 신
난도 유형
07 윗글의 밑줄 친 ⓐitself와 같은 용법으로 쓰인 재귀대명사 끼리 짝 지어진 것은?

ⓐ We saw ourselves in the mirror.
ⓑ My father made this pizza himself.
ⓒ I myself saw the ghost last night.
ⓓ She asked herself, "What should I do?"

① ⓐ, ⓒ   ② ⓐ, ⓑ, ⓓ   ③ ⓑ, ⓒ
④ ⓑ, ⓓ   ⑤ ⓒ, ⓓ

08 윗글의 빈칸 ⓑ에 들어갈 말로 알맞은 것은?

① in short　　② however　　③ unfortunately

④ unluckily　　⑤ for example

09 윗글의 내용과 일치하지 <u>않는</u> 것은?

① 카테우라는 파라과이에 있다.

② 카테우라에는 쓰레기 매립지가 있다.

③ 카테우라의 많은 사람들이 가난하다.

④ 카테우라 마을 사람들은 가난하지만 항상 희망에 차 있었다.

⑤ Favio 선생님은 카테우라의 상황을 변화시켰다.

[10-14] 다음 글을 읽고, 물음에 답하시오.

Favio was an environmental educator and a musician. (①) He wanted to _____ⓐ_____, but there was a big problem. (②) There were only a few musical instruments in the whole town. We couldn't afford to buy new ⓑones. (③) He said that we could make musical instruments with objects from the landfill. (④) A talented man named Nicholas was able to put this idea _____ⓒ_____ practice. (⑤) He made violins from oil drums. He turned water pipes _____ⓓ_____ flutes.

10 윗글의 ①~⑤ 중 주어진 문장이 들어갈 알맞은 곳은?

> But Favio didn't give up.

①　　　②　　　③　　　④　　　⑤

11 윗글의 빈칸 ⓐ에 들어갈 말로 알맞은 것은?

① teach us music　　② teach music us

③ teach us to music　　④ teach music of us

⑤ teach to us music

12 윗글의 밑줄 친 ⓑones가 가리키는 것을 윗글에서 찾아 쓰시오.

→ _____

13 윗글의 빈칸 ⓒ와 ⓓ에 공통으로 들어갈 말로 알맞은 것은?

① of　　　　② for　　　　③ with

④ into　　　⑤ through

신유형

14 윗글을 읽고 바르게 이해하지 <u>못한</u> 사람은?

① 수지: Favio 선생님은 환경 교육가이자 음악가였구나.

② 태호: 마을에 악기는 많았는데 다 낡아서 쓸 수 없었구나.

③ 윤서: 마을 사람들은 새 악기를 살 형편이 안 되었구나.

④ 강민: 쓰레기 매립지의 물건들을 이용해서 악기를 만들 수도 있구나.

⑤ 준혁: Nicolas 아저씨는 기름통으로 바이올린을 만들 만큼 재주가 뛰어났구나.

[15-18] 다음 글을 읽고, 물음에 답하시오.

We had another problem. No one knew how to play musical instruments. We didn't even know how to read music.

(A) It was very short and mostly ①out of tune.

(B) Favio taught us ②with great patience.

(C) I still remember the first piece of music that we played.

(D) ③Step by step, we began to make some sounds on our instruments.

But it was the most beautiful music to us. We felt _____ⓐ_____ in our hearts. ④From then on, we gathered ⓑto practice every day. One day, Favio told us some great news. We were going to have a concert, a real concert!

And here we are now ⑤in front of hundreds of people. They love our music. The world sends us trash, but we send back music!

15 자연스러운 글이 되도록 윗글의 (A)~(D)를 바르게 배열한 것은?

① (A) – (B) – (C) – (D) ② (B) – (C) – (A) – (D)
③ (B) – (D) – (C) – (A) ④ (C) – (A) – (D) – (B)
⑤ (C) – (D) – (B) – (A)

16 윗글의 밑줄 친 ①~⑤의 우리말 뜻이 알맞지 <u>않은</u> 것은?

① 음이 맞지 않는   ② 엄청난 인내심을 가지고
③ 즉시   ④ 그때부터
⑤ ~ 앞에

17 윗글의 빈칸 ⓐ에 들어갈 말로 알맞은 것은?

① a new hope   ② a sudden pain
③ a deep sadness   ④ a sense of loss
⑤ a great disappointment

18 윗글의 밑줄 친 ⓑto practice와 쓰임이 같은 것은?

① They decided to leave early.
② Amy has no pen to write with.
③ His dream is to be a movie star.
④ I'm very happy to see you again.
⑤ Harry turned on the TV to watch the news.

[19-21] 다음 글을 읽고, 물음에 답하시오.

My name is Andrea and I'm a violinist in the Recycled Orchestra. Why is it (A) calling / called the Recycled Orchestra? It's because our musical instruments are made of ①objects from a landfill. That's why it's also ②known as the Landfill Harmonic Orchestra.

Most of us in the orchestra (B) is / are from Cateura, a small town in Paraguay. There (C) is / are a huge landfill in our town. Some people even say that Cateura itself is a ③giant landfill. Many of us are ④rich. There weren't many hopes and dreams in our town. Everything began to ⑤change, however, when we met Favio Chávez.

19 윗글의 (A)~(C)에서 어법상 알맞은 말이 바르게 짝 지어진 것은?

　　　(A)　　(B)　(C)
① called – is – is
② calling – are – is
③ called – are – is
④ calling – is – are
⑤ called – are – are

20 윗글의 밑줄 친 ①~⑤ 중 흐름상 어색한 것은?

①   ②   ③   ④   ⑤

21 윗글을 읽고 Andrea에 대해 알 수 있는 것을 <u>모두</u> 고르면?

① 연주하는 악기
② 장래 희망
③ 국적과 사는 마을
④ 악기를 연주한 기간
⑤ Favio Chávez 선생님을 만난 때

[22-23] 다음 글을 읽고, 물음에 답하시오.

Favio was an environmental educator and a musician. He wanted to teach us music, but there was ⓐa big problem. There were only a few musical instruments in the whole town. We couldn't afford to buy new ones. But Favio didn't give up. He said that we could make musical instruments with objects from the landfill. ⓑNicholas라는 이름의 재주가 뛰어난 남자가 이 생각을 실행에 옮길 수 있었다. He made violins from oil drums. He turned water pipes into flutes.

22 윗글의 밑줄 친 ⓐa big problem이 의미하는 것을 우리말로 쓰시오.

→ _____

23 윗글의 밑줄 친 ⓑ의 우리말과 같도록 [조건]에 맞게 쓰시오.

> [조건]　1. 주어진 단어들을 바르게 배열할 것
> 　　　　2. 대소문자를 구별하고 문장 부호를 정확히 쓸 것

> was, this idea, a talented man, practice, named, able, put, Nicholas, into, to

→ _____
_____

24 다음 글을 읽고, 주어진 질문에 완전한 영어 문장으로 답하시오.

> My name is Andrea and I'm a violinist in the Recycled Orchestra. Why is it called the Recycled Orchestra? It's because our musical instruments are made of objects from a landfill. That's why it's also known as the Landfill Harmonic Orchestra.

(1) Which instrument does Andrea play in the orchestra?
→ _____

(2) What are their musical instruments made of?
→ _____

[25-27] 다음 글을 읽고, 물음에 답하시오.

We had another problem. No one knew how to playing musical instruments. We didn't even know how to read music. Favio taught us with great patience. Step by step, we began to make some sounds on our instruments. I still remember the first piece of music that we played. ⓐIt was very short and mostly out of tune. But it was the most beautiful music to us. We felt a new hope in our hearts. From then on, we gathered to practice every day. One day, Favio told to us some great news. We were going to have a concert, a real concert!

25 윗글의 밑줄 친 ⓐIt이 가리키는 것을 윗글에서 찾아 8단어로 쓰시오.

→ _____

26 고난도 윗글에서 어법상 틀린 문장을 두 개 찾아 바르게 고쳐 쓰시오.

(1) _____
_____

(2) _____
_____

27 고난도 윗글의 내용과 일치하도록 Favio 선생님과 아이들의 대화를 완성하시오.

> A(Favio): Hello, everyone! I have some great news to tell you.
> B: What is it?
> A: _____
> C: Really? I can't believe it!

STEP
A

After You Read_B

Reporter: Congratulations! ❶ How do you feel now?

Andrea: I feel ❷ thrilled. We just performed our first concert.

Reporter: ❸ Why is the orchestra called the Recycled Orchestra?

Andrea: ❹ That's because our musical instruments ❺ are made of objects from a landfill.

Reporter: That's amazing.

Andrea: Yeah. None of us knew ❻ how to play musical instruments, but Favio taught us ❼ with great patience.

Reporter: That is a wonderful story.

기자: 축하합니다! 지금 기분이 어때요?

Andrea: 황홀해요. 우리는 막 우리의 첫 연주회를 했어요.

기자: 왜 오케스트라가 재활용 오케스트라로 불리나요?

Andrea: 그건 우리의 악기가 쓰레기 매립지에서 나온 물건들로 만들어져 있기 때문이에요.

기자: 놀랍네요.

Andrea: 네. 우리 중 누구도 악기를 연주하는 법을 알지 못했지 만, Favio 선생님께서 엄청난 인내심으로 우리를 가르 치셨어요.

기자: 멋진 이야기네요.

❶ 기분이 어떤지 묻는 표현　　　　　❷ 주어인 I가 감정을 느끼는 주체이므로 과거분사 형태의 형용사 thrilled가 사용됨

❸ 「의문사(Why)+be동사(is)+주어(the orchestra)+과거분사(called) ~?」 형태의 의문사와 수동태가 포함된 의문문

❹ That's because ~.: 그것은 ~이기 때문이다. (이유를 나타낼 때 사용)　　　　❺ be made of: ~로 만들어지다

❻ how+to부정사: ~하는 방법, 어떻게 ~할지　　　　❼ 엄청난 인내심으로, 엄청난 인내심을 가지고

Think and Write_Step 2

Dear Admiral Yi Sun-sin,

I'm Sumin. I really respect you ❶ because you never ❷ gave up in difficult situations. You ❸ saved the country and the people. ❹ It was amazing that you won the battle with only 12 ships. ❺ If I had a time machine, I would go to meet you! ❻ I'd like to ❼ ask you how to make geobukseon. You're my hero. Thank you.

Sincerely yours,
Sumin

이순신 장군님께,

저는 수민이에요. 저는 장군님이 어려운 상황에서 결코 포기하 지 않았기 때문에 장군님을 정말 존경해요. 장군님은 나라와 국민 을 구했어요. 단지 12척의 배로 전투에서 이긴 것은 놀라웠어요. 제게 타임머신이 있다면, 저는 장군님을 만나러 갈 텐데요! 저는 장군님께 거북선을 어떻게 만드는지 묻고 싶어요. 장군님은 제 영 웅이에요. 감사합니다.

존경을 담아,
수민이가

❶ ~이기 때문에 (이유를 나타내는 접속사)　　　　❷ give up: 포기하다　　　　❸ save 동 구하다

❹ It은 가주어, that이 이끄는 절(that you won the battle with only 12 ships)이 진주어

❺ 가정법 과거: 「If+주어(I)+동사의 과거형(had) ~, 주어(I)+조동사의 과거형(would)+동사원형(go) ....」

❻ I'd like to+동사원형 ~.: 나는 ~하고 싶다.

❼ 「ask+간접목적어+직접목적어」의 형태로, how to make geobukseon(how+to부정사)이 직접목적어로 쓰임

Project_Step 3

This is a bottle shaker. ❶ To make it, you need a bottle and buttons. ❷ Clean the bottle and put the buttons in the bottle. ❸ Close the bottle and decorate it. You can also put different things ❹ like rice or sand in it. Different items make different sounds. Listen to my group's bottle shaker.

이것은 병 셰이커야. 이것을 만들기 위해서는 병과 단추들이 필 요해. 병을 깨끗이 하고 병 안에 단추들을 넣어. 병을 막고 장식 해. 병 속에 쌀이나 모래처럼 다른 것들을 넣을 수도 있어. 다른 물건들은 다른 소리를 만들어. 우리 모둠의 병 셰이커 소리를 들 어 봐.

❶ 목적(~하기 위해서)을 나타내는 to부정사의 부사적 용법　　　　❷, ❸ 동사원형으로 시작하는 명령문　　　　❹ 전 ~처럼, ~ 같은

실전 TEST

[01-03] 다음 글을 읽고, 물음에 답하시오.

Reporter: Congratulations! _____ ⓐ _____

Andrea: I feel ①thrilled. We just performed our first concert.

Reporter: Why is the orchestra ②calls the Recycled Orchestra?

Andrea: That's ③why our musical instruments are made of objects from a landfill.

Reporter: That's ④amazing.

Andrea: Yeah. None of us knew ⑤how to play musical instruments, but Favio taught us with great patience.

Reporter: That is a wonderful story.

01 윗글의 빈칸 ⓐ에 들어갈 말로 알맞은 것은?

① Why do you like it?

② How have you been?

③ How do you feel now?

④ What can I do for you?

⑤ What do you want me to do?

02 윗글의 밑줄 친 ①~⑤ 중 틀린 것의 개수는?

① 1개   ② 2개   ③ 3개

④ 4개   ⑤ 5개

03 윗글의 내용과 일치하지 않는 것은?

① Andrea는 첫 연주회 시작 전에 인터뷰를 하고 있다.

② Andrea의 오케스트라는 재활용 오케스트라로 불린다.

③ Andrea의 오케스트라가 사용하는 악기는 쓰레기 매립지에서 나온 물건들로 만들어졌다.

④ Andrea의 오케스트라 단원들은 악기 연주하는 법을 알지 못했다.

⑤ Favio 선생님은 오케스트라 단원들을 인내심을 가지고 가르쳤다.

[04-05] 다음 글을 읽고, 물음에 답하시오.

Dear Admiral Yi Sun-sin,

I'm Sumin. I really respect you because you never gave up in difficult situations. You ⓐsaved the country and the people. ⓑThis was amazing that you won the battle with only 12 ships. (A)제게 타임머신이 있다면, 저는 당신을 만나러 갈 텐데요! I'd like to ask you ⓒhow to make geobukseon. You're my hero. Thank you.

Sincerely yours,

Sumin

04 윗글을 읽고 바르게 이해하지 못한 사람은?

① 소민: 이 글은 편지글 형식이야.

② 찬영: 수민이가 이순신 장군님을 존경하는 이유는 장군님이 어려운 상황에서 결코 포기하지 않아서구나.

③ 아인: ⓐ의 saved는 '절약했다'라는 의미로 쓰였어.

④ 소윤: that절이 진주어이므로 ⓑ는 가주어 It으로 고쳐야 해.

⑤ 보람: ⓒ는 '거북선을 만드는 방법'이라는 의미야.

서술형

05 윗글의 밑줄 친 (A)의 우리말을 영작하시오.

→ _____

06 다음 글의 주제로 알맞은 것은?

This is a bottle shaker. To make it, you need a bottle and buttons. Clean the bottle and put the buttons in the bottle. Close the bottle and decorate it. You can also put different things like rice or sand in it. Different items make different sounds. Listen to my group's bottle shaker.

① how to make a bottle shaker

② why we should recycle bottles

③ unique artworks using bottles

④ different kinds of bottle shakers

⑤ the ways to decorate a bottle shaker

Words

고득점 맞기

01 다음 짝 지어진 두 단어의 관계가 [보기]와 같은 것은?

[보기]   joy – pleasure

① most – mostly
② huge – giant
③ cheer – cheerful
④ patience – patient
⑤ surprised – surprising

02 다음 영어 뜻풀이의 빈칸에 들어갈 말로 알맞은 것은?

landfill: an area where _____ is buried under
the ground

① soil   ② waste   ③ a town
④ a stick   ⑤ treasure

03 다음 빈칸에 들어갈 말로 알맞은 것은?

Sumi doesn't like to stay at home on Sundays.
She _____ goes out and plays on Sundays.

① hardly   ② exactly   ③ mostly
④ politely   ⑤ friendly

[04-05] 다음 빈칸에 공통으로 들어갈 말을 한 단어로 쓰시오.

04
• We should _____ the animals in danger.
• You'll _____ about two hours if you go this
  way.
• I plan to _____ my allowance to buy a new
  smartphone.

→ _____

05
• This _____ of music has a powerful cello
  sound.
• I'm going to have another _____ of cake.

→ _____

06 고난도 다음 중 밑줄 친 부분의 쓰임이 알맞지 <u>않은</u> 것은?

① Let's <u>give this great scientist a big hand</u>.
② Kevin <u>took care of</u> his sick brother after school.
③ <u>Turn off</u> the light when you leave the room.
④ <u>Step by step</u>, our band began to make some
  beautiful sound.
⑤ Luckily, Rachel <u>was afford to</u> attend the meeting
  on time.

07 괄호 안의 우리말과 같도록 빈칸에 알맞은 말을 쓰시오.

Monica is poor at singing. Her singing is always
_____ _____ _____.
(Monica는 노래를 잘하지 못한다. 그녀의 노래는 항상 음이
맞지 않는다.)

08 고난도 신유형 다음 빈칸에 들어가지 <u>않는</u> 단어는?

• Anne Sullivan was a great _____.
• Our club members _____ Kelly as our
  club president.
• We used tapes to _____ the birthday
  balloons on the wall.
• My classmates _____ to clean the park
  last Sunday.

① stick   ② educator   ③ respect
④ gathered   ⑤ expect

09 다음 단어의 영어 뜻풀이로 알맞지 <u>않은</u> 것은?

① afford: to be able to pay for something
② cheek: either side of the face below the eyes
③ drone: an aircraft without a pilot that is controlled by someone on the ground
④ practice: the ability to stay calm and accept a delay or suffering without complaining
⑤ environmental: related to the natural conditions in which people, animals and plants live

10 다음 대화의 빈칸에 들어갈 말로 알맞은 것은?

A: Brian was absent from school today. Do you know why?
B: Yes. He _____ his back while he was carrying a heavy box.
A: Oh, I'm sorry to hear that.

① hurt   ② cheered   ③ afforded
④ practiced   ⑤ appeared

11 다음 빈칸에 들어갈 말을 [보기]에서 골라 쓰시오.

[보기] bored   boring   excited   exciting
worried   surprised   surprising

(1) I was really _____ when someone knocked loudly on the door.
(2) His speech was so _____ that I almost fell asleep.
(3) I'm going to the amusement park this weekend. I'm going to ride on the new roller coaster, so I'm _____.
(4) My brother broke his arm, and I'm _____ about him.

12 다음 짝 지어진 두 단어의 관계가 같도록 빈칸에 알맞은 단어를 쓰시오.

(1) create : creator = educate : _____
(2) agree : agreement = perform : _____
(3) joy : joyful = environment : _____

13 다음 빈칸에 들어갈 말이 순서대로 짝 지어진 것은?

• I will help you put your plan _____ practice.
• Andy told a lie again. _____ then on, we haven't trusted him any more.
• More than 200 students will take part _____ the marathon.

① on – For – at
② on – From – in
③ on – For – in
④ into – From – at
⑤ into – From – in

고_{난도} 신_{유형}

14 다음 영어 뜻이에 해당하는 단어가 쓰인 문장은?

a group of musicians playing many different kinds of musical instruments

① Listen carefully to this piece of music.
② My sister plays the flute in the school orchestra.
③ Did you see the tears of joy when Giho scored the winning goal?
④ After the team won the gold medals, the city had a parade for them.
⑤ My club members go to a children's hospital for volunteer work every month.

우리말과 일치하도록 대화를 바르게 영작하시오.

1 Listen and Speak 1-A

교과서 86쪽

B: _____

G: _____

B: _____

G: _____

B: 얘, 보라야. 우리 록 밴드에 온 걸 환영해.

G: 고마워. 나는 공연에서 너희들과 함께 연주하는 게 기대돼.

B: 우리는 새로운 기타 연주자가 생겨서 신이나.

G: 잘됐다. 금요일에 봐.

2 Listen and Speak 1-B

교과서 86쪽

G: _____

B: _____

G: _____

B: _____

G: _____

B: _____

G: _____

B: _____

G: _____

G: 지호야, 너는 뭘 읽고 있니?

B: 나는 Jim Abbott이라는 이름의 야구 선수에 관한 책을 읽고 있어.

G: 아, 오른손이 없이 태어난 그 사람?

B: 맞아. 그는 정말 열심히 노력해서 최우수 선수 상까지 받았어.

G: 그래. 그의 이야기가 영화로 만들어졌어. 나는 이번 주 토요일에 그 영화를 볼 거야.

B: 정말? 제목이 뭐니?

G: "우리의 영웅"이야. 나는 그 영화를 보는 게 정말 기대돼.

B: 나도 너와 함께 해도 될까?

G: 물론이지. 토요일에 봐.

3 Listen and Speak 1-C

교과서 86쪽

A: _____

B: _____

A: _____

B: _____

A: 너는 오늘 행복해 보여. 무슨 일이니?

B: 나는 매우 신이 나. 나는 제주도로 여행을 갈 거야.

A: 그거 좋겠다!

B: 응, 나는 말을 타는 게 정말 기대돼.

4 Listen and Speak 2-A

교과서 87쪽

G: _____

B: _____

G: _____

B: _____

G: _____

G: 민호야, 너는 수학 숙제를 끝냈니?

B: 아직 못 끝냈어. 수학은 어려워.

G: 맞아, 그렇지만 재미있기도 해.

B: 그럼 네가 내 수학 숙제를 좀 도와줄래?

G: 그러고 싶지만, 안 되겠어. 나는 내 남동생을 돌봐야 해.

5 Listen and Speak 2-B

교과서 87쪽

G: _____

B: _____

G: _____

B: _____

G: _____

B: _____

G: _____

B: _____

해석

G: Alex, 나는 다음 주 월요일에 노래 대회에 참가할 거야.

B: 대단하다, 수민아!

G: 너는 기타를 치는 법을 알지, 그렇지?

B: 응, 나는 3년 동안 기타를 쳤어.

G: 잘됐다. 내가 대회에서 노래하는 동안 기타를 쳐 줄 수 있니?

B: 그러고 싶지만, 안 돼. 나는 어제 체육 수업 중에 손을 다쳤어.

G: 오! 그 말을 들어 유감이야.

B: 고마워. 하지만 너를 응원하러 거기에 갈게.

6 Listen and Speak 2-C

교과서 87쪽

A: _____

B: _____

A: _____

B: _____

A: 너는 오늘 오후에 무엇을 할 거니?

B: 나는 자전거를 탈 거야. 나와 함께 탈래?

A: 그러고 싶지만, 안 돼. 나는 숙제를 해야 해.

B: 알겠어, 그럼 다음에 같이 타자.

7 Real Life Talk > Watch a Video

교과서 88쪽

Linda: _____

Tony: _____

Linda: _____

Tony: _____

Linda: _____

Tony: _____

Linda: _____

Tony: _____

Linda: _____

Tony: _____

Linda: 안녕, Tony! 너는 이번 주말에 무엇을 할 거니?

Tony: 나는 뮤지컬 "빌리 엘리어트"를 볼 거야.

Linda: "빌리 엘리어트"? 무슨 내용이니?

Tony: 그건 유명한 무용수가 된 한 소년에 관한 거야. 나는 그 뮤지컬을 보는 게 기대돼.

Linda: 재미있겠다. 주연 배우가 누구니?

Tony: Jason Kim이야. 그는 훌륭한 무용수야.

Linda: 그는 내가 가장 좋아하는 배우야. 나는 작년에 그의 뮤지컬을 봤어.

Tony: 오, 정말? 나와 함께 가고 싶니?

Linda: 그러고 싶지만, 안 돼. 나는 이번 주말에 자원봉사 활동이 있어.

Tony: 알겠어. 다음에 같이 가자!

STEP B

01 다음 대화의 빈칸에 들어갈 말로 알맞은 것을 <u>모두</u> 고르면?

> A: I'm going to visit the museum after school.
> Do you want to join me?
> B: _____ I have to do my homework.

① Why not? ② I'm afraid I can't.

③ Of course. ④ That sounds great.

⑤ I'd love to, but I can't.

[02-03] 다음 대화를 읽고, 물음에 답하시오.

> A: Jiho, what are you reading?
> B: I'm reading a book about a baseball player named Jim Abbott.
> A: Oh, the man who was born without a right hand?
> B: That's right. He tried really hard and even won the MVP award.
> A: Yeah. His story ⓐ(make) into a movie. I'm going to watch it this Saturday.
> B: Really? What's the title?
> A: *Our Hero*. I'm really looking forward to ⓑ(watch) it.
> B: Can I join you, Ann?
> A: Sure. See you on Saturday.

02 짝 지어진 대화 중 위 대화의 내용과 일치하지 <u>않는</u> 것은?

① A: What is Jiho reading?
  B: He is reading a book about Jim Abbott.
② A: Is Jim Abbott a baseball player?
  B: Yes, he is.
③ A: Was Jim Abbott born without his right hand?
  B: No, he lost it because of an accident.
④ A: What is the title of the movie about Jim Abbott?
  B: It's *Our Hero*.
⑤ A: What is Jiho going to do this Saturday?
  B: He's going to watch a movie with Ann.

03 위 대화의 ⓐ와 ⓑ의 동사를 알맞은 형태로 각각 쓰시오.

ⓐ _____ ⓑ _____

[04-06] 다음 대화를 읽고, 물음에 답하시오.

> A: Alex, I'm going to take part in a singing contest next Monday.
> B: ①That's great, Sumin!
> A: You know how to play the guitar, right?
> B: Yes, ②I've played the guitar for 3 years.
> A: Great. Can you play the guitar _____ⓐ_____ I sing in the contest?
> B: ③I'd love to, but I can't. I hurt my hand in gym class yesterday.
> A: Oh! ④I'm happy to hear that.
> B: Thanks. ⑤But I'll be there to cheer for you.

04 위 대화의 밑줄 친 ①~⑤ 중 흐름상 어색한 것은?

① ② ③ ④ ⑤

05 위 대화의 빈칸 ⓐ에 들어갈 말로 가장 알맞은 것은?

① since ② while ③ unless

④ though ⑤ even if

06 위 대화의 내용과 일치하는 것을 <u>모두</u> 고르면?

① 수민이는 다음 주 월요일에 노래 대회에서 노래를 부를 것이다.
② Alex는 기타 치는 법을 모른다.
③ Alex는 어제 체육 시간에 다리를 다쳤다.
④ Alex는 수민이의 요청을 수락했다.
⑤ Alex는 수민이를 응원하러 갈 것이다.

서술형

07 다음 대화의 빈칸에 알맞은 말을 [보기]에서 골라 쓰시오.

A: Minho, did you finish the math homework?

B: (1) _____ Math is difficult.

A: Yes, but it's interesting, too.

B: Then can you help me with my math homework?

A: (2) _____ I have to take care of my brother.

[보기] • Not yet.   • Sounds great.
        • Don't worry.   • Yes, I'd love to.
        • No, you can't.   • I'd love to, but I can't.
        • Sure, I've already done it.

[08-09] 다음 대화를 읽고, 물음에 답하시오.

Linda: Hi, Tony! What are you going to do this weekend?

Tony: I'm going to watch the musical, *Billy Elliot*.

Linda: *Billy Elliot*? What is it about?

Tony: It's about a boy which became a famous dancer. I'm looking forward to watching it.

Linda: Sounds interesting. Who is the main actor?

Tony: Jason Kim. He's a great dancer.

Linda: He's my favorite actor. I watched his musical last year.

Tony: Oh, really? Do you want to join me?

Linda: I'd love to, but I can't. I have volunteer work this weekend.

Tony: Okay. Maybe next time!

08 위 대화에서 어법상 틀린 부분이 있는 문장을 찾아 문장을 바르게 고쳐 쓰시오.

→ _____

09 위 대화의 내용과 일치하도록 다음 글을 완성하시오.

Tony is going to watch the _____, *Billy Elliot*, _____. The main actor in *Billy Elliot* is Jason Kim. He is Linda's _____. Linda can't join Tony because she _____.

10 다음 대화의 밑줄 친 우리말과 같도록 괄호 안의 말을 사용하여 영작하시오.

A: Welcome to our rock band.

B: Thanks. I'm looking forward to playing in a concert with you.

A: 우리는 새로운 기타 연주자가 생겨서 신이 나.

B: Great. See you on Friday.

→ _____

(excited, have, player)

11 다음 표를 보고, 내용에 맞게 대화를 완성하시오.

	What to do	Time
James	play a water balloon game	10:30
Mina	have the longest hot dog	10:30

A: Wow! Look at the festival! What are you going to do first, James?

B: (1) _____ at 10:30. I'm really looking forward (2) _____.

A: Sounds fun.

B: Do you want to join me, Mina?

A: I'm afraid I can't. (3) _____ at that time.

01 다음 대화의 빈칸에 들어갈 말로 알맞은 것은?

> A: Please tell me _____
>
> the balloons for the party.
>
> B: Stick them on the door.

① what to do   ② when to buy

③ how to make   ④ why to blow up

⑤ where to stick

02 다음 대화의 빈칸에 공통으로 들어갈 말로 알맞은 것은?

> A: What _____ you do if you were a millionaire?
>
> B: I _____ build a hospital in Africa.

① do   ② did   ③ will

④ can   ⑤ would

03 다음 빈칸에 알맞은 말이 순서대로 짝 지어진 것은?

> • If she _____ the exam, her life will change a lot.
>
> • If I _____ a laptop, I would not go to the library.

① fail – had   ② fails – had

③ failed – had   ④ fails – have

⑤ failed – have

04 다음 문장의 밑줄 친 ①~⑤ 중 어법상 틀린 것은?

> ①I ②don't know ③what ④eating ⑤for lunch.

05 다음 우리말을 영어로 옮길 때, 빈칸에 들어갈 말이 알맞지 않은 것은?

> 그는 내게 음표를 읽는 방법을 설명해 주었다.
>
> → He explained ___①___ ___②___ ___③___
>
> ___④___ ___⑤___ a note.

① to   ② me   ③ when

④ to   ⑤ read

06 다음 밑줄 친 부분을 어법상 바르게 고친 것 중 틀린 것은?

> • The driver asked me where ①stop.
>
> • If I ②am you, I would not throw away the empty bottles.
>
> • Could you show me ③what to use this app?
>
> • If she ④know my address, she would write me a letter.
>
> • If Austin were taller, he ⑤can reach the top shelf.

① to stop   ② were   ③ how

④ knows   ⑤ could

07 다음 우리말을 영어로 잘못 옮긴 것을 모두 고르면?

> ① 우리는 먼저 무엇을 해야 하는지 모른다.
>
> → We don't know what we should do first.
>
> ② 나는 그에게 언제 기계를 켤지 물었다.
>
> → I asked him when to turn on the machine.
>
> ③ Steve는 체스를 두는 방법을 알고 싶어 한다.
>
> → Steve wants to know how to play chess.
>
> ④ 너는 벼룩시장에서 무엇을 팔지 결정했니?
>
> → Have you decided what to sold at the flea market?
>
> ⑤ 너는 나에게 표를 어디서 사야 할지 말해 줄 수 있니?
>
> → Can you tell me where to buying the ticket?

08 다음 중 어법상 <u>틀린</u> 것끼리 짝 지어진 것은?

> ⓐ If someone knew your secret, you would be upset.
> ⓑ I'd like to tell you why to help people in need.
> ⓒ He didn't know what to say next.
> ⓓ If I had a time machine, I will go back in time and meet King Sejong.

① ⓐ, ⓑ   ② ⓑ, ⓒ   ③ ⓑ, ⓓ
④ ⓑ, ⓒ, ⓓ   ⑤ ⓒ, ⓓ

09 다음 문장을 가정법 과거 문장으로 바르게 바꾼 것은?

> As I don't have a flying carpet, I can't travel all over the world.

① If I have a flying carpet, I can't travel all over the world.
② If I had a flying carpet, I could travel all over the world.
③ I had a flying carpet, I could travel all over the world.
④ If I had a flying carpet, I couldn't travel all over the world.
⑤ Unless I have a flying carpet, I can travel all over the world.

10 다음 대화의 밑줄 친 ①~⑤ 중 어법상 <u>틀린</u> 것은?

> A: I'm hungry now.
> B: ①<u>Me, too.</u> I want ②<u>to eat</u> tomato spaghetti.
> A: Do you know ③<u>how to cook</u> tomato spaghetti?
> B: No, I don't. If I were a good cook, I ④<u>can make</u> delicious tomato spaghetti.
> A: We ⑤<u>can find</u> the recipe on the Internet.
> B: You're right. Let's find it on the Internet right now.

11 다음 대화의 빈칸 ⓐ~ⓒ에 알맞은 말이 순서대로 짝 지어진 것은?

> A: I haven't decided ____ⓐ____ for Mary's birthday. How about you?
> B: I'm going to buy her a smartphone case.
> A: That's a good idea.
> B: But I don't know ____ⓑ____ to buy one.
> A: There is a good shop in the Great Shopping Mall.
> B: Really? Can you tell me ____ⓒ____ there?
> A: Well, why don't we go together? I'd like to look around the mall as well.
> B: Okay.

① what to buy – when to go – how to get
② where to buy – when to go – what to get
③ what to buy – where to go – how to get
④ where to buy – when to go – what to get
⑤ what to buy – where to go – when to get

12 다음 각 문장에 대한 설명으로 알맞지 <u>않은</u> 것은?

① Please tell me when to book our flight.
→ when to book은 '언제 예약할지'라는 의미이다.
② If the story were true, people would be surprised.
→ if절에서 동사 were를 사용한 것은 올바르다.
③ I don't know where to put this coat.
→ where to put this coat가 don't know의 목적어로 쓰였다.
④ If you apologize to him first, he will forgive you.
→ 과거 사실과 반대되는 상황을 가정하여 말하는 가정법 과거 문장이다.
⑤ He hasn't decided what to wear for the party.
→ what to wear는 what he should wear로 바꿔 쓸 수 있다.

13 다음 우리말과 같도록 괄호 안의 말을 바르게 배열하여 문장을 쓰시오.

(1) 그는 내게 언제 저녁을 먹을지 물었다.

(have, me, dinner, when, asked, he, to)

→ _____

(2) 나는 그 지도를 어디에서 찾아야 할지 알고 있다.

(where, find, I, to, the map, know)

→ _____

(3) 만약 그가 여기 있다면, 그가 컴퓨터를 고칠 수 있을 텐데.

(could, he, if, the computer, were, here, he, fix)

→ _____

고난도

14 다음 상황을 읽고, [조건]에 맞게 문장을 완성하시오.

> [조건] 1. 자신이 Mary라고 가정하고 문장을 완성할 것
> 2. 어법에 맞게 쓸 것

Mary is worried these days. Her best friend, Daisy, doesn't talk to her. Daisy even doesn't greet her. Mary doesn't know what to do. What would you do if you were Mary?

→ If I were Mary, _____

_____ .

고난도

15 다음 중 어법상 틀린 문장을 골라 기호를 쓴 후, 문장을 바르게 고쳐 쓰시오.

ⓐ The notice showed where to park my car.

ⓑ If my uncle were here, he will help me.

ⓒ If I had a lot of money, I wouldn't stay here.

ⓓ My friends and I talked about what we should do the next day.

( ) → _____

16 다음 문장을 가정법 과거 문장으로 바꿔 쓰시오.

(1) As I am not rich, I can't travel all around the world.

→ If _____ ,

_____ .

(2) As she doesn't help me, I can't make a robot.

→ If _____ ,

_____ .

(3) As he plays mobile games so much, he can't read more books.

→ If _____ ,

_____ .

17 다음 [조건]에 맞게 대화를 완성하시오.

> [조건] 1. 각 빈칸에 「의문사+to부정사」 형태를 반드시 사용할 것
> 2. 의문사 when, where, what, how를 한 번씩 사용할 것
> 3. 동사 do, go, leave, ride를 한 번씩 사용할 것

A: Have you decided (1) _____ for the holidays?

B: Yes. I'm going to go to Jeju-do. But I haven't decided (2) _____ there.

A: I've heard horse riding is very exciting.

B: Really? That sounds good, but I don't know (3) _____ a horse.

A: Don't worry about it. The clerks will help you.

B: You're right. How about you? What are you going to do during the holidays?

A: I'm thinking of visiting Busan.

B: Sounds great. When are you going to leave?

A: I haven't decided (4) _____ . I have to finish my project first.

다음 우리말과 일치하도록 각 문장을 바르게 영작 하시오.

01 _____
기쁨의 눈물이 내 볼에 흘러내리고 있다.

02 _____
나는 정말 기쁘고 황홀하다.

03 _____
☆ 내가 새라면, 나는 날아오를 텐데.

04 _____
나는 주위를 둘러본다.

05 _____
우리 오케스트라의 다른 단원들이 서로 껴안고 있다.

06 _____
우리의 연주회가 이제 막 끝났고 모든 사람들이 일어서서 우리에게 큰 박수를 보내고 있다.

07 _____
☆ 우리 중 아무도 이런 날이 올 거라고 예상하지 못했다.

08 _____
그것은 긴 여정이었다.

09 _____
내 이름은 Andrea이고 나는 Recycled Orchestra(재활용 오케스트라)의 바이올린 연주자이다.

10 _____
그것이 왜 재활용 오케스트라로 불리냐고?

11 _____
☆ 그것은 우리의 악기들이 쓰레기 매립지에서 나온 물건들로 만들어져 있기 때문이다.

12 _____
그것이 오케스트라가 Landfill Harmonic Orchestra로도 알려진 이유이다.

13 _____
오케스트라의 우리들 대부분은 파라과이의 작은 마을인 카테우라 출신이다.

14 _____
우리 마을에는 거대한 쓰레기 매립지가 있다.

15 _____
몇몇 사람들은 심지어 카테우라 자체가 거대한 쓰레기 매립지라고 말한다.

16 _____
우리들 중 많은 이들이 가난하다.

17 _____
우리 마을에는 희망과 꿈이 많지 않았다.

18 _____
☆ 그러나 우리가 Favio Chávez 선생님을 만났을 때 모든 것이 바뀌기 시작했다.

19 _____
Favio 선생님은 환경 교육가이자 음악가였다.

20 _____
그는 우리에게 음악을 가르치고 싶어 했지만, 큰 문제가 있었다.

21 _____
온 마을에 악기가 단지 몇 개뿐이었다.

22 _____

☆ 우리는 새 악기를 살 형편이 안 되었다.

23 _____

그러나 Favio 선생님은 포기하지 않았다.

24 _____

그는 우리가 쓰레기 매립지에서 나온 물건들로 악기를 만들 수 있다고 말했다.

25 _____

☆ 재주가 뛰어난 Nicholas 아저씨가 이 생각을 실행에 옮길 수 있었다.

26 _____

그는 기름통으로 바이올린을 만들었다.

27 _____

그는 수도관을 플루트로 바꾸었다.

28 _____

우리는 또 다른 문제가 있었다.

29 _____

☆ 아무도 악기를 연주하는 법을 몰랐다.

30 _____

☆ 우리는 심지어 악보를 읽는 법도 알지 못했다.

31 _____

Favio 선생님은 엄청난 인내심을 가지고 우리를 가르쳤다.

32 _____

점차로, 우리는 악기로 어떤 소리를 만들어 내기 시작했다.

33 _____

나는 아직도 우리가 연주했던 첫 곡을 기억한다.

34 _____

그 곡은 매우 짧고 대부분은 음이 맞지 않았다.

35 _____

하지만 그것은 우리에게는 가장 아름다운 곡이었다.

36 _____

우리는 마음속에 새로운 희망을 느꼈다.

37 _____

그때부터, 우리는 매일 연습을 하기 위해 모였다.

38 _____

어느 날, Favio 선생님은 우리에게 엄청난 소식을 말해 주었다.

39 _____

우리는 공연을, 진짜 공연을 하게 될 것이었다!

40 _____

그리고 우리는 지금 여기 수백 명의 사람들 앞에 있다.

41 _____

그들은 우리의 음악을 사랑한다.

42 _____

☆ 세상은 우리에게 쓰레기를 보내지만, 우리는 음악을 돌려보낸다!

[01-02] 다음 글을 읽고, 물음에 답하시오.

Tears of joy are rolling down my cheeks. I'm so ①happy and thrilling. If I were a bird, I ②would fly. I look around. The other members in my orchestra ③are hugging one another. Our concert ④has just finished and everyone is standing and ⑤giving us a big hand. None of us ever expected that this day would come. It has been a long journey.

01 윗글의 밑줄 친 ①~⑤ 중 어법상 틀린 것은?

①   ②   ③   ④   ⑤

02 윗글의 내용과 일치하지 않는 것은?

① 글쓴이는 기쁨의 눈물을 흘리고 있다.
② 글쓴이의 오케스트라의 단원들은 서로 껴안고 있다.
③ 글쓴이의 오케스트라는 막 연주회를 끝냈다.
④ 모든 사람들이 일어서서 글쓴이의 오케스트라에게 큰 박수를 보내고 있다.
⑤ 글쓴이는 언젠가 이런 날이 올 거라고 예상했다.

[03-05] 다음 글을 읽고, 물음에 답하시오.

①My name is Andrea and I'm a violinist in the Recycled Orchestra. ②There are several kinds of musical instruments in the orchestra. ③Why is it called the Recycled Orchestra? ④It's because our musical instruments are made of objects from a landfill. ⑤That's why it's also known ____ⓐ____ the Landfill Harmonic Orchestra.

Most of us in the orchestra are from Cateura, a small town ____ⓑ____ Paraguay. There is a huge landfill in our town. Some people even say that Cateura itself is a giant landfill. Many of us are poor. There weren't many hopes and dreams in our town. Everything began to change, however, when we met Favio Chávez.

03 윗글의 문장 ①~⑤ 중 글의 흐름과 관계없는 것은?

①   ②   ③   ④   ⑤

04 윗글의 빈칸 ⓐ와 ⓑ에 알맞은 말이 순서대로 짝 지어진 것은?

① as – at   ② as – in   ③ to – in
④ for – to   ⑤ for – at

05 윗글을 읽고 답할 수 없는 질문은?

① Which instrument does Andrea play in the orchestra?
② What are their musical instruments made of?
③ Where is Andrea from?
④ What do some people even say about Cateura?
⑤ When did Andrea first meet Favio Chávez?

[06-08] 다음 글을 읽고, 물음에 답하시오.

Favio was an environmental educator and a musician. He wanted to ____ⓐ____, but there was a big problem. There were only (A)a few / a little musical instruments in the whole town. We couldn't afford (B)buying / to buy new ones. But Favio didn't give up. He said that we could make musical instruments with objects from the landfill. A talented man (C)naming / named Nicholas was able to put this idea into practice. He made violins from oil drums. He turned water pipes into flutes.

06 윗글의 빈칸 ⓐ에 들어갈 말로 알맞은 것은?

① teach us music

② show us a concert

③ play the music for us

④ compose a song for us

⑤ make musical instruments

고
난도

07 윗글의 (A)~(C)에서 어법상 알맞은 말이 바르게 짝 지어진 것은?

	(A)	(B)	(C)
①	a few	– buying	– named
②	a few	– to buy	– naming
③	a few	– to buy	– named
④	a little	– buying	– named
⑤	a little	– to buy	– naming

신
유형

08 다음 영어 뜻풀이에 해당하는 단어 중 윗글에서 찾을 수 <u>없</u>는 것은?

① action rather than ideas

② to be able to pay for something

③ an act of traveling from one place to another

④ an area where waste is buried under the ground

⑤ related to the natural conditions in which people, animals and plants live

[09-11] 다음 글을 읽고, 물음에 답하시오.

We had another problem. No one knew ____ⓐ____ play musical instruments. We didn't even know ____ⓑ____ read music. ①Favio taught us with great patience. Step by step, we began to make some sounds on our instruments. ②I still remember the first piece of music that we played. It was very short and mostly out of tune. But it was the most beautiful music to us. We felt a new hope in our hearts. ③From then on, we gathered to practice every day.

④One day, Favio told us some great news. We were going to have a concert, a real concert!

And here we are now in front of hundreds of people. ⑤They love our music. The world sends us trash, but we send back music!

09 윗글의 빈칸 ⓐ와 ⓑ에 공통으로 들어갈 말로 알맞은 것은?

① what to   ② how to   ③ when to

④ where to   ⑤ why to

고
난도   신
유형

10 윗글의 밑줄 친 문장 ①~⑤에 대해 <u>잘못</u> 설명한 사람은?

① 재훈: with great patience는 '엄청난 인내심을 가지고'라는 의미야.

② 세미: that은 관계대명사로 which로 바꿔 쓸 수 있지만 생략할 수는 없어.

③ 기호: to practice는 '~하기 위해서'라는 목적의 의미를 나타내는 to부정사야.

④ 유진: 4형식 문장으로, us는 간접목적어이고 some great news가 직접목적어야.

⑤ 소윤: They는 앞 문장의 hundreds of people을 가리켜.

11 윗글의 내용과 일치하는 것은?

① Favio didn't have any problem in teaching them.

② They couldn't read music, but they could play musical instruments.

③ The first piece of music that they played was short but perfect.

④ The writer didn't like the first piece of music that they played.

⑤ They practiced every day after they played the first piece of music.

12 다음 글에서 어법상 틀린 부분을 모두 찾아 바르게 고쳐 쓰시오.

> Tears of joy are rolling down my cheeks. I'm so happy and thrilled. If I were a bird, I will fly. I look around. The other members in my orchestra is hugging one another. Our concert has just finished and everyone is standing and given us a big hand. None of us ever expected that this day would come. It has been a long journey.

(1) _____ → _____

(2) _____ → _____

(3) _____ → _____

고
난도
13 다음 글을 아래와 같이 요약할 때 빈칸에 알맞은 말을 쓰시오.

> Favio was an environmental educator and a musician. He wanted to teach us music, but there was a big problem. There were only a few musical instruments in the whole town. We couldn't afford to buy new ones. But Favio didn't give up. He said that we could make musical instruments with objects from the landfill. A talented man named Nicholas was able to put this idea into practice. He made violins from oil drums. He turned water pipes into flutes.

▼

> Favio wanted to teach us _____, but there were _____
> in the whole town. Favio came up with an idea. The idea was to make _____
> _____.
> Nicholas put this idea _____,
> and it was successful.

14 다음 글의 밑줄 친 우리말을 [조건]에 맞게 영작하시오.

> My name is Andrea and I'm a violinist in the Recycled Orchestra. 왜 그것은 재활용 오케스트라로 불리는가? It's because our musical instruments are made of objects from a landfill.

[조건] 1. call을 이용하여 영작할 것
　　　 2. 대소문자를 구별하고 문장 부호를 정확히 쓸 것

→ _____

[15-16] 다음 글을 읽고, 물음에 답하시오.

> We had <u>another problem</u>. No one knew how to play musical instruments. We didn't even know how to read music. Favio taught us with great patience. Step by step, we began to make some sounds on our instruments. I still remember the first piece of music that we played. It was very short and mostly out of tune. But it was the most beautiful music to us. We felt a new hope in our hearts. From then on, we gathered to practice every day.

15 윗글의 밑줄 친 another problem이 무엇인지 우리말로 쓰시오.

→ _____

고
난도
16 윗글의 내용과 일치하도록 다음 대화를 완성하시오.

> A: How was the first piece of music they played?
> B: (1) _____
> A: How did they feel in their hearts when they played it?
> B: (2) _____
> A: What did they do after then?
> B: (3) _____

서술형 100% TEST

01 다음 빈칸에 알맞은 단어를 [조건]에 맞게 쓰시오.

I think my group members need more _____ to finish the science project.

> [조건]　1. The word starts with p.
> 　　　　2. The word has 8 letters.
> 　　　　3. The word means "the ability to stay calm and accept a delay or suffering without complaining."

02 다음 대화의 빈칸에 알맞은 말을 [보기]에서 골라 쓰시오. (필요시 형태를 바꿀 것)

> [보기]　one another　　be able to　　step by step
> 　　　　take part in　　out of tune

A: I'm going to (1) _____ the talent show tomorrow.
B: Sounds great!
A: Yeah, but I have a problem.
B: What is it?
A: I'm going to play the guitar, but my guitar is (2) _____. It sounds strange.
B: I think my uncle (3) _____ help you.
A: Really? Thank you so much.

03 다음 상황을 읽고, 마지막 질문에 대한 답을 [조건]에 맞게 쓰시오.

> You meet your friend on your way home. Your friend asks you to play soccer together this Saturday. You can't play soccer that day because you have to visit your grandparents. In this situation, what will you say to your friend?

> [조건]　1. love와 but을 포함한 거절 표현을 사용할 것
> 　　　　2. 거절의 이유를 포함하여 두 문장으로 답할 것

→ _____

[04-05] 다음 대화를 읽고, 물음에 답하시오.

A: Jiho, what are you reading?
B: I'm reading a book about a baseball player named Jim Abbott.
A: Oh, the man who was born without a right hand?
B: That's right. He tried really hard and even won the MVP award.
A: Yeah. His story was made into a movie. I'm going to watch it this Saturday.
B: Really? What's the title?
A: *Our Hero*. 나는 그것을 보는 게 정말 기대돼.
B: Can I join you, Ann?
A: Sure. See you then.

04 위 대화의 밑줄 친 우리말을 괄호 안의 단어들을 사용하여 영작하시오.

→ _____
(really, looking)

05 위 대화의 내용과 일치하도록 다음 글을 완성하시오.

Jiho is reading a _____ about Jim Abbott. Jim Abbott doesn't have a _____. But he tried really hard and became a great _____. Ann says his story was made into a _____, *Our Hero*. Ann and Jiho are going to watch it together _____.

06 다음 [조건]에 맞게 대화를 완성하시오.

[조건] ● 괄호 안의 단어들 중 필요 없는 단어를 한 개씩 빼고 배열하여 문장을 완성할 것

A: Alex, I'm going to take part in a singing contest next Monday.
B: That's great, Sumin!
A: You (1) _____,
   right? (how, play, sing, know, the, guitar, to)
B: Yes, I've played the guitar for 3 years.
A: Great. Can you (2) _____
   _____? (while, in, play, sing, the, guitar, for, I, the, contest)
B: I'm sorry, but I can't. I hurt my hand in gym class yesterday.
A: Oh! (3) _____.
   (sorry, hear, I'm, to, that, happy)
B: Thanks. But I'll be there to cheer for you.

07 다음 대화를 읽고, 주어진 질문에 완전한 영어 문장으로 답하시오.

A: Minho, did you finish the math homework?
B: Not yet. Math is difficult.
A: Yes, but it's interesting, too.
B: Then can you help me with my math homework, Sally?
A: I'd love to, but I can't. I have to take care of my brother.

(1) What does Minho think about math?
   → _____
(2) Why can't Sally help Minho with his math homework?
   → _____

08 다음 가정법 문장은 직설법 문장으로, 직설법 문장은 가정법 문장으로 바꿔 쓰시오.

(1) If I had the book, I could lend it to you.
   → As _____,
      _____.

(2) As he doesn't live in Seoul, I can't see him every day.
   → If _____,
      _____.

09 다음 우리말과 같도록 괄호 안의 말을 이용하여 영작하시오.

(1) 그녀는 그에게 언제 그 고양이에게 먹이를 주는지 말했다.
   → _____
      (tell, to, feed)
(2) 그 경주를 위해 무엇을 준비해야 하는지 내게 알려 줘.
   → _____
      (let, to, prepare, the race)
(3) Brian은 그 표들을 어디서 사야 할지 알아냈다.
   → _____
      (find out, to, buy)

10 자연스러운 흐름이 되도록 다음 [조건]에 맞게 문장을 완성하시오.

[조건] 1. <A>와 <B>에서 각각 한 단어씩 골라 쓸 것
       2. 각각 3단어로 쓸 것

〈A〉   〈B〉
when how why   use arrive cook
where what   do start

(1) The manager explained _____
   the coffee machine.
(2) What should we do next? Please tell us _____
   _____.
(3) I've forgotten when we should arrive at the airport. Do you know _____?

11 다음 우리말을 [조건]에 맞게 영작하시오.

> [조건]　1. 가정법 과거 문장으로 쓸 것
> 　　　　2. 괄호 안의 말을 이용할 것

(1) 내게 100만 달러가 있다면, 나는 전 세계를 여행할 수 있을 텐데.
(have a million dollars, travel)

→ _____

(2) 내가 그의 주소를 안다면, 나는 그에게 선물을 보낼 텐데.
(know, send, a gift)

→ _____

신유형

12 다음 대화에서 Laura의 상황을 나타내는 문장을 가정법 과거를 이용하여 쓰시오.

> **Mark**: It's sunny today! Let's go on a picnic, Laura.
> **Laura**: I'm sorry, but I can't. I'm too busy.

→ If Laura _____,
she _____.

고난도

13 다음 중 어법상 <u>틀린</u> 문장을 <u>두 개</u> 골라 기호를 쓴 후, 문장을 바르게 고쳐 쓰시오.

> ⓐ His history class is not bored.
> ⓑ Please tell me where to going after school.
> ⓒ If I lived on a farm, I could raise this horse.
> ⓓ I'm going to get my face painted at that time.

(　) → _____
(　) → _____

14 다음 [조건]에 맞게 대화를 완성하시오.

> [조건]　1. 각각 「의문사+to부정사」의 형태로 쓸 것
> 　　　　2. 대화에 사용된 동사를 사용할 것

> **A**: Let's get ready for Mom's birthday party.
> **B**: Okay. Please tell me (1) _____ the balloons.
> **A**: Stick them on the wall. I don't know
> (2) _____ the birthday cake in.
> **B**: Bring it in when the lights are turned off.
> **A**: Okay. I'm going to make some cookies. Do you know (3) _____ them?
> **B**: Of course. Let's make them together.

15 다음 빈칸에 알맞은 말을 자유롭게 완성하시오.

(1) If I had a flying carpet, _____
_____.

(2) If I won the lottery, _____
_____.

(3) If I were an astronaut, _____
_____.

[16-17] 다음 글을 읽고, 물음에 답하시오.

Favio was an environmental educator and a musician. (1)(teach, he, to, us, wanted, music), but there was a big problem. There were only a few musical instruments in the whole town. (2)(afford, we, buy, new, couldn't, to, ones) But Favio didn't give up. He said that we could make musical instruments with objects from the landfill. A talented man named Nicholas (3)(into, was, this, able, practice, put, to, idea). He made violins from oil drums. He turned water pipes into flutes.

16 윗글의 (1)~(3)의 괄호 안의 단어들을 바르게 배열하여 쓰시오.

(1) _____

(2) _____

(3) _____

고
/단도

17 What was Favio's idea about musical instruments?

→ _____

_____

18 다음 대화의 빈칸에 알맞은 말을 [보기]에서 골라 쓰시오.

[보기] • That is a wonderful story.
      • Why is the orchestra called the Recycled Orchestra?
      • How do you feel now?
      • What are they doing now?
      • What is the Recycled Orchestra?

Reporter: Congratulations!
       (1) _____

Andrea: I feel thrilled. We just performed our first concert.

Reporter: (2) _____

Andrea: That's because our musical instruments are made of objects from a landfill.

Reporter: That's amazing.

Andrea: Yeah. None of us knew how to play musical instruments, but Favio taught us with great patience.

Reporter: (3) _____

고
/단도

19 다음 글에서 어법상 틀린 문장을 두 개 찾아 문장을 바르게 고쳐 쓰시오.

My name is Andrea and I'm a violinist in the Recycled Orchestra. Why is it called the Recycled Orchestra? It's because of our musical instruments are made of objects from a landfill. That's why it's also known as the Landfill Harmonic Orchestra. Most of us in the orchestra are from Cateura, a small town in Paraguay. There is a huge landfill in our town. Some people even say that Cateura themselves is a giant landfill.

(1) _____

(2) _____

고
/단도

20 다음 편지글의 내용과 일치하도록 아래 대화를 완성하시오.

Dear Admiral Yi Sun-sin,

I'm Sumin. I really respect you because you never gave up in difficult situations. You saved the country and the people. It was amazing that you won the battle with only 12 ships. If I had a time machine, I would go to meet you! I'd like to ask you how to make geobukseon. You're my hero. Thank you.

Sincerely yours,
Sumin

A: Sumin, who is the person you respect most?
B: Admiral Yi Sun-sin.
A: Why do you respect him?
B: (1) _____
A: What did he do?
B: (2) _____
   (3) _____
A: What would you like to ask him if you met him?
B: (4) _____

01 다음 중 짝 지어진 단어의 관계가 나머지와 다른 것은? [3점]

① win – lose
② joy – sorrow
③ huge – giant
④ remember – forget
⑤ patience – impatience

02 다음 단어의 영어 뜻풀이가 알맞지 않은 것은? [4점]

① expect: to be able to pay for something
② cheek: either side of the face below the eyes
③ journey: an act of traveling from one place to another
④ environmental: related to the natural conditions in which people, animals and plants live
⑤ orchestra: a group of musicians playing many different kinds of musical instruments

03 다음 빈칸에 공통으로 들어갈 말로 알맞은 것은? [3점]

> • Please _____ out your books and open them at page 10.
> • Who will _____ care of your dogs while you're away?

① put
② have
③ take
④ hurt
⑤ stick

04 다음 중 밑줄 친 단어가 서로 다른 의미로 쓰인 것을 모두 고르면? [4점]

① The cheese was cut into small pieces.
Two pieces of the puzzle were left.
② The band played some Beatles songs.
Bora plays the drums in the rock band.
③ Kevin hurt his leg in the gym class.
When it rains, we play basketball in the gym.
④ Why don't we take a taxi to save time?
He tried to save the country and the people.
⑤ I will stick this movie poster on the wall.
She bought two stamps to stick on the letter.

05 다음 대화의 빈칸에 들어갈 말로 알맞은 것은? [4점]

> A: You look happy today. What's going on?
> B: I'm so excited. I'm going to go to the beach.
> A: That sounds great!
> B: Yes, _____.

① I think you can swim in the ocean
② I don't want to swim in the ocean
③ I'm not good at swimming in the ocean
④ I'm worried about swimming in the ocean
⑤ I'm really looking forward to swimming in the ocean

06 다음 중 짝 지어진 대화가 자연스럽지 않은 것은? [4점]

① A: What are you going to do tomorrow?
B: I'm going to ride my bike.
② A: I hurt my hand in gym class yesterday.
B: Oh! I'm sorry to hear that.
③ A: You know how to play the guitar, right?
B: Yes, I've played the guitar for 3 years.
④ A: Hey, Bora. Welcome to our rock band.
B: Thanks. I'm looking forward to playing in a concert with you.
⑤ A: I'm going to play soccer after school. Do you want to join me?
B: Sure, I'd love to. I don't feel well today.

서술형1
07 다음 대화의 빈칸에 알맞은 말을 쓰시오. [4점]

> A: What are you gong to do this afternoon?
> B: I'm going to go to the movies. Do you want to join me?
> A: _____
> I have to do my homework.
> B: Okay, then next time.

[08-10] 다음 대화를 읽고, 물음에 답하시오.

> A: Jiho, what are you reading?
> B: I'm reading a book about a baseball player (A) name / named Jim Abbott.
> A: Oh, the man (B) who / whose was born without a right hand?
> B: That's right. He tried really hard and even won the MVP award.
> A: Yeah. His story (C) made / was made into a movie. I'm going to watch it this Saturday.
> B: Really? What's the title?
> A: *Our Hero*. I'm really looking forward to watching it.
> B: Can I join you?
> A: Sure. See you on Saturday.

08 위 대화의 (A)~(C)에서 어법상 알맞은 말이 바르게 짝 지어진 것은? [4점]

	(A)	(B)	(C)
①	name	– who	– made
②	name	– whose	– was made
③	named	– who	– made
④	named	– who	– was made
⑤	named	– whose	– was made

09 위 대화를 읽고 Jim Abbott에 대해 알 수 <u>없는</u> 것은? [4점]

① 야구 선수이다.
② 한 손이 없이 태어났다.
③ 최우수 선수 상을 받았다.
④ 그의 이야기가 영화로 만들어졌다.
⑤ 자서전이 베스트셀러가 되었다.

서술형 2

10 위 대화의 내용과 일치하도록 빈칸에 알맞은 말을 쓰시오. [4점]

> Jim Abbott was born _____ _____ _____ _____. He tried really hard and became a great _____ _____.

11 다음 대화의 ①~⑤ 중 주어진 문장이 들어갈 알맞은 곳은? [4점]

> Math is difficult.

> A: Minho, did you finish the math homework? (①)
> B: Not yet. (②)
> A: Yes, but it's interesting, too. (③)
> B: Then can you help me with my math homework? (④)
> A: I'd love to, but I can't. (⑤) I have to take care of my brother.

12 다음 대화의 빈칸에 들어갈 말로 알맞은 것은? [3점]

> A: Let me know _____ next to the sofa.
> B: Well, please put the table next to the sofa.

① what to put
② how to put
③ when to put
④ where to put
⑤ why to put

서술형 3

13 다음 문장을 가정법 과거 문장으로 바꿔 쓰시오. [각 2점]

(1) As I don't have enough eggs, I can't bake bread for you.
→ If _____,
_____.

(2) As I'm not a super hero, I can't help people in need.
→ If _____,
_____.

서술형 4

14 다음 괄호 안의 말을 바르게 배열하여 문장을 완성한 후, 우리말로 해석하시오. [4점]

(where, go, let's, to, this Sunday, decide)

→ _____

→ 해석: _____

15 다음 중 어법상 <u>틀린</u> 문장은? [4점]

① I asked him when to have dinner.

② If the baseball cap were cheaper, I would buy it.

③ I was upset because Nick didn't tell me how to do the work.

④ If I am you, I wouldn't wear the red coat.

⑤ If she had enough money, she could buy a new house.

서술형**5**

16 다음 [조건]에 맞게 대화를 완성하시오. [각 3점]

[조건] 1. 각각 to와 의문사를 반드시 포함할 것
  2. 대화에 쓰인 표현을 사용할 것

A: Let's get ready for the party.

B: Okay. Please tell me (1) _____
_____.

A: Stick the balloons on the door. I don't know
(2) _____.

B: Bring the birthday cake in when the lights are turned off.

[17-18] 다음 글을 읽고, 물음에 답하시오.

Tears of joy ①are rolling down my cheeks. I'm so happy and thrilled. (A)내가 새라면, 나는 날아오를 텐데. I ②look around. The other members in my orchestra are hugging ③one another. Our concert has just finished and everyone is standing and ④giving us a big hand. ⑤None of us ever expected that this day would come. It has been a long journey.

17 윗글의 밑줄 친 ①~⑤의 우리말 뜻이 알맞지 <u>않은</u> 것은? [3점]

① 흘러내리고 있다

② 주위를 둘러보다

③ 각자

④ 우리에게 큰 박수를 보내고 있다

⑤ 우리 중 아무도 예상하지 못했다

서술형**6**

18 윗글의 밑줄 친 (A)의 우리말을 [조건]에 맞게 영작하시오. [4점]

[조건] 1. 가정법 과거 문장으로 쓸 것
  2. 8단어로 쓸 것
  3. 대소문자를 구별하고 문장 기호를 정확히 쓸 것

→ _____

[19-21] 다음 글을 읽고, 물음에 답하시오.

My name is Andrea and I'm a violinist in the Recycled Orchestra. ①Why is it called the Recycled Orchestra? It's because our musical instruments are made of objects from a landfill. ②That's why it's also known as the Landfill Harmonic Orchestra.

Most of us in the orchestra ③are from Cateura, a small town in Paraguay. There is a huge landfill in our town. Some people even say that Cateura ④themselves is a giant landfill. Many of us are poor. There weren't many hopes and dreams in our town. Everything ⑤began to change, however, when we met Favio Chávez.

19 윗글의 밑줄 친 ①~⑤ 중 어법상 <u>틀린</u> 것은? [4점]

①   ②   ③   ④   ⑤

20 윗글의 내용과 일치하지 <u>않는</u> 것은? [4점]

① Andrea plays the violin in the Recycled Orchestra.
② The musical instruments in the Recycled Orchestra are made of objects from a landfill.
③ Cateura is located in Paraguay.
④ There is a huge landfill in Andrea's town.
⑤ Many people in Cateura are rich and they have many hopes.

서술형 **7**

21 다음 질문에 완전한 영어 문장으로 답하시오. [4점]

Q: What is the Recycled Orchestra also known as?
A: _____

22 다음 글의 밑줄 친 ①~⑤ 중 흐름상 <u>어색한</u> 것은? [4점]

Favio was an environmental educator and a musician. ①He wanted to teach us music, but there was a big problem. ②There were only a few musical instruments in the whole town. We couldn't afford to buy new ones. ③But Favio gave up. He said that we could make musical instruments with objects from the landfill. ④A talented man named Nicholas was able to put this idea into practice. ⑤He made violins from oil drums. He turned water pipes into flutes.

[23-25] 다음 글을 읽고, 물음에 답하시오.

We had another problem. (1)No one knew how to play musical instruments. (2)We didn't even know how to read music. Favio taught us with great patience. Step by step, we began to make some sounds on our instruments. I still remember the first piece of music ⓐthat we played. It was very short and mostly out of tune. But it was the most beautiful music to us. We felt a new hope in our hearts. From then on, we gathered to practice every day. One day, Favio told us ⓑsome great news. We were going to have a concert, a real concert!

And here we are now in front of hundreds of people. They love our music. (3)The world sends us trash, but we send back music!

서술형 **8**

23 윗글의 밑줄 친 (1)~(3)을 우리말로 해석하시오. [각 2점]

(1) _____
(2) _____
(3) _____

24 윗글의 밑줄 친 ⓐthat과 쓰임이 같은 것은? [4점]

① It was a bird that broke the window.
② This is my backpack and that's yours.
③ I think that Clare is interested in music.
④ Do you know who that girl in the yellow jacket is?
⑤ The paintings that you showed me were beautiful.

25 윗글의 밑줄 친 ⓑsome great news가 가리키는 것은? [4점]

① 새 악기를 살 수 있다는 소식
② 진짜 공연을 하게 될 거라는 소식
③ 연주했던 첫 곡이 성공적이었다는 소식
④ 유명 오케스트라 공연을 관람할 거라는 소식
⑤ Favio 선생님이 음악을 가르쳐 주기로 했다는 소식

01 다음 빈칸에 공통으로 들어갈 말로 알맞은 것은? [3점]

> • He gave me a _____ of the cheesecake.
> • The pianist performed a new _____ of music recently.

① drum   ② piece   ③ parade
④ battle   ⑤ orchestra

02 다음 빈칸에 알맞은 말을 [보기]에서 골라 쓰시오. [각 2점]

> [보기]   excited   scared   worried   bored

(1) I'm _____ about my dog. He is sick now.
(2) His speech was very long. We were really _____ by it.
(3) Aron was very _____ when he heard a strange sound in the dark.

03 다음 밑줄 친 부분의 우리말 뜻이 알맞지 <u>않은</u> 것은? [3점]

① I <u>wasn't able to</u> focus on studying because of the music. (~할 수 없었다)
② It was a difficult time, but I never <u>gave up</u>. (포기했다)
③ They looked at <u>one another</u> and laughed. (서로)
④ <u>Step by step</u>, I got over my fear and learned to swim. (점차로)
⑤ After our presentation, the teachers <u>gave us a big hand</u>. (우리에게 큰 도움을 줬다)

[서술형 1]

04 대화의 밑줄 친 우리말을 [조건]에 맞게 영작하시오. [4점]

> [조건]   1. looking, play, a concert를 이용할 것
>   2. 10단어로 쓸 것

> A: Hey, Bora. Welcome to our rock band.
> B: Thanks. <u>나는 공연에서 너희들과 함께 연주하는 게 기대돼.</u>
> A: We're excited to have a new guitar player.
> B: Great. See you on Friday.

→ _____

05 다음 대화의 빈칸에 들어갈 수 있는 말을 <u>모두</u> 고르면? [4점]

> A: I'm going to visit the museum after school. Do you want to join me?
> B: _____ I have to do my homework.
> A: Okay, then next time.

> ⓐ I'm afraid I can't.   ⓑ Yes, I'd love to.
> ⓒ Of course, I can.   ⓓ I'm with you on that.
> ⓔ I'm sorry, but I can't.   ⓕ I'd love to, but I can't.

① ⓐ, ⓔ   ② ⓐ, ⓔ, ⓕ   ③ ⓑ, ⓒ, ⓓ
④ ⓑ, ⓒ, ⓔ   ⑤ ⓒ, ⓔ, ⓕ

[06-08] 다음 대화를 읽고, 물음에 답하시오.

> A: Alex, I'm going to take part in a singing contest next Monday.
> B: That's great, Sumin!
> A: You know _____ⓐ_____ to play the guitar, right?
> B: Yes, I've played the guitar for 3 years.
> A: Great. Can you play the guitar _____ⓑ_____ I sing in the contest?
> B: I'd love to, but I can't. _____ⓒ_____
> A: Oh! I'm sorry to hear that.
> B: Thanks. But I'll be there to cheer for you.

06 위 대화의 빈칸 ⓐ와 ⓑ에 들어갈 말이 순서대로 짝 지어진 것은? [4점]

① when – while   ② when – unless
③ how – while   ④ how – although
⑤ what – because

07 위 대화의 빈칸 ⓒ에 들어갈 말로 알맞은 것은? [4점]

① I'm happy to help you.

② I like playing the guitar on stage.

③ I'm going to hold a singing contest.

④ I hurt my hand in gym class yesterday.

⑤ I'm also going to take part in the contest.

서술형2

08 위 대화를 읽고 답할 수 있는 질문을 모두 골라 기호를 쓴 후, 질문에 대한 답을 쓰시오. [5점]

> ⓐ What is Sumin going to do next Monday?
>
> ⓑ How long has Alex played the guitar?
>
> ⓒ What song is Sumin going to sing in the contest?
>
> ⓓ What are they going to do after the conversation?

(   ) → _____

(   ) → _____

[09-10] 다음 대화를 읽고, 물음에 답하시오.

Linda: Hi, Tony! _____

Tony: I'm going to watch the musical, *Billy Elliot*.

Linda: *Billy Elliot*? _____

Tony: It's about a boy who became a famous dancer. I'm looking forward to watching it.

Linda: Sounds interesting. _____

Tony: Jason Kim. He's a great dancer.

Linda: He's my favorite actor. I watched his musical last year.

Tony: Oh, really? _____

Linda: I'd love to, but I can't. I have volunteer work this weekend.

Tony: Okay. Maybe next time!

09 다음 중 위 대화의 빈칸에 쓰이지 <u>않는</u> 것은? [4점]

① What is it about?

② What's the title?

③ Who is the main actor?

④ Do you want to join me?

⑤ What are you going to do this weekend?

10 위 대화의 내용과 일치하지 <u>않는</u> 것을 <u>모두</u> 고르면? [4점]

① *Billy Elliot* is a musical about a famous dancer.

② Tony can't wait to see the musical, *Billy Elliot*.

③ Jason Kim is Linda's favorite actor.

④ Linda hasn't seen Jason Kim's musical before.

⑤ Tony and Linda are going to watch a musical this weekend.

11 자연스러운 문장이 되도록 다음 단어들을 순서대로 배열할 때, 여섯 번째로 오는 단어는? [3점]

> book, I, put, where, know, didn't, to, the

① to   ② know   ③ put

④ book   ⑤ where

서술형3

12 다음 중 밑줄 친 부분이 어법상 <u>틀린</u> 문장을 두 개 골라 기호를 쓴 후, 틀린 부분을 바르게 고쳐 쓰시오. [4점]

> ⓐ I asked him <u>how to fix</u> the computer.
>
> ⓑ If I were not tired, I <u>would go</u> hiking with Sam.
>
> ⓒ Can you tell me <u>when to taking</u> the medicine?
>
> ⓓ If she <u>has</u> a flying carpet, she could travel all over the world.

(   ) → _____

(   ) → _____

13 다음 빈칸에 들어갈 말로 알맞은 것은? [3점]

> If he _____ the lottery, he could open his own restaurant.

① win   ② won   ③ wins

④ will win   ⑤ has win

14 다음 대화의 빈칸에 알맞은 말이 순서대로 짝 지어진 것은? [4점]

> A: Welcome to my new house.
> B: Thank you for inviting me. Please tell me _____ my coat.
> A: You can hang it on the wall.
> B: I see. Wow! Did you make this apple pie?
> A: Of course.
> B: It looks delicious. Please tell me _____ it.
> A: I'll write down my secret recipe.

① when to put – how to make

② when to put – what to make

③ where to put – how to make

④ where to put – what to make

⑤ what to put – how to make

서술형 **4**

15 다음 우리말과 같도록 괄호 안의 동사를 이용하여 문장을 완성하시오. [3점]

> 만약 내가 애완동물이 있다면, 나는 외롭지 않을 텐데.

→ _____, I woudn't be lonely.
  (have)

16 다음 우리말을 영어로 바르게 옮긴 것은? [3점]

> 나는 여기서 무엇을 살지 결정하지 못하겠다.

① I can't decide what buy here.

② I can't decide what to buy here.

③ I can't decide what to buying here.

④ I can't decide what should I buy here.

⑤ I can't decide what to bought here.

[17-19] 다음 글을 읽고, 물음에 답하시오.

> My name is Andrea and I'm a violinist in the Recycled Orchestra. Why is it called the Recycled Orchestra? It's because our musical instruments (A) make / are made of objects from a landfill. That's why it's also known as the Landfill Harmonic Orchestra.
>
> Most of us in the orchestra (B) is / are from Cateura, a small town in Paraguay. There is a huge landfill in our town. Some people even say that Cateura (C) it / itself is a giant landfill. Many of us are poor. There weren't many hopes and dreams in our town. Everything began to change, however, when we met Favio Chávez.

서술형 **5**

17 윗글의 (A)~(C)에서 알맞은 것을 골라 쓰시오. [4점]

(A) _____   (B) _____   (C) _____

서술형 **6**

18 윗글의 내용과 일치하도록 다음 대화의 빈칸에 알맞은 말을 쓰시오. [각 3점]

> A: Andrea, which instrument do you play in the orchestra?
> B: (1) _____
> A: Where are you from?
> B: (2) _____

19 윗글을 읽고 바르게 이해하지 <u>못한</u> 사람은? [4점]

① 미희: Recycled Orchestra라는 이름은 악기를 만든 재료로 인해 지어진 거구나.

② 재준: 카테우라에는 커다란 쓰레기 매립지가 있구나.

③ 윤미: Recycled Orchestra는 Landfill Harmonic Orchestra의 영향을 많이 받았어.

④ 혜정: 재활용 오케스트라 단원들은 파라과이 출신이야.

⑤ 태석: 그들이 Favio 선생님을 만나기 전에는 희망과 꿈이 많지 않았구나.

[20-22] 다음 글을 읽고, 물음에 답하시오.

Favio was an environmental educator and a musician.
(A) But Favio didn't give up.
(B) There were only a few musical instruments in the whole town.
(C) He wanted to teach us music, but there was a big problem.
(D) We couldn't afford to buy new ones.
He said that we could make musical instruments with objects from the landfill. A talented man named Nicholas was able to put ⓐthis idea into practice. He made violins from oil drums. He turned water pipes into flutes.

20 자연스러운 글이 되도록 윗글의 (A)~(D)를 순서대로 배열한 것은? [4점]

① (A) – (B) – (C) – (D) ② (B) – (A) – (C) – (D)
③ (B) – (D) – (A) – (C) ④ (C) – (B) – (D) – (A)
⑤ (C) – (D) – (B) – (A)

서술형**7**

21 윗글의 밑줄 친 ⓐthis idea가 의미하는 것을 우리말로 쓰시오. [4점]

→ _____

22 윗글을 읽고 답할 수 없는 질문은? [4점]

① What is Favio's job?
② What did Favio want to teach?
③ What was a big problem?
④ How many musical instruments did they need?
⑤ What was Favio's idea about musical instruments?

[23-24] 다음 글을 읽고, 물음에 답하시오.

We had another problem. (①) No one knew how to play musical instruments. We didn't even know how to read music. (②) Step by step, we began to make some sounds on our instruments. (③) I still remember the first piece of music that we played. 그것은 매우 짧고 대부분은 음이 맞지 않았다. But it was the most beautiful music to us. (④) We felt a new hope in our hearts. From then on, we gathered to practice every day. (⑤)

23 윗글의 ①~⑤ 중 주어진 문장이 들어갈 알맞은 곳은? [4점]

Favio taught us with great patience.

①   ②   ③   ④   ⑤

서술형**8**

24 윗글의 밑줄 친 우리말을 [조건]에 맞게 영작하시오. [4점]

[조건] 1. very, mostly, tune을 반드시 포함할 것
       2. 9단어로 쓸 것

→ _____

서술형**9**

25 다음 글에서 어법상 틀린 부분을 모두 찾아 바르게 고쳐 쓰시오. [5점]

Dear Admiral Yi Sun-sin,
  I'm Sumin. I really respect you because you never gave up in difficult situations. You saved the country and the people. It was amazed that you won the battle with only 12 ships. If I had a time machine, I would go to meet you! I'd like to ask you how make geobukseon. You're my hero. Thank you.

Sincerely yours,
Sumin

(1) _____
(2) _____

01 다음 영어 뜻풀이에 해당하는 단어가 쓰인 문장은? [3점]

> an act of traveling from one place to another

① The giant dinosaur was 6 meters tall.
② Ms. White started her long journey to Spain.
③ Dean can't afford to buy a new pair of sneakers.
④ We have a great interest in environmental issues.
⑤ If we recycle more, we will send less trash to landfills.

서술형 **1**

02 다음 대화의 빈칸에 알맞은 말을 [보기]에서 골라 쓰시오. [각 2점]

[보기]	out of tune	one another
	roll down	get ready for

(1) A: Let's _____ Sophie's birthday party.
   B: Okay. I'll decorate the room and bake a cake.
(2) A: Paul is a terrible singer.
   B: Right. His singing is always _____.

03 다음 중 밑줄 친 부분의 쓰임이 어색한 것은? [4점]

① My cheeks were wet with tears.
② Owls are mostly active at night.
③ This ball is so huge that I can hold it with one hand.
④ I expect this system will make our lives more convenient.
⑤ An old woman explained the way to the building, so we could find it without difficulty.

04 다음 대화의 밑줄 친 부분과 바꿔 쓸 수 있는 것은? [4점]

> A: What are you going to do first?
> B: I'm going to watch a parade at 10:30. Do you want to join me?
> A: I'd love to, but I can't. I'm going to make a mask.

① Yes, I'd love to.   ② I have no idea.
③ I'm sorry to hear that.   ④ I'm sorry, but I can't.
⑤ You can say that again.

서술형 **2**

05 자연스러운 대화가 되도록 (A)~(E)를 순서대로 배열하시오. [4점]

> (A) I'd love to, but I can't. I have to do volunteer work.
> (B) Yes, but it's interesting, too.
> (C) Then can you help me with my math homework?
> (D) Minho, did you finish the math homework?
> (E) Not yet. Math is difficult.

(   ) – (   ) – (   ) – (   ) – (   )

[06-08] 다음 대화를 읽고, 물음에 답하시오.

> A: ①Jiho, what are you reading?
> B: _____ⓐ_____
> A: Oh, the man who was born without a right hand?
> B: ②That's right. He tried really hard and even won the MVP award.
> A: Yeah. His story was made into a movie. ③I'm going to watch it this Saturday.
> B: Really? What's the title?
> A: *Our Hero*. ④I'm really looking forward to watching it.
> B: ⑤Do you want to join me?
> A: Sure. See you on Saturday.

서술형 3

06 위 대화의 빈칸 ⓐ에 알맞은 말이 되도록 괄호 안의 단어들을 바르게 배열하여 문장을 쓰시오. [4점]

→ _____

(a book, named, about, I'm, Jim Abbott, reading, a baseball player)

07 위 대화의 밑줄 친 ①~⑤ 중 흐름상 어색한 것은? [4점]

①   ②   ③   ④   ⑤

서술형 4

08 위 대화의 내용과 일치하지 <u>않는</u> 것을 <u>모두</u> 골라 기호를 쓴 후, 일치하지 <u>않는</u> 부분을 바르게 고쳐 쓰시오. [4점]

> ⓐ Jim Abbott doesn't have a right hand.
> ⓑ Jim Abbott is a baseball player. He won the MVP award.
> ⓒ Jim Abbott's story was made into a movie.
> ⓓ *Our Hero* is a book about Jim Abbott.
> ⓔ They are going to watch a movie this Sunday.

(   ) _____ → _____
(   ) _____ → _____

09 다음 중 짝 지어진 대화가 자연스럽지 <u>않은</u> 것은? [4점]

① A: I'm going to play soccer. Let's play together.
   B: I'm afraid I can't. I have to visit my grandmother.
② A: You look upset today. What's going on?
   B: I'm so excited. I'm going to travel to Jeju-do.
③ A: I'm going to ride my bike. Do you want to join me?
   B: Yes, I'd love to.
④ A: Can you play the guitar while I sing in the contest?
   B: I'd love to, but I can't. I hurt my hand yesterday.
⑤ A: I'm going to play a water balloon game at the festival. I'm really looking forward to playing it.
   B: Sounds fun.

서술형 5

10 다음 문장을 어법상 바르게 고쳐 문장을 다시 쓰시오. [3점]

> If he know her phone number, he could call her.

→ _____

서술형 6

11 [보기]의 의문사와 괄호 안의 단어를 사용하여 대화를 완성하시오. [각 3점]

> [보기]   when   where   what   how

(1) A: Excuse me. You can't park here. Look at the sign over there.
   B: Oh, I'm sorry. I didn't know that. Could you tell me _____ ? (park)
(2) A: There are lots of T-shirts in this store.
   B: Yeah. I'm not sure _____ . (buy)

12 다음 문장에 대해 <u>잘못</u> 설명한 사람은? [4점]

> If I had time to relax, I could enjoy taking a walk.

① 동호: 현재 사실에 반대되는 일을 가정하고 있어.
② 수진: to relax는 time을 수식하는 형용사적 용법의 to부정사야.
③ 나래: enjoy는 목적어로 동명사를 취하기 때문에 taking의 쓰임은 맞아.
④ 진호: take a walk은 '산책하다'라는 의미를 나타내는 표현이야.
⑤ 아인: As I didn't have time to relax, I couldn't enjoy taking a walk.와 같은 의미를 나타내.

13 다음 중 어법상 틀린 문장의 개수는? [4점]

> ⓐ If I were a movie director, I would make a horror movie.
> ⓑ Please tell me when I should feed the dog.
> ⓒ She taught me how to solve the math problem.
> ⓓ If he had a magic lamp, he would make three wishes.

① 0개   ② 1개   ③ 2개   ④ 3개   ⑤ 4개

[14-15] 다음 글을 읽고, 물음에 답하시오.

> Tears of joy are rolling down my cheeks. I'm so happy and ___①___. If I were a bird, I ___②___ fly. I look around. The other members in my orchestra are hugging one ___③___. Our concert has just finished and everyone is standing and ___④___ us a big hand. ___⑤___ of us ever expected that this day would come. It has been a long journey.

14 윗글의 빈칸 ①~⑤에 들어갈 말로 알맞지 <u>않은</u> 것은? [3점]

① thrilled   ② will   ③ another
④ giving   ⑤ None

15 윗글의 내용과 일치하는 것은? [4점]

① 오케스트라 단원 모두가 울고 있다.
② 글쓴이는 다른 단원들과 서로 껴안고 있다.
③ 청중들이 기립 박수를 치고 있다.
④ 글쓴이의 오케스트라는 곧 연주회를 시작할 것이다.
⑤ 오케스트라의 단원들은 이런 날이 올 거라고 예상했다.

[16-18] 다음 글을 읽고, 물음에 답하시오.

> My name is Andrea and I'm a violinist in the Recycled Orchestra. Why is it called the Recycled Orchestra? _____ⓐ_____ That's why it's also known as the Landfill Harmonic Orchestra.
>
> Most of us in the orchestra are from Cateura, a small town in Paraguay. There is a huge landfill in our town. Some people even say that Cateura itself is a giant landfill. Many of us are poor. There weren't many hopes and dreams in our town. Everything began to change, however, ⓑwhen we met Favio Chávez.

서술형**7**

16 윗글의 빈칸 ⓐ에 들어갈 문장을 [조건]에 맞게 쓰시오. [4점]

> [조건] 1. 괄호 안의 단어들 중 필요 없는 한 단어를 빼고 순서대로 배열할 것
> 2. 대소문자를 구별하고 문장 부호를 정확히 쓸 것

→ _____

_____

(of, it's, our, because, musical, instruments, a, landfill, made, objects, from, are, why)

17 윗글의 밑줄 친 ⓑwhen과 쓰임이 같은 것은? [4점]

① I'll tell you <u>when</u> to stop.
② <u>When</u> did you promise to meet her?
③ <u>When</u> will we know our test results?
④ I loved history <u>when</u> I was a middle school student.
⑤ The police officer asked me <u>when</u> I last saw her.

18 윗글의 내용과 일치하지 <u>않는</u> 것은? [4점]

① Andrea는 바이올린을 연주한다.
② 카테우라는 파라과이에 있다.
③ 카테우라에 큰 쓰레기 매립지가 만들어질 예정이다.
④ 오케스트라 단원들 중 많은 이들이 가난하다.
⑤ 카테우라에는 꿈과 희망이 많지 않았다.

[19-21] 다음 글을 읽고, 물음에 답하시오.

> Favio was an environmental educator and a musician. ①<u>He wanted to teach us music</u>, but there was a big problem. ②<u>There was only a few musical instruments</u> in the whole town. ③<u>We couldn't afford to buy new ones.</u> But Favio didn't give up. He said that we could make musical instruments with objects from the landfill. ④<u>A talented man named Nicholas was able to put this idea into practice.</u> He made violins from oil drums. ⑤<u>He turned water pipes into flutes.</u>

19 윗글의 내용과 일치하는 것은? [4점]

① Favio was good at making musical instruments.

② Favio didn't give up teaching them music.

③ There were lots of musical instruments in the whole town.

④ Favio decided to buy new musical instruments.

⑤ Nicholas made violins from water pipes.

서술형 **8**

20 윗글의 밑줄 친 ①~⑤ 중 어법상 틀린 것을 골라 바르게 고쳐 쓴 후, 틀린 이유를 쓰시오. [5점]

( ) → _____

틀린 이유: _____

_____

_____

서술형 **9**

21 What was Favio's idea about musical instruments? [4점]

→ _____

_____

[22-24] 다음 글을 읽고, 물음에 답하시오.

We had another problem. ⓐ아무도 악기를 연주하는 법을 몰랐다. We didn't even know how to read music. ①Favio taught us with great patience. ②Patience is one of the most important qualities people need. ③Step by step, we began to make some sounds on our instruments. ④I still remember the first piece of music that we played. ⑤It was very short and mostly out of tune. But it was the most beautiful music to us. We felt a new hope in our hearts. From then on, we gathered to practice every day. One day, Favio told us some great news. We were going to have a concert, a real concert!

And here we are now in front of hundreds of people. They love our music. The world sends us trash, but we send back music!

서술형 **10**

22 윗글의 밑줄 친 ⓐ의 우리말을 [조건]에 맞게 영작하시오. [4점]

[조건]   1. no와 to를 반드시 포함할 것

2. 8단어로 쓸 것

3. 대소문자를 구별하고 문장 부호를 정확히 쓸 것

→ _____

23 윗글의 밑줄 친 ①~⑤ 중 글의 흐름과 관계없는 것은? [4점]

①   ②   ③   ④   ⑤

24 다음 중 윗글에 나오는 단어의 영어 뜻풀이를 모두 고르면? [4점]

① mainly, generally

② an area where waste is buried under the ground

③ a person whose job is to teach or educate people

④ an act of traveling from one place to another

⑤ the ability to stay calm and accept a delay or suffering without complaining

25 다음 글의 주제로 알맞은 것은? [4점]

This is a bottle shaker. To make it, you need a bottle and buttons. Clean the bottle and put the buttons in the bottle. Close the bottle and decorate it. You can also put different things like rice or sand in it. Different items make different sounds. Listen to my group's bottle shaker.

① 병 셰이커 만드는 방법

② 병을 이용한 다양한 예술 작품

③ 병 셰이커를 이용한 공연 후기

④ 병을 재활용하는 다양한 방법

⑤ 재료에 따라 병 셰이커의 소리가 다른 이유

01 다음 단어의 영어 뜻풀이에 해당하지 <u>않는</u> 것은? [3점]

| roll | drone | thrilled | landfill |

① very excited and happy
② either side of the face below the eyes
③ to move along a surface by turning over and over
④ an aircraft without a pilot that is controlled by someone on the ground
⑤ an area where waste is buried under the ground

02 다음 빈칸에 쓰이지 <u>않는</u> 단어는? [3점]

ⓐ Did Amy _____ this note on the bulletin board?
ⓑ I was _____ when a ghost appeared on the screen.
ⓒ In the end I lost my _____ and shouted at David.
ⓓ The players started to _____ to hear the coach's plan.

① stick   ② gather   ③ talented
④ scared   ⑤ patience

03 다음 중 밑줄 친 부분의 쓰임이 <u>어색한</u> 것은? [3점]

① <u>Step by step</u>, the man learned how to live in the forest.
② Dr. Smith didn't <u>give up</u> hope and tried to help the children.
③ We can communicate with <u>one another</u> through social media now.
④ <u>Take care of</u> the eggs from the boiling water after 10 minutes.
⑤ I had a car accident last month and have suffered neck pain <u>from then on</u>.

04 다음 빈칸에 들어갈 말로 알맞은 것은? [3점]

This is a very difficult _____ of music to play.

① loaf   ② slice   ③ piece
④ sheet   ⑤ bundle

[05-06] 다음 대화를 읽고, 물음에 답하시오.

A: Alex, I'm going to take part in a singing contest next Monday.
B: That's great, Sumin!
A: You know how to play the guitar, right?
B: (1) _____
A: Great. Can you play the guitar while I sing in the contest?
B: (2) _____ I hurt my hand in gym class yesterday.
A: Oh! (3) _____
B: Thanks. But I'll be there to cheer for you.

서술형**1**

05 위 대화의 빈칸에 알맞은 말을 [보기]에서 골라 쓰시오. [3점]

[보기] • Yes, I'd love to.
        • I'd love to, but I can't.
        • I'm sorry to hear that.
        • I'm happy to hear that.
        • No, I have never played the guitar.
        • Yes, I've played the guitar for 3 years.
        • I heard you're good at playing the guitar.

(1) _____
(2) _____
(3) _____

06 위 대화의 내용과 일치하는 문장의 개수는? [4점]

ⓐ Sumin is going to sing in the contest next Monday.
ⓑ Alex doesn't know how to play the guitar.
ⓒ Sumin is looking for someone to play the guitar for her.
ⓓ Alex is going to participate in the contest with Sumin.
ⓔ Alex hurt his leg in gym class yesterday.

① 1개   ② 2개   ③ 3개   ④ 4개   ⑤ 5개

서술형 **2**

07 다음 대화의 내용과 일치하도록 아래 글의 빈칸에 알맞은 말을 쓰시오. [4점]

> A: Hey, Bora. Welcome to our rock band.
> B: Thanks, Tom. I'm looking forward to playing in a concert with you.
> A: We're excited to have a new guitar player.
> B: Great. See you on Friday.

▼

> Bora is a _____ in Tom's rock band. She _____ with the band members.

[08-10] 다음 대화를 읽고, 물음에 답하시오.

> Linda: Hi, Tony! ___@___ are you going to do this weekend?
> Tony: I'm going to watch the musical, *Billy Elliot*.
> Linda: *Billy Elliot*? ___ⓑ___ is it about?
> Tony: It's about a boy ___ⓒ___ became a famous dancer. I'm looking forward to watching it.
> Linda: Sounds interesting. ___ⓓ___ is the main actor?
> Tony: Jason Kim. He's a great dancer.
> Linda: He's my favorite actor. I watched his musical last year.
> Tony: Oh, really? Do you want to join me?
> Linda: I'd love to, but I can't. I have volunteer work this weekend.
> Tony: Okay. Maybe next time!

서술형 **3**

08 위 대화의 빈칸 @～ⓓ에 알맞은 말을 각각 한 단어로 쓰시오. [각 2점]

ⓐ _____   ⓑ _____

ⓒ _____   ⓓ _____

09 위 대화의 Jason Kim에 대해 알 수 <u>없는</u> 것을 <u>모두</u> 고르면? [4점]

① 뮤지컬 "빌리 엘리어트"의 주연 배우이다.

② 훌륭한 무용수이다.

③ Tony가 가장 좋아하는 배우이다.

④ Linda가 작년에 그의 뮤지컬을 봤다.

⑤ 어렸을 때부터 배우로 활동했다.

서술형 **4**

10 다음 질문에 대한 답을 완전한 영어 문장으로 쓰시오.

[각 2점]

(1) What is Tony going to do this weekend?

→ _____

(2) Why can't Linda join Tony?

→ _____

서술형 **5**

11 다음 표를 보고, [조건]에 맞게 대화를 완성하시오. [각 2점]

	Time	What to do
Olivia	11:30	watch a parade
Leo	11:30	make a mask

> [조건]   1. 표의 내용과 일치하도록 쓸 것
>   2. (2)는 기대를 나타내는 표현을 사용할 것

> Leo: What are you going to do at 11:30 at the festival?
> Olivia: (1) _____ at that time. I'm really (2) _____.
> Leo: Sounds fun.
> Olivia: Do you want to join me?
> Leo: (3) _____ I'm going to (4) _____ at that time.

12 다음 밑줄 친 부분을 어법상 바르게 고친 것 중 <u>틀린</u> 것은? [3점]

> • She explained ①<u>how use</u> the app.
> • If I ②<u>am not</u> tired, I would go to the movies.
> • If it is sunny tomorrow, we ③<u>will go</u> on a field trip.
> • Let me know ④<u>where to turning</u> left.
> • If Brian ⑤<u>has</u> more money, he could help children in hospital.

① how to use   ② were not

③ 고칠 필요 없음   ④ where to turn

⑤ 고칠 필요 없음

13 다음 우리말을 영작할 때, 네 번째로 오는 단어는? [3점]

> 너는 이 세탁기를 사용하는 방법을 알고 있니?

① know   ② this   ③ to
④ use   ⑤ how

[14-15] 다음 글을 읽고, 물음에 답하시오.

> Tears of joy are rolling down my cheeks. ⓐI'm so happy and thrilling. ⓑIf I were a bird, I would fly. I look around. ⓒThe other members in my orchestra is hugging one another. Our concert has just finished and everyone is standing and giving us a big hand. None of us ever expected that this day would come. ⓓIt has been a long journey.

14 윗글의 밑줄 친 ⓐ~ⓓ 중 어법상 틀린 문장끼리 짝 지어진 것은? [4점]

① ⓐ, ⓑ   ② ⓐ, ⓒ   ③ ⓐ, ⓒ, ⓓ
④ ⓑ, ⓒ, ⓓ   ⑤ ⓑ, ⓓ

15 윗글의 내용과 일치하는 것은? [4점]

① The writer felt sad and cried.
② The concert disappointed the audience.
③ The writer is one of the members of the orchestra.
④ Most of the audience left their seats right away.
⑤ The writer expected this situation.

[16-17] 다음 글을 읽고, 물음에 답하시오.

> My name is Andrea and I'm a violinist in the Recycled Orchestra. Why is it called the Recycled Orchestra? It's because our musical instruments are made of objects from a landfill. That's why it's also known as the Landfill Harmonic Orchestra.
>
> Most of us in the orchestra are from Cateura, a small town in Paraguay. There is a huge landfill in our town. Some people even say that Cateura ⓐitself is a giant landfill. Many of us are poor. There weren't many hopes and dreams in our town. Everything began to change, however, when we met Favio Chávez.

16 윗글의 밑줄 친 ⓐitself와 쓰임이 같은 것은? [3점]

① She was upset at herself.
② Eric can fix his car himself.
③ I looked at myself in the mirror.
④ Cats clean themselves to remove dirt.
⑤ The man introduced himself to the guests.

[서술형6]

17 윗글을 읽고 답할 수 있는 질문을 모두 골라 기호를 쓴 후, 완전한 영어 문장으로 답하시오. [4점]

> ⓐ Which instrument does Andrea play in the orchestra?
> ⓑ What are their musical instruments made of?
> ⓒ Why are most people in Cateura poor?
> ⓓ When did Andrea meet Favio Chávez for the first time?

(   ) → _____
(   ) → _____

[18-20] 다음 글을 읽고, 물음에 답하시오.

> ①Favio was an environmental educator and a musician. ②He wanted to teach us music, but there was a big problem. ③There were only a few musical instruments in the whole town. We couldn't afford to buy new ones. But Favio didn't give up. ④He said that we could make musical instruments with objects from the landfill. A talented man named Nicholas was able to put this idea into practice. ⑤He made violins from oil drums. He turned water pipes into flutes.

18 윗글의 밑줄 친 ①~⑤에 대한 설명으로 알맞지 <u>않은</u> 것은? [4점]

① Favio는 교육자이자 음악가였다.
② teach us music은 teach music us로 바꿔 쓸 수 있다.
③ a few는 셀 수 있는 명사를 수식하는 수량형용사이다.
④ that은 said의 목적절을 이끄는 접속사로 생략할 수 있다.
⑤ He는 Nicolas를 가리키는데, 그는 재주가 뛰어났다.

서술형 7

19 How did Nicholas put Favio's idea into practice? [4점]

→ _____

_____

서술형 8

20 다음 [조건]에 맞게 문장을 자유롭게 쓰시오. [4점]

[조건]
1. to be able to pay for something을 뜻하는 단어를 윗글에서 찾을 것
2. 찾은 단어를 사용해 자유롭게 문장을 쓸 것
3. 주어와 동사를 포함한 완전한 문장으로 쓸 것

→ _____

[21-22] 다음 글을 읽고, 물음에 답하시오.

ⓐWe had another problem. No one knew how to play musical instruments. ⓑWe didn't even know how to read music. Favio taught us with great patience. (①) Step by step, we began to make some sounds on our instruments. (②) ⓒI still remember the first piece of music what we played. It was very short and mostly out of tune. (③) We felt a new hope in our hearts. ⓓFrom then on, we gathered to practice every day. (④) ⓔOne day, Favio told us some great news. We were going to have a concert, a real concert! (⑤)

21 윗글의 밑줄 친 ⓐ~ⓔ 중 어법상 틀린 것은? [4점]

① ⓐ   ② ⓑ   ③ ⓒ   ④ ⓓ   ⑤ ⓔ

22 윗글의 ①~⑤ 중 주어진 문장이 들어갈 알맞은 곳은? [4점]

But it was the most beautiful music to us.

①   ②   ③   ④   ⑤

[23-24] 다음 대화를 읽고, 물음에 답하시오.

Reporter: Congratulations! How do you feel now?

Andrea: I feel thrilled. We just performed our first concert.

Reporter: What is the orchestra called the Recycled Orchestra?

Andrea: That's because our musical instruments are made of objects from a landfill.

Reporter: That's amazing.

Andrea: Yeah. None of us knew how to play musical instruments, but Favio taught us with great patience.

Reporter: That is a wonderful story.

서술형 9

23 위 대화에서 흐름상 어색한 문장을 찾아 바르게 고쳐 쓰시오. [4점]

→ _____

24 위 대화의 내용을 바르게 이해하지 못한 사람은? [4점]

① Mingi: Andrea is having a interview.

② Nari: Andrea is a member of the Recycled Orchestra.

③ Jinsu: The musical instruments of the Recycled Orchestra are made of objects from a landfill.

④ Jimin: Only Andrea in the Recycled Orchestra knew how to play musical instruments at first.

⑤ Yuna: Favio taught the members of the Recycled Orchestra with great patience.

서술형 10

25 자신의 경우라고 가정하여 다음 문장을 자유롭게 완성하시오. [각 2점]

(1) If I had a million dollars, _____

_____

(2) If I were an inventor, _____

_____ .

● 틀린 문항을 표시해 보세요.

〈제**1**회〉 대표 기출로 내신 **적중** 모의고사   총점 _____ / 100

문항	영역	문항	영역	문항	영역
01	p.158(W)	10	p.162(L&S)	19	pp.178-179(R)
02	p.158(W)	11	p.162(L&S)	20	pp.178-179(R)
03	p.156(W)	12	p.171(G)	21	pp.178-179(R)
04	p.156(W)	13	p.170(G)	22	pp.178-179(R)
05	p.162(L&S)	14	p.171(G)	23	pp.178-179(R)
06	p.161(L&S)	15	pp.170-171(G)	24	pp.178-179(R)
07	p.163(L&S)	16	p.171(G)	25	pp.178-179(R)
08	p.162(L&S)	17	pp.178-179(R)		
09	p.162(L&S)	18	pp.178-179(R)		

〈제**2**회〉 대표 기출로 내신 **적중** 모의고사   총점 _____ / 100

문항	영역	문항	영역	문항	영역
01	p.158(W)	10	p.163(L&S)	19	pp.178-179(R)
02	p.158(W)	11	p.171(G)	20	pp.178-179(R)
03	p.156(W)	12	pp.170-171(G)	21	pp.178-179(R)
04	p.162(L&S)	13	p.170(G)	22	pp.178-179(R)
05	p.163(L&S)	14	p.171(G)	23	pp.178-179(R)
06	p.163(L&S)	15	p.170(G)	24	pp.178-179(R)
07	p.163(L&S)	16	p.171(G)	25	p.192(M)
08	p.163(L&S)	17	pp.178-179(R)		
09	p.163(L&S)	18	pp.178-179(R)		

〈제**3**회〉 대표 기출로 내신 **적중** 모의고사   총점 _____ / 100

문항	영역	문항	영역	문항	영역
01	p.158(W)	10	p.170(G)	19	pp.178-179(R)
02	p.156(W)	11	p.171(G)	20	pp.178-179(R)
03	p.156(W)	12	p.170(G)	21	pp.178-179(R)
04	p.161(L&S)	13	pp.170-171(G)	22	pp.178-179(R)
05	p.162(L&S)	14	pp.178-179(R)	23	pp.178-179(R)
06	p.162(L&S)	15	pp.178-179(R)	24	pp.178-179(R)
07	p.162(L&S)	16	pp.178-179(R)	25	p.192(M)
08	p.162(L&S)	17	pp.178-179(R)		
09	p.161(L&S)	18	pp.178-179(R)		

〈제**4**회〉 고난도로 내신 **적중** 모의고사   총점 _____ / 100

문항	영역	문항	영역	문항	영역
01	p.158(W)	10	p.163(L&S)	19	pp.178-179(R)
02	p.156(W)	11	p.161(L&S)	20	pp.178-179(R)
03	p.156(W)	12	pp.170-171(G)	21	pp.178-179(R)
04	p.156(W)	13	p.171(G)	22	pp.178-179(R)
05	p.163(L&S)	14	pp.178-179(R)	23	p.192(M)
06	p.163(L&S)	15	pp.178-179(R)	24	p.192(M)
07	p.162(L&S)	16	pp.178-179(R)	25	p.170(G)
08	p.163(L&S)	17	pp.178-179(R)		
09	p.163(L&S)	18	pp.178-179(R)		

● 부족한 영역을 점검해 보고 어떻게 더 학습할지 학습 계획을 적어 보세요.

오답 공략
부족한 영역
학습 계획

오답 공략
부족한 영역
학습 계획

오답 공략
부족한 영역
학습 계획

오답 공략
부족한 영역
학습 계획

동아출판 영어 교재 가이드

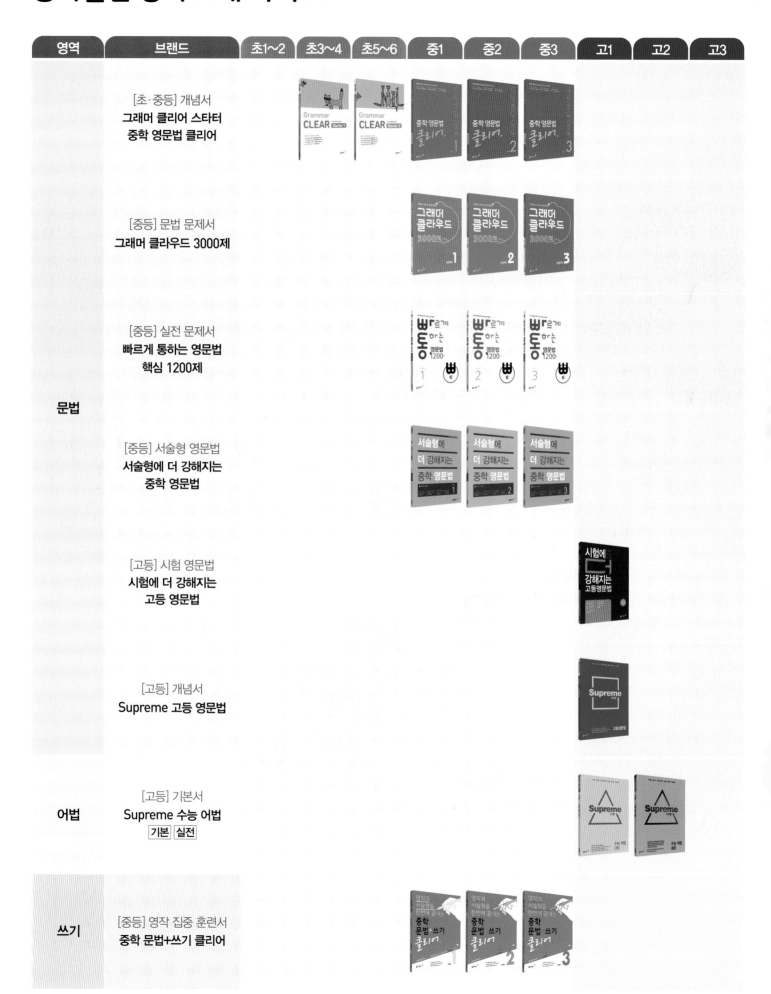

영역	브랜드	초1~2	초3~4	초5~6	중1	중2	중3	고1	고2	고3
문법	[초·중등] 개념서 그래머 클리어 스타터 중학 영문법 클리어									
	[중등] 문법 문제서 그래머 클라우드 3000제									
	[중등] 실전 문제서 빠르게 통하는 영문법 핵심 1200제									
	[중등] 서술형 영문법 서술형에 더 강해지는 중학 영문법									
	[고등] 시험 영문법 시험에 더 강해지는 고등 영문법									
	[고등] 개념서 Supreme 고등 영문법									
어법	[고등] 기본서 Supreme 수능 어법 기본 실전									
쓰기	[중등] 영작 집중 훈련서 중학 문법+쓰기 클리어									

특급기출

동아출판이 만든 진짜 기출예상문제집

기말고사

중학 영어 3-1

이병민

정답 및 해설

동아출판

Lesson 3
Heal the World

STEP A

W Words 연습 문제 — p.9

A
01 정리하다
02 목욕
03 또렷하게, 분명히
04 없애다, 제거하다
05 녹음, 녹화
06 (짐을) 싸다, 포장하다
07 (경치, 그림, 무대의) 배경
08 함께 나누다, 공유하다
09 (특정한) 장소, 자리
10 근처, 이웃
11 마을
12 (동물의) 털
13 선택하다, 선정하다
14 현장, 장소
15 인사하다
16 천천히, 느리게
17 운영자, 관리자
18 양로원
19 중요하다, 문제 되다
20 먹이를 주다

B
21 address
22 wing
23 brush
24 land
25 deliver
26 politely
27 select
28 mess
29 bright
30 agree
31 blind
32 trash
33 volunteer
34 before
35 elderly
36 rewarding
37 vote
38 donation
39 teen
40 rule

C
01 명심하다
02 모이다
03 ～으로 나누다
04 ～에게 도움을 주다
05 ～와 잘 지내다
06 ～을 자랑스러워하다
07 ～의 앞에
08 최선을 다하다

W Words Plus 연습 문제 — p.11

A
1 spot, 장소, 자리   2 teen, 십 대의, 십 대
3 matter, 중요하다, 문제 되다   4 volunteer, 자원봉사자
5 wing, 날개   6 donation, 기부, 기증
7 bath, 목욕   8 background, 배경
B 1 politely   2 rewarding   3 clearly   4 slowly

C
C 1 agree   2 pack   3 elderly   4 neighborhood   5 remove
D 1 was proud of   2 did her best   3 keep in mind
4 apply for   5 get together   6 get along with

W Words 실전 TEST — p.12

01 ③   02 (d)eliver   03 ①   04 ③   05 ④   06 ④
07 give, a hand   08 in front of

01 ③은 형용사이고, 나머지는 모두 부사이다.
ㅣ해석ㅣ ① 분명히   ② 공손히   ③ 연세가 드신
④ 느리게   ⑤ 마침내
02 '무언가를 누군가에게 또는 어떤 장소로 가져가는 것'은 deliver(배달하다)에 대한 영어 뜻풀이다.
03 첫 번째 문장의 빈칸에는 '착륙하다'라는 뜻의 동사 land가 들어가고, 두 번째 문장의 빈칸에는 '땅'이라는 뜻의 명사 land가 들어간다.
ㅣ해석ㅣ • 비행기가 공항에 착륙하려 한다.
• 개구리들은 물속과 땅 위 양쪽에서 살 수 있다.
04 ③ divide into는 '～으로 나누다'라는 의미이다.
ㅣ해석ㅣ ① 나는 시험에 통과하기 위해 최선을 다할 것이다.
② 키 순서에 따라 줄을 서세요.
③ 선생님께서는 우리를 세 모둠으로 나눌 것이다.
④ 만약 네가 일찍 일어난다면, 너는 학교에 늦지 않을 것이다.
⑤ 엄마는 내가 나의 학급 친구들과 잘 지내기를 바라신다.
05 '정리하다'라는 의미를 나타내는 단어는 arrange이다.
06 주어진 문장과 ④는 '중요하다'라는 의미의 동사로 쓰였고, 나머지는 모두 '문제, 일'을 의미하는 명사로 쓰였다.
ㅣ해석ㅣ 네가 몇 살인지는 중요하지 않다.
① 그 문제는 우리에게 중요하다.
② 그것은 이제 시간의 문제이다.
③ 그것은 쉬운 문제가 아니었다.
④ 이런 경우, 돈은 중요하지 않다.
⑤ 그들은 의논할 중요한 문제가 있었다.
07 give ~ a hand는 '～에게 도움을 주다'라는 의미이다.
08 in front of는 '～의 앞에'라는 의미이다.

L·S Listen & Speak 만점 노트 — pp.14~15

Q1 소녀는 소년에게 상자에 주소를 써 달라고 부탁하고 있다.
Q2 She is baking cookies (for the people at the nursing home).
Q3 He will put three cookies in each box.
Q4 Can you help me?
Q5 feed the dog

Q6 수업에서는 베이컨 달걀 샌드위치를 만들 것이다.

Q7 They should wash their hands.

Q8 반드시 문을 잠금.

Q9 그는 봉사 활동을 하러 왔다.

Q10 He should read slowly and clearly.

Listen & Speak 빈칸 채우기   pp.16~17

1 What, for, give me a hand, write the address

2 baking cookies, nursing home, What do you want me to do, each box

3 packing for my move, put the clothes into

4 Enjoy, on the table, Don't worry about me, Make sure you feed the dog

5 Make groups of four people, Keep in mind, make sure you wash your hands, be careful

6 It's time to go home, lock the doors, Anything else

7 volunteer work, want me to do, for the blind, go into, slowly and clearly, do my best

Listen & Speak 대화 순서 배열하기   pp.18~19

1 ⓒ-ⓔ-ⓑ-ⓓ-ⓐ

2 ⓓ-ⓑ-ⓕ-ⓗ-ⓒ-ⓐ-ⓔ-ⓘ-ⓖ

3 ⓑ-ⓔ-ⓓ-ⓐ-ⓒ

4 ⓐ-ⓓ-ⓑ-ⓔ-ⓒ

5 ⓕ-ⓒ-ⓐ-ⓔ-ⓓ-ⓑ

6 ⓑ-ⓐ-ⓓ-ⓒ

7 ⓓ-ⓘ-ⓕ-ⓗ-ⓐ-ⓖ-ⓔ-ⓒ-ⓙ-ⓑ

Listen & Speak 실전 TEST   pp.20~21

01 ⑤   02 ③   03 ③   04 ③   05 ②   06 ③   07 ④

08 ④   09 ④

[서술형]

10 (1) Why are you baking so many cookies?

(2) Can you give me a hand?

(3) What do you want me to do?

11 He will put the cookies in the gift boxes. / He will put three cookies in each (gift) box.

12 (1) 시작하기 전에 손을 씻어야 한다.

(2) 칼을 사용할 때는 조심해야 한다.

01 B가 쓰레기를 버려 달라고 요청하고 있으므로 빈칸에는 A가 B에게 무엇을 해 주길 원하는지 묻는 말이 들어가는 것이 자연스럽다.

02 '반드시 ~해라'라는 의미로 당부를 나타내는 Make sure가 들어가는 것이 자연스럽다.

03 상자와 책들의 용도를 묻는 말(C)에 기부 센터에 보내려 한다며 도와줄 수 있는지 물으면(A), 무슨 도움이 필요한지 묻고(D), 구체적으로 도움을 요청하고(B) 답하는(E) 흐름이 자연스럽다.

04 Make sure ~.는 당부할 때 사용하는 표현이다.

05 ② Can you give me a hand?는 상대방에게 도움을 요청하는 표현이므로 B는 무엇을 도와주면 될지 묻는 것이 자연스럽다.

|해석| ① A: 너는 지금 무엇을 하고 있니?

B: 나는 내일 이사를 위해 짐을 싸고 있어.

② A: 나 좀 도와줄래?

B: 응. 상자를 테이프로 붙여 줘.

③ A: 너는 무엇을 하고 싶니?

B: 나는 아이들에게 영어를 가르치고 싶어.

④ A: 안녕하세요, 저는 여기에 봉사 활동을 하러 왔어요.

B: 와 줘서 고마워요.

⑤ A: 명심해야 할 것이 있나요?

B: 네. 반드시 그들에게 공손하게 인사해 주세요.

06 ⓒ Don't worry about ~.은 '~에 대해 걱정하지 마.'라는 뜻이다. 부정 명령문이므로 Don't 뒤에는 동사원형이 와야 한다.

07 Make sure you feed the dog ~.에 엄마가 Jimmy에게 당부하는 내용이 담겨 있다.

08 ④ 시각 장애인들을 위한 책을 읽어 달라는 여자의 말에 Tony가 지금 녹음실에 들어가는지 물었으므로 Sorry, I can't.라고 거절하는 말은 어색하다. No problem. 등으로 알겠다고 답하는 것이 자연스럽다.

09 ④ 여자는 Tony에게 천천히 그리고 명확하게 읽어 달라고 당부했고 Tony는 알겠다고 답했다.

10 (1)에는 많은 쿠키를 굽는 이유를 묻는 마지막 문장이 들어간다.

(2)에는 도움을 요청하는 첫 번째 문장이 들어간다.

(3)에는 어떤 도움이 필요한지 묻는 두 번째 문장이 들어간다.

11 Jane이 쿠키를 선물 상자에 넣어 달라고 부탁하자 Tom은 그렇게 하겠다고 했다.

12 Keep in mind ~.는 '~을 명심하세요.'라는 뜻으로, 이 문장 뒤에 명심해야 하는 것이 First, ~.와 Second, ~.로 제시되고 있다.

Grammar 핵심 노트 1   p.22

QUICK CHECK

1 (1) clean   (2) ride   (3) write

2 (1) play   (2) 옳음   (3) read

1 |해석| (1) 그녀는 여동생이 식탁을 치우게 했다.

(2) Tom은 내가 그의 자전거를 타게 했다.

(3) White 씨는 그녀의 학생들이 일기를 쓰게 했다.

2 |해석| (1) 우리는 아이들이 장난감을 가지고 놀게 했다.

(2) 치과 의사는 그녀가 입을 벌리게 했다.

(3) 아버지께서는 내가 많은 책을 읽게 하셨다.

Ⓖ Grammar 핵심 노트 2　　　　　p. 23

QUICK CHECK

1 (1) that　(2) It　(3) was

2 (1) It　(2) that　(3) is

---

1 |해석| (1) 그녀가 어제 올라간 것은 바로 커다란 나무였다.

(2) 내가 영어를 배우기 시작한 것은 바로 5월이었다.

(3) 새 한 마리가 내 방으로 날아 들어온 것은 바로 오늘 아침이었다.

2 |해석| (1) 내가 민지에게 그 사실을 말한 것은 바로 지난주 금요일이었다.

(2) 내가 그를 본 것은 바로 공원에서였다.

(3) 내가 정말 보고 싶은 것은 바로 펭귄이다.

Ⓖ Grammar 연습 문제 1　　　　　p. 24

A 1 clean　**2** wash　**3** play　**4** eat　**5** fix

B 1 sing　**2** watch　**3** take out　**4** 옳음　**5** laugh

C 1 She made me do my homework.

2 He let Mark drive his car.

3 I had my sister carry the bag.

D 1 He made his son wash the dishes.

2 She let us take pictures of the house.

3 The teacher had them read many books.

A |해석| 1. 나는 여동생이 방을 청소하게 할 것이다.

2. 아버지께서는 내가 그의 차를 세차하게 하셨다.

3. 김 선생님은 학생들이 운동장에서 축구를 하게 했다.

4. Johns 씨는 가끔 그의 아이들이 사탕을 먹게 했다.

5. 소라는 Ben이 그녀의 컴퓨터를 고치게 했다.

B |해석| 1. 그녀는 내가 학생들 앞에서 노래를 부르게 했다.

2. 엄마는 우리가 밤에 텔레비전을 보게 하신다.

3. 선생님께서는 Kevin이 쓰레기를 버리게 하셨다.

4. Mike는 내 여동생이 영어를 공부하는 것을 도와주었다.

5. 남동생은 항상 나를 웃게 한다.

Ⓖ Grammar 연습 문제 2　　　　　p. 25

A 1 yesterday　**2** a vase　**3** in the garden

4 *Charlotte's Web*

B 1 It was a blue bird that Jina saw in the garden yesterday.

2 It was in the garden that Jina saw a blue bird yesterday.

3 It was yesterday that Jina saw a blue bird in the garden.

C 1 It was a sunflower that I planted in the backyard.

2 It was the movie that made me cry.

D 1 It was New York that I visited last year.

2 It was my group that planted the big tree.

3 It was at the bus stop that I met a famous singer.

A |해석| 1. 내가 나의 첫 쿠키를 구운 것은 바로 어제였다.

2. 내가 오늘 아침에 떨어뜨린 것은 바로 꽃병이었다.

3. 내가 남동생과 꽃을 심은 곳은 바로 정원이었다.

4. Tommy가 학교 도서관에서 빌린 것은 바로 '샬롯의 거미줄'이었다.

B |해석| 지나는 어제 정원에서 파랑새를 보았다.

C |해석| 1. 내가 뒤뜰에 심은 것은 바로 해바라기였다.

2. 나를 울게 만든 것은 바로 그 영화였다.

Ⓖ Grammar 실전 TEST　　　　　pp. 26~29

01 ①　**02** ①　**03** ③　**04** ②, ③　**05** ①, ④　**06** ⑤

07 ③　**08** ④　**09** ⑤　**10** made　**11** that　**12** ②　**13** ③

14 ①　**15** ②　**16** ③　**17** ④　**18** ②, ③　**19** ①, ③　**20** ③

21 ④

[서술형]

22 (1) I had John bring my books.

(2) He made us read the book many times.

(3) She let me use her smartphone.

23 (1) It was a cheesecake that my sister made at school yesterday.

(2) It was at school that my sister made a cheesecake yesterday.

(3) It was yesterday that my sister made a cheesecake at school.

24 made me clean my room first

made me finish my homework

made me walk the dog

25 (1) It was last Friday that they planted trees.

(2) It was in the neighborhood park that they planted trees.

01 사역동사 let은 목적격보어로 동사원형을 쓴다.

|해석| 나의 할아버지께서는 가끔 그의 개가 자신의 침대에서 자도록 두신다.

02 have가 사역동사로 쓰인 경우에는 목적격보어로 동사원형을 쓴다.

|해석| 그녀는 아들이 물을 가져오게 했다.

03 It ~ that 강조 구문은 It is/was와 that 사이에 강조하고 싶은 말(a bird)을 쓴다.

|해석| 어제 창문을 깬 것은 바로 새 한 마리였다.

04 목적격보어로 동사원형(arrange)이 쓰였으므로 빈칸에는 사역동사를 쓸 수 있다. tell, want, allow는 목적격보어로 to부정사를 쓴다.

|해석| White 선생님은 우리가 책장을 정리하게 했다.

05 help는 준사역동사로 동사원형과 to부정사를 모두 목적격보어로 쓸 수 있다.

|해석| 나는 삼촌이 차를 세차하는 것을 도왔다.

06 작년을 강조하고 있으므로 It was와 that 사이에 last year를 쓰고 나머지 부분을 that 다음에 쓴다.

07 「let+목적어(me)+목적격보어(ride)」의 어순으로 쓰고 목적격보어는 동사원형을 쓴다.

08 ④는 선행사를 포함하는 관계대명사 What이 들어가고, 나머지는 모두 It이 들어간다.

① 가주어 It이 들어간다. to get there in time이 진주어이다.

② 날씨를 나타내는 비인칭주어 It이 들어간다.

③, ⑤ It ~ that 강조 구문에 쓰인 It이 들어간다.

|해석| ① 그곳에 늦지 않게 도착하는 것은 불가능하다.

② 오늘 아침에 비가 내리고 있었다.

③ 우리 가족이 지난 주말에 방문한 곳은 바로 삼촌의 농장이었다.

④ 그가 필요한 것은 새 운동화 한 켤레이다.

⑤ 그녀가 그 소식을 들은 것은 바로 3주 뒤였다.

09 He had us taste his new food.이므로 네 번째로 오는 단어는 taste이다.

10 첫 번째 빈칸에는 사역동사로 '~하게 했다'라는 의미의 made가 알맞고, 두 번째 빈칸에는 수여동사로 '~에게 …을 만들어 주었다'라는 의미의 made가 알맞다.

|해석| • 선생님께서는 우리가 교실에서 규칙을 따르게 하셨다.

• 나의 할아버지께서는 지난달에 나에게 의자를 만들어 주셨다.

11 첫 번째 빈칸에는 a rose를 강조하는 It ~ that 강조 구문의 that이 필요하고, 두 번째 빈칸에는 동사 think의 목적어 역할을 하는 명사절을 이끄는 접속사 that이 들어간다.

|해석| • 미아가 정원에 심은 것은 바로 장미 한 송이였다.

• 나는 Susan이 훌륭한 가수라고 생각한다.

12 It was ~ that 강조 구문에서 강조하는 부분은 It was와 that 사이에 있는 부분이다.

|해석| Jimmy가 나에게 꽃을 준 것은 바로 이틀 전이었다.

13 ③ want는 목적격보어로 to부정사를 쓰므로 빈칸에 to go가 들어간다. ①의 let, ②의 made, ④의 had는 사역동사로, 목적격보어로 동사원형을 쓴다. help는 준사역동사로, 목적격보어로 동사원형이나 to부정사를 둘 다 쓸 수 있다.

|해석| ① 엄마께서는 내가 파티에 가지 못하게 하셨다.

② 그는 아이들이 일찍 잠자리에 들게 했다.

③ 그의 부모님은 그가 캠핑을 가는 것을 원치 않으신다.

④ 그 선생님께서는 우리가 도서관에 가게 하셨다.

⑤ 나는 할머니께서 위층으로 올라가시는 것을 도왔다.

14 빈칸에는 made us line up이 들어가므로 to는 쓰이지 않는다.

15 빈칸에는 It was yesterday that이 들어가므로 did는 쓰이지 않는다.

16 ① let not → doesn't let

② my gym uniform bring to my sister → my sister bring my gym uniform

④ has us on time → has us be on time

⑤ to ask → ask

|해석| ① 그는 내가 그의 컴퓨터를 사용하지 못하게 했다.

② 나는 나의 여동생이 내 체육복을 가져오게 했다.

③ 그녀는 우리가 많은 책을 읽게 하실 것이다.

④ Frank 선생님은 우리가 모든 수업에 제시간에 오게 하신다.

⑤ 박 선생님은 우리가 수업 중에 질문을 많이 하게 하신다.

17 첫 번째 문장은 It was ~ that 강조 구문이 되어야 하므로 what을 that으로 고쳐야 한다.

|해석| • Bob이 통학 버스를 놓친 것은 바로 오늘 아침이었다.

• 이 사진은 내가 어린 시절을 생각나게 한다.

• 나는 나의 여동생이 나의 사진을 찍게 했다.

• 그 암탉이 지난주에 두 개의 알을 낳은 것은 바로 지붕 위에서였다.

18 ② It was ~ that 강조 구문이 되도록 That은 It으로 고치고, it은 that으로 고쳐야 한다.

③ It was ~ that 강조 구문이 되도록 what을 that으로 고쳐야 한다.

|해석| ① 그들은 소풍 장소, 봉사 활동 그리고 파티 음식에 투표했다.

② 그들이 소풍 장소로 선택한 것은 바로 놀이공원이었다.

③ 그들이 봉사 활동으로 선정한 것은 바로 공원 청소였다.

④ 그들이 봉사 활동을 하려는 곳은 바로 공원에서이다.

⑤ 그들이 파티 음식으로 최종적으로 선택한 것은 바로 감자 피자였다.

19 sad movies를 강조한 It ~ that 강조 구문이고, yesterday(어제)가 있으므로 동사는 과거시제인 was로 써야 한다.

20 ③ have가 사역동사로 쓰였으므로 목적격보어는 동사원형을 써야 한다. → clean

|해석| ① 나에게 당신의 이름을 알려주세요.

② 그녀는 우리가 그 일을 하게 했다.

③ 나는 내 남동생이 그 방을 청소하게 할 것이다.

④ 그녀는 네가 그 일을 하는 것을 도울 것이다.

⑤ 나는 Mike가 나의 집을 짓게 했다.

21 ⓐ와 ⓒ는 옳은 문장이다.

ⓑ 미나가 드론을 날린 것은 지난주 금요일로 과거의 일이므로 동사 fly를 과거형 flew로 고쳐야 한다.

ⓓ had는 사역동사이고 목적격보어로 동사원형이 오므로 to open을 open으로 고쳐야 한다.

|해석| ⓐ 나의 어머니는 내가 밤에 텔레비전을 보지 못하게 하신다.

ⓑ 미나가 지난주 금요일에 학교에서 날린 것은 바로 드론이었다.

ⓒ 내가 지난주에 가입한 것은 바로 학교 미술 동아리였다.

ⓓ 그 치과의사는 내가 입을 열게 했다.

22 사역동사 have, make, let은 「have/make/let＋목적어＋목적격보어(동사원형)」의 형태로 쓴다. 세 문장 모두 과거시제이므로, 동사를 과거형으로 쓰는 것에 유의한다.

23 It is/was ~ that 강조 구문에서 강조하는 부분은 It is/was와 that 사이에 넣고, 나머지 부분을 that 뒤에 쓴다. 주어진 문장의 시제가 과거이므로, It was ~ that을 이용해 각 문장을 완성한다.

24 사역동사 make는 「make＋목적어＋목적격보어(동사원형)」의 형태로 쓴다. Tim의 엄마, 누나 Judy, 아빠가 Tim에게 시킨 일을 이용해 빈칸을 채운다.

|해석| Tim: 엄마, 저는 오늘 오후에 Brian의 생일 파티에 가고 싶어요.

엄마: 좋아, Tim. 하지만 파티에 가기 전에 네 방을 먼저 청소하렴.

Judy: 반드시 네 숙제를 끝마치렴.

아빠: 또한 너는 개를 산책시켜야 한단다.

Tim: 네, 그럴게요.

25 질문의 의문사 when(언제)과 where(어디에)에 해당하는 정보를 찾아 It was와 that 사이에 넣어 답한다.

|해석| 지난주 금요일에, 드림중학교 학생들은 동네 공원에 20그루의 나무를 심었다. 그들은 매년 나무를 심기로 계획한다.

(1) 드림중학교 학생들은 언제 나무를 심었나요?

(2) 그들은 어디에 나무를 심었나요?

R Reading **빈칸 채우기** pp. 32~33

01 name **02** in front of **03** aren't they

04 take pictures, wall paintings **05** make, bright, new

06 a village **07** As, a light went on **08** Why don't we

09 suggested this idea **10** teen volunteer project

11 to do, neighborhood **12** applied for, was selected

13 finally came **14** had, meet, painting site

15 poor condition **16** There were, some

17 Other parts **18** removed, painted over, with

19 let, paint **20** something cute, near **21** divided into

22 in **23** spot, character **24** background drawings

25 for about five hours **26** After, got together, shared

27 proud of **28** so, that, landed

29 much harder than **30** agreed, perfect **31** matter

32 a little, happier **33** ourselves **34** paint, that day

35 better, that

R Reading **바른 어휘・어법 고르기** pp. 34~35

01 is **02** me **03** aren't **04** to take **05** make

06 visited, with **07** taking, went **08** in, do **09** next

10 found **11** to do **12** applied, selected **13** came

14 meet **15** poor **16** were, some **17** Other **18** over

19 paint **20** something cute, near **21** painting **22** in

23 to paint **24** did **25** for **26** got **27** proud **28** so

29 much **30** that **31** didn't matter **32** our

33 ourselves **34** that day **35** that

R Reading **틀린 문장 고치기** pp. 36~37

01 ○ **02** ×, in front → in front of

03 ×, they aren't → aren't they **04** ○

05 ×, brightly and newly → bright and new

06 ×, visited to a village → visited a village **07** ○

08 ×, Why do we do → Why don't we do **09** ○ **10** ○

11 ×, to doing → to do **12** ×, selected → was selected

13 ○ **14** ×, meeting → meet

15 ×, very good → very poor

16 ×, There was → There were **17** ○ **18** ○

19 ×, let us painting → let us paint

20 ×, cute something → something cute

21 ×, divided three groups → divided into three groups

22 ○ **23** ×, paint → to paint **24** ×, does → did

25 ×, about for five hours → for about five hours **26** ○

27 ○ **28** ×, which → that

29 ×, very harder → much harder **30** ○

31 ×, mattered → matter

32 ×, a little brighter and happier our neighborhood → our neighborhood a little brighter and happier

33 ×, us → ourselves **34** ○ **35** ×, That → It

R Reading **실전 TEST** pp. 40~43

01 ④ **02** wall paintings **03** ③ **04** ② **05** ③ **06** 벽화를 그리는 것 **07** ④ **08** ③ **09** ② **10** ① **11** ② **12** ④

13 ④ **14** ④ **15** spot **16** ④ **17** ④ **18** ⑤ **19** ①

20 that

[서술형]

21 우리 동네에 벽화를 그리는 것

22 at 9 a.m., very poor condition, remove the posters, paint over the writings and drawings with white paint

01 부가의문문은 앞 문장이 긍정이면 부정으로 쓰고, 부정이면 긍정으로 쓴다. 앞 문장의 동사가 be동사의 긍정(are)이므로 부가의문문은 「be동사(are)+not+대명사 주어」의 어순으로 쓴다. be동사 are와 not은 축약형으로 쓴다.

02 앞 문장에 나온 벽화를 가리킨다.

03 ⓒ와 ③의 make는 '~을 …하게 만들다'라는 의미의 5형식 동사로 쓰였다.
　①, ⑤ 만들다(3형식)
　② ~에게 …을 만들어 주다(4형식)
　④ ~가 …하게 하다(5형식 사역동사)
　|해석| ① 나는 파티를 위한 나의 원피스를 만들 거야.
　② 나의 아버지께서는 나에게 연을 만들어 주셨다.
　③ 그 소식은 그를 매우 행복하게 만들 것이다.
　④ 그는 내가 그 탁자를 옮기게 했다.
　⑤ 나의 어머니께서는 나에게 케이크를 만들어 주셨다.

04 a light went on in my head는 '머릿속에 좋은 생각이 떠올랐다'라는 의미이다.

05 ⓑ와 ③은 '~처럼, ~같이'라는 의미의 전치사이다.
　① 마실 것을 권하는 표현에 쓰는 동사이다.
　②, ④ '좋아하다'라는 의미의 동사이다.
　⑤ '좋아하는 것들'이라는 의미의 명사이다.
　|해석| ① 마실 것을 드시겠어요?
　② 나는 바나나보다 사과를 더 좋아한다.
　③ 아이들이 천사들처럼 노래했다.
　④ 내 여동생과 나는 주말에 산책하는 것을 좋아한다.
　⑤ 우리 모두는 좋아하는 것들이 다르다.

06 앞 문장의 do wall paintings (like these)를 의미한다.

07 동아리 부원들이 호민이의 제안을 좋아했다고만 제시되어 있어 부원의 수를 묻는 네 번째 질문에는 답할 수 없다.
　|해석| • 호민이는 지난달에 어디를 방문했나요?
　• 호민이는 어느 동아리에 속해 있나요?
　• 호민이는 동아리 모임에서 무엇을 제안했나요?
　• 호민이의 동아리에는 몇 명의 부원들이 있나요?
　• 부원들은 호민이의 아이디어를 어떻게 생각했나요?

08 자원봉사 프로젝트를 찾고(C), 찾은 프로젝트의 내용을 말하고(B), 프로젝트에 지원해서 선정되고(D), 그 뒤에 프로젝트 날이 마침내 되었다(A)는 내용이 이어지는 것이 자연스럽다.

09 ⓐ와 ②는 보어로 쓰인 명사적 용법의 to부정사이다.
　①은 원인을 나타내는 부사적 용법의 to부정사이다.
　③은 명사를 수식하는 형용사적 용법의 to부정사이다.
　④는 목적을 나타내는 부사적 용법의 to부정사이다.
　⑤는 이유·판단의 근거를 나타내는 부사적 용법의 to부정사이다.

　|해석| ① 나는 그것을 해서 기뻤다.
　② 나의 계획은 최선을 다하는 것이다.
　③ 해야 할 많은 일들이 있다.
　④ 나는 숙제를 하기 위해 도서관에 갔다.
　⑤ 그런 일을 하다니 너는 바보임에 틀림없다.

10 사역동사 have는 목적격보어로 동사원형을 쓰므로 meet이 알맞다.

11 전체 중에 일부를 지칭할 때는 some, 또 다른 일부를 지칭할 때는 other를 쓴다.

12 ④ 먼저 오래된 포스터들을 제거한 후 덧칠을 했다고 했다.

13 ⓐ는 사역동사 let의 목적격보어이므로 동사원형만 쓸 수 있어 paint가 들어간다.
　ⓓ는 문장의 동사가 들어가는 자리로 과거형인 painted가 알맞다.
　ⓑ는 decide는 to부정사를 목적어로 취하는 동사이므로 to paint가 들어간다.
　ⓒ 동사 start는 to부정사를 목적어로 쓸 수 있으므로 to paint가 들어갈 수 있다.

14 세 번째 행의 because 뒤에서 귀여운 것을 그리기로 결정한 이유를 설명하고 있다.
　|해석| 그들은 왜 귀여운 뭔가를 그리기로 결정했나요?
　① 그들은 귀여운 것을 좋아한다.
　② 귀여운 것은 그리기 쉽다.
　③ 그들은 귀여운 것을 그리는 것을 잘한다.
　④ 그 벽은 초등학교 근처에 있었다.
　⑤ 책임자는 그들에게 귀여운 뭔가를 그리라고 요청했다.

15 '특정한 장소나 구역'을 의미하는 단어는 spot이다.

16 첫 번째 빈칸에는 for, 두 번째 빈칸에는 of, 세 번째 빈칸에는 on, 마지막 빈칸에는 than이 들어간다.

17 ⓐ와 ④의 much는 비교급을 수식하는 부사로 '훨씬'의 의미로 쓰였다.
　|해석| ① 그 재킷은 얼마인가요?
　② 나의 부모님께서는 나를 너무 걱정하신다.
　③ 정말 감사합니다.
　④ 나는 오늘 훨씬 더 기분이 좋다.
　⑤ 나는 돈이 많지 않다.

18 ⑤ 호민이는 벽에 그림을 그리는 것이 종이에 그리는 것보다 더 어려웠다고 했다.

19 주어진 문장은 우리의 벽화가 완벽하지는 않다는 말 다음에 나오는 것이 자연스럽다.

20 ⓐ 동사 agreed의 목적어로 쓰인 명사절을 이끄는 접속사 that이 들어간다.
　ⓑ It ~ that 강조 구문으로 쓰인 that이 들어간다.

21 The project was to do a wall painting in our neighborhood.에서 알 수 있다.

22 호민이는 프로젝트 책임자에게 만나는 시간과 구체적으로 어떤 활동을 하게 되는지 묻고 있다.
　|해석| 호민: 우리 동아리가 그 프로젝트에 선택되었어요. 우리 부원들이 내일 몇 시에 만나야 할까요?
　책임자: 여러분은 그림 그리는 곳에서 오전 9시에 만나야 합니다.

호민: 알겠습니다. 우리는 그곳에서 어떤 일을 해야 하나요?

책임자: 벽이 <u>상태가 별로 좋지 않습니다</u>. 먼저, 여러분은 <u>포스터를 제</u>
<u>거해야 합니다</u>. 그런 다음에 여러분은 <u>낙서와 그림을 흰색 페인</u>
<u>트로 덧칠해야 합니다</u>.

호민: 알겠습니다. 내일 뵙겠습니다.

23 '~하게 하다'라는 의미의 let은 목적어(us) 다음에 목적격보어로 동사
원형(paint)을 쓴다. anything과 we wanted 사이에 관계대명사가
생략되어 있는 것에 유의한다.

24 호민이는 가장 좋아하는 영화 캐릭터를 그렸고, 민수는 꽃을 그렸다고
했다.

|해석| 호민이와 민수는 무엇을 그렸나요?

호민이는 가장 좋아하는 영화 캐릭터를 그렸고 민수는 꽃을 그렸습니다.

25 We were proud of us.는 우리 자신이 자랑스러웠다는 의미가 되어
야 하므로, us가 아니라 we의 재귀대명사인 ourselves를 써야 한다.

26 It was와 that 사이에 강조하고 싶은 부분인 a better tomorrow를
쓰고, that 뒤에 나머지 부분을 쓴다.

Ⓜ 기타 지문 실전 TEST   p. 45

01 ③   **02** ④   **03** ④   **04** ③   **05** ④

[서술형]

06 The books were so heavy that I had to take a break
every 30 minutes.

07 (1) He read English books to children.

(2) He arranged the books on the shelves.

01 ③ 벽화를 그린 장소가 구체적으로 어디인지는 제시되지 않았다.

|해석| ① 호민이의 미술 동아리는 무엇에 지원했나요?

② 호민이의 미술 동아리 부원들은 언제 만났나요?

③ 그림 그리는 곳은 어디였나요?

④ 호민이는 무엇을 그렸나요?

⑤ 호민이의 동아리 부원들은 자원봉사 활동 후에 무엇을 했나요?

02 ④ 날짜와 시간, 자원봉사에서 할 일 등을 설명하고 있는 것으로 보아
벽화를 그릴 자원봉사자를 모집하는 광고문임을 알 수 있다.

03 ⓓ remove와 and로 연결되어 있으므로 동사원형인 paint로 써야
한다.

04 ③ 프로젝트를 시행하는 구체적인 장소는 알 수 없다.

05 ④ 감각동사 look 다음에는 형용사를 보어로 쓴다. 우리말로 '~하게'
라고 해석되지만 형용사(neat)를 쓰는 것에 유의한다. neatly(깔끔하
게)는 부사이다.

06 '매우 ~해서 …하다'는 「so+형용사+that+주어+동사」의 구조로
쓴다.

07 민수는 아이들에게 영어 책을 읽어 주었고, 책장에 책을 정리했다고 했
다.

Ⓦ Words 고득점 맞기   pp. 46~47

01 ②   **02** ⑤   **03** do   **04** ⑤   **05** ⑤   **06** ①   **07** ②

08 ①   **09** ①   **10** ③, ④   **11** get together   **12** ④

13 (A) for (B) divided (C) take   **14** ④

01 ② elder는 '나이가 더 많은'이라는 뜻의 형용사이고, elderly는 '연세
가 드신'의 뜻으로 부사가 아닌 형용사이다. 나머지는 모두 형용사와
부사의 관계이다.

02 matter는 '중요하다'라는 뜻이므로 빈칸에는 important(중요한)가
알맞다.

03 do one's best: 최선을 다하다

do a wall painting: 벽화를 그리다

|해석| • 네가 최선을 다한다면 너는 성공할 거야.

• 학생들이 벽화를 그리는 것은 쉽지 않았다.

04 ⑤ say goodbye to: ~에게 작별 인사를 하다

|해석| ① 나는 박물관에 여러 번 방문했다.

② 반드시 저녁 9시까지 집에 오렴.

③ 나는 어르신들을 돕기 위해 매달 양로원을 방문한다.

④ 너는 녹음실에서 아이들을 위한 책을 읽을 것이다.

⑤ 네 친구들에게 작별 인사를 할 시간이다.

05 '없애다, 제거하다'라는 뜻의 remove가 알맞다.

|해석| 이 비누는 어떤 것이든 지울 수 있습니다. 여러분이 이 비누를 사
용하면, 여러분의 셔츠는 깨끗해질 것입니다.

06 ① spot(장소, 자리)의 영어 뜻풀이는 a particular space or area
이고, a small town in the country는 village(마을)의 영어 뜻풀
이다.

07 '~에게 음식을 주다'라는 뜻의 단어는 feed이다.

|해석| 나는 사촌에게 나의 고양이에게 먹이를 주라고 부탁했다.

08 명사로 쓰일 때는 '땅의 한 지역'을 의미하고, 동사로 쓰일 때는 '땅이나
다른 표면으로 공중을 통해 밑으로 내려오다'라는 뜻을 나타내는 단어
는 land(땅, 내려앉다)이다.

09 ① keep in mind는 '명심하다'라는 뜻으로 to remember something
that is important가 되어야 한다. to keep one's promise는 '약
속을 지키다'라는 뜻이다.

|해석| ① 너의 아버지께서 하신 말씀을 명심해라.

(약속을 지키다)

② 최선을 다해라, 그러면 너는 시험에 통과할 것이다.

(무언가를 성취하기 위해 할 수 있는 한 열심히 노력하다)

③ 며칠 내로 동아리 회의를 위해 모이자.

(무언가를 함께 하거나 함께 시간을 보내기 위해 만나다)

④ 운동장에 있는 모든 학생은 줄을 설 것이다.

(사람들이나 사물들을 일렬로 두다)

⑤ 우리는 네가 자랑스럽다.

(연관된 사람들의 성취에 관해 기쁨을 느끼다)

10 첫 번째 빈칸에는 '일어났다'라는 의미의 got up이 들어가고, 두 번째 빈칸에는 '~와 잘 지내다'라는 의미의 get along with가 들어가며, 마지막 빈칸에는 '탔다'라는 의미의 got on이 들어간다.

|해석| Sally는 일찍 일어나 학교 갈 준비를 했다. 그녀는 그녀의 엄마에게 작별 인사를 했다. 그녀의 엄마는 "친구들과 잘 지내려고 노력하고 즐겁게 보내렴."이라고 말씀하셨다. Sally는 "알겠어요, 그럴게요."라고 대답하고 통학 버스를 탔다.

11 '모이다'라는 의미를 나타낼 때는 get together를 쓴다.

12 ④ 두 문장 모두 '(영화, 연극, 책 속의) 인물, 캐릭터'의 의미로 쓰였다.

　① 문제, 일(명사) / 중요하다(동사)

　② 착륙하다(동사) / 땅(명사)

　③ 열심히(부사) / 힘든(형용사)

　⑤ ~에게 …을 만들어 주다 / ~를 …하게 하다

|해석| ① 네게 사적인 문제에 관해 말해도 될까?

　　 날씨가 나쁜 것은 중요하지 않았다.

　② 비행기는 안전하게 착륙할 것이다.

　　 땅은 무더운 여름 후에 매우 건조했다.

　③ 그는 양로원에서 열심히 일했다.

　　 벽에 그리는 것은 힘들었다.

　④ 스파이더맨은 내가 가장 좋아하는 캐릭터(등장인물)이다.

　　 나는 저 책의 주요 등장인물을 좋아하지 않았다.

　⑤ 나의 어머니께서는 나에게 아름다운 인형을 만들어 주셨다.

　　 선생님께서는 우리가 그 책을 읽게 하셨다.

13 (A) apply for: ~에 지원하다

　(B) divide into: ~으로 나누다

　(C) take pictures: 사진을 찍다

|해석| • 그는 청소년 자원봉사 프로젝트에 지원할 것이다.

　• 프로젝트 책임자는 우리를 여러 팀으로 나누었다.

　• 많은 사람들이 꽃 앞에서 사진을 찍는 것을 좋아한다.

14 주어진 영어 뜻풀이는 select(선택하다, 고르다)에 대한 설명이다.

|해석| ① 나는 여행을 위한 가방을 쌌다.

　② 반드시 먼저 털을 빗질하세요.

　③ 길에 쓰레기를 버리지 마세요.

　④ 벽에 걸 가장 좋은 그림을 선택해 주세요.

　⑤ 그 새는 날개가 부러져서 날 수 없었다.

 Listen & Speak 고득점 맞기 pp.50~51

01 ②, ④　**02** ④　**03** ④　**04** ④　**05** ④　**06** ⑤

[서술형]

07 What do you want me to do?

08 Make sure you feed the dog after you have dinner.

09 (1) He will deliver meals to the elderly.

　(2) Yes. He should greet the elderly politely.

10 What do you want me to do today?

11 (1) What can I do for you?

　(2) What do you want me to do today?

　(3) Is there anything to keep in mind?

12 the blind, slowly, clearly

01 빈칸에는 도움을 요청하는 말이 들어가야 한다. ②와 ④는 도움을 요청하는 표현이고, 나머지는 모두 도움이 필요한지 묻는 표현이다.

02 ④ Sue는 기부 센터에 보내려고 책을 싸고 있는 Tom을 돕고자 하는 것으로 그녀 자신의 책을 보내겠다는 내용은 없다.

|해석| ① Tom은 책을 싸고 있다.

　② Tom은 책을 기부하고 싶어 한다.

　③ Tom은 Sue가 그를 도와주길 원한다.

　④ Sue는 기부 센터에 보내기 위해 그녀의 책을 쌀 것이다.

　⑤ Sue는 상자에 주소를 쓸 것이다.

03 밑줄 친 말은 반드시 칠판을 닦으라고 당부하는 말이다.

04 무엇을 하면 될지 묻는 말(B)에 개를 목욕시켜 달라고 답하고(D), 명심해야 할 것이 있는지 묻는 말(A)에 먼저 털을 빗질해 달라고 당부하는 말(C)이 이어지는 것이 자연스럽다.

05 첫 번째 빈칸과 세 번째 빈칸에는 make가 들어가고, 두 번째 빈칸에는 Keep이 들어간다. 네 번째 빈칸에는 be가 들어가고, 마지막 빈칸에는 start가 들어간다.

06 ⑤ 칼을 보관하는 방법은 언급되어 있지 않다.

07 도움을 요청하는 말에 도와줄 수 있다고 했으므로, 필요로 하는 도움이 무엇인지 묻는 표현인 What do you want me to do?가 알맞다.

08 '반드시 ~해라'라는 의미의 Make sure를 먼저 쓰고, 그 뒤에 주어와 동사로 이루어진 절이 오는 것에 유의한다. after는 '~한 후에'라는 뜻의 접속사로, after 뒤에는 주어와 동사로 이루어진 절이 온다.

09 민수가 자신이 무엇을 하길 원하는지 묻자, 어른들께 식사를 배달해 달라고 했다. 유념해야 할 것이 있는지 묻자 어른들께 공손히 인사하라는 당부를 들었다.

|해석| (1) 민수는 봉사 활동으로 무엇을 할 것인가요?

　(2) 민수가 명심해야 할 것이 있나요?

10 want는 목적격보어로 to부정사를 쓰므로 doing이 아니라 to do가 되어야 한다.

11 (1) 무엇을 도와줄지 묻는 말이 알맞다.

　(2) 자신이 무엇을 하길 원하는지 묻는 말이 알맞다.

　(3) 명심해야 할 것이 있는지 묻는 말이 알맞다.

12 Tony는 시각 장애인들을 위해 책을 읽어 주는 자원봉사를 했고 책을

천천히 그리고 명확하게 읽어달라는 당부를 받았다.

|해석| 오늘 나는 봉사 활동을 했다. 나는 녹음실에서 <u>시각 장애인들을</u> 위한 책을 읽었다. 나는 <u>천천히</u> 그리고 <u>명확하게</u> 읽어야 했다.

Ⓖ Grammar 고득점 맞기
pp. 52~54

01 ③ 02 ② 03 ② 04 ①, ④ 05 ③ 06 ③ 07 ⑤
08 ⑤ 09 ⑤ 10 ② 11 ③ 12 ①, ④ 13 ⑤ 14 ②
15 ③

[서술형]

16 (1) had Jimin write a diary in English
   (2) had Sam arrange the books on the bookshelf
   (3) had Bora read more science books

17 (1) It was Apollo 11 that landed on the moon in 1969.
   (2) It was on the moon that Apollo 11 landed in 1969.
   (3) It was in 1969 that Apollo 11 landed on the moon.

18 (1) My mother doesn't let me play computer games at night.
   (2) The teacher has the students be on time for every class.

19 ⓑ It was his backpack that Mark lost yesterday.
   ⓓ He let his son cook dinner.

20 (1) It is on Saturday that they are going to do volunteer work.
   (2) It is in the nursing home that they are going to do volunteer work.

---

01 목적격보어 자리에 동사원형(decorate)이 있으므로 사역동사 have, let, make 또는 준사역동사 help 등이 들어갈 수 있다.

02 last Friday를 강조하는 It ~ that 강조 구문이다.

03 사역동사 let은 「let+목적어(us)+목적격보어(use)」의 형태로 쓴다.

04 일반동사는 It ~ that 구문으로 강조할 수 없으며 동사를 강조하고 싶을 때는 동사 앞에 do를 사용한다.
   |해석| • 미나는 어제 공원에서 야구를 했다.
   • John은 오늘 아침에 유리잔을 깼다.

05 첫 번째 빈칸에는 '~에게 …을 만들어 주었다'라는 의미의 made가 알맞고, 두 번째 빈칸에는 '~가 …하게 했다'라는 의미의 사역동사 made가 알맞다.
   |해석| • 그녀의 이모는 그녀에게 종이비행기를 <u>만들어 주었다</u>.
   • 나의 선생님께서는 내가 식물에 물을 주게 <u>하셨다</u>.

06 ⓐ, ⓓ It~ that 강조 구문에 쓰인 that이다.
   ⓑ 접속사 that이 이끄는 명사절이 문장의 진주어이다.
   ⓒ 주격 관계대명사로, 선행사는 these special shoes이다.
   ⓔ 뒤의 명사 money를 수식하는 지시형용사이다.
   |해석| ⓐ 내가 지난주에 심은 것은 바로 빨간 장미였다.
   ⓑ 그녀가 이 그림을 그린 것이 가능했다.

ⓒ 너는 너를 날 수 있게 만드는 이 특별한 신발을 가지고 싶니?
ⓓ 그가 계단에서 넘어진 것은 바로 오늘 아침이었다.
ⓔ 내가 지난주에 너에게 빌려준 그 돈에 관해서 잊어버렸니?

07 사역동사 make, let, have는 「make/let/have+목적어+목적격보어(동사원형)」 형태로 쓴다.
   ① to study → study
   ② rode → ride
   ③ to wash → wash
   ④ brought → bring
   |해석| ① 그녀는 Tom이 공부를 열심히 하게 했다.
   ② 유나는 그녀의 남동생이 그녀의 자전거를 타게 했다.
   ③ 박 선생님은 그들이 손을 씻게 했다.
   ④ 나는 여동생이 내 체육복을 가져오게 했다.
   ⑤ 부모님께서는 내가 어르신들께 예의 바르게 행동하게 하신다.

08 It was the blue sneakers that Mia wanted to wear.이므로 다섯 번째로 오는 단어는 sneakers이다.

09 ⑤ 동사 want는 목적격보어로 to부정사를 쓰므로 빈칸에 to sing이 들어간다.
   |해석| ① 나는 Sue가 공원에서 노래하는 것을 들었다.
   ② Jane은 우리가 경연 대회에서 노래하는 것을 도왔다.
   ③ 어머니께서는 내가 나의 방에서 노래하게 하신다.
   ④ 그들은 그가 파티에서 노래를 부르게 했다.
   ⑤ 그의 팬들은 그가 콘서트에서 노래하기를 원했다.

10 지난 토요일에 일어난 일이므로 동사는 과거시제인 was로 써야 한다.

11 He had me carry the box.이므로 to는 쓰이지 않는다.

12 help는 준사역동사로 동사원형과 to부정사를 모두 목적격보어로 쓸 수 있다.

13 ⑤ It ~ that 강조 구문의 that이므로 생략하지 않는다.

14 세 번째 문장은 It ~ that 강조 구문이 되어야 자연스러우므로 what을 that으로 고쳐야 한다.
   |해석| • 아버지께서는 내가 개에게 먹이를 주게 하셨다.
   • 책임자는 우리가 어르신들께 음식을 배달하게 했다.
   • 내가 찾고 있었던 것은 책 'Frindle'이었다.
   • 내 방으로 달려 들어온 것은 바로 작은 고양이였다.

15 ⓐ he를 삭제해야 한다.
   ⓓ 사역동사 had는 「had+목적어+목적격보어(동사원형)」의 형태로 쓰므로 to paint를 paint로 고쳐야 한다.
   ⓔ 금요일에 일어날 일은 과거시제(was)로 나타낼 수 없으므로 was를 is로 고쳐야 한다.
   |해석| ⓐ 꽃병을 깬 것은 바로 나의 개였다.
   ⓑ 그는 학생들이 체육관에서 줄을 서게 했다.
   ⓒ 내가 내 개를 찾은 것은 바로 상자 안에서였다.
   ⓓ 그녀는 우리 모둠 구성원들이 벽을 칠하게 했다.
   ⓔ 내가 서울로 떠나는 것은 바로 금요일이다.

16 사역동사 have의 과거형은 had로 「had+목적어+목적격보어」의 어순으로 쓰고, 목적격보어는 동사원형으로 쓴다.

17 강조하는 부분을 It was와 that 사이에 쓰고, 문장의 나머지 부분을 that 뒤에 쓴다.

|해석| 아폴로 11호는 1969년에 달에 착륙했다.

18 사역동사 let과 have는 「let/have+목적어+목적격보어」의 어순으로 쓰고, 목적격보어는 동사원형으로 쓴다.

19 ⓑ 과거시제(yesterday)이므로 is를 was로 고쳐야 한다.
ⓓ 사역동사 let은 「let+목적어+목적격보어(동사원형)」의 형태로 쓰므로 cooking을 동사원형인 cook으로 고쳐야 한다.
|해석| ⓐ 그녀는 내가 설거지를 하게 했다.
ⓑ Mark가 어제 잃어버린 것은 바로 그의 배낭이었다.
ⓒ 내가 나의 로봇을 보여 준 것은 바로 과학 박람회에서였다.
ⓓ 그는 그의 아들이 저녁을 요리하게 했다.

20 It ~ that 강조 구문은 It is와 that 사이에 강조하고 싶은 말을 넣는다.
|해석| 봉사 활동에 관한 학급 투표 결과
• 언제: 토요일에
• 어디서: 양로원에서
(1) 그들은 언제 봉사 활동을 할 것인가요?
(2) 그들은 어디에서 봉사 활동을 할 것인가요?

R Reading 고득점 맞기　　pp.57~59

01 aren't they　**02** ③　**03** ③　**04** ①　**05** ①　**06** ④
07 ②　**08** ④　**09** ③　**10** ④　**11** ②

[서술형]

12 (1) The project was to do a wall painting in our neighborhood.
(2) The project manager had us meet at the painting site at 9 a.m.

13 let paint → let us paint
cute something → something cute
divided → divided into

14 My flower is so real that a bee landed on it.

15 (1) They painted for about five hours.
(2) He was very proud of it(his flower painting).
(3) They made their neighborhood a little brighter and happier.

01 부가의문문은 앞 문장이 긍정이면 부정으로 쓰고, 부정이면 긍정으로 쓴다. 앞 문장의 동사가 be동사의 긍정(are)이므로 부가의문문은 be 동사의 부정을 이용해 「be동사(are)+not+대명사 주어」의 어순으로 쓴다. be동사 are와 not은 축약형으로 쓴다.

02 ③ 벽화 앞에서 사진을 찍다 떠오른 생각을 이야기하는 글의 흐름상 빛이 사진을 찍기 위해서는 가장 중요하다는 말은 어울리지 않는다.

03 ③ 호민이는 학교 사진 동아리의 부원이 아니라, 학교 미술 동아리의 부원이다.
|해석| ① 호민이는 여수에 있는 벽화 앞에서 사진을 찍었다.
② 호민이는 사진을 찍는 동안에 좋은 생각이 떠올랐다.
③ 호민이는 학교 사진 동아리의 부원이다.

④ 호민이는 벽화가 오래된 동네를 밝고 새롭게 만든다고 생각한다.
⑤ 호민이의 동아리 부원들은 호민이의 제안이 아주 좋다고 생각했다.

04 ①은 neighborhood(근처, 이웃)의 영어 뜻풀이다.
② site(현장, 장소)의 영어 뜻풀이다.
③ manager(운영자, 관리자)의 영어 뜻풀이다.
④ remove(없애다, 제거하다)의 영어 뜻풀이다.
⑤ poster(포스터)의 영어 뜻풀이다.

05 사역동사 had나 made 다음에는 목적어 us가 오고 목적격보어로 동사원형인 meet을 써야 한다.

06 ⓑ 「There+be동사」에서 be동사는 뒤에 이어지는 주어의 수에 맞추어 쓴다. 과거시제이고 주어가 복수이므로 were를 써야 한다.
ⓒ 전체 글이 과거시제이고, 동사 removed와 ⓒ의 동사가 and에 의해 연결되고 있으므로 과거형인 painted가 알맞다.

07 ⓐ 사역동사 let의 목적격보어는 동사원형을 쓰므로 paint가 알맞다.
ⓑ 동사 begin은 to부정사와 동명사를 모두 목적어로 쓸 수 있다.

08 ⓒ '약, 대략'의 의미를 나타낼 때는 about을 쓴다.
ⓓ 비교급(harder)을 강조하여 '훨씬'의 의미를 나타낼 때는 much를 쓴다.

09 ① 책임자는 우리가 그리고 싶은 것을 그릴 수 있게 해 주었다.
② 초등학교 근처에 있는 벽에 그림을 그렸다.
④ 민수는 꽃을 그리고 호민이는 좋아하는 영화 캐릭터를 그렸다.
⑤ 지원이는 배경 그림을 그렸다.
|해석| ① 책임자가 벽에 무엇을 그릴지 결정했다.
② 그들은 초등학교에 귀여운 뭔가를 그렸다.
③ 민수와 지원이가 호민이의 그룹에 있었다.
④ 민수와 호민이는 함께 꽃을 그렸다.
⑤ 지원이는 민수와 호민이가 그리는 것을 도왔다.

10 ④ 지원이가 자신의 그림에 대해 어떻게 느끼는지는 글에 제시되어 있지 않다.
|해석| ① 동아리 부원들은 얼마의 시간 동안 그렸나요?
② 동아리 부원들은 끝낸 후에 무엇을 했나요?
③ 민수는 무엇을 그렸나요?
④ 지원이는 자신의 그림에 대해 어떻게 느꼈나요?
⑤ 호민이는 벽에 그리는 것과 종이에 그리는 것 중 무엇이 더 힘들었나요?

11 ⓐ 동사 agreed의 목적어로 쓰인 명사절을 이끄는 접속사 that이 쓰여야 한다.
ⓑ 정도를 나타내는 '조금'의 의미이므로 a little이 쓰여야 한다.
ⓒ 주어가 We이므로 we의 재귀대명사인 ourselves가 쓰여야 한다.

12 (1) 동사는 과거시제로 쓰고, be동사 뒤에는 주격보어로 to부정사를 써서 표현한다.
(2) 사역동사 have의 과거형 had 다음에 목적어(us)를 쓰고, 목적격보어로 동사원형(meet)을 쓴다.

13 let은 사역동사로 「let+목적어+목적격보어」의 어순으로 쓰므로 목적어(us)가 필요하다.
something과 같이 -thing으로 끝나는 단어는 형용사(cute)가 뒤에서 수식한다.
'~으로 나누다'라는 의미를 나타낼 때는 divide into를 쓴다.

14 '매우 ~해서 …하다'는 「so+형용사(real)+that+주어+동사」의 어순으로 쓴다.

15 (1) 얼마나 오래 그림을 그렸는지는 첫 번째 단락의 첫 문장(Our club painted for about five hours.)에 나와 있다.

(2) 민수가 자신의 꽃 그림에 대해 어떻게 느끼는지는 첫 번째 단락의 세 번째 문장(Minsu was very proud of his flower painting.)에 나와 있다.

(3) 동아리 부원들이 동네를 어떻게 만들었는지는 두 번째 단락(We made ~ happier.)에 나와 있다.

|해석| (1) 동아리 부원들은 얼마의 시간 동안 그렸나요?

(2) 민수는 자신의 꽃 그림에 대해 어떻게 느꼈나요?

(3) 동아리 부원들은 그들의 동네를 어떻게 만들었나요?

서술형 100% TEST

pp. 60~63

01 matter

02 get along with

03 What do you want me to do

04 Make sure you close the windows.

05 (1) I'm packing the books for the donation center.

(2) What do you want me to do?

(3) Please write the address on the boxes.

06 pick up trash on the street

put cans and bottles in the recycling bin

07 Make sure you feed the dog after you have dinner.

08 (1) 시작하기 전에 손을 씻어라.

(2) 칼을 사용할 때 조심해라.

09 (1) He let us touch the snake.

(2) She made them move the desks.

10 (1) It was a baseball cap that Sally bought two days ago at the mall.

(2) It was two days ago that Sally bought a baseball cap at the mall.

(3) It was at the mall that Sally bought a baseball cap two days ago.

11 (1) Mr. Park has Mia clean the board.

(2) Mr. Park has Jinsu share ideas with his group members.

(3) Mr. Park has John be on time for every class.

12 It was, that broke the window

13 ⓐ → She made the students line up at the gym.

ⓔ → I had my sister bring my gym uniform.

14 (1) last weekend that

(2) It was famous movie characters that

15 (1) 모범답 The teacher lets his students go to the restroom during class.

(2) 모범답 The manager didn't let people use their smartphones.

(3) 모범답 Her parents let her stay up late at night on Fridays.

16 (1) They decided to paint something cute because the wall was near an elementary school.

(2) They divided into three groups.

17 (1) his favorite movie character

(2) some flowers

(3) some background drawings

18 They got together and shared the day's experiences.

19 (A) 내 꽃이 너무 진짜 같아서 벌이 꽃에 앉았다.

(B) 벽에 그리는 것이 종이에 그리는 것보다 훨씬 더 힘들었다.

(C) 우리는 우리 동네를 조금 더 밝고 행복하게 만들었다.

20 our wall painting wasn't perfect

21 It was a better tomorrow that we painted.

22 (1) I volunteered at Dream Library.

(2) I read English books to children.

(3) I arranged the books on the shelves.

(4) I felt very proud.

---

01 '다루거나 고려해야만 하는 상황이나 문제'라는 의미의 명사 또는 '중요하다'라는 의미의 동사를 나타내는 단어는 matter(일, 문제/중요하다, 문제 되다)이다.

02 get along with: ~와 잘 지내다

03 도와줄 수 있다는 B의 말에 A가 무엇을 해야 할지 알려주는 것으로 보아 빈칸에는 자신이 무엇을 하길 원하는지 묻는 표현이 들어가야 한다.

04 당부하는 표현은 Make sure 다음에 「주어+동사 ~」를 쓴다.

05 (1) 소미는 기부 센터에 보낼 책을 싸고 있다고 했다.

(2) 어떻게 도와주면 될지 구체적으로 원하는 행동을 묻는 표현이 알맞다.

(3) 구체적으로 할 일(상자에 주소 쓰기)을 말해 주는 표현이 들어가는 것이 자연스럽다.

|해석| 소미는 기부 센터에 보내려고 책을 싸고 있다. 그녀는 Tony의 도움이 필요하다. 그녀는 그가 상자에 주소를 써 주길 원한다.

06 민수는 거리에서 쓰레기를 줍는 자원봉사 활동을 할 것이고, 유념해야 할 점은 캔과 병을 분리수거함에 넣는 것이다.

|해석| 민수는 여기에 자원봉사 활동을 하러 왔다. 그는 <u>거리에서 쓰레기를 주울 것이다</u>. 명심해야 할 것이 하나 있다. 그는 <u>캔과 병을 분리수거함에 넣어야 한다</u>.

07 당부하는 표현은 Make sure 다음에 「주어+동사 ~」를 쓰고, '~한 후에'는 접속사 after 뒤에 「주어+동사 ~」를 쓴다.

08 First와 Second 다음에 이어지는 내용이 수업에서 명심해야 할 두 가지 규칙이다.

09 (1) '~하게 두다'라는 의미일 때는 사역동사 let을 쓰고 목적격보어로 동사원형(touch)을 쓴다. let은 현재형과 과거형의 형태가 같다.

(2) '~하게 하다'라는 의미를 나타낼 때는 사역동사 make를 쓰고 목적격보어로 동사원형(move)을 쓴다. 동사는 과거형으로 바꿔 쓴다.

10 It is/was ~ that 강조 구문은 It is/was와 that 사이에 강조하고 싶은 부분을 쓰고 that 뒤에 나머지 부분을 쓴다. 주어진 문장의 시제가 과거형이므로 It was ~ that을 이용한다.

11 주어 Mr. Park이 3인칭 단수형이므로 동사 have는 has로 바꿔 쓰고, 「has+목적어+동사원형」의 어순으로 쓴다.

12 It ~ that 강조 구문을 사용하고 시제가 과거이므로 동사는 was를 쓴다.

13 사역동사 make, have, let이 쓰인 경우에는 목적격보어로 동사원형을 쓴다.

ㅣ해석ㅣ ⓐ 그녀는 학생들이 체육관에서 줄을 서게 했다.
ⓑ 아버지께서는 내가 책을 많이 읽게 하신다.
ⓒ 사서는 우리가 도서관에서 떠들지 못하게 한다.
ⓓ 나의 사촌은 내가 그의 컴퓨터를 사용하게 둔다.
ⓔ 나는 여동생이 내 체육복을 가져오게 했다.

14 It was와 that 사이에 인터넷 기사와 다르게 말한 부분을 정정해 주는 내용을 쓴다.

ㅣ해석ㅣ 지난 주말에 드림중학교 학생들은 공원에서 벽에 그림을 그렸다. 그들은 유명한 영화 캐릭터들을 그렸다.
세나: 그들은 이번 주말에 벽에 그림을 그렸어. 멋지다!
→ Paul: 아니야. 그들이 벽에 그림을 그린 것은 지난 주말이었어.
Jane: 나는 그들이 유명한 케이팝 스타들을 그린 것이 믿기지 않아.
→ 민기: 아니야. 그들이 그린 것은 유명한 영화 캐릭터였어.

15 윗글의 밑줄 친 let은 '(목적어)가 ~하게 (허락)하다'라는 의미로 쓰인 사역동사이다. 따라서 「주어+let+목적어+목적격보어(동사원형) ~」의 형태로 문장을 영작한다. 부정문은 let 앞에 don't/doesn't/didn't를 쓴다.

16 (1) 그들이 무엇을 그리기로 결심했는지와 그 이유는 두 번째 문장(We decided to paint something cute because ~.)에 나와 있다.
(2) 몇 개의 그룹으로 나뉘었는지는 세 번째 문장(We divided into three groups ~.)에 나와 있다.

ㅣ해석ㅣ (1) 그들은 무엇을 그리기로 결정했나요? 그리고 왜 그런가요?
(2) 그들은 몇 개의 그룹으로 나뉘었나요?

17 호민이는 가장 좋아하는 영화 캐릭터를 그렸고, 민수는 꽃을 그렸으며, 지원이는 배경 그림을 그렸다고 했다.

18 그림을 그린 후 무엇을 했는지 묻는 질문이므로 두 번째 문장에서 After we finished 뒤에 나오는 내용으로 답을 쓴다.

19 (A) 「so+형용사(real)+that+주어(a bee)+동사(landed) ~」는 '너무(매우) ~해서 …하다'라는 뜻을 나타낸다.
(B) 동명사구(Drawing on a wall)가 문장의 주어이고, 「비교급(harder)+than」은 '~보다 더 …한'이라는 뜻을 나타낸다. much는 '훨씬'이라는 뜻으로 비교급을 강조하는 부사이다.
(C) 「make+목적어+목적격보어(형용사)」는 '(목적어)를 ~하게 만들다'라는 뜻을 나타낸다. 비교급 형용사 brighter와 happier가 등위접속사 and로 연결되어 있으며, a little(조금)이 뒤의 두 형용사를 수식한다.

20 it은 앞 문장의 our wall painting wasn't perfect를 의미한다.

21 문장의 시제가 과거이므로 It was ~ that을 이용하여 문장을 영작한다. It was와 that 사이에 강조하는 부분(a better tomorrow)을 넣고, 나머지 부분을 that 뒤에 쓴다.

22 민수는 드림 도서관에서 봉사 활동을 했다. 민수가 한 일은 아이들에게 영어 책을 읽어 준 것과 책을 책장에 정리한 것이다. 민수는 스스로가 매우 자랑스러웠다.

모의고사

| 제 **1** 회 | 대표 기출로 내신 **적중** 모의고사 | pp.64~67 |

01 ⑤　**02** ⑤　**03** (1) get along with (2) got on　**04** ②, ④
05 ②　**06** Can you give me a hand?　**07** ④　**08** ④
09 ③　**10** ②　**11** ①　**12** ④　**13** ④　**14** ③　**15** ①, ②
16 It was Apollo 11 that landed on the moon in 1969.
17 ⓑ → Mr. Brown let his son go to Sam's birthday party.
ⓓ → It was a big tree that he painted on the wall yesterday.
18 ②　**19** ②　**20** 호민이는 동아리 모임에서 동아리 부원들에게 벽화를 그리는 것을 제안했다.　**21** The project manager had us meet at the painting site at 9 a.m.　**22** ⓑ It was in very poor condition. (There were strange writings and drawings on some parts. Other parts had old posters on them.) ⓒ They removed the posters first.　**23** ③　**24** ④
25 우리가 그린 것은 바로 더 나은 내일이었다.

01 ⑤는 유의어 관계이고, 나머지는 모두 반의어 관계이다.

02 '중요하다'라는 의미를 나타내는 matter의 영어 뜻풀이다.

ㅣ해석ㅣ ① 샘플에서 한 가지 색을 골라 주세요.
② 우리는 한 시간 내에 배달할 것을 약속합니다.
③ 비행기가 공항에 착륙하려 한다.
④ 낡은 벽지를 제거하고 벽을 페인트칠하세요.
⑤ 안전은 그들에게 가장 중요한 것입니다.

03 (1) get along with: ~와 잘 지내다
(2) get on: (탈것에) 타다

04 Make sure ~.는 '반드시 ~해라.'라는 뜻으로 상대방에게 어떤 일을 잊지 말고 꼭 할 것을 당부하는 표현이다. 이에 대한 대답은 No problem. 또는 Okay, I will.로 말할 수 있다.

05 ② 도움을 요청하는 말에 Sure.라고 승낙한 후, 자신이 필요한 도움을 말하는 것은 어색하다. 상대방이 필요로 하는 도움이 무엇인지를 묻는 말이 와야 한다.

ㅣ해석ㅣ ① A: 안녕하세요. 저는 여기에 봉사 활동을 하러 왔어요.
　B: 와 줘서 고마워요.
② A: 나를 좀 도와줄래?
　B: 물론이야. 나는 네가 의자를 밖으로 옮겨 주었으면 해.
③ A: 명심해야 할 것이 있나요?
　B: 네. 어르신들께 공손하게 인사하는 것을 잊지 마세요.

④ A: 너는 내가 무엇을 하길 원하니?

B: 아이들에게 영어를 가르쳐 줘.

⑤ A: 집에 갈 시간이에요.

B: 그래. 반드시 창문을 닫으렴.

06 Can you give me a hand?는 '나를 도와줄 수 있니?'라는 뜻으로 도움을 요청할 때 쓰는 표현이다.

07 Tom은 상자에 옷을 넣어 달라는 Susan의 말에 알겠다는 긍정의 답을 했다.

|해석| Tom은 대화 후에 무엇을 할 것인가요?

① 그는 자신의 이사를 위해 짐을 쌀 것이다.

② 그는 Susan과 이사를 갈 것이다.

③ 그는 Susan을 위해 상자를 옮길 것이다.

④ 그는 상자에 옷을 넣을 것이다.

⑤ 그는 Susan에게 옷을 가져올 것이다.

08 주어진 문장은 유념해야 할 점이 있는지 묻는 말이므로, 여자가 당부하는 말 앞에 위치하는 것이 자연스럽다.

09 ③ 여자가 Oh, you must be Tony.라고 말하는 것으로 보아 두 사람은 오늘 처음 만나는 사이임을 알 수 있다.

10 ② 베이컨 달걀 샌드위치를 만드는 수업에서 명심해야 할 규칙을 알려 주는 글로, '여러분이 선택할 수 있는 샌드위치의 종류가 여러 개 있습니다.'라는 내용은 흐름상 어색하다.

11 문장의 목적격보어가 동사원형(practice)이므로 빈칸에는 사역동사 had, let, made가 들어갈 수 있다. 또한 목적격보어로 동사원형과 to부정사를 모두 쓸 수 있는 helped도 들어갈 수 있다.

12 [보기]와 ④는 It ~ that 강조 구문이다.

①, ②, ⑤는 가주어 It과 진주어인 명사절을 이끄는 that이다.

③은 '매우 ~해서 …하다'라는 뜻의 so ~ that이 쓰인 문장으로, It은 대명사이고 that은 접속사이다.

|해석| [보기] 우리가 소풍 장소로 정한 곳은 바로 놀이공원이었다.

① 그는 좋은 의사라고 한다.

② 네가 규칙적으로 운동하는 것이 중요하다.

③ 그것은 매우 무거워서 그녀는 그것을 옮길 수 없다.

④ 어제 창문을 깬 것은 바로 새였다.

⑤ 그가 파티에 오지 않은 것은 사실이다.

13 He made his brother clean the room.이므로 다섯 번째로 오는 단어는 clean이다.

14 ③ It is와 that 사이에 있는 내용이 강조하고 싶은 부분으로, that 뒤에 나오는 부분과 이 부분이 합쳐져서 완전한 문장이 된다. 따라서 문장 끝의 him은 삭제해야 한다.

|해석| ① 내가 공원에서 잃어버린 것은 바로 파란색 우산이었다.

② 내가 소라를 도서관에서 본 것은 바로 오늘 아침이었다.

③ 내가 돌봐야 하는 것은 바로 나의 남동생이다.

④ 나의 가족이 채소를 기르는 곳은 바로 정원이다.

⑤ 내가 내일 보려는 것은 바로 프랑스 영화이다.

15 사역동사 made, let, had가 쓰인 경우에는 목적격보어로 동사원형을 쓴다.

③ running → run

④ loved → love

⑤ to pick up → pick up

|해석| ① 나의 할머니는 내가 그녀에게 전화하게 하셨다.

② White 씨는 그녀의 아들이 만화책을 읽게 둔다.

③ 그들은 아이들이 방에서 뛰게 두지 않는다.

④ 그 공연은 우리가 그 가수를 아주 좋아하게 만들었다.

⑤ 그 책임자는 우리가 거리에서 쓰레기를 줍게 했다.

16 강조하고 싶은 부분(Apollo 11)을 It was와 that 사이에 쓰고 나머지 부분을 that 뒤에 쓴다.

17 ⓑ let은 목적격보어로 동사원형이 오므로 going을 go로 고쳐야 한다.

ⓓ 과거시제의 문장이므로 is를 was로 고쳐야 한다.

|해석| ⓐ 선생님께서는 우리가 원하는 것을 그리게 하셨다.

ⓑ Brown 씨는 그의 아들이 Sam의 생일 파티에 가게 했다.

ⓒ 엄마는 내가 매일 아침 7시에 일어나게 하셨다.

ⓓ 그가 어제 벽에 그린 것은 바로 커다란 나무 한 그루였다.

ⓔ 내가 관심 있는 것은 바로 액션 영화이다.

18 ⓑ 「make+목적어+목적격보어(형용사)」는 '(목적어)를 ~하게 만들다'라는 의미를 나타낸다. brightly(밝게)는 부사이므로 형용사 bright로 고쳐 써야 한다. 두 형용사 bright와 new가 and로 연결된 구조이다.

19 ② 호민이는 날개 그림의 벽화 앞에서 사진을 찍은 것이고, 날개를 직접 그렸는지는 알 수 없다.

|해석| ① 호민이는 지난달에 여수를 방문했다.

② 호민이는 벽에 날개를 그렸다.

③ 벽화는 오래된 동네를 새롭게 만든다.

④ 호민이는 학교 미술 동아리에 속해 있다.

⑤ 동아리 부원들은 호민이의 아이디어를 좋아했다.

20 호민이는 동아리 부원들에게 벽화를 그리는 것을 제안했다고 했다.

21 주어는 The project manager이고 동사는 사역동사 had이다. had 뒤에는 「목적어(us)+목적격보어(meet) ~」의 어순으로 쓴다.

22 ⓑ 벽은 상태가 별로 좋지 않았다. (몇 군데에는 이상한 낙서와 그림이 있었고 다른 부분에는 오래된 포스터들이 붙어 있었다.)

ⓒ 먼저 포스터들을 제거했다고 했다.

|해석| ⓐ 벽화를 그린 날짜는 언제였나요?

ⓑ 벽은 처음에 어땠나요?

ⓒ 그들은 그림 그리는 곳에서 먼저 무엇을 했나요?

ⓓ 그들은 왜 하얀색 페인트를 선택했나요?

23 「so+형용사(real)+that+주어(a bee)+동사(landed) ~」는 '매우(너무) ~해서 …하다'의 의미를 나타내므로 빈칸에는 that이 알맞다.

24 ⓓ harder는 '힘든, 어려운'의 의미를 나타내는 형용사 hard의 비교급으로 쓰였다.

25 a better tomorrow를 강조하고 있는 문장으로, It은 해석하지 않는 것에 유의한다.

01 ② **02** ③ **03** ③ **04** ④ **05** ⑤ **06** Make sure you feed the dog after you have dinner. **07** ③ **08** ③ **09** What do you want me to do? **10** ③ **11** ② **12** ② **13** ② **14** ④ **15** It was yesterday that I baked my first cookie. **16** (1) Ms. Brown lets students play outside during lunch time. (2) Ms. Brown doesn't let students use smartphones in class. (3) Ms. Brown doesn't let students run in the classroom. **17** It was in the neighborhood park that they planted trees last Sunday. **18** ④ **19** ② **20** ③ **21** ④ **22** They painted for about five hours. **23** ④ **24** It was a better tomorrow that we painted. **25** (1) He volunteered at Dream Library. (2) He read English books to children and arranged the books on the shelves.

01 ② remove는 '제거하다'라는 의미로 to move or take something away from a place로 설명할 수 있다. 어떤 사람이나 장소로 무언가를 가져다 주는 것은 deliver(배달하다)의 영어 뜻풀이다.

02 ⓐ, ⓓ '내려앉다'라는 뜻의 동사로 쓰였다.
ⓑ, ⓒ '땅, 육지'라는 뜻의 명사로 쓰였다.
|해석| ⓐ 벌은 꽃에 내려앉을 때 꽃가루를 옮긴다.
ⓑ 여기 주변의 땅은 상당히 평평하다.
ⓒ 마을 사람들은 마른 땅에 대해 걱정스러워한다.
ⓓ 걱정하지 마. 파리는 결코 네 코에 내려앉지 않을 거야.

03 ③ get along with: ~와 잘 지내다
|해석| ① 내가 너에게 말한 것을 명심해.
② 우리는 월요일마다 동아리 모임을 위해 모인다.
③ 그녀는 그녀의 여동생과 잘 지낸다.
④ 그는 부모님을 자랑스러워한다.
⑤ 나는 노래 경연 대회에서 우승하기 위해 최선을 다할 것이다.

04 ③ 무엇을 하고 싶은지 묻는 말에 당부의 말을 하는 것은 어색하다.
|해석| ① A: 이 상자와 책들은 다 무엇에 쓰려는 거니?
B: 나는 기부 센터에 보내려고 책을 싸고 있어.
② A: 나를 좀 도와줄래?
B: 물론이야. 내가 무엇을 하길 원하니?
③ A: 너는 무엇을 하고 싶니?
B: 반드시 먼저 털을 빗질하도록 해.
④ A: 반드시 창문을 닫으렴.
B: 네, 그럴게요.
⑤ A: 너는 무엇을 하고 있니?
B: 나는 병원에 있는 아이들을 위해 쿠키를 굽고 있어.

05 무엇을 하고 있는지 묻는 말(C)에 이사를 위한 짐을 싸고 있다며 도와줄 수 있는지 묻고(B), 무엇을 도와주면 될지 묻는 말(E)에 할 일을 말해 주고(A) 알겠다는 응답(D)이 이어지는 것이 자연스럽다.

06 '반드시 ~하렴.'이라고 꼭 해야 할 일을 당부할 때는 「Make sure+주

어+동사 ~.」로 나타내고, '~한 후에'는 접속사 after 뒤에 「주어+동사 ~」를 쓴다.

07 ③ 엄마는 Tony에게 Tony의 저녁 식사가 식탁 위에 있다고 했다.

08 ⓒ 양로원에 계신 분들을 위한 쿠키를 굽고 있는데 어르신들은 쿠키를 좋아하지 않는다고 말하는 것은 대화의 흐름상 어색하다.

09 What do you want me to do?는 상대방에게 자신이 무엇을 하길 원하는지 묻는 표현이다.

10 ③ 양로원이 어디에 있는지는 위 대화를 통해서는 알 수 없다.
|해석| ① 소녀는 지금 무엇을 하고 있나요?
② 쿠키는 누구를 위한 것인가요?
③ 양로원은 어디에 있나요?
④ 소년은 대화 후에 무엇을 할 것인가요?
⑤ 각 상자에는 몇 개의 쿠키가 들어가야 하나요?

11 It ~ that 강조 구문에서 that 다음에는 강조하는 부분을 제외한 나머지 부분을 그대로 써 주면 된다.

12 목적격보어로 동사원형(drive)이 왔으므로 빈칸에는 사역동사 let, had, made를 쓸 수 있다.

13 주어진 문장은 It was ~ that 강조 구문으로, It was와 that 사이에 있는 in the garden을 강조하고 있는 문장이다.

14 의미상 ①~⑤에 제시된 동사는 모두 가능하지만, 어법상 made, let, had는 사역동사로, 목적격보어로 동사원형을 쓴다.
ⓐ turn off the TV: 텔레비전을 끄다
turn on the TV: 텔레비전을 켜다
ⓑ ride/sell my bike: 나의 자전거를 타다/팔다
ⓒ open/close my mouth: 나의 입을 벌리다/다물다
ⓓ draw: (연필 등으로) 그리다 / paint: (그림물감으로) 그리다
|해석| ⓐ Daniel은 그의 남동생이 텔레비전을 끄게 했다.
ⓑ 나는 나의 사촌이 나의 자전거를 타지 못하게 했다.
ⓒ 그 치과의사는 내가 입을 벌리게 했다.
ⓓ Johns 씨는 그들이 귀여운 뭔가를 그리게 했다.

15 '어제(yesterday)'를 강조하고 있는 문장이다. It was와 that 사이에 강조하는 부분인 yesterday를 쓴 후, that 뒤에 나머지 부분을 쓴다.

16 Brown 교장 선생님이 허락한 일은 Ms. Brown lets students ~.로 문장을 쓰고, 허락하지 않은 일은 let 앞에 부정어 doesn't를 포함하여 Ms. Brown doesn't let students ~.로 문장을 쓴다.

17 It was와 that 사이에 B가 틀리게 말한 부분을 바르게 넣어 문장을 완성한다.

18 (A) 문장의 주격보어로 쓸 수 있는 것은 to부정사이다.
(B) 사역동사 had의 목적격보어로 동사원형이 알맞다.
(C) There was 뒤에는 단수 명사가 오고, There were 뒤에는 복수 명사가 온다.

19 낙서와 포스터들로 상태가 좋지 않음을 알 수 있다. 앞에 very가 있으므로 비교급 worse는 쓸 수 없다.

20 ⓑ decide는 to부정사를 목적어로 취하는 동사이다.
ⓒ start는 to부정사를 목적어로 취할 수 있는 동사이다.
ⓐ 사역동사 let의 목적격보어가 들어가는 자리로 동사원형 paint가 들어간다.

ⓓ 문장의 동사가 들어가는 자리로 과거형 painted가 들어간다.

21 빈칸 (A)는 접속사가 들어가는 자리이며, 귀여운 무언가를 그리기로 결정한 이유를 설명하고 있으므로 이유를 나타내는 접속사 because가 알맞다.

|해석| ① 제가 지금 가도 될까요?

② 우리는 그가 돌아올 때까지 그를 기다렸다.

③ Kevin은 내가 노래를 부르는 동안 기타를 쳤다.

④ Susan은 피곤했기 때문에 일찍 잠자리에 들었다.

⑤ 나는 숙제를 마친 후 배드민턴을 칠 것이다.

22 대략 5시간 동안 그랬다고 했다.

|해석| 동아리 부원들은 얼마나 오래 그랬나요?

23 ④ 동아리 부원들은 그들의 벽화가 완벽하지 않다는 것에 동의했고, 그것은 중요하지 않았다고 했다.

24 문장은 과거시제로 써야 하며, It was와 that 사이에 강조하는 말 a better tomorrow를 넣고 that 뒤에 나머지 부분을 쓴다.

25 (1) 민수는 드림 도서관에서 봉사 활동을 했다.

(2) 민수는 아이들에게 영어 책을 읽어 주었고 책을 책장에 정리했다.

|해석| (1) 민수는 어디에서 봉사 활동을 했나요?

(2) 민수는 그곳에서 무엇을 했나요?

제3회 대표 기출로 내신 **적중** 모의고사   pp. 72~75

01 ③   **02** ④   **03** ③   **04** ④   **05** ③   **06** ②   **07** ④
08 ③   **09** ④   **10** read slowly and clearly   **11** ③   **12** ②
13 ④   **14** (1) I had my brother bring my lunch box.
(2) My friend let me wear his baseball glove.   **15** (1) It was in the library that I met Nora this morning. (2) It was this morning that I met Nora in the library.   **16** (1) Ann's mom made(had) Ann water the plants. (2) Ann's mom made(had) Ann take out the trash. (3) Ann's mom made(had) Ann arrange the books on the bookshelves.
17 The wings are pretty, aren't they?   **18** ②   **19** ③
20 (1) selected → was selected 틀린 이유: 우리 동아리가 선택되었다는 수동의 의미가 되어야 하므로 수동태로 써야 한다. (2) to meet → meet 틀린 이유: 문장의 동사 had가 '~하게 했다'라는 뜻의 사역동사이므로 목적격보어는 동사원형을 써야 한다.   **21** (1) They found it on the Internet. (2) It was to do a wall painting in their neighborhood.   **22** ③   **23** ②, ③
24 We made our neighborhood a little brighter and happier.   **25** ⑤

---

01 slowly(천천히), clearly(명확하게), politely(공손히), hardly(거의 ~ 않다)는 부사이고, elderly(연세가 드신)는 형용사이다.

02 순서대로 nursing home(양로원), spot(장소), wing(날개), teen(십대의)이 들어간다.

|해석| • 일부 어르신들은 도움이 필요하기 때문에 양로원에서 사신다.

• 공원은 소풍을 가기 위한 좋은 장소이다.

• 나는 창문으로 비행기의 날개를 볼 수 있었다.

• 나는 16살이어서 청소년 자원봉사 프로젝트에 참여할 수 있다.

03 ③ take pictures: 사진을 찍다

① get up: 일어나다

② get along with: ~와 잘 지내다

④ get together: 모이다

⑤ get on: (탈것에) 타다

|해석| ① 나는 매일 아침 6시에 일어난다.

② 친구들과 잘 지내려고 노력해라.

③ 그녀는 그녀의 애완동물과 사진을 찍고 싶어 한다.

④ 우리는 모여서 우리의 아이디어를 공유할 것이다.

⑤ 버스에 사람이 아주 많아서 우리는 버스에 탈 수 없었다.

04 집에 갈 시간이라는 말(A)에 문을 잠그라고 당부하고(D) 또 당부할 것이 있는지 묻는 말(B)에 없다고 답하는 것(C)이 자연스럽다.

05 ⓐ What ~ for?는 목적이나 용도를 묻는 표현이다.

ⓑ for가 '~을 위한'의 의미를 나타내는 전치사로 쓰였다.

06 ⓒ는 상대방에게 자신을 도와줄 수 있는지 묻는 표현이다. 따라서 도움을 요청하는 표현인 ②와 바꿔 쓸 수 있다. ②를 제외한 나머지는 모두 상대방에게 도움이 필요한지 묻는 표현이다.

07 ⓓ 당부하는 표현은 「Make sure+주어+동사 ~.」로 쓰므로 to wash를 wash로 고쳐 써야 한다.

08 순서대로 ②, ⑤, ①, ④가 들어간다.

09 대화의 must는 '~임에 틀림없다'라는 강한 추측을 나타내는 의미로 쓰였다. ④는 강한 추측을 나타내고, 나머지는 모두 '~해야 한다'라는 뜻의 의무를 나타낸다.

|해석| ① 청소년들은 이 책을 읽어야 한다.

② 아이들은 규칙을 따라야 한다.

③ 너는 도서관에서 조용히 해야 한다.

④ 너는 그렇게 걸은 후 배고플 게 틀림없다.

⑤ 나는 매달 부모님께 편지를 써야 한다.

10 Tony는 시각 장애인을 위한 책을 읽어 주는 녹음을 할 때 천천히 그리고 명확하게 읽어 달라는 당부를 받았다.

11 He made me open the window.이므로 과거분사 opened는 쓰이지 않는다.

12 ② that 뒤에 주어가 없어 불완전한 문장이므로 주어가 포함되어야 한다.

|해석| ① 나를 행복하게 만드는 것은 바로 나의 고양이 Hope이다.

③ 그 노인이 마을을 떠난 것은 바로 지난 6월이었다.

④ 내가 지난주에 이모와 함께 본 것은 바로 '라이언킹'이었다.

⑤ 부모님께서 나의 생일 선물로 사 주신 것은 바로 축구공이었다.

13 ① 동사 help는 목적격보어로 동사원형이나 to부정사가 온다.

picking → pick 또는 to pick

② 동사 want는 목적격보어로 to부정사가 온다. feed → to feed

③ make가 사역동사로 쓰일 때 목적격보어는 동사원형이 온다.

moved → move

⑤ 사역동사 let의 목적격보어는 동사원형을 쓴다. playing → play

|해석| ① Tina는 내가 쓰레기를 줍는 것을 도왔다.

② 그녀는 그녀의 여동생이 개에게 먹이를 주길 원한다.

③ White 씨는 그들이 상자를 옮기게 했다.

④ 아빠는 우리가 Paul의 생일 파티를 준비하게 하셨다.

⑤ 할머니께서는 내가 컴퓨터 게임을 하게 하셨다.

14 (1) 집에 점심 도시락을 두고 왔으므로 남동생에게 가져오게 했다는 의미가 되도록 문장을 완성한다. 「had(사역동사)+목적어(my brother)+목적격보어(bring)」의 어순에 유의한다.

(2) 야구 글러브를 잃어버려서 친구가 자신의 야구 글러브를 끼게 (허락)했다는 의미가 되도록 문장을 완성한다. 「let(사역동사)+목적어(me)+목적격보어(wear)」의 어순에 유의한다.

15 It ~ that 강조 구문을 사용해야 하므로, It was와 that 사이에 강조하는 말을 넣고, that 뒤에 나머지 부분을 쓴다.

16 「made/had+목적어(Ann)+목적격보어(동사원형)」의 어순이 되도록 문장을 완성한다.

17 문장의 주어는 The wings이고, 동사는 현재시제를 써서 are가 된다. 부가의문문은 be동사(are)가 긍정일 때 「be동사의 부정형(aren't)+주어를 지칭하는 대명사(they)」로 쓰고 물음표(?)를 붙인다.

18 첫 번째 질문(날개 벽화를 그린 사람이 누구인지)과 다섯 번째 질문(동아리 부원 수)은 이 글을 통해서는 알 수 없다.

|해석| • 누가 날개를 그렸나요?

• 호민이는 언제 여수를 방문했나요?

• 호민이는 어떤 동아리에 속해 있나요?

• 호민이는 동아리 모임에서 무엇을 제안했나요?

• 학교 미술 동아리에는 몇 명이 있나요?

19 주어진 문장은 동아리가 프로젝트에 선정된 다음에, 그리고 프로젝트 책임자를 만나기 전에 들어가야 하므로 ③이 알맞다.

21 (1) 글의 첫 문장에 인터넷에서 청소년 자원봉사 프로젝트를 찾았다고 제시되어 있다.

(2) 그 프로젝트는 동네에 벽화를 그리는 것이라고 했다.

|해석| (1) 그들은 청소년 자원봉사 프로젝트를 어디에서 찾았나요?

(2) 그 프로젝트는 무엇이었나요?

22 ⓐ about: 대략

ⓑ, ⓔ be proud of: ~을 자랑스러워하다

ⓒ land on: ~에 내려앉다

ⓓ 비교급(harder)+than: ~보다 더 …한

23 글에 등장하는 단어는 ② matter(중요하다)와 ③ spot(장소, 자리)이다.

① teen(십 대)의 영어 뜻풀이다.

④ volunteer(자원봉사자)의 영어 뜻풀이다.

⑤ donation(기부)의 영어 뜻풀이다.

24 문장의 시제는 과거이므로 과거시제 made를 쓰고, 「made+목적어(our neighborhood)+목적격보어(형용사)」의 어순이 되도록 쓴다. 우리말 뜻과 같도록 형용사는 비교급(brighter and happier)으로 쓰고, a little(조금)은 형용사의 비교급 앞에 쓴다.

25 ⑤ We all agreed that our wall painting wasn't perfect.에서 자신들이 그린 벽화가 완벽하다고 생각진 않았음을 알 수 있다.

|해석| ① 그 책임자는 그들이 꽃을 그리게 했다.

② 그들은 네 그룹으로 나뉘었다.

③ 민수의 그룹에 민수와 지원이만 있었다.

④ 민수는 지원이가 배경 그림을 그리는 것을 도왔다.

⑤ 그들은 그들의 벽화가 완벽하다고 생각하지는 않았다.

제 4 회 고난도로 내신 적중 모의고사   pp. 76~79

01 ⑤ **02** ④ **03** (1) Why are you baking so many cookies? (2) That's very nice of you. (3) What do you want me to do? (4) Three cookies in each box. **04** He will put three cookies in each (gift) box. **05** (1) Can you help me? / Can you give me a hand? / Can I ask you a favor? (2) Please take out the trash. **06** ③ **07** ⑤ **08** ④ **09** She lets her brother ride her bike. **10** (1) It was the guitar that Jack played at the school festival yesterday. (2) It was in the school gym that Yuri left her baseball cap. **11** ③ **12** ④ **13** ② **14** ⑤ **15** ④ **16** ④ **17** (1) They met at the painting site. (2) They removed the posters. (3) They painted over the writings and drawings with white paint. **18** The manager let us paint anything we wanted. **19** ③ **20** background **21** ④ **22** ④ **23** ⓐ → They got together and shared the day's experiences. ⓓ → They were proud of themselves. **24** volunteer work, to deliver meals to the elderly, greet them politely **25** (1) Ms. White has Chris be on time for school every day. (2) Mr. Park has Yena stretch her neck often.

01 ① 예쁜 〈형용사〉 / 꽤, 매우 〈부사〉

② ~처럼, ~같이 〈전치사〉 / 좋아하다 〈동사〉

③ 내려앉다 〈동사〉 / 땅 〈명사〉

④ 이사 〈명사〉 / 옮기다 〈동사〉

⑤ 중요하다 〈동사〉

|해석| ① 저쪽에 있는 예쁜 모자를 봐.

이 공포 영화는 나를 꽤 겁먹게 만들었다.

② 그녀는 성우처럼 책을 읽었다.

너는 사진 찍는 것을 좋아하니?

③ 벌이 이 꽃 위에 내려앉았다.

그 땅은 비가 온 후 초록빛이다.

④ 나는 내일 이사를 위해 짐을 싸고 있다.

나는 이 상자가 너무 무거워서 옮길 수 없다.

⑤ 그에게 가장 중요한 것은 건강한 삶이다.

누가 그 일을 했는지는 우리에게 중요하지 않다.

02 ④ select(선택하다, 선정하다)의 영어 뜻풀이다.

① neighborhood(근처, 이웃)의 영어 뜻풀이다.

② deliver(배달하다)의 영어 뜻풀이다.

③ remove(없애다, 제거하다)의 영어 뜻풀이다.

⑤ arrange(정리하다)의 영어 뜻풀이다.

04 소년은 소녀가 부탁한 대로 각 선물 상자에 쿠키를 세 개씩 넣을 것이다.

|해석| 소년은 대화 후에 무엇을 할까요? 가능한 한 상세하게 답을 쓰시오.

05 도움을 요청하는 표현으로는 Can you help me? 또는 Can you give me a hand? 또는 Can I ask you a favor?를 쓴다. Susan은 쓰레기를 버려달라고 요청했으므로 「Please+동사원형 ~.」으로 원하는 바를 말한다.

06 She has us share ideas with our group members.이므로 네 번째로 오는 단어는 share이다.

07 ⓓ made가 사역동사로 쓰였으므로 목적격보어는 동사원형으로 고쳐야 한다. to read → read

ⓔ 동사는 It ~ that 강조 구문으로 강조할 수 없다.

|해석| ⓐ 그들은 내가 숙제를 하는 것을 도와주었다.

ⓑ Kevin이 찾고 있는 것은 바로 그의 개다.

ⓒ 엄마는 내가 해변에 가게 하셨다.

ⓓ 그는 우리가 많은 책을 읽게 했다.

08 ④ visit는 목적어를 취하는 타동사이며 Jeju-do가 목적어로 쓰였으므로 전치사 in을 쓸 필요가 없다.

09 허락의 의미를 가진 사역동사 let을 사용하여 「let+목적어+동사원형」의 어순으로 쓴다. 현재시제이고 3인칭 단수 주어이므로 lets로 쓰는 것에 유의한다.

10 두 문장 다 과거시제이므로 동사는 was를 써서 It was와 that 사이에 강조하고자 하는 밑줄 친 부분을 넣고, 나머지 부분을 that 뒤에 쓰면 된다.

11 벽화를 그리자는 아이디어를 동아리 부원들에게 제안하여 모두 좋아했고(C) 자원봉사 프로젝트를 인터넷에서 찾았는데(A) 동네에 벽화를 그리는 것이었으며(B), 그 프로젝트에 지원하여 우리 동아리가 선택되었다는(D) 흐름이 자연스럽다.

12 As는 '~하는 동안에'라는 의미의 시간을 나타내는 접속사로 While과 바꿔 쓸 수 있다.

13 ⓑ는 '머릿속에 좋은 생각이 떠올랐다'라는 의미의 표현이다.

|해석| ① 나는 전등을 켰다.

② 나에게 좋은 생각이 떠올랐다.

③ 나는 빛나는 무언가를 볼 수 있었다.

④ 나는 기분이 매우 좋아서 계속 걸었다.

⑤ 뭔가 이상한 일이 발생했다.

14 ⑤ 여수는 동아리 부원들이 봉사 활동을 한 곳이 아니라 호민이가 방문했던 곳이다.

|해석| ① 호민이는 지난달에 여수를 방문했다.

② 호민이는 학교 미술 동아리의 부원이다.

③ 호민이는 벽화 앞에서 사진을 찍었다.

④ 호민이는 그의 동아리 부원들이 벽화를 그릴 수 있을 거라고 생각했다.

⑤ 호민이의 동아리 부원들은 여수에서 봉사 활동을 했다.

15 (A) '(목적어)가 ~하게 했다'라는 의미의 사역동사이다.

(B) '가지고 있다, 있다'라는 뜻의 동사 have의 과거형이다.

ⓐ '(경험을) 겪다(하다)'라는 뜻의 동사 have의 과거형

ⓑ '가지고 있다, 있다'라는 뜻의 동사 have의 과거형

ⓒ '먹다'라는 뜻의 동사 have의 과거형

ⓓ '(목적어)가 ~하게 했다'라는 의미의 사역동사

|해석| ⓐ 나는 해변에 가서 좋은 시간을 보냈다.

ⓑ 그 책은 안에 사진이 많이 있었다.

ⓒ 우리 가족은 어제 정원에서 저녁을 먹었다.

ⓓ 삼촌은 우리가 집을 청소하게 했다.

16 ⓐ와 ④의 poor는 '(상태가) 좋지 않은'의 의미이다.

① 은 '잘 못하는'의 의미를 나타낸다.

② 는 '가난한'의 의미를 나타낸다.

③ 의 the poor는 '가난한 사람들'의 의미를 나타낸다.

⑤ 는 '불쌍한'의 의미를 나타낸다.

|해석| ① Andy는 수학과 과학을 잘 하지 못한다.

② 그 노인은 너무 가난해서 코트를 살 수 없다.

③ 우리는 아프리카의 가난한 사람들을 위해 돈을 기부했다.

④ 그 집의 지붕은 상태가 좋지 않다.

⑤ 그 가족은 그 불쌍한 개를 돌보기로 결정했다.

17 (1) 그들은 그림 그리는 곳에서 만났다고 했다.

(2) 그들은 먼저 포스터를 제거했다고 했다.

(3) 포스터를 제거한 후 한 일은 낙서와 그림을 흰색 페인트로 덧칠한 것이다.

|해석| 다음 질문에 영어로 답하시오.

(1) 그들은 프로젝트를 하는 날에 어디에서 만났나요?

(2) 그들은 그림 그리는 곳에서 먼저 무엇을 했나요?

(3) 그들은 포스터를 제거한 후에 무엇을 했나요?

18 주어는 The manager이고, 사역동사 let이 동사로 쓰인 문장이다. 「let(사역동사)+목적어(us)+목적격보어(paint)」의 어순으로 쓰며, anything we wanted는 목적격보어인 paint의 목적어에 해당한다.

19 ⓐ something과 같이 -thing으로 끝나는 대명사는 형용사(cute)가 뒤에서 수식한다. (cute something → something cute)

ⓓ 동사 start는 목적어로 to부정사나 동명사가 온다. (paint → to paint/painting)

ⓔ 문장에서 동사 painted와 do가 and로 연결되어 있는데, 전체 글의 시제가 과거이므로 뒤의 동사도 과거시제로 써야 한다. (do → did)

20 '당신이 바라보는 주요한 것 뒤에 있는 부분'을 가리키는 단어는 background(배경)이다.

21 ⓐ, ⓒ, ⓓ에는 that이 들어가고, ⓑ에는 비교급(harder)과 함께 쓰이는 than이 들어간다.

22 ④ 벽화를 완벽하게 그렸는지가 중요한 것은 아니라고 했다.

|해석| ① 벽에 그리는 데 5시간 정도가 걸렸다.

② 민수는 자신의 그림을 자랑스러워했다.

③ 필자는 벽에 그리는 것이 쉽지 않다고 생각했다.

④ 그들은 그들의 벽화가 완벽해야 한다고 생각했다.

⑤ 벽화는 동네를 밝고 행복하게 만들었다.

23 ⓑ 글을 통해서는 민수가 꽃을 그렸다는 것만 알 수 있고 꽃을 그린 이유에 대해서는 알 수 없다.

ⓒ 벽에 그리는 것이 종이에 그리는 것보다 더 힘들었다는 내용만 제시되어 있고 그 이유는 제시되어 있지 않아 알 수 없다.

|해석| ⓐ 그들은 벽화를 그리는 것을 마친 후에 무엇을 했나요?

ⓑ 민수는 왜 꽃을 그리는 것을 선택했나요?

ⓒ 왜 벽에 그리는 것이 종이에 그리는 것보다 더 힘들었나요?

ⓓ 그들은 자신들에 대해 어떻게 느꼈나요?

24 |해석| 오늘 나는 어르신들을 위해 봉사 활동을 했다. 내가 한 일은 어르신께 식사를 배달하는 것이었다. 나는 그분들께 공손하게 인사해야 했다. 보람된 경험이었다.

25 말풍선 안의 말은 각 학생에게 특정한 활동을 하게 하는 말이므로 「주어+have(사역동사)+목적어(Chris/Yena)+목적격보어(동사원형)~.」의 형태로 문장을 쓴다. 주어가 3인칭 단수이므로, have는 has로 쓴다.

Lesson 4
Open a Book, Open Your Mind

STEP A

W Words 연습 문제

A
01 온라인의, 온라인으로
02 실제로
03 (사람을) 배치하다
04 (연극·영화에서의) 연기
05 (심장이) 고동치다, 때리다
06 맨 아래, 바닥
07 훔치다
08 (구멍 등을) 파다
09 흙
10 빛나는, 반짝거리는
11 구덩이, 구멍
12 소리치다, 소리 지르다
13 (일을) 거르다, 빼먹다
14 단 하나의, 단일의
15 돌려주다, 반품하다
16 언제든지
17 잠들지 않은, 깨어 있는
18 유용한, 도움이 되는
19 ~ 맛이 나다
20 (~와) 결혼하다

B
21 muscle
22 light
23 object
24 unfortunately
25 character
26 tube
27 wide
28 cruel
29 convenient
30 scary
31 raise
32 order
33 detective
34 farther
35 agree
36 suddenly
37 summary
38 popular
39 letter
40 dead

C
01 ~의 것이다, ~의 소유이다
02 ~에 집중하다
03 ~을 의미하다, ~을 나타내다
04 ~을 찾다(찾아보다)
05 결국 ~이 되다, 결국 ~하게 되다
06 최선을 다하다
07 털다, 털어 내다
08 ~을 집다

18 정답 및 해설

A 1 dirt, 흙 2 shiny, 빛나는, 반짝거리는
3 bottom, 맨 아래, 바닥 4 skip, (일을) 거르다, 빼먹다
5 hole, 구덩이, 구멍 6 beat, (심장이) 고동치다, 때리다
7 day off, 휴일, 쉬는 날 8 object, 물건, 물체
B 1 bottom 2 wrong 3 actually 4 dead
C 1 brush 2 dig 3 muscle 4 convenient 5 letter
D 1 stand for 2 pick up 3 belong to 4 end up
5 focus on 6 fall in love with

01 ⑤   02 ④   03 ②   04 ③   05 ⑤   06 ③   07 ②

01 ⑤ convenience(편리, 편의)는 명사이고, 나머지는 모두 형용사이다.
02 '일의 일환으로 누군가를 특정 집단이나 장소에 보내다'는 assign((사람)을 배치하다)의 영어 뜻풀이다.
03 첫 번째 빈칸은 '키우다'라는 뜻을 나타내는 raise가 들어가고, 두 번째 빈칸은 '(들어) 올리다'라는 뜻을 나타내는 raise가 들어간다.
|해석| • 우리는 교실에서 달팽이를 키운다.
• 먼저, 머리 위로 팔을 올리세요.
04 look up: ~을 찾아보다
pick up: ~을 집다
|해석| • 나는 그 단어를 사전에서 찾아보았다.
• Johns 씨는 아들에게 쓰레기를 집으라고 말했다.
05 ⑤ 문맥상 '(구멍 등을) 파다'라는 뜻의 dig를 쓰는 것이 자연스럽다.
|해석| ① 야생 동물에게 잔인하게 하는 것을 멈추세요.
② Mike의 신발은 흙으로 덮여 있었다.
③ 만약 네가 내 도움이 필요하다면, 나에게 언제든지 전화해.
④ 커피를 마시는 것은 네가 깨어 있게 할 수 있다.
⑤ 일하는 사람들은 정원에 깊은 구덩이를 털(→ 팔) 것이다.
06 ③ end up은 '결국 ~하게 되다, 결국 ~이 되다'라는 뜻을 나타낸다.
|해석| ① WTO는 '세계 무역 기구'를 의미한다.
② 그 파란색 코트는 나의 할머니의 것이다.
③ Sara는 다리가 부러져서 결국 병원 신세를 지게 되었다.
④ Joan은 올림픽 메달을 따기 위해 최선을 다했다.
⑤ Chris는 두통 때문에 동아리 회의에 집중할 수 없었다.
07 주어진 문장과 ⓑ의 light는 '가벼운'이라는 뜻의 형용사로 쓰였다.
ⓐ, ⓒ '빛'이라는 뜻의 명사로 쓰였다.
ⓓ '전등'이라는 뜻의 명사로 쓰였다.
|해석| Susan은 손에 가벼운 상자 하나를 들고 있다.
ⓐ 빨간 빛이 하늘에서 반짝였다.
ⓑ 이 카메라는 가볍고 들고 다니기 용이해.
ⓒ 빛은 소리보다 훨씬 더 빨리 이동한다.
ⓓ 방을 나갈 때 전등을 꺼라.

Q1 지하철을 타고 왔다.
Q2 스마트폰
Q3 나는 내가 모르는 단어들을 찾아볼 수 있다.
Q4 그것은 쉽지만 건강에 좋지 않다고 생각한다.
Q5 연기가 아주 훌륭했다.
Q6 She drinks them because they help her stay awake.
Q7 나는 네가 에너지 음료를 덜 자주 마셔야 한다고 생각해.
Q8 우리가 언제든지 읽을 수 있기 때문이다.
Q9 online shopping
Q10 (1) what an item actually looks like
(2) to return an item if you don't like it

1 How have you been, by subway, How do you feel about
2 during classes, How do you feel about it, I think,
find information on the Internet
3 Can I ask, try my best, it's easy but unhealthy
4 What did you like most, I'm with you
5 help me stay awake, I'm with you on that,
can hurt your bones, drink energy drinks less often
6 I think it's good, I don't agree
7 I ordered online, How do you feel about,
don't like it at all, what an item actually looks like,
I'm with you on that, convenience isn't everything

1 ⓐ-ⓒ-ⓑ-ⓓ-ⓕ-ⓔ
2 ⓒ-ⓑ-ⓐ-ⓔ-ⓖ-ⓗ-ⓓ-ⓕ
3 ⓑ-ⓒ-ⓐ-ⓓ
4 ⓑ-ⓓ-ⓐ-ⓒ-ⓔ
5 ⓔ-ⓒ-ⓓ-ⓗ-ⓑ-ⓖ-ⓐ-ⓕ
6 ⓒ-ⓐ-ⓑ
7 ⓓ-ⓔ-ⓑ-ⓐ-ⓗ-ⓖ-ⓒ-ⓘ-ⓚ-ⓕ-ⓙ

01 ③   02 ①, ③   03 ③   04 ⑤   05 ⑤   06 ③   07 ④

08 ③   09 ⑤

[서술형]

10 use smartphones during classes from next week

11 I can look up words I don't know.

12 (1) How do you feel about wearing school uniforms?

    (2) Can you tell me the reason?

    (3) I don't agree.

01 B가 자신의 의견을 말하는 것으로 보아, 빈칸에는 상대방의 의견을 묻는 표현인 How do you feel about ~?이 들어가는 것이 알맞다.

|해석| ① 한 가지 음식만 먹는 다이어트는 무엇에 좋은 거니?

② 너는 언제 한 가지 음식만 먹는 다이어트를 시작했니?

③ 너는 한 가지 음식만 먹는 다이어트에 관해 어떻게 생각하니?

④ 한 가지 음식만 먹는 다이어트가 왜 건강에 좋니?

⑤ 너는 누구에게 한 가지 음식만 먹는 다이어트를 추천할 거니?

02 패스트푸드를 먹는 것의 장점을 이야기하는 A와 달리 B는 신선한 음식을 먹어야 한다고 이야기하고 있으므로, 빈칸에는 상대방의 말에 동의하지 않을 때 쓰는 표현이 들어가는 것이 알맞다.

03 공항에서 여기에 어떻게 왔는지 묻는 말에(D) 지하철로 왔다고 답하고 (A) 한국의 지하철에 관한 의견을 묻자(B) 매우 깨끗하다고 생각한다는 자신의 의견을 답하는(C) 흐름이 자연스럽다.

04 빈칸에는 함께 본 영화에 대한 B의 의견에 동의하거나 동의하지 않는 말이 오는 것이 자연스럽다. I'm sorry to hear that.은 상대방의 말에 유감을 표현할 때 쓰는 표현이다.

05 ⑤ Tony의 마지막 말(Well, convenience isn't everything.)을 통해 Tony는 편리함이 전부는 아니라고 생각하고 있음을 알 수 있다.

06 ③ 뒤에서 Tony가 온라인 쇼핑을 좋아하지 않는 이유를 말하고 있으므로, 빈칸에는 I don't like it at all. 등과 같이 온라인 쇼핑을 좋아하지 않는다는 말이 들어가는 것이 자연스럽다.

07 (A) 뒤에 B가 Because ~.로 이유를 말하고 있으므로, (A)에는 이유를 묻는 의문사 Why가 알맞다.

(B) know의 목적어 역할을 하는 명사절(too much caffeine can hurt your bones)을 이끄는 접속사 that이 알맞다.

08 ⓐ는 '네 말에 동의해'라는 뜻으로 상대방의 의견에 동의할 때 사용하는 표현이므로, I agree with you와 바꿔 쓸 수 있다.

09 ⑤ 부사 less(덜)가 often을 수식하도록 less often으로 고쳐 써야 한다.

10 다음 주부터 수업 중에 스마트폰을 사용할 수 있다는 소식이다.

11 B가 수업 중에 스마트폰을 사용하는 것이 유용할 거라고 말하고 있으므로, 그에 대한 예로 '모르는 단어들을 찾아볼 수 있다'라는 의미의 문장을 완성한다. I don't know가 words를 수식하는 구조의 문장이다.

12 (1) 뒤에 B가 자신의 의견으로 대답하고 있으므로, (1)에는 상대방에게 의견을 묻는 말이 와야 한다.

(2) 뒤에 교복을 입는 것을 좋아하는 이유를 말하고 있으므로, (2)에는 좋아하는 이유를 묻는 말이 와야 한다.

(3) 바로 뒤에 이어지는 문장이 교복을 입는 것을 좋아하지 않는 이유에 해당하므로, (3)에는 B의 말에 동의하지 않는다는 말이 와야 한다.

G Grammar 핵심 **노트 1**   p.96

QUICK CHECK

1 (1) healthier   (2) higher   (3) more

2 (1) The warmer   (2) she wanted   (3) the sooner

1 |해석| (1) 네가 운동을 많이 하면 할수록, 너는 더 건강해진다.

(2) 우리가 더 높이 올라가면 올라갈수록, 더 추워진다.

(3) 내가 잠을 자면 잘수록, 나는 더 피곤함을 느낀다.

2 |해석| (1) 날씨가 따뜻하면 따뜻할수록, 그녀는 기분이 더 좋다.

(2) 그녀는 많이 가지면 가질수록, 더 많이 원했다.

(3) 네가 일찍 시작하면 시작할수록, 너는 더 빨리 끝낸다.

G Grammar 핵심 **노트 2**   p.97

QUICK CHECK

1 (1) Since   (2) since   (3) since

2 (1) since we were too tired

    (2) Since today is a holiday

    (3) Since I was very hungry

1 |해석| (1) 나는 늦게 일어났기 때문에 학교로 달려가야 했다.

(2) 이곳이 매우 시끄럽기 때문에 나는 잠을 잘 수 없다.

(3) 밖이 매우 춥기 때문에 나는 창문을 닫았다.

2 |해석| (1) 우리는 너무 피곤했기 때문에 벤치에 앉았다.

(2) 오늘은 휴일이기 때문에 그는 일하러 갈 필요가 없다.

(3) 나는 매우 배가 고팠기 때문에 피자 한 판을 먹었다.

G Grammar 연습 **문제 1**   p.98

A 1 The   2 more   3 farther   4 you sing

    5 more nervous

B 1 the cheaper the price is

    2 The sunnier the weather is

    3 the more chances you get

C 1 the more expensive   2 the sooner
   3 The older   4 the healthier
D 1 The fresher   2 the wiser
   3 the weaker   4 The more popular

A |해석| 1. 네가 적게 쓰면 쓸수록, 너는 더 많이 저축한다.
   2. 그가 연습하면 할수록, 그는 더 잘한다.
   3. 새가 더 높이 날면 날수록, 더 멀리 볼 수 있다.
   4. 네가 더 크게 노래하면 할수록, 너는 더 신이 난다.
   5. 시험이 가까워지면 질수록, 학생들은 더 초조해졌다.
C |해석| 1. 방이 넓으면 넓을수록, 더 비싸다.
   2. 네가 일찍 출발하면 출발할수록, 너는 더 빨리 도착한다.
   3. 그녀는 나이가 들면 들수록, 더 약해졌다.
   4. 네가 운동하면 운동할수록, 너는 더 건강해진다.
D |해석| 1. 과일이 신선하면 신선할수록, 더 맛이 좋다.
   2. 우리가 더 많은 책을 읽으면 읽을수록, 우리는 더 현명해진다.
   3. 네가 나이가 들면 들수록, 네 기억력은 더 나빠진다.
   4. 그 가수는 유명해지면 유명해질수록, 더 바빴다.

G Grammar 연습 문제 2   p. 99

A 1 Since he was busy   2 since she is overweight
   3 since they felt bored
   4 Since my parents don't like animals
   5 since yesterday   6 Since she moved to Busan
B 1 Since she had a headache, she went home early. /
     She went home early since she had a headache.
   2 Since I couldn't focus on reading, I turned down the
     music. / I turned down the music since I couldn't
     focus on reading.
   3 Since he didn't bring his lunch box, he ate gimbap at
     the snack bar. / He ate gimbap at the snack bar
     since he didn't bring his lunch box.
C 1 Since Paul was tired, he stopped reading the book.
   2 Since the weather is bad, the game will be canceled.
   3 Since Andy is a new student, he can't find the
     classroom.

B |해석| 1. 그녀는 두통이 있었다. 그녀는 집에 일찍 갔다.
     → 그녀는 두통이 있어서 집에 일찍 갔다.
   2. 나는 독서에 집중할 수 없었다. 나는 음악 소리를 낮췄다.
     → 나는 독서에 집중할 수 없어서 음악 소리를 낮췄다.
   3. 그는 점심 도시락을 가져오지 않았다. 그는 매점에서 김밥을 먹었다.
     → 그는 점심 도시락을 가져오지 않아서 매점에서 김밥을 먹었다.

C |해석| Ⓐ Paul은 피곤했다.
   날씨가 좋지 않다.
   Andy는 신입생이다.
   Ⓑ 게임이 취소될 것이다.
   그는 교실을 찾을 수 없다.
   그는 책을 읽는 것을 멈췄다.

G Grammar 실전 TEST   pp. 100~103

01 ③   02 ③   03 ④   04 ⑤   05 ⑤   06 ④   07 ②
08 ⑤   09 ④   10 ④   11 ④   12 ②   13 ③   14 ③
15 ①   16 ①   17 ③   18 can't → they can't   19 best →
better   20 ④   21 higher, colder   22 ④   23 ④   24 ④
[서술형]
25 (1) the more you save
   (2) the healthier you get
   (3) the better it tastes
26 (1) Since(Because) he has a headache
   (2) since(because) she is thirsty
27 (1) Since we were too tired, we took some rest. / We
       took some rest since we were too tired.
   (2) Everyone likes Kelly since she is kind and generous. /
       Since she is kind and generous, everyone likes
       Kelly.
28 (1) 수영장의 물이 너무 차가워서 우리는 수영을 할 수 없었다.
   (2) 그녀는 한국에 온 이후로 세 번 이사했다.
   (3) 그는 작년 이후 경기에서 이기지 못했다.
29 (1) The warmer the weather is
   (2) The older we grow
   (3) the fewer mistakes you will make
30 (1) Since the computer was too expensive, I couldn't
       buy it.
   (2) Since it was sunny, we went on a picnic.
   (3) Since he was sick, he couldn't go to the club meeting.

01 '~이기 때문에, ~여서'라는 뜻으로 이유를 나타내는 부사절을 이끄는
   접속사 Since가 알맞다.
   |해석| 나는 아팠기 때문에 학교에 갈 수 없었다.
02 '~하면 할수록 더 …하다'라는 뜻의 「The+비교급 ~, the+비교급
   …」 형태가 되는 것이 알맞으므로, 빈칸에는 비교급 more가 알맞다.
   |해석| 네가 더 많은 질문을 할수록, 너는 더 많이 배울 수 있다.
03 첫 번째 빈칸에는 '~이기 때문에'라는 뜻의 이유를 나타내는 접속사
   since가 알맞고, 두 번째 빈칸에는 '~ 이후로'라는 뜻의 접속사 since
   가 알맞다.
   |해석| • 그녀가 조용한 목소리로 말했기 때문에 나는 그녀의 말을 들을 수
   없었다.

· 나는 9살 때부터 그녀를 알아 왔다.

04 '~하면 할수록 더 …하다'라는 뜻의 「The+비교급 ~, the+비교급 …」의 형태가 되어야 한다.

┃해석┃ 네가 빨리 달리면 달릴수록, 너는 더 일찍 도착한다.

05 두 빈칸에는 '~이기 때문에'라는 뜻의 이유를 나타내는 접속사가 필요하다.

┃해석┃ · 서비스가 아주 좋지 않기 때문에 그녀는 이 식당을 좋아하지 않는다.

· 나는 할 일이 많기 때문에 이번 주말에 가족과 시간을 보낼 수 없다.

06 ④ '~하면 할수록 더 …하다'라는 뜻의 「The+비교급 ~, the+비교급 …」 형태가 되어야 하므로, the well은 the better로 고쳐야 한다.

┃해석┃ 네가 열심히 연습하면 연습할수록, 너는 춤을 더 잘 출 수 있다.

07 ② Since는 이유를 나타내는 접속사로 뒤에 주어와 동사를 포함한 절이 이어져야 한다. 따라서 동사 don't have 앞에 주어 I가 있어야 한다.

┃해석┃ 오늘 수업이 없어서 나는 너와 놀이공원에 갈 수 있다.

08 ⑤ 형용사의 비교급(more)이 명사(water)를 수식할 때는 비교급 바로 뒤에 명사를 쓴다.

┃해석┃ 더 많은 물을 마실수록, 너는 더 건강해진다.

09 ④ since는 이유를 나타내는 접속사로, 뒤에 주어와 동사를 포함한 절이 이어져야 한다.

┃해석┃ 나는 충분한 돈이 없어서 그 컴퓨터를 살 수 없었다.

10 우리말을 영어로 옮기면 The closer she got to her house, the more relieved she became.이 되므로, 빈칸에 들어가지 않는 것은 most이다.

11 빈칸에는 since I don't have가 들어가야 하므로, 빈칸에 들어가지 않는 것은 while이다.

12 ②는 '~ 이후로'라는 뜻으로 쓰였고, 나머지는 모두 '~이기 때문에, ~여서'라는 뜻으로 쓰였다.

┃해석┃ ① 나는 어제 너무 많이 일했기 때문에 피곤하다.

② 그녀가 떠난 이후로 5년이 지났다.

③ 그는 야구 경기에서 져서 슬펐다.

④ 매우 추웠기 때문에 우리는 밖에 머물지 않았다.

⑤ 나는 공포 영화를 좋아하지 않기 때문에 대신에 액션 영화를 볼 것이다.

13 ③ wise의 비교급은 wiser이므로 the wiser we become이 되어야 한다.

┃해석┃ ① 네가 차를 더 빨리 운전할수록, 너는 더 위험하다.

② 네가 높이 올라가면 올라갈수록, 너는 더 멀리 본다.

③ 우리는 나이가 들면 들수록, 더 현명해진다.

④ 우리가 전등이 많을수록, 더 밝아진다.

⑤ 네가 적게 먹으면 먹을수록, 너는 더 약해질 것이다.

14 '밖이 시끄러워서 잠을 잘 수 없다'라는 의미이므로, '~이기 때문에, ~여서'라는 뜻의 이유를 나타내는 접속사 Since를 쓰는 것이 알맞다.

┃해석┃ 밖이 시끄러워서 나는 잠을 잘 수 없다.

15 ①에는 '비록 ~일지라도'라는 뜻을 나타내는 접속사 although가 들어가고, 나머지는 '~이기 때문에, ~여서'라는 뜻의 접속사 since가 들어갈 수 있다.

┃해석┃ ① David는 배가 부를지라도 더 먹을 수 있다.

② 너무 늦었기 때문에 나는 그녀에게 전화하지 않았다.

③ 비가 그쳤기 때문에 우리는 우산이 필요하지 않았다.

④ 사람들이 너무 심하게 떠들고 있기 때문에 우리는 여기서 공부할 수 없다.

⑤ 표가 매진되었기 때문에 나는 콘서트 표를 살 수 없다.

16 The more we talked, the closer we became.이나 The closer we became, the more we talked.가 되므로 다섯 번째로 오는 단어는 the이다.

17 접속사 since가 이유를 나타내는 절을 이끌어야 하므로 ③에 들어가는 것이 알맞다.

┃해석┃ 더 이상 일이 없기 때문에 우리는 집에 갈 수 있다.

18 이유를 나타내는 접속사 since 뒤에는 주어와 동사를 포함하는 절이 와야 하므로 can't 앞에 주어 they를 써야 한다.

19 '~하면 할수록 더 …하다'는 「The+비교급 ~, the+비교급 …」 형태로 쓴다. 따라서 최상급 best를 비교급 better로 고쳐야 한다.

20 ⓑ와 ⓒ는 이유를 나타내는 접속사로 쓰였다.

ⓐ '~ 이후'라는 뜻의 전치사이다.

ⓓ '~ 이후로'라는 뜻의 접속사이다.

┃해석┃ ⓐ 그녀는 졸업 이후 많이 변했다.

ⓑ 나는 점심을 거하게 먹었기 때문에 배고프지 않다.

ⓒ 그녀는 하루 종일 걸었기 때문에 피곤했다.

ⓓ 그는 5살 때부터 스페인어를 배웠다.

21 '~하면 할수록 더 …하다'라는 의미를 나타내는 「The+비교급 ~, the+비교급 …」 형태의 문장을 완성한다.

22 I go camping every month since I like outdoor activities.로 완성해야 하므로, 추가해야 하는 것은 접속사 since이다.

23 ⓐ, ⓑ, ⓓ, ⓔ는 옳은 문장이다.

ⓒ the smart → the smarter

┃해석┃ ⓐ 그는 통학 버스를 놓쳤기 때문에 학교에 늦었다.

ⓑ John은 파리에 간 이후로 전화하지 않았다.

ⓒ 네가 많이 배우면 배울수록, 너는 더 똑똑해질 수 있다.

ⓓ 그녀가 너무 바빠서 나는 그녀를 볼 수 없었다.

ⓔ 친구가 많을수록, 너는 더 행복하다.

24 ④ 이유를 나타내는 접속사 since 뒤에는 주어와 동사를 포함한 절이 이어져야 하는데 the flu는 명사구이므로, 명사(구) 앞에 쓰여 '~ 때문에'를 뜻하는 because of를 써야 알맞다.

┃해석┃ ① 네가 말을 많이 하면 할수록, 그녀는 덜 듣는다.

② 비가 심하게 내렸기 때문에 축구 경기가 취소되었다.

③ 더 많은 사람들이 올수록, 우리는 기분이 더 좋다.

④ 보라는 감기 때문에 학교에 결석했다.

⑤ 그가 스트레스를 많이 받을수록, 그는 더 많이 먹었다.

25 「The+비교급+주어+동사 ~, the+비교급+주어+동사 …」 형태로 각 학생에게 해 줄 조언을 완성한다.

┃해석┃ (1) 민기: 나는 더 저축하고 싶어.

→ 네가 적게 쓰면 쓸수록, 너는 더 많이 저축하게 돼.

(2) 소미: 나는 건강해지고 싶어.

→ 네가 운동을 많이 하면 할수록, 너는 더 건강해져.

(3) 태호: 나는 맛있는 과일을 고르고 싶어.

　　→ 과일이 신선하면 신선할수록, 맛이 더 좋아.

26 이유를 나타내는 접속사 since나 because를 사용하여 문장을 완성한다.

|해석| (1) 두통이 있기 때문에 Tom은 진찰을 받으러 갈 것이다.

(2) 목이 마르기 때문에 Alice는 물 한 잔을 마시고 싶다.

27 이유를 나타내는 접속사 since 뒤에는 이유를 나타내는 내용이 와야 한다.

28 (1) since는 이유의 접속사로 '~이기 때문에, ~여서'로 해석한다.

(2) since는 시간의 접속사로 '~ 이후로'로 해석한다.

(3) since는 명사(구) 앞에 쓰인 전치사로 '~ 이후'로 해석한다.

29 '~하면 할수록 더 …하다'는 「The+비교급+주어+동사 ~, the+비교급+주어+동사 …」의 형태로 쓰고, 형용사의 비교급이 명사를 수식할 경우 비교급 바로 뒤에 명사를 쓴다.

30 since가 '~이기 때문에'라는 뜻의 이유를 나타내는 접속사로 쓰일 때는 since 뒤에 「주어+동사 ~」로 이루어진 절이 와야 한다.

Ⓡ Reading 빈칸 채우기　　pp. 106~107

01 The harder, the faster　**02** couldn't dig any harder

03 thirsty and hungry　**04** go home　**05** Unfortunately

06 terrible name　**07** green, no lake　**08** full of sand

09 In fact　**10** bad boys　**11** like

12 was sent, a pair of sneakers　**13** didn't really steal

14 at the wrong time　**15** One day　**16** fell from the sky

17 hit him on the head

18 started running, what happened

19 why he was running　**20** belonged to

21 That was why　**22** was assigned to

23 six other boys　**24** cool names like

25 had to dig one hole　**26** deep, wide

27 to build character　**28** the stronger he became

29 to finish his hole　**30** something shiny in the dirt

31 beat faster　**32** who found something interesting

33 picked up, brushed off　**34** small gold tube

35 since it was too light　**36** at the bottom

37 stand for　**38** beat even faster

Ⓡ Reading 바른 어휘·어법 고르기　　pp. 108~109

01 faster　**02** since　**03** hungry　**04** to go

05 Unfortunately　**06** terrible　**07** was　**08** full

09 In fact　**10** bad　**11** like　**12** sent　**13** a pair of

14 at　**15** walking　**16** from　**17** him　**18** running, what

19 why　**20** to　**21** up　**22** assigned　**23** were

24 like　**25** boy　**26** had to　**27** to build　**28** stronger

29 less　**30** something shiny　**31** faster　**32** who

33 brushed　**34** tube　**35** since　**36** were　**37** What

38 even

Ⓡ Reading 틀린 문장 고치기　　pp. 110~111

01 ×, The hard → The harder　**02** ○　**03** ○

04 ×, going → to go　**05** ×, will be → would be

06 ○　**07** ×, were → was　**08** ○　**09** ×, was → wasn't

10 ○　**11** ×, for → like　**12** ×, for steal → for stealing

13 ○　**14** ○　**15** ×, is walking → was walking

16 ×, Sudden → Suddenly　**17** ○　**18** ×, how → what

19 ×, why was running → why he was running

20 ×, Fortunately → Unfortunately　**21** ○

22 ×, was assigning to → was assigned to

23 ×, six other boy → six other boys　**24** ×, likely → like

25 ×, had to digging → had to dig　**26** ×, widely → wide

27 ○　**28** ○　**29** ×, each days → each day　**30** ○

31 ×, more fast → faster

32 ×, interesting something → something interesting

33 ○　**34** ×, were → was　**35** ×, when → since

36 ×, two pictures → two letters

37 ×, stand at → stand for　**38** ×, evenly → even

Ⓡ Reading 실전 TEST　　pp. 114~117

01 ④　**02** ⑤　**03** dig　**04** ③　**05** ②　**06** ②　**07** ④

08 ③　**09** from　**10** ②　**11** ①　**12** ⑤　**13** ③　**14** was assigned　**15** ④　**16** ⑤　**17** ⑤　**18** ⑤　**19** ③　**20** ①, ②　**21** ③

[서술형]

22 The harder you dig, the faster you'll finish!

23 He couldn't dig any harder since every single muscle hurt.

24 ⓐ 그것은 초록색이 아니었고 호수도 없었다.
　　ⓑ 그는 운동화 한 켤레를 훔쳤다는 이유로 그 캠프에 보내졌다.

25 (A) asked him why he was running
　　(B) That was why Stanley ended up

26 ⓐ → It took less time to finish his hole each day.

27 But it couldn't be real gold since it was too light.

01 뒤에 '더 빨리 끝낼 거야'라는 말이 이어지는 것으로 보아, 의미상 앞부분은 '열심히 파면 팔수록'이라는 의미가 되어야 자연스럽다.

02 since가 '~이기 때문에, ~여서'라는 뜻의 접속사로 쓰였으므로, 이유를 나타내는 접속사 because와 바꿔 쓸 수 있다.

03 '구덩이를 만들기 위해 흙, 모래, 눈 등을 옮기다'는 dig의 영어 뜻풀이다.

04 ③ Stanley는 모든 근육이 아파서 더 열심히 팔 수 없었다고 했다.

05 ①, ③, ④, ⑤는 Camp Green Lake를 가리키고, ②는 일반적인 캠프를 말한다.

06 '호수가 없었다'라는 의미가 되어야 하므로 there was no lake가 알맞다. there was ~는 '~이 있었다'라는 뜻이다.

07 앞의 전치사 for의 목적어 역할을 할 수 있는 동명사(stealing)가 와야 한다.

08 ③ Camp Green Lake는 뜨거웠고 온통 모래였다고 했다.

09 ⓐ '학교에서 집으로 걸어가고 있었다'라는 의미가 되어야 하므로 walking home from school이 되어야 한다.
　　ⓑ '낡은 운동화 한 켤레가 하늘에서 떨어졌다'라는 의미가 되어야 하므로 fell from the sky가 되어야 한다.

10 「hit+사람+on+신체 부위」는 '(사람)의 (신체 부위)를 때리다'라는 뜻이다.

11 ⓓ '무슨 일이 일어났는지'가 되어야 하므로 의문사 what이 알맞다.
　　ⓔ '왜 달리고 있었는지'가 되어야 하므로 의문사 why가 알맞다.

12 ⑤ 소유를 나타내는 동사 belong은 뒤에 목적어가 바로 올 수 없고 전치사 to를 함께 써야 한다. 따라서 belonged to가 되어야 한다.

13 ③ Stanley는 하늘에서 떨어진 운동화에 머리를 맞았다.

14 Stanley가 D 그룹에 '배치하는' 것이 아니라 '배치되는'이라는 수동의 의미가 되어야 하므로 수동태(be동사+과거분사)가 되어야 하고, 과거의 이야기이므로 be동사의 과거형(was)을 써야 한다.

15 주어진 문장의 It은 각 소년이 파야 하는 구덩이를 가리키며 주어진 문장이 그 구덩이의 깊이와 너비를 구체적으로 설명하고 있으므로, 구덩이가 언급된 후인 ④에 들어가는 것이 자연스럽다.

16 ⓑ의 cool과 상자 속 ⓒ, ⓓ의 cool은 '멋진'이라는 뜻으로 쓰였다.
　　ⓐ, ⓑ 시원한, 서늘한
　　|해석| ⓐ 오늘은 날씨가 서늘하고 바람이 분다.
　　ⓑ 이 물건을 서늘하고 건조한 장소에 보관해라.
　　ⓒ 너는 그 청바지를 입으니 정말 멋져 보인다.
　　ⓓ 그것은 꽤 멋진 영화였다.

17 ⓒ와 ⑤의 to부정사는 '~하기 위해서'라는 뜻의 목적을 나타내는 부사

적 용법으로 쓰였다.
　　① 명사적 용법의 to부정사 (진주어)
　　② 형용사적 용법의 to부정사 (앞의 대명사 수식)
　　③ 명사적 용법의 to부정사 (보어 역할)
　　④ 명사적 용법의 to부정사 (목적어 역할)
　　|해석| ① 물 없이 사는 것은 불가능하다.
　　② 마실 것 좀 드시겠어요?
　　③ 우리 모둠의 프로젝트는 벽화를 그리는 것이었다.
　　④ 나의 가족은 스페인으로 여행을 가는 것에 동의했다.
　　⑤ 나의 삼촌은 첫 기차를 타기 위해 역으로 달렸다.

18 ⑤ Sir 씨가 캠프에서 하는 일은 글에 나오지 않아 알 수 없다.

19 (A) 「The+비교급 ~, the+비교급 ...」 구문이므로 strong의 비교급인 stronger가 알맞다.
　　(B) 뒤에 불가산 명사 time이 쓰였으므로 less가 알맞다.
　　(C) 앞의 something을 수식하는 형용사 interesting이 알맞다.

20 ③ 물체를 발견한 후 심장이 빨리 뛴 것은 무서워서가 아니라 쉬게 될 수도 있다는 기대감 때문이었다.
　　④ 너무 가벼워서 진짜 금일 리가 없다고 했다.
　　⑤ Stanley는 KB가 무엇을 나타내는지 궁금해하고 있다.
　　|해석| ① Stanley는 하루하루 그의 구덩이를 끝내는 데 시간이 덜 걸렸다.
　　② Stanley는 그가 온 지 두 번째 주에 금색 통을 발견했다.
　　③ Stanley는 흙 속에서 빛나는 뭔가를 발견했을 때 무서움을 느꼈다.
　　④ 금색 통은 매우 무거웠다.
　　⑤ Stanley는 KB의 의미를 이미 알고 있었다.

21 ⓑ Stanley는 흙 속에서 빛나는 물체(금색 통)를 발견했다.
　　ⓒ 그 물체에는 KB라는 두 글자가 쓰여 있었다.
　　|해석| ⓐ Stanley가 구덩이를 끝내는 데 시간이 얼마나 걸렸나요?
　　ⓑ Stanley는 흙 속에서 무엇을 발견했나요?
　　ⓒ 그 물체에 있던 글자는 무엇이었나요?
　　ⓓ Stanley는 그 물체를 누구에게 주었나요?

22 '~하면 할수록 더 …하다'는 「The+비교급+주어+동사 ~, the+비교급+주어+동사 ...」의 형태로 쓴다.

23 근육 하나하나가 아팠기 때문에 더 열심히 팔 수 없다고 했다.
　　|해석| Q: Stanley는 왜 더 열심히 팔 수 없었나요?

25 (A) 동사 asked 뒤에 「간접목적어(him)+직접목적어(why he was running)」의 어순으로 완성한다.
　　(B) '그것이 ~한 이유였다'는 That was why ~로 표현한다.

26 ⓐ 구덩이를 파면 팔수록 힘이 더 세졌다고 했으므로, 흐름상 구덩이를 파는 데 시간이 더(more) 걸린 것이 아니라 덜(less) 걸렸다고 하는 것이 자연스럽다.

27 이유를 나타내는 접속사 since를 사용해 두 문장을 연결한다.

01 ③   **02** ④   **03** ④   **04** anyone who finds something interesting can get the day off   **05** ②   **06** ⑤

01 (A) fall from: ~에서 떨어지다
   (B) pick up: ~을 집다
   (C) was sent to: ~로 보내졌다

02 ④ 각 소년이 파야 하는 구덩이의 크기는 글에 나타나 있지 않다.

03 ⓐ에는 Unfortunately(불행히도), ⓑ에는 like(~과 같은), ⓒ에는 dig(파다), ⓓ에는 wide(폭이 ~인)가 들어간다.

04 anyone이 주어이자 선행사이고, 주격 관계대명사인 who가 이끄는 절(who finds something interesting)이 주어를 수식하는 구조의 문장을 완성한다.

05 많은 남자들이 그녀와 결혼하고 싶어 한다고 했으므로 그녀는 '인기 있었을(popular)' 것이다.

06 ⑤ 주어가 Kate이고 동사가 became인 2형식 문장으로, became 뒤에는 주격보어로 형용사(sad)가 와야 한다.

STEP B

W Words **고득점 맞기**   pp. 120~121

01 ①   **02** hole   **03** ①   **04** ④   **05** ③   **06** ④   **07** ②
08 try my best   **09** ③   **10** a pair of   **11** cool   **12** ②   **13** ③
14 ⑤

01 top(맨 위, 꼭대기)과 bottom(맨 아래, 바닥)은 반의어 관계이고, ①의 alive(살아 있는)와 dead(죽은)도 반의어 관계이다.
②는 유의어, ③은 「동사 – 형용사」, ④는 「형용사 – 부사」, ⑤는 「형용사 – 명사」의 관계이다.

02 '단단한 무언가 안의 빈 공간'은 명사 hole(구덩이, 구멍)을 뜻한다. dig((구멍 등을) 파다)는 '구덩이(hole)'를 만들기 위해 흙, 모래, 눈 등을 옮기다'를 뜻한다.

03 '폭이 ~인'이라는 뜻인 wide가 들어가는 것이 알맞다.
|해석| A: 그 도로는 폭이 얼마니?
   B: 그것은 폭이 5미터 정도야.

04 '볼 수 있고 만질 수 있지만 살아 있지는 않은 것'과 '계획이나 행동의 목적이나 목표'를 뜻하는 단어는 object(물건, 물체 / 목적, 목표)이다.

05 ⓐ tube: 통, 관
   ⓒ farther: 더 멀리
   ⓕ unfortunately: 불행히도

06 day off: 휴일, 쉬는 날
   brush off: 털다, 털어 내다
   |해석| • 나는 쉬는 날에 주로 아빠와 함께 낚시를 간다.
   • 내 어깨의 먼지를 털어 주겠니?

07 ② smooth and bright는 shiny(빛나는, 반짝거리는)의 영어 뜻풀이고, convenient(편리한)의 영어 뜻풀이는 allowing you to do something easily or without trouble(무언가를 쉽게 또는 어려움 없이 하게 하는)이다.
   |해석| ① Jane은 자신의 심장이 빨리 뛰는 것을 느꼈다.
      (규칙적인 움직임이나 소리를 만들어 내다)
   ② 요리하는 로봇은 우리의 삶을 편리하게 만들 것이다.
      (매끄럽고 빛나는)
   ③ 나는 정말 피곤하기 때문에 더 이상 깨어 있을 수 없다.
      (자고 있지 않은)
   ④ 그의 모든 옷이 흙으로 덮여 있었다.
      (푸석푸석한 흙으로 된 토지 또는 흙)
   ⑤ 우리 집은 언덕 맨 아래에 있다.
      (무언가의 가장 낮은 부분)

08 try one's best: 최선을 다하다

09 be full of: ~로 가득 차다
   pick up: ~을 집다
   |해석| • 버스는 승객들로 가득 차 있었다.
   • Philip은 편지를 집어서 읽었다.

10 a pair of jeans: 청바지 한 벌

    a pair of sneakers: 운동화 한 켤레

    |해석| 나는 공원에서 형사를 보았다. 그는 모자를 쓰고 있었다. 그는 또한 청바지 한 벌과 운동화 한 켤레를 신고 있었다.

11 형용사 cool은 '멋진'이라는 뜻과 '서늘한, 시원한'이라는 뜻으로 쓰일 수 있다.

12 ② '~의 것이다, ~의 소유이다'라는 의미는 belong to로 쓴다.

    |해석| ① 나는 공부에 집중하기 위해 도서관에 간다.

    ② 나는 내 것이 아닌 것을 취하지 않는다.

    ③ WHO는 '세계 보건 기구'를 나타낸다.

    ④ 단어 assign을 사전에서 찾아봐.

    ⑤ 그 남자는 돈을 훔쳤고 결국 감옥에 가게 되었다.

13 ③ 두 문장 모두 '물체, 물건'이라는 뜻의 명사로 쓰였다.

    ① 첫 번째 문장에서는 '기르다, 키우다'라는 뜻으로, 두 번째 문장에서는 '들어 올리다'라는 뜻으로 쓰였다.

    ② 첫 번째 문장에서는 '빛'이라는 뜻의 명사로, 두 번째 문장에서는 '가벼운'이라는 뜻의 형용사로 쓰였다.

    ④ 첫 번째 문장에서는 '글자, 문자'라는 뜻으로, 두 번째 문장에서는 '편지'라는 뜻으로 쓰였다.

    ⑤ 첫 번째 문장에서는 '돌아오다'라는 뜻으로, 두 번째 문장에서는 '돌려주다, 반품하다'라는 뜻으로 쓰였다.

    |해석| ① 우리는 이 우리에서 햄스터를 기를 것이다.

      공을 네 머리 위로 들어 올려서 나에게 던져라.

    ② 나는 빛이 소리보다 빠르다는 것을 배웠다.

      나는 이 자전거가 가볍고 값이 싸기 때문에 추천한다.

    ③ Brown 씨는 바다 밑에서 거대한 물체를 발견했다.

      우리는 어둠 속에서 이상한 물체를 봐서 무서웠다.

    ④ 그 통 바닥에 대문자 "A"가 쓰여 있다.

      부산에 사는 나의 이모는 우리에게 매달 편지를 보낸다.

    ⑤ 그는 사흘 후에 돌아오겠다고 약속했다.

      그 헤어드라이기가 작동하지 않았기 때문에 나는 그것을 상점에 반품해야 했다.

14 '어떤 것을 넘기거나 하지 않다'는 skip((일을) 거르다, 빼먹다)의 영어 뜻풀이다.

    |해석| 어떤 것을 넘기거나 하지 않다

    ① 나무 아래에 있는 모든 사과를 주워라.

    ② 그들은 그 구덩이를 파는 데 며칠이 더 필요하다.

    ③ Kevin은 자신의 일에 더 집중해야 한다.

    ④ 바다 밑바닥에 보물이 있다.

    ⑤ 우리는 오후 운동을 거르기로 결정했다.

 Listen & Speak 고득점 맞기   pp. 124~125

01 ②, ③   **02** ②   **03** ②, ③   **04** ②   **05** ②   **06** ④

[서술형]

07 [모범답] I don't agree.

08 (1) [모범답] I'm with you on that. / I agree with you.

    (2) it's convenient but dangerous

09 stay awake, focus on my studies, too much caffeine

10 It can hurt your bones.

11 (1) [모범답] How do you feel about online shopping? / What do you think about online shopping?

    (2) It's very difficult to know what an item actually looks like.

    (3) it's very convenient

---

01 I agree with you. / You're right. / I think so, too. / I'm with you on that.은 상대방의 말에 동의할 때 쓸 수 있는 표현이다. I don't think so.와 I don't agree.는 동의하지 않을 때 쓰는 표현이다.

02 주어진 문장은 오랜만에 만난 상대방에게 안부를 묻는 말이므로, ②에 들어가서 안부를 묻고 답하는 흐름이 되도록 하는 것이 자연스럽다.

03 How do you feel about ~?은 상대방의 의견을 묻는 표현으로, What do you think about ~? 또는 What is your opinion on ~? 으로 바꿔 쓸 수 있다.

04 ② What do you think about ~?으로 의견을 묻는 말에 '네 말에 동의해.'라고 답하는 것은 어색하다.

    |해석| ① A: 이 상자들은 다 뭐니?

      B: 그것들은 내가 온라인으로 주문한 물건들이야.

    ② A: 너는 애완동물을 기르는 것에 관해 어떻게 생각하니?

      B: 나도 그 말에 동의해.

    ③ A: 너는 그 영화가 재미있었니?

      B: 응, 나는 영화가 아주 좋았어.

    ④ A: 너는 동물 실험에 관해 어떻게 생각하니?

      B: 나는 그것이 유용하지만 잔인하다고 생각해.

    ⑤ A: 나는 교복을 좋아하지 않아. 모두가 똑같아 보여.

      B: 나도 그렇게 생각해.

05 ②를 제외한 나머지는 모두 '다음 주부터 수업 중에 스마트폰을 사용할 수 있는 것'을 가리킨다.

06 ① 대화를 통해서는 알 수 없다.

    ② Brain은 다음 주부터 수업 중에 스마트폰을 사용할 수 있다는 소식을 이미 들어 알고 있다.

    ③ 다음 주부터 수업 중에 스마트폰을 사용할 예정이다.

    ⑤ 두 사람은 수업 중에 스마트폰을 사용하는 것이 유용하고 도움이 될 거라고 생각한다.

    |해석| ① Brian과 수진이는 가장 친한 친구이다.

    ② Brain은 이전에 그 소식을 듣지 못했다.

    ③ 그들은 현재 수업 중에 스마트폰을 사용하고 있다.

    ④ Brian은 수업 중에 스마트폰을 사용하는 것이 매우 유용할 거라고 생각한다.

⑤ 그들은 수업 중에 스마트폰을 사용하는 것에 관해 서로 다른 의견을 가지고 있다.

07 A는 아침을 거르는 것이 좋다고 생각하는 반면, B는 뇌가 잘 활동하지 못할 수 있다고 답하고 있으므로, 빈칸에는 상대방의 말에 동의하지 않을 때 쓰는 표현이 들어가는 것이 알맞다.

08 (1) 인공 지능 로봇에 대한 Sia의 의견과 Jason의 의견이 동일하므로, Jason은 Sia의 말에 동의한다는 표현을 할 수 있다.
(2) 상대방의 의견을 물을 때는 How do you feel about ~? 또는 What do you think about ~? 등으로 묻고, 자신의 의견을 말할 때는 「I think+주어+동사 ~.」로 표현한다.

09 에너지 음료에 관해 Jessica는 자신이 깨어 있도록 도와주고 공부에 집중하는 데 도움이 된다고 했고, Tom은 카페인이 너무 많이 들어 있다고 했다.
|해석| Jessica: 에너지 음료는 내가 깨어 있게 도와줘.
그것은 또한 내가 공부에 집중할 수 있도록 도와줘.
Tom: 그것에는 카페인이 너무 많아.

10 너무 많은 카페인은 뼈를 상하게 할 수 있다고 했다.

11 (1) 상대방의 의견을 물을 때 How do you feel about ~? 또는 What do you think about ~? 등의 표현을 쓴다.
(2) Tony가 온라인 쇼핑을 좋아하지 않는 이유는 물건이 실제로 어떻게 생겼는지 알기 매우 어렵기 때문이다.
(3) 수지는 온라인 쇼핑이 매우 편리하다고 생각한다고 했다.
|해석| 수지는 Tony에게 온라인 쇼핑에 관한 그의 의견을 묻는다. Tony는 물건이 실제로 어떻게 생겼는지 알기가 매우 어렵기 때문에 온라인 쇼핑을 전혀 좋아하지 않는다. 수지는 그 점에는 동의하지만, 그것이 매우 편리하다고 생각한다.

Ⓖ Grammar 고득점 맞기   pp. 126~128

01 ②, ⑤ **02** ⑤ **03** ③ **04** ② **05** ④ **06** ⑤ **07** ②
08 ④ **09** ④ **10** ④ **11** ② **12** ① **13** ④

[서술형]
14 (1) The longer she waited, the angrier she became.
(2) The darker it got, the more scared I felt.
(3) The easier the problem is, the faster he can solve it.
15 (1) I told him to take his umbrella since it was raining outside.
(2) I couldn't visit my parents since I had a lot of work.
(3) I felt sorry for Sujin since I forgot her birthday.
16 (1) 모범답 the stronger I'll become
(2) 모범답 the more money I'll save

17 ⓑ → The heavier the object is, the faster it will fall.
ⓓ → The less time you spend playing computer games, the more things you can do.
18 (1) 모범답 I broke her new smartphone
(2) 모범답 it was raining
(3) 모범답 it bounced so high
19 (1) The hungrier he is, the more he eats.
(2) The more you give, the more you get back.
(3) The higher she climbs, the colder she feels.

01 늦게 일어날 수 있는 것은 내일이 일요일이기 때문이므로, 이유를 나타내는 접속사 Since나 Because가 알맞다.
|해석| 내일은 일요일이기 때문에 나는 늦게 일어날 수 있다.

02 「The+비교급+주어+동사 ~, the+비교급+주어+동사 ...」의 형태가 되어야 한다.
|해석| 서핑은 파도를 타는 스포츠이다. 파도가 커지면 커질수록, 파도 타기 하는 사람들은 더 신이 난다.

03 ⓑ, ⓔ는 옳은 문장이다.
ⓐ The dark → The darker
ⓒ the sweet → the sweeter
ⓓ she spent the more → the more she spent
|해석| ⓐ 어두워지면 질수록, 더 추워졌다.
ⓑ 내가 많이 알면 알수록, 나는 더 잘 이해할 수 있다.
ⓒ 사과가 신선하면 신선할수록, 더 달콤한 맛이 난다.
ⓓ 그녀는 많이 벌면 벌수록, 더 많이 썼다.
ⓔ 우리는 나이가 들면 들수록, 더 현명해진다.

04 우리말을 영어로 옮기면 The happier we become, the more we laugh.가 된다.

05 ④의 since는 '~ 이후로'의 의미로 쓰였다. (→ 그녀는 태어났을 때부터 캐나다에서 살았다.)

06 '~하면 할수록 더 …하다'라는 뜻의 「The+비교급 ~, the+비교급 ...」 형태가 되는 것이 알맞다. 형용사의 비교급(better)이 명사(grades)를 수식할 때 명사는 비교급 바로 뒤에 쓴다.
|해석| 네가 공부를 많이 하면 할수록, 너는 더 좋은 점수를 받을 것이다.

07 ⓐ, ⓑ, ⓔ ~이기 때문에, ~여서 〈접속사〉
ⓒ ~ 이후, ~부터 〈전치사〉
ⓓ ~ 이후로 〈접속사〉
|해석| ⓐ 비가 많이 왔기 때문에 우리 가족은 소풍을 가지 않았다.
ⓑ 그는 이가 아팠기 때문에 치과 의사에게 진찰을 받으러 갔다.
ⓒ Judy는 지난주 월요일부터 매우 아팠다.
ⓓ 그 선생님이 여기에 온 이후로 모든 것이 변했다.
ⓔ 오늘 미세 먼지가 정말 심하기 때문에 우리는 축구를 할 수 없다.

08 첫 번째 빈칸에는 '~이기 때문에, ~여서'라는 뜻의 이유를 나타내는 접속사 since가 알맞고, 두 번째 빈칸에는 '~ 이후'라는 뜻의 전치사 since가 알맞다.
|해석| • 그 영화가 매우 슬펐기 때문에 Brian과 나는 거의 울고 있었다.
• Smith 박사는 3월 말 이후로 이 병원에 있었다.

09 「The+비교급 ~, the+비교급 ...」 구문이 쓰인 문장이다. 첫 번째 빈칸에는 many의 비교급인 more가 들어가고, 두 번째 빈칸에는 beautiful의 비교급이 되도록 more가 들어간다.

|해석| • 더 많은 선택권이 있을수록, 더 결정하기가 어렵다.

• 백설 공주는 나이가 들면 들수록, 더 아름다워졌다.

10 주어진 문장과 ④의 since는 '~이기 때문에, ~여서'라는 뜻의 이유를 나타내는 접속사로 쓰였다.

①, ③ '~ 이후로'라는 뜻의 시간의 접속사로 쓰였다.

②, ⑤ '~ 이후, ~부터'라는 뜻의 전치사로 쓰였으며, 이때는 뒤에 명사(구)가 온다.

|해석| 그는 밖에서 놀 수 없었기 때문에 많은 시간을 영화를 보는 데 썼다.

① 그가 제주도로 이사 간 후로 3년이 지났다.

② Helen은 2003년부터 할머니와 살고 있다.

③ 삼촌은 아이였을 때 이후로 이 도시에 오지 않았다.

④ 그는 돈이 없기 때문에 새 자전거를 살 형편이 안 된다.

⑤ 그때 이후로, 그 그림은 점점 더 인기를 얻게 되었다.

11 ② 빈칸에 higher가 들어가는 것이 자연스럽다.

12 「The+비교급 ~, the+비교급 ...」 구문에서 형용사의 비교급(less)이 명사(time)를 수식하면 비교급 바로 뒤에 명사를 쓴다.

13 ④의 since는 '~ 이후로'라는 뜻을 나타내므로, '~이기 때문에'라는 뜻을 나타내는 ①과 다른 의미로 쓰였다.

|해석| ① 그는 배가 고팠기 때문에 피자 한 판을 먹었다.

② White 씨는 지난달부터 서울에서 살고 있다.

③ 내가 학교 밴드의 새 기타 연주자가 되었기 때문에 나는 환호성을 질렀다.

④ 나는 Steve가 태어난 이후로 그를 알아 왔다.

⑤ 그녀는 키가 크기 때문에 농구를 정말 잘한다.

14 「The+비교급+주어+동사 ~, the+비교급+주어+동사 ...」 형태로 영작한다.

15 두 번째 상자의 내용이 첫 번째 상자의 내용의 이유에 해당하므로, 이유를 나타내는 접속사 since 뒤에 두 번째 상자의 문장을 넣어야 한다.

16 「The+비교급+주어+동사 ~, the+비교급+주어+동사 ...」 형태의 문장을 완성한다.

17 「The+비교급 ~, the+비교급 ...」 구문이 쓰인 문장이다.

ⓑ heavy를 비교급 heavier로 고쳐야 한다.

ⓓ 「The+비교급 ~, the+비교급 ...」 구문에서 형용사의 비교급(more)이 명사(things)를 수식하면 비교급 바로 뒤에 명사를 쓴다.

|해석| ⓐ 피노키오가 거짓말을 하면 할수록, 그의 코는 더 길게 자란다.

ⓑ 물체가 무거우면 무거울수록, 그것은 더 빨리 떨어질 것이다.

ⓒ 의자가 좋으면 좋을수록, 너는 더 편안함을 느낀다.

ⓓ 네가 컴퓨터 게임을 하는 데 더 적은 시간을 쓰면 쓸수록, 너는 더 많은 것을 할 수 있다.

ⓔ 정원이 크면 클수록, 할머니께서는 더 좋아하신다.

18 문맥상 since가 이유를 나타내는 접속사로 쓰였으므로, since 뒤에는 주절의 이유를 나타내는 말이 이어져야 한다. 접속사 since 뒤에는 주어와 동사를 포함한 완전한 절이 오는 것에 유의하여 문장을 완성한다.

19 '~함에 따라, ~할수록'이라는 의미를 나타내는 접속사 as가 쓰인 주

어진 문장을 「The+비교급+주어+동사 ~, the+비교급+주어+동사 ...」 형태의 문장으로 바꿔 쓴다.

|해석| (1) 그는 배가 더 고플수록, 더 많이 먹는다.

(2) 네가 더 많이 줄수록, 너는 더 많이 돌려받는다.

(3) 그녀가 더 높이 올라갈수록, 그녀는 더 춥게 느낀다.

Ⓡ Reading 고득점 맞기 pp. 131~133

01 Camp Green Lake was a terrible name. **02** ① **03** ①, ③ **04** ②, ⑤ **05** ⑤ **06** ⑤ **07** ⑤ **08** ④ **09** ⑤ **10** ③ **11** ③ **12** ④ **13** ③ **14** ⑤

[서술형]

15 (1) full with sand → full of sand

(2) sent → was sent

16 a pair of (old) sneakers, his father what happened, the police, Camp Green Lake

17 (1) They fell from the sky when Stanley was walking home from school.

(2) They belonged to a famous baseball player, Clyde Livingstone.

18 (A) 그가 온 지 두 번째 주에, Stanley가 자신의 구덩이를 끝내 가고 있었을 때, 그는 흙 속에서 빛나는 뭔가를 보았다.

(B) 그러나 그것은 너무 가벼웠기 때문에 진짜 금일 리가 없었다.

19 It(The shiny object) was a small gold tube.

---

01 첫 번째 문단은 캠프에서 땅을 파는 Stanley의 고단한 모습에 대해 이 야기하고 있고, 두 번째 문단은 Green Lake 캠프가 어떤 곳인지 이야 기하고 있다.

02 ① 「The+비교급+주어+동사 ~, the+비교급+주어+동사 ...」의 형 태가 되어야 하므로 The harder you dig로 써야 한다.

03 ① object(물건, 물체)의 영어 뜻풀이다.

② unfortunately(불행히도)의 영어 뜻풀이다.

③ hole(구덩이, 구멍)의 영어 뜻풀이다.

④ dig((구멍 등을) 파다)의 영어 뜻풀이다.

⑤ muscle(근육)의 영어 뜻풀이다.

04 Sir 씨의 직업과 누가 Stanley를 캠프에 보냈는지는 글을 통해서는 알 수 없다.

|해석| ① Stanley는 무엇을 하고 있었는가?

② Sir 씨의 직업은 무엇이었는가?

③ Stanley는 캠프에서 얼마나 머무르게 되었는가?

④ 캠프는 어땠는가?

⑤ 누가 Stanley를 캠프에 보냈는가?

05 (A) 주어(he)가 동작의 주체이므로 수동태(was walked)가 아닌 능동 태(was walking)가 되어야 한다.

(B) Stanley가 아버지에게 일어난 일에 대해 말하려고 '달리기 시작했다'라고 하는 것이 자연스럽다.

(C) 물건의 소유자가 뒤에 이어지고 있으므로 belonged to(~의 것이었다)가 알맞다.

06 ⓐ '하늘에서 떨어졌다'라는 의미의 fell from이 되어야 한다.

ⓑ '머리에 맞았다'라는 의미이므로 on the head가 되어야 한다.

07 ⓒ와 ⑤의 to부정사는 '~하기 위해서'라는 뜻의 목적을 나타내는 부사적 용법으로 쓰였다.

①, ③ 형용사적 용법 (앞의 (대)명사 수식)

② 명사적 용법 (보어 역할)

④ 명사적 용법 (주어 역할)

|해석| ① 잠자리에 들 시간이다.

② 사랑한다는 것은 서로를 믿는 것이다.

③ 나는 마실 차가운 것을 원한다.

④ 컴퓨터 게임을 하는 것은 재미있고 신난다.

⑤ 나는 친구와 테니스를 치기 위해 나갔다.

08 end up은 '결국 ~하게 되다, 결국 ~이 되다'를 뜻한다.

09 ⑤ '블랙홀은 지구에서 13억 광년 떨어진 곳에 있었다.'는 글의 흐름상 관계없는 문장이다.

10 '~하기 위해서'라는 뜻의 목적을 나타내는 부사 용법의 to부정사 형태가 되는 것이 알맞다.

11 ③ 누가 소년들에게 멋진 이름들을 붙여 주었는지는 언급되지 않았다.

|해석| ① Stanley는 어느 그룹에 속해 있었는가?

② D 그룹에는 몇 명의 사람들이 있었는가?

③ 누가 소년들에게 그들의 멋진 이름을 붙여 주었는가?

④ 각 소년은 매일 무엇을 해야 했는가?

⑤ 구덩이는 깊이와 폭이 얼마나 되어야 했는가?

12 (A) 「The+비교급+주어+동사 ~, the+비교급+주어+동사 ....」의 형태로 써야 한다.

(B) -thing으로 끝나는 대명사(something)를 수식하는 형용사(shiny)는 대명사 뒤에 위치한다.

(C) 선행사가 사람(anyone)이므로 주격 관계대명사로 who가 알맞다.

13 ⓐ와 ③의 since는 '~이기 때문에, ~여서'를 뜻하는 이유의 접속사로 쓰였다.

① 전치사 (~ 이후, ~부터)

②, ④, ⑤ 접속사 (~ 이후로)

|해석| ① 나는 어제부터 먹지 않았다.

② 우리가 마지막으로 만난 후로 10년이 지났다.

③ 나는 너무 피곤하기 때문에 잠이 더 필요하다.

④ Ann은 어린 소녀였을 때 이후로 자전거를 타지 않았다.

⑤ 그는 시골로 이사한 후로 농장에서 일했다.

14 ⑤ Stanley가 발견한 물체가 누구의 것인지는 알 수 없다.

15 (1) '모래로 가득 찬'은 full of sand로 써야 한다.

(2) 그(Stanley)가 '보내졌다'라는 수동의 의미가 되어야 자연스러우므로, 수동태인 was sent로 써야 한다.

16 Stanley는 학교에서 집으로 오는 길에 하늘에서 떨어진 운동화 한 켤레에 머리를 맞았고, 그 운동화를 집어 들고 아빠에게 달려가던 중에 경찰을 만나 결국 Green Lake 캠프에 오게 되었다.

|해석| 집으로 오는 길에, Stanley는 하늘에서 떨어진 운동화 한 켤레에 맞았다. 그는 그것을 집어 들고 그의 아버지에게 무슨 일이 일어났는지 말하기 위해 달렸다. 하지만 경찰이 그를 멈춰 세웠고 그는 운동화를 훔쳤다는 이유로 Green Lake 캠프에 보내졌다.

17 (1) Stanley가 학교에서 집으로 걸어가고 있을 때 하늘에서 낡은 운동화 한 켤레가 떨어졌다.

(2) 그 운동화는 유명한 야구 선수인 Clyde Livingstone의 것이었다고 했다.

|해석| (1) 언제 하늘에서 운동화 한 켤레가 떨어졌는가?

(2) 그 운동화의 주인은 누구였는가?

18 (A) as는 '~할 때'로 해석한다.

(B) since는 '~이기 때문에'라는 뜻의 이유를 나타내는 접속사로 쓰였다.

19 Stanley는 흙 속에서 작은 금색 통을 발견했다.

|해석| Stanley가 흙 속에서 발견한 빛나는 물체는 무엇이었는가?

서술형 100% TEST
pp. 134~137

01 convenient

02 (1) stand for

(2) fell in love with

(3) focus on

(4) trying his best

03 (1) How do you feel about animal testing?

(2) I'm with you on that.

04 (1) What do you think about wearing school uniforms?

(2) I don't need to worry about what to wear.

(3) I don't agree (with you).

05 (1) are you always drinking energy drinks

(2) they help me stay awake

(3) with you on that

(4) have too much caffeine

06 (1) use smartphones during classes

(2) look up words I don't know

(3) find information on the Internet

07 (1) 온라인 쇼핑은 물건이 실제로 어떻게 생겼는지 알기가 매우 어렵다.

(2) 온라인 쇼핑은 물건이 마음에 들지 않으면 돌려보내는 것이 어렵다.

08 (1) online shopping

(2) like it at all

(3) it's very convenient

(4) convenience isn't everything

09 (1) since she broke his smartphone

    (2) Since she has a stomachache

10 (1) The less you spend, the more you save.

    (2) The higher we climb, the colder it will become.

    (3) The faster he walked, the more pain he felt.

11 (1) Since she won first prize at the talent show

    (2) since she started her long journey

    (3) since it rained a lot

12 (1) [모범답] The more you eat healthy food

    (2) [모범답] The earlier you start

    (3) [모범답] The more you practice

13 The harder you dig, the faster you'll finish!

14 [모범답] Since you have a cold, you should stay home today.

15 every single muscle, thirsty, hungry, to go home

16 That was why Stanley ended up at Camp Green Lake.

17 (1) to tell my father what happened

    (2) belonged to a famous baseball player, Clyde Livingstone

    (3) I had to dig one hole every day

18 a small gold tube

19 (1) two letters

    (2) found something interesting

    (3) beat faster

20 (1) He found it in his second week at the camp.

    (2) He carefully picked it up and brushed off the dirt.

---

01 '편리한'이라는 뜻으로 쓰이는 형용사 convenient가 알맞다.

02 (1) stand for: ~을 의미하다, ~을 나타내다

    (2) fall in love with: ~와 사랑에 빠지다

    (3) focus on: ~에 집중하다

    (4) try one's best: 최선을 다하다

03 (1) 뒤에 자신의 의견을 말하는 답이 이어지고 있으므로 How do you feel about ~?을 사용해 상대방의 의견을 묻는 것이 알맞다.

    (2) Right.이라고 말한 것으로 보아, 상대방의 말에 동의하는 표현이 들어가는 것이 알맞다.

04 (1) 뒤에 자신의 의견을 말하는 수민이의 대답이 이어지므로 빈칸에는 의견을 묻는 말이 알맞다.

    (2) 수민이는 무엇을 입을지 걱정할 필요가 없어서 교복을 입는 것을 좋아한다고 했다.

    (3) Jack은 모두가 똑같아 보인다며 부정적인 의견을 제시하고 있으므로, 동의하지 않는다는 표현이 들어가야 한다.

05 (1) Jessica에게 왜 늘 에너지 음료를 마시는지 묻는 말이 되는 것이 알맞다.

    (2) 에너지 음료를 늘 마시는 이유는 그녀가 깨어 있도록 도와주기 때문이다.

    (3) 상대방의 말에 동의할 때 쓰는 표현(I'm with you on that)을 쓰

는 것이 알맞다.

    (4) Tom은 Jessica에게 에너지 음료에 카페인이 너무 많다고 말해 준다.

|해석| Tom은 Jessica에게 왜 항상 에너지 음료를 마시고 있는지 묻는다. 그녀는 그 음료가 자신이 깨어 있도록 도와주기 때문이라고 말한다. Tom은 그 말에는 동의하지만, 그는 또한 그것에 카페인이 너무 많다고 말한다.

06 수업 중에 스마트폰을 사용하는 것에 관해 Brian은 모르는 단어들을 찾아볼 수 있다고 했고, Mia는 인터넷으로 정보를 찾을 수 있다고 했다.

07 수지는 I'm with you on that.과 You're right을 사용해 Tony의 말에 동의함을 나타냈다.

|해석| Q: 수지는 어떤 점에서 Tony의 말에 동의하는가?

08 두 사람은 온라인 쇼핑에 대해 이야기하고 있다. Tony는 물건이 실제로 어떻게 생겼는지 알기 어렵기 때문에 온라인 쇼핑을 전혀 좋아하지 않는다고 했고, 수지는 온라인 쇼핑을 좋아하며, 그것이 매우 편리하다고 생각한다고 했다.

|해석| Tony와 수지는 온라인 쇼핑에 관해 이야기하고 있다. Tony는 물건이 실제로 어떻게 생겼는지 알기가 매우 어렵기 때문에 <u>그것을 전혀 좋아하지 않는다</u>. 반면, 수지는 온라인 쇼핑을 좋아하고 <u>그것이 매우 편리하다고</u> 생각한다. 하지만 Tony는 <u>편리함이 전부는 아니라고</u> 생각한다.

09 이유를 나타내는 접속사 since를 사용하여 문장을 완성한다.

    (1) 여동생이 스마트폰을 망가뜨린 것이 David가 화가 난 이유에 해당한다.

    (2) 배가 아픈 것이 Tara가 저녁을 먹고 싶어 하지 않는 이유에 해당한다.

|해석| (1) <u>여동생이 그의 스마트폰을 고장 냈기 때문에</u> David는 여동생에게 화가 났다.

    (2) <u>배가 아프기 때문에</u> Tara는 저녁을 먹고 싶지 않다.

10 '~하면 할수록 더 …하다'는 「The+비교급+주어+동사 ~, the+비교급+주어+동사 ….」로 쓴다. (3)과 같이 형용사의 비교급이 명사를 수식하는 경우에는 비교급(more) 바로 뒤에 명사(pain)를 쓴다.

11 (1)과 (3)은 '~이기 때문에, ~여서'라는 뜻의 이유를 나타내는 접속사가 필요하고, (2)는 '~ 이후로'라는 뜻의 접속사가 필요하므로, 공통으로 사용할 수 있는 since를 사용하여 문장을 완성한다.

|해석| (1) 그녀는 장기 자랑에서 우승했기 때문에 새 자전거를 받았다.

    (2) 그녀는 긴 여행을 시작한 후로 많은 장소를 방문했다.

    (3) 비가 많이 내렸기 때문에 우리는 어제 소풍을 가지 않았다.

12 「The+비교급+주어+동사 ~, the+비교급+주어+동사 ….」 형태의 문장을 완성한다.

13 「The+비교급+주어+동사 ~, the+비교급+주어+동사 ….」 형태의 문장이 되도록 고쳐야 한다. 부사 fast의 비교급은 faster이다.

14 ⓑ의 since는 '~이기 때문에, ~여서'라는 의미로 이유를 나타내므로, since와 [보기]의 말을 사용하여 이유를 나타내는 문장을 완성한다.

15 Stanley는 모든 근육 하나하나가 아팠기 때문에 더 열심히 팔 수가 없었다고 했고, 목이 마르고 배가 고팠다고 했으며, 집에 가고 싶다고 했다.

16 '그것이 ~한 이유였다.'는 That was why ~.로 쓴다. end up은 '결국 ~이 되다, 결국 (어떤 처지)에 놓이게 되다'를 뜻한다.

17 (1) Stanley는 아버지에게 무슨 일이 일어났는지 말하려고 운동화를 들고 달렸다.

(2) 대화에서 Stanley는 운동화가 그의 것인지 몰랐다고 답하고 있으므로 기자는 그 운동화가 누구의 것인지 알았냐고 묻는 것이 자연스럽다.

(3) 각 소년은 매일 구덩이 하나를 파야 했다.

|해석| 기자: 왜 운동화를 가지고 뛰기 시작했나요?

Stanley: 저는 아버지에게 무슨 일이 일어났는지 말하고 싶었기 때문이에요.

기자: 운동화가 유명한 야구 선수인 Clyde Livingstone의 것이라는 것을 알고 있었나요?

Stanley: 아니요, 저는 운동화가 그의 것인지 몰랐어요.

기자: Green Lake 캠프에서는 무엇을 해야 했나요?

Stanley: 저는 매일 구덩이 하나를 파야 했어요.

18 it은 앞 문장의 a small gold tube를 가리킨다.

19 (1) Stanley가 발견한 금색 통 바닥에는 KB라는 두 글자가 있었다.

(2) 흥미로운 뭔가를 발견한 사람은 그 날을 쉬게 된다고 들었다.

(3) 빛나는 뭔가를 발견하고 Stanley의 심장은 더 빨리 뛰었다.

|해석| 어느 날 Stanley는 작은 금색 통을 발견했다. 그것은 바닥에 글자 두 개가 있었다. 흥미로운 뭔가를 발견한 사람은 그 날을 쉴 수 있다고 들었기 때문에 그의 심장은 더 빨리 뛰었다.

20 (1) Stanley는 캠프에서 지낸 두 번째 주에 흙 속에서 빛나는 물체를 발견했다.

(2) Stanley는 흙 속에서 빛나는 물체를 발견하자 그것을 집어서 흙을 털어 냈다.

|해석| (1) 어느 주에 Stanley는 빛나는 물체를 발견했는가?

(2) Stanley는 빛나는 물체를 발견한 직후에 무엇을 했는가?

제 **1** 회 대표 기출로 내신 **적중** 모의고사 pp. 138~141

01 ⑤　　**02** ②　　**03** ④　　**04** ②　　**05** How do you feel about the driverless car?　**06** ②　　**07** 너무 많은 카페인은 뼈를 상하게 할 수 있다는 것　**08** ⑤　　**09** ②　　**10** (1) 물건이 실제로 어떻게 생겼는지 알기가 매우 어렵다. (2) 만약 물건이 마음에 들지 않으면 물건을 돌려보내는 것이 어렵다.　**11** ④　　**12** ②　**13** ②　　**14** (1) had a stomachache since I ate lots of ice cream (2) wore a coat since it was quite cold　**15** The harder you dig, the faster you'll finish!　**16** ④　　**17** (1) Because every single muscle hurt. (2) He was at Camp Green Lake.　**18** 그곳은 초록색도 아니었고 호수도 없었기 때문이다.　**19** a pair of　**20** ②, ④　**21** ②　**22** ④, ⑤　**23** ③, ⑤　**24** (A) → There were six other boys in Stanley's group. (D) → He carefully picked up the shiny object and brushed off the dirt.　**25** ①

01 [보기]와 ⑤는 유의어 관계이고, 나머지는 모두 반의어 관계이다.

02 ② '어떤 것을 넘기거나 하지 않다'는 skip(거르다, 빼먹다)의 영어 뜻풀이다. raise(키우다, 기르다)의 영어 뜻풀이는 to take care of children or young animals until completely grown(아이나 어린 동물이 완전히 자랄 때까지 보살피다)이다.

03 첫 번째 빈칸에는 '물건, 물체'를 뜻하는 object가 들어가고, 두 번째 빈칸에는 '목적, 목표'를 뜻하는 object가 들어간다.

|해석| • 그 소년은 손에 둥근 물건을 쥐고 있다.

• 이 경기의 목표는 짧은 시간에 가장 많은 점수를 얻는 것이다.

04 ② '~의 것이다, ~의 소유이다'는 belong to로 써야 한다.

|해석| ① 유리는 그녀의 가방을 집으려고 몸을 아래로 굽혔다.

③ 교육 없이는 아이들이 결국 어려운 상황에 처하게 될 것이다.

④ 이 색들은 평화와 노력을 의미한다.

⑤ 나는 소음 때문에 내 일에 정말 집중할 수 없다.

05 How do you feel about ~?을 사용하여 상대방의 의견을 묻는 말을 쓴다.

06 뒤에 역접의 접속사 but과 함께 에너지 음료에 대한 부정적인 내용이 이어지고 있으므로, but 앞에는 문맥상 상대방의 말에 동의하는 표현이 들어가는 것이 알맞다.

|해석| ① 일어날 시간이야

② 나는 네 말에 동의해

③ 나를 도와줘서 고마워

④ 너는 깨어 있을 필요 없어

⑤ 너는 반드시 깨어 있어야 해

07 바로 앞 문장에서 A가 언급한 내용(too much caffeine can hurt your bones)을 가리킨다.

08 교복을 입는 것에 관해 어떻게 생각하는지 묻는 말에 교복을 입는 것이

좋다고 자신의 의견을 말하고(D), 그 이유를 묻는 말에(B), 무엇을 입을 지 걱정할 필요가 없다고 이유를 말한(A) 후, 그에 대한 다른 의견이 이어지는(C) 흐름이 되는 것이 자연스럽다.

09 주어진 문장은 온라인 쇼핑에 관해 의견을 묻는 말이므로, 인터넷으로 쇼핑하는 것을 좋아한다고 말한 수지가 Tony에게 묻는 말이 되는 것이 알맞다. ② 뒤에 좋아하지 않는다는 Tony의 의견이 이어지고 있다.

10 온라인 쇼핑에 관한 Tony의 의견이 나타난 문장은 It's very difficult to know what an item actually looks like.와 It's also difficult to return an item if you don't like it.이다.
ㅣ해석ㅣ 온라인 쇼핑에 관한 Tony의 의견은 무엇인가요? 두 문장을 우리말로 쓰시오.

11 '~하면 할수록 더 …하다'라는 뜻의 「The+비교급 ~, the+비교급 …」 문장이 되어야 한다.
ㅣ해석ㅣ 나무의 몸통이 두꺼우면 두꺼울수록, 그것은 색이 더 진해진다.

12 빈칸에는 '~하기 때문에, ~여서'라는 뜻의 이유를 나타내는 접속사가 들어가는 것이 자연스러우므로 because와 since가 들어갈 수 있다.
ㅣ해석ㅣ Johns 씨는 신선한 공기가 좀 필요했기 때문에 창문을 열었다.

13 ② 「The+비교급+주어+동사 ~, the+비교급+주어+동사 …」 형태의 문장이 되어야 하므로 bad는 비교급인 worse로 써야 한다.
ㅣ해석ㅣ ① 네가 높이 올라가면 올라갈수록, 너는 더 춥게 느낀다.
② 우리가 자연을 오염시킬수록, 그것은 더 심각해진다.
③ 다이아몬드가 크면 클수록, 더 비싸다.
④ 내가 그녀를 보면 볼수록, 나는 그녀가 더 좋다.
⑤ 네가 운동을 하면 할수록, 네 근육이 더 발달된다.

14 접속사 since(~이기 때문에)가 이유를 나타내는 부사절을 이끌도록 문장을 완성한다. since 뒤에는 「주어+동사 ~」가 이어지는 것에 유의한다.

15 '~하면 할수록 더 …하다'라는 의미는 「The+비교급+주어+동사, the+비교급+주어+동사」로 쓴다.

16 ⑥와 ④의 right은 '바로'라는 의미의 부사로 쓰였다.
① 맞는, 정확한 〈형용사〉
② 적합한 〈형용사〉
③ 오른쪽으로 〈부사〉
⑤ 올바른 〈형용사〉
ㅣ해석ㅣ ① 네 말이 맞아. 정답은 6이야.
② Peter는 그 일에 적합한 사람이다.
③ 그녀는 오른쪽으로 돌아서 10미터를 걸어갔다.
④ 은행은 우체국 바로 옆에 있다.
⑤ 진실을 말하는 것은 해야 할 올바른 일이었다.

17 (1) Stanley는 모든 근육 하나하나가 아팠기 때문에 더 열심히 팔 수가 없었다.
(2) Stanley는 Green Lake 캠프에 있었다.
ㅣ해석ㅣ (1) Stanley는 왜 더 열심히 팔 수 없었는가?
(2) Stanley는 어디에 있었는가?

18 이름은 Camp Green Lake이지만, 초록색(green)도 아니었고 호수 (lake)도 없었다고 했다.

19 운동화와 같이 쌍으로 이루어진 것이 하나의 물건을 이룰 때 「a pair

of+복수 명사(sneakers)」로 표현한다.

20 ② Stanley는 Green Lake 캠프로 보내졌다.
④ 그 캠프는 나쁜 소년들을 위한 곳이라고 했다.
ㅣ해석ㅣ ① Green Lake 캠프는 왜 온통 모래였는가?
② Stanley는 어느 캠프로 보내졌는가?
③ Stanley는 언제 캠프로 보내졌는가?
④ 캠프는 누구를 위한 곳이었는가?
⑤ 운동화는 누구의 것인가?

21 Stanley가 '~에 배치되었다'라는 의미가 되어야 자연스러우므로, 수동태로 was assigned to가 되도록 assigned가 들어가는 것이 알맞다.
ㅣ해석ㅣ ① 이 방의 탁자는 폭이 2미터이다.
② Tom은 파리에 있는 사무실로 배정되었다.
③ 그 공상 과학 영화는 정말 멋지고 흥미진진했다.
④ 각 학생은 훌륭한 인격과 관대한 마음을 지녔다.
⑤ 내가 어둠 속에서 오래된 학교를 봤을 때 내 심장은 더 빨리 뛰기 시작했다.

22 ⑥와 ④, ⑤는 '~하기 위해서'라는 의미의 목적을 나타내는 부사적 용법의 to부정사이다.
①, ② 형용사적 용법 (명사 수식)
③ 명사적 용법 (주어 역할)
ㅣ해석ㅣ ① 나는 쓸 펜이 없었다.
② 우리는 마실 시원한 것을 원한다.
③ 피아노 연주자가 되는 것은 매우 어렵다.
④ Mark는 친구들을 만나기 위해 공원에 갔다.
⑤ 그는 부모님을 실망시키지 않기 위해 열심히 일했다.

23 ③ Sir 씨가 구덩이를 판 것이 아니라 소년들이 구덩이를 팠다.
⑤ 구덩이에서 반짝이는 물체를 발견한 사람은 Stanley였다.

24 (A) 뒤의 six other boys가 복수 명사이므로 There was가 아니라 There were로 고쳐 써야 한다.
(D) 문장의 동사 picked up과 brush off가 등위접속사 and에 의해 연결되어 있는 형태이므로, brush도 과거시제인 brushed로 고쳐 써야 한다.

25 Kate Barlow가 매우 인기가 있었다는 내용 뒤에는 많은 부유한 남자들이 그녀와 결혼하고 싶어 했다는 문장(A)이 이어지는 것이 자연스럽다. 그러나 그녀는 Sam과 사랑에 빠졌고(C) 부유한 남자들이 Sam을 다치게 해서(B) 나중에 Sam이 죽은 채로 발견되자(E) Kate는 슬퍼서 마을을 떠났다(D)는 흐름이 자연스럽다.

01 ③　02 ④　03 ①　04 ⑤　05 ⑤　06 (1) I liked it a lot　(2) I'm with you on that. / I agree with you.　07 ⑤　08 using smartphones during classes　09 ④　10 ③　11 ③　12 ⓓ → The harder I studied, the better I could understand.　13 ③　14 ①　15 ②　16 (1) at Camp Green Lake　(2) it wasn't green and there was no lake　(3) stealing a pair of sneakers　17 ④　18 the police stopped Stanley and asked him why he was running　19 ⓑ was assigned　ⓒ to build　20 The more Stanley dug, the stronger he became.　21 ④　22 ⑤　23 (1) second　(2) finish my hole each day　(3) the dirt　(4) two letters　(5) bottom　(6) stand for　24 ③　25 ③

01 ③은 유의어 관계이고, 나머지는 모두 반의어 관계이다.

02 ④ '깨어 있을 수 없다'라는 뜻이 되는 것이 자연스러우므로, 형용사 awake(깨어 있는, 잠들지 않은)를 쓰는 것이 알맞다.

　|해석| ① 그 책상은 폭이 얼마니?

　② 나무 아래에 거대한 구덩이가 있다.

　③ 내가 무서웠을 때 내 심장은 빨리 뛰었다.

　④ 나는 너무 피곤해서 깨어 있을 수 없다.

　⑤ 나는 계단 맨 아래에서 내 친구를 기다리고 있었다.

03 ① look up은 '(사전 등에서) 찾다, 찾아보다'라는 뜻이다.

　|해석| ① 너는 사전에서 그 단어를 찾아볼 수 있다.

　② 내년에, 이 건물은 학생들로 가득 찰 것이다.

　③ Washington D.C.에서 D.C.는 무엇을 의미하니?

　④ Lydia는 부모님의 소유인 집에서 살고 있다.

　⑤ 그는 그 아래의 색들을 보기 위해 먼지를 털어 내야 했다.

04 ⑤ A가 fast food에 관한 자신의 의견을 말했으므로 B는 동의하거나 동의하지 않는다는 말을 할 수 있다. 이때 동의하거나 동의하지 않는 말 뒤에 오는 이유가 알맞은지 살펴본다.

　|해석| ① 나는 동의하지 않아. 우리는 잠을 더 잘 수 있어.

　② 우리는 점심을 준비할 수 있는 시간이 많아.

　③ 네 말이 맞아. 나는 너보다 그것을 더 빨리 만들 수 있어.

　④ 네 말에 동의해. 나는 패스트푸드를 좋아하지 않아.

　⑤ 나는 그렇게 생각하지 않아. 패스트푸드에는 지방이 많아.

05 ⑤ How do you feel about ~?으로 상대방의 의견을 물었는데, 구체적인 의견을 말하지 않고 상대방의 말에 동의한다고 말하는 것은 어색하다.

　|해석| ① A: 한 가지 음식만 먹는 다이어트에 관한 너의 의견은 무엇이니?

　B: 나는 그것이 쉽지만 건강에 좋지 않다고 생각해.

　② A: 너는 왜 늘 에너지 음료를 마시니?

　B: 에너지 음료가 내가 깨어 있도록 도와주기 때문이야.

　③ A: 나는 아침을 거르는 것이 좋다고 생각해.

　B: 나는 동의하지 않아.

　④ A: 너는 공항에서 여기에 어떻게 왔니?

　B: 나는 지하철을 타고 여기에 왔어.

　⑤ A: 너는 애완동물을 기르는 것에 관해 어떻게 생각하니?

　B: 나도 네 말에 동의해.

06 (1) 미나는 영화가 아주 좋았다고 했다.

　(2) 미나의 의견에 동의하는 상황이므로, I'm with you on that. 또는 I agree with you.와 같이 동의하는 표현을 써야 한다.

　|해석| 진수와 미나는 함께 영화를 보았다. 미나는 그 영화가 아주 좋았다. 그녀는 연기가 아주 훌륭했다고 생각한다. 진수는 그녀의 말에 동의한다.

07 주어진 문장은 수업 중에 스마트폰을 사용하는 것이 매우 유용할 것이라는 의견에 관한 근거에 해당하므로, ⑤에 들어가는 것이 알맞다.

08 두 사람은 수업 중에 스마트폰을 사용하는 것에 관해 이야기하고 있다.

09 첫 번째 빈칸에는 '~이기 때문에'라는 뜻의 이유를 나타내는 접속사 since가 들어가고, 두 번째 빈칸에는 '~ 이후로'라는 뜻의 시간을 나타내는 접속사 since가 들어간다.

　|해석| • 내 남동생은 여권이 없기 때문에 해외로 여행 갈 수 없다.

　• 호민이와 나는 우리가 처음 초등학교에서 만난 후로 좋은 친구로 지내 왔다.

10 The hotter you feel, the more water you drink.라는 문장이 되어야 하므로, much는 쓰이지 않는다.

11 ③의 since는 '~ 이후, ~부터'라는 뜻의 전치사이고, 나머지는 모두 '~이기 때문에'라는 뜻의 이유를 나타내는 접속사이다.

　|해석| ① 그는 매우 바빴기 때문에 나를 도와줄 수 없었다.

　② 나는 커피가 나를 불안하게 만들기 때문에 마시지 않는다.

　③ 나의 할머니께서는 지난주부터 편찮으셨다.

　④ Dona는 열심히 공부하기 때문에 항상 시험을 통과한다.

　⑤ 곰들은 위험하기 때문에 너는 곰들로부터 떨어져 있어야 한다.

12 ⓓ 「The+비교급+주어+동사 ~, the+비교급+주어 동사 ....」 형태의 문장이 되어야 하므로, could I understand를 I could understand로 고쳐야 한다.

　|해석| ⓐ 그는 맑은 하늘을 보고 싶었기 때문에 창문을 열었다.

　ⓑ 날씨가 시원하면 시원할수록, 공기는 더 상쾌해진다.

　ⓒ 햇빛이 강해서 그는 모자를 써야 했다.

　ⓓ 내가 열심히 공부하면 공부할수록, 나는 더 잘 이해할 수 있었다.

13 ⓐ '~이기 때문에'라는 뜻의 이유를 나타내는 접속사 since가 알맞다.

　ⓑ 문맥상 '사실은, 실제로는'이라는 뜻의 In fact가 들어가는 것이 알맞다.

14 ①은 Stanley의 집을 의미하고, 나머지는 모두 Camp Green Lake를 의미한다.

15 ⓒ와 ②의 for는 이유를 나타내는 전치사로 쓰였다.

　①, ④ '~을 위한'이라는 의미의 전치사

　③ '~을 향하여'라는 의미의 전치사

　⑤ '~ 동안'이라는 의미의 전치사

　|해석| ① 이 생일 카드들은 너를 위한 거야.

　② 그 남자는 음주 운전으로 인해 체포되었다.

　③ 그들은 학교가 끝나고 바로 집으로 향할 것이다.

　④ 우리는 할아버지를 위한 깜짝 파티를 준비할 것이다.

⑤ Rock 씨는 10년이 넘는 시간 동안 시카고에 있었다.

16 (1) 18개월 동안 Stanley의 집은 Green Lake 캠프가 될 거라고 했다.

(2) Green Lake 캠프는 초록색도 아니었고 호수도 없었기 때문에 형편없는 이름이라고 했다.

(3) Stanley는 운동화 한 켤레를 훔쳤다는 이유로 캠프에 보내졌다.

|해석| • 보라: 앞으로 18개월 동안 Stanley의 집은 Green Lake 캠프가 될 거야. 그는 매우 힘들 거야.

• 인수: 나는 Green Lake 캠프가 형편없는 이름이었다는 것에 동의해. 그곳은 초록색도 아니었고 호수도 없었기 때문이야.

• 세미: Stanley는 운동화 한 켤레를 훔쳤다는 이유로 캠프에 보내졌어. 나는 그가 정말 운동화를 훔쳤는지 궁금해.

17 ④ had to(~해야 했다)는 '~해야 한다'라는 뜻의 조동사 have to의 과거형으로, 뒤에 동사원형이 와야 한다. 따라서 digging을 dig로 고쳐 써야 한다.

18 주어는 the police이고 동사는 stopped과 asked가 and에 의해 연결된 구조이다. why he was running은 동사 asked의 직접목적어로 쓰인 간접의문문이다.

19 ⓑ Stanley가 D 그룹에 '배치되었다'라는 수동의 의미가 되어야 하므로 수동태 was assigned가 되어야 한다.

ⓒ 문맥상 인격을 '수양하기 위해서'라는 뜻의 목적을 나타내는 부사적 용법의 to부정사가 되는 것이 알맞다.

20 '~하면 할수록 더 …하다'는 「The+비교급+주어+동사 ~, the+비교급+주어+동사 …」로 쓴다.

21 주어진 문장의 it은 a small gold tube를 가리킨다. 그것(작은 금색 통)은 너무 가벼웠기 때문에 진짜 금일 리가 없었다는 흐름이 되어야 자연스러우므로, 주어진 문장은 ④에 들어가는 것이 알맞다.

22 ⑤ 금색 통 바닥에 있는 두 글자 KB의 의미는 글에 제시되어 있지 않아 알 수 없다.

|해석| ① Stanley가 언제 그 통을 발견했는지

② Stanley가 어디서 그 통을 발견했는지

③ 그 통을 발견했을 때 Stanley의 반응

④ Stanley가 발견한 통의 색

⑤ 그 통의 바닥에 있는 글자의 의미

23 |해석| 구덩이를 파는 두 번째 주다. 이제, 내가 매일 구덩이를 끝내는 데 시간이 덜 걸린다.

오늘 나는 흙 속에서 작은 금색 통을 발견했다. 그것의 바닥에는 KB라는 두 글자가 있었다. KB는 무엇을 의미하는 걸까? 나는 정말 알고 싶다.

24 ⓐ fall from: ~에서 떨어지다

ⓑ pick up: ~을 집다

ⓒ be sent to: ~로 보내지다

ⓓ in Group D: D 그룹에서

ⓔ in the dirt: 흙 속에서

25 ③ 경찰은 집으로 달려가고 있는 Stanley를 멈춰 세웠다고 했다.

제**3**회 대표 기출로 내신 **적중** 모의고사　pp.146~149

01 ③　**02** ④　**03** ③　**04** ②, ⑤　**05** ③　**06** ⓒ → She used the subway.　**07** How do you feel about wearing school uniforms?　**08** ⑤　**09** (1) The more we share, the happier we become. (2) The more excited he is, the louder his voice becomes. (3) The older she got, the more popular she became.　**10** ④　**11** ②　**12** ④　**13** ③　**14** (1) since I missed the bus (2) Since my computer was broken (3) since there is nothing to eat in the refrigerator　**15** ⑤　**16** ⓒ → 어느 날 ⓓ → 낡은, 오래된 ⓔ → ~에서 떨어지다　**17** ③　**18** (B) × → to tell his father what happened (C) ○　**19** ④　**20** ③　**21** ⓐ → 모범답 We turned up the heat since it was getting cold. ⓑ → 모범답 The news is even worse than we expected.　**22** ②　**23** ⑤　**24** Because anyone who finds something interesting can get the day off.　**25** ⑤

01 첫 번째 빈칸에는 '결국 ~하게 되었다, 결국 ~이 되었다'라는 뜻의 ended up이 되도록 up이 들어가고, 두 번째 빈칸에는 '~을 집다'라는 뜻의 pick up이 되도록 up이 들어간다.

|해석| • 12시간의 비행 후, 그는 결국 뉴욕에 도착했다.

• 나에게 저 연필을 집어 줄 수 있니?

02 ① hole(구덩이, 구멍)이 아니라 dirt(흙)의 영어 뜻풀이다.

② brush(털다)가 아니라 beat(고동치다)의 영어 뜻풀이다.

③ skip(거르다, 빼먹다)이 아니라 focus(집중하다)의 영어 뜻풀이다.

⑤ wide(폭이 ~인)가 아니라 convenient(편리한)의 영어 뜻풀이다.

03 ⓐ '키우다, 기르다'를 뜻하는 raise가 들어간다.

ⓑ '가벼운'을 뜻하는 light가 들어간다.

ⓒ '단 하나의, 단일의'를 뜻하는 single이 들어간다.

ⓓ '잔인한, 잔혹한'을 뜻하는 cruel이 들어간다.

|해석| ⓐ 그들은 그들의 농장에서 닭을 키운다.

ⓑ 이 상자는 깃털만큼 가볍다.

ⓒ 그 팀은 한 점 차이로 경기를 졌다.

ⓓ 그는 동물들에게 잔인한 사람들을 신뢰할 수 없다고 말한다.

04 I agree with you.는 상대방의 의견에 동의할 때 사용하는 표현이다.

05 ⓐ welcome to ~: ~에 온 것을 환영하다

ⓑ by+교통수단(subway): ~을 타고, ~으로

06 ⓒ Amy는 지하철을 타고 왔다고 했다.

|해석| ⓐ Amy는 어디 출신인가?

ⓑ Amy와 민호는 서로 언제 마지막으로 만났는가?

ⓒ Amy는 어떤 종류의 교통수단을 이용했는가?

ⓓ Amy는 공항에 가기 위해 지하철 몇 호선을 타야 하는가?

07 What's your opinion on ~?은 상대방의 의견을 묻는 표현으로, How do you feel about ~?으로 바꿔 쓸 수 있다.

08 ⑤ Ann은 교복을 입으면 모두가 똑같아 보인다고 자신의 의견을 말했다.

|해석| ① Ann은 그녀의 교복을 아주 좋아한다.

② Bob은 교복을 입는 것을 좋아하지 않는다.

③ Ann은 매일 아침 무엇을 입을지 고민스럽다.

④ Ann은 Bob의 의견에 동의한다.

⑤ Ann은 교복을 입으면 모두가 똑같아 보인다고 생각한다.

09 '~하면 할수록 더 …하다'라는 뜻은 「The+비교급+주어+동사 ~, the+비교급+주어+동사 …」의 형태로 쓴다.

10 ⓐ와 ⓒ에는 '~이기 때문에, ~여서'라는 뜻의 이유를 나타내는 접속사 since가 들어갈 수 있다.

ⓑ와 ⓓ에는 '~에도 불구하고'라는 뜻의 although가 들어가는 것이 자연스럽다.

|해석| ⓐ 나는 독감에 걸렸기 때문에 학교에 갈 수 없었다.

ⓑ 비가 내리고 있지 않음에도 불구하고 나는 우산을 가져갔다.

ⓒ 나는 아름다운 꽃들을 볼 수 있기 때문에 봄을 좋아한다.

ⓓ 나는 그 컴퓨터가 나에게는 너무 비쌌음에도 불구하고 그 컴퓨터를 사기로 결정했다.

11 두 문장 모두 「The+비교급 ~, the+비교급 …」 형태의 문장이 되어야 한다. generous(관대한)는 3음절 이상의 형용사로 more을 사용하여 비교급을 나타내고, 형용사(many)의 비교급(more)이 명사(mistakes)를 꾸며 줄 때에는 비교급 바로 뒤에 명사를 쓴다.

|해석| ·그는 돈을 많이 벌수록, 더 관대해졌다.

·내가 문제를 빨리 풀려고 하면 할수록, 나는 더 많은 실수를 한다.

12 주어진 내용과 자연스럽게 이어지는 접속사와 내용을 고른다. 문맥상 'Emma는 시험을 준비하지 않았기 때문에 시험에 떨어졌다.'라는 내용이 되는 것이 자연스럽다.

|해석| Emma는 시험을 준비하지 않았기 때문에 시험에 떨어졌다.

13 「The+비교급+주어+동사 ~, the+비교급+주어+동사 …」의 형태로 써야 한다.

|해석| 네가 연습을 더 열심히 하면 할수록, 너는 춤을 더 잘 출 수 있다.

14 '~이기 때문에, ~여서'라는 뜻의 이유를 나타내는 접속사 since를 사용하여 문장을 완성한다.

|해석| (1) 나는 버스를 놓쳤기 때문에 제시간에 도착할 수 없었다.

(2) 내 컴퓨터가 고장 났기 때문에 모든 자료가 날아갔다.

(3) 냉장고에 먹을 것이 없기 때문에 나는 시장에 가야 할 필요가 있다.

15 Stanley가 Green Lake 캠프에 가게 된 이유를 설명하는 글이다.

|해석| ① 가장 유명한 야구 선수

② Stanley는 왜 운동화를 훔쳐야 했는가

③ Stanley의 학교에서 집까지의 먼 여정

④ 집에 가는 길에 처할 수 있는 위험들

⑤ Stanley는 왜 Green Lake 캠프에 가게 되었는가

17 완성된 문장은 The sneakers hit him on the head.이므로 다섯 번째로 오는 단어는 on이다.

18 (B) tell은 「간접목적어(~에게)+직접목적어(~을)」를 취하는 동사이므로, 직접목적어로 쓰인 간접의문문(what happened)과 간접목적어(his father)의 순서를 바꿔 써야 한다.

(C) 어법상 바르다.

19 Stanley는 구덩이를 파던 중 '작은 금색 통'을 발견해 그 정체가 궁금하고, 흥미로운 뭔가를 발견한 사람은 그 날을 쉬게 된다고 들었기 때

문에 흥분한 상태이다.

20 (A) 「The+비교급 ~, the+비교급 …」 구문이 되어야 하므로 비교급 stronger가 알맞다.

(B) 「It takes+시간+to부정사 ~」 구문이므로 to부정사인 to finish가 되어야 한다.

(C) '쉬는 날이 주어질 것이었다'라는 의미로 수동태가 되어야 하므로 be given이 알맞다.

21 ⓐ since는 '~이기 때문에, ~여서'라는 뜻의 접속사이다.

ⓑ even은 '훨씬'이라는 뜻으로 비교급(faster)을 강조하고 있는 부사이다.

22 ② Stanley는 흙 속에서 빛나는 뭔가(작은 금색 통)를 발견했다.

① 하루하루 구덩이를 끝내는 데 시간이 덜 걸렸다고 했다.

③ 너무 가벼워서 진짜 금일 리는 없다고 했다.

④ 금색 통을 발견하고 심장이 더 빨리 뛰었다고 했으므로 관심이 많다고 볼 수 있다.

⑤ 통의 위가 아닌 바닥에 두 글자가 있었다.

|해석| ① Stanley는 매일 구덩이를 끝내는 데 시간이 더 많이 걸렸다.

② Stanley는 흙 속에서 빛나는 뭔가를 발견했다.

③ 구덩이의 바닥에 진짜 금이 있었다.

④ Stanley는 금색 통에 관심이 없었다.

⑤ 그 통의 맨 위에 두 글자가 있었다.

23 ⓐ와 ⑤의 like는 '~과 같은'이라는 뜻의 전치사로 쓰였다.

① Would you like ~?: ~하시겠어요?

②, ③, ④ '좋아하다'라는 뜻의 동사로 쓰였다.

|해석| ① 차 한 잔 드시겠어요?

② 나는 여가 시간에 기타 연주하는 것을 좋아한다.

③ Alice는 액션 영화를 전혀 좋아하지 않는다.

④ 나는 야구를 아주 좋아하지만, 내 여동생들은 축구를 좋아한다.

⑤ Ben은 수학과 과학 같은 과목들을 공부했다.

24 흥미로운 뭔가를 발견한 사람은 그 날을 쉴 수 있기 때문이다.

|해석| Stanley는 왜 흥미로운 뭔가를 발견하길 바라나요? 영어로 답하시오.

25 ⑤ 깊이와 너비가 150cm 정도인 구덩이를 파야 한다고 했다.

01 ①   **02** ⑤   **03** ⑤   **04** ③   **05** ①, ③   **06** (1) I don't like it. (2) It's a lot of work to take care of pets. (3) They make us happy.   **07** ⑤   **08** (1) Suji ordered online (2) on the Internet (3) what an item actually looks like   **09** ②   **10** (1) called Grace, he wanted to ask about the math homework (2) didn't run the marathon, she had a pain in her leg   **11** (1) The more the wind blew, the higher the waves became. (2) The more books you read, the more things you learn.   **12** (1) 모범답 since she had a toothache (2) 모범답 since he was very thirsty   **13** ⑤   **14** Stanley Yelnats couldn't dig any harder since(because) every single muscle hurt.   **15** ③   **16** ③   **17** ⑤   **18** ④   **19** That was why Stanley ended up at Camp Green Lake.   **20** ② → There were six other boys in Stanley's group.   **21** ②   **22** ②   **23** He heard that anyone who found something interesting would be given the day off.   **24** ④   **25** ⓐ → He found it as he was finishing his hole in his second week. ⓒ → He brushed off the dirt.

01 ① hole(구덩이, 구멍)의 영어 뜻풀이다.
② day off(휴일, 쉬는 날)의 영어 뜻풀이다.
③ object(물건, 물체)의 영어 뜻풀이다.
④ unfortunately(불행히도)의 영어 뜻풀이다.
⑤ character(품성, 인격)의 영어 뜻풀이다.

02 빈칸 순서대로 '글자, 문자'를 뜻하는 letter, '(사람을) 배치하다'라는 뜻의 assign의 과거분사형 assigned, '편리한'을 뜻하는 convenient가 들어가는 것이 알맞다.
| 해석 | ・우리의 이름은 모두 글자 P로 시작한다.
・새로운 선생님이 그 학급에 배치되었다.
・당신이 오기 편리한 시간은 언제인가요?

03 ⑤ 둘 다 '(구멍 등을) 파다'라는 뜻의 동사로 쓰였다.
① 들어 올리다 〈동사〉 / 키우다, 기르다 〈동사〉
② 가벼운 〈형용사〉 / 빛 〈명사〉
③ 물건, 물체 〈명사〉 / 목적, 목표 〈명사〉
④ 폭이 ~인 〈형용사〉 / 활짝 열린 〈형용사〉
| 해석 | ① 나는 다친 팔을 거의 들어 올릴 수 없었다.
농부들은 닭과 돼지를 기른다.
② 알루미늄은 가벼운 금속이다.
빛과 물은 식물에게 꼭 필요하다.
③ 봐, 하늘에 이상한 물체가 있어!
이 수업의 목표는 여러분의 창의력을 키우는 것입니다.
④ 그 거리는 폭이 4미터 정도이다.
그녀의 눈이 놀라움으로 활짝 열렸다.
⑤ 구덩이를 3미터 깊이로 파라.
그 프로젝트의 첫 단계는 터널을 파는 것이다.

04 A가 스마트폰으로 책을 읽는 것이 좋다고 생각한다고 자신의 의견을 말하고 있으므로 빈칸에는 상대방의 의견에 동의하거나 동의하지 않는다는 말이 들어가는 것이 알맞다.

05 빈칸에는 인공 지능 로봇에 관한 상대방의 의견을 묻는 말이 들어가는 것이 알맞다.

06 (1) 수민이는 애완동물을 기르는 것을 좋아하지 않는다고 했다.
(2) 수민이가 애완동물을 기르는 것을 좋아하지 않는 이유는 because 뒤에 나와 있다.
(3) I가 수민이의 의견에 동의하지 않는 이유를 덧붙이는 것이 알맞다.
| 해석 | 수민이와 나는 애완동물을 기르는 것에 관해 이야기하고 있다. 수민이는 애완동물을 돌보는 데 수고가 많기 때문에 그것을 좋아하지 않는다. 나는 그들이 우리를 행복하게 해 주기 때문에 그녀의 말에 동의하지 않는다.

07 ⑤ but의 앞과 뒤는 서로 반대되는 내용이 나오는데 but 뒤에서 온라인 쇼핑의 장점을 말하고 있으므로, 문맥상 ⑤에는 Tony가 말한 온라인 쇼핑의 단점에 동의하는 말이 들어가는 것이 자연스럽다.

08 | 해석 | (1) 상자들은 수지가 온라인으로 주문한 물건들이다.
(2) 수지는 인터넷으로 쇼핑하는 것을 좋아한다.
(3) Tony는 물건이 실제로 어떻게 생겼는지 알기가 매우 어렵기 때문에 온라인 쇼핑을 좋아하지 않는다.

09 The more questions you ask, the more you will learn.이라는 문장이 되므로, 일곱 번째로 오는 단어는 more이다.

10 이유를 나타내는 접속사 since가 이끄는 부사절에는 이유를 쓰고, 주절에는 그로 인한 결과를 써서 문장을 완성한다.
| 해석 | (1) 하나: Nick이 왜 너에게 전화했니?
Grace: 그는 수학 숙제에 관해 물어보고 싶어 했어.
→ Nick은 수학 숙제에 관해 물어보고 싶어서 Grace에게 전화했다.
(2) Noel: 너는 왜 마라톤을 뛰지 않았니?
Emily: 나는 다리에 통증이 있었어.
Noel: 오, 그 말을 들어서 유감이야.
→ Emily는 다리에 통증이 있어서 마라톤을 뛰지 않았다.

11 '~하면 할수록 더 …하다'는 「The+비교급+주어+동사 ~, the+비교급+주어+동사 ....」로 나타낸다. 형용사의 비교급이 명사를 꾸며 줄 때에는 비교급 바로 뒤에 명사를 쓴다.

12 '~이기 때문에, ~여서'라는 뜻으로 이유를 나타내는 부사절을 이끄는 접속사 since를 사용하여 문장을 완성한다.

13 ⑤ 주어인 He가 캠프에 '보내졌다'라는 수동의 의미가 되어야 하므로 「be동사+과거분사」 형태의 수동태인 was sent로 써야 한다.

14 이유를 나타내는 접속사 since 또는 because를 사용하여 문장을 완성한다.

15 첫 번째 빈칸에는 '~ 동안'이라는 뜻의 기간을 나타내는 전치사 for가 들어가고, 두 번째 빈칸에는 이유를 나타내는 전치사 for가 들어간다.

16 ③ Green Lake 캠프는 온통 모래였다고 했다.
| 해석 | 윗글에 따르면, 어느 것이 사실인가?
① Sir 씨는 Stanley가 구덩이를 파는 것을 도왔다.
② Stanley가 그의 구덩이를 끝마치면 그는 내일 집에 갈 수 있다.
③ Green Lake 캠프는 온통 모래였다.

④ Green Lake 캠프에는 큰 호수가 있었다.

⑤ Stanley는 Green Lake 캠프에서 즐겁게 보냈다.

17 ⑤ '운동화는 1916년에 미국에서 최초로 만들어졌다.'는 글의 흐름상 관계없는 문장이다.

18 (A) what happened(무엇이 일어났는지)가 tell의 직접목적어에 해당한다.

(B) 달리고 있었던 이유(why)를 묻는 것이 자연스럽다.

(C) Stanley가 머리에 맞은 운동화가 유명한 야구 선수의 것이었고 이로 인해 캠프에 가게 되었으므로 Unfortunately(불행히도)가 알맞다.

19 '그것이 ~한 이유였다.'라는 뜻의 That was why ~.와 '결국 ~하게 되었다'라는 뜻의 ended up을 사용하여 문장을 완성한다.

20 ② 앞에 six가 있으므로 other 뒤의 boy를 복수 명사인 boys로 고쳐 써야 한다.

21 ② Stanley가 속한 D 그룹만 언급되어 있어 캠프에 있는 총 그룹의 수는 알 수 없다.

|해석| ① Stanley가 속한 그룹

② 캠프에 있는 그룹의 수

③ Stanley가 속한 그룹에 있는 소년들의 수

④ Stanley가 매일 해야 했던 일

⑤ Stanley가 파야 했던 구덩이의 크기

22 ⓐ 「The+비교급 ~, the+비교급 ….」 구문이다. strong의 비교급은 stronger로 써야 한다.

ⓓ '~일 리가 없었다'는 뜻으로 강한 부정적인 추측을 나타내기 위해 couldn't be로 써야 한다.

23 주어진 단어들 중 사용하지 않는 단어는 which와 find이다. 「주어 (he)+동사(heard)+목적어(that절)」의 문장을 완성하는데, that절의 주어 anyone을 주격 관계대명사 who가 이끄는 절인 who found something interesting이 수식하고, that절의 동사는 「조동사 (would)+be+과거분사(given)」 형태의 수동태를 쓴다.

24 ④ Stanley는 물체를 조심스럽게 집어 흙을 털었지만, 누군가를 부르지는 않았다.

|해석| ① Julia: Stanley가 흙 속에서 빛나는 무언가를 본 것은 캠프에서의 두 번째 주였다.

② Simon: Stanley가 자신의 구덩이를 끝내 가고 있었을 때, 그는 흙 속에서 무언가를 발견했다.

③ Terry: Stanley가 그의 구덩이에서 무언가를 발견했을 때 그의 심장은 더 빨리 뛰었다.

④ Naomi: Stanley는 그 작은 물체를 집어 들고 그것을 보여 주기 위해 누군가를 불렀다.

⑤ Daniel: Stanley는 그가 구덩이에서 발견한 통의 바닥에서 두 글자를 보았다.

25 ⓐ 캠프에 온 지 두 번째 주에 Stanley가 자신의 구덩이를 끝내가고 있을 때 빛나는 물체를 발견했다.

ⓒ Stanley는 물체를 집어 흙을 털어 냈다.

|해석| ⓐ Stanley는 언제 빛나는 물체를 발견했는가?

ⓑ Stanley는 누구로부터 쉬는 날에 관해 들었는가?

ⓒ Stanley는 빛나는 물체를 집어 든 직후에 무엇을 했는가?

ⓓ KB는 무엇을 의미했는가?

Lesson 5
Believe in Yourself

STEP A

Ⓦ Words 연습 문제

p. 157

A 01 기대하다, 예상하다

02 여행, 여정

03 교육자

04 인내심

05 체육, 운동, 체육관

06 오케스트라, 관현악단

07 거대한

08 (미술·음악 등의) 작품

09 배우

10 응원하다

11 놀라운

12 해군 대장, 해군 장성

13 황홀해하는, 아주 신이 난

14 상

15 구르다, 굴러가다

16 대부분, 일반적으로

17 거대한

18 쓰레기 매립지

19 ~을 할 형편이 되다

20 공연, 연주회

B 21 environmental

22 trash

23 cheek

24 gather

25 situation

26 without

27 hurt

28 ocean

29 talented

30 appear

31 president

32 save

33 tear

34 parade

35 musical instrument

36 million

37 respect

38 stick

39 speech

40 battle

C 01 점차로

02 서로

03 그때부터 (쭉)

04 ~에게 큰 박수를 보내다

05 음이 맞지 않는

06 ~할 수 있다

07 ~을 실행에 옮기다

08 ~에 참가하다

Ⓦ Words Plus 연습 문제

p. 159

A 1 afford, ~을 할 형편이 되다

2 thrilled, 황홀해하는, 아주 신이 난   3 journey, 여행

4 roll, 구르다, 굴러가다   5 landfill, 쓰레기 매립지

        6 musical instrument, 악기   7 educator, 교육자

        8 patience, 인내심

B   1 environmental   2 huge   3 bored

C   1 journey   2 mostly   3 gather   4 respect

        5 talented

D   1 Step by step   2 give, a big hand

        3 put, into practice   4 take part in   5 from then on

---

 Listen & Speak 만점 노트   pp. 162~163

Q1 보라는 록 밴드에서 기타를 연주한다.

Q2 나는 그것을 보는 게 정말 기대돼.

Q3 is going to travel to Jeju-do

Q4 소녀는 남동생을 돌봐야 하기 때문이다.

Q5 그는 3년 동안 기타를 쳤다.

Q6 He hurt his hand in gym class.

Q7 숙제를 해야 한다.

Q8 It's about a boy who became a famous dancer.

Q9 그녀는 이번 주말에 자원봉사 활동이 있기 때문이다.

W   Words 실전 TEST   p. 160

01 ④   02 ④   03 ③   04 ①   05 (1) scared (2) excited

06 ④   07 give, big hand

01 ④는 부사이고, 나머지는 모두 명사이다.

|해석| ① 기쁨   ② 해군 대장, 해군 장성   ③ 여행, 여정

④ 대부분, 일반적으로   ⑤ 교육자

02 '생각보다는 행동'을 뜻하는 것은 practice(실행, 실천)이다.

03 '~을 할 형편이 되다'라는 의미의 동사는 afford이다.

04 ① out of tune은 '음이 맞지 않는'이라는 의미이다.

|해석| ① 그 기타는 음이 맞지 않았다.

② 겨울을 준비할 때이다.

③ 미나의 가족과 Alice는 서로 인사를 나누었다.

④ 연필을 꺼내서 시험을 시작하세요.

⑤ 그 회사는 새로운 아이디어들을 실행에 옮기기로 결정했다.

05 (1) 어둠 속에서 움직이는 무언가를 봐서 잠을 잘 수 없었다고 했으므
로, 빈칸에는 scared(무서워하는, 겁먹은)가 알맞다.

(2) 파리에 있는 가장 친한 친구를 방문할 예정이라고 했으므로, 빈칸에
는 excited(신이 난)가 알맞다.

|해석| (1) 나는 어둠 속에서 무언가가 움직이고 있는 것을 보았다. 나는
너무 무서워서 잠을 잘 수 없었다.

(2) 나는 파리에 있는 나의 가장 친한 친구를 방문할 예정이다. 나는 매
우 신이 난다.

06 ④ 바위가 언덕에서 굴러떨어지고 있다는 의미를 나타내는 문장이 되는
것이 자연스러우므로, gathering(gather: 모이다)이 아니라 rolling
(roll: 굴러가다)이 들어가는 것이 알맞다.

|해석| • 이 약은 매년 수천 명의 목숨을 구할 수 있다.

• 내 친구들과 나는 서서 우리 학교 축구팀을 응원했다.

• Mike는 재능 있는 배우이고, 많은 사람들이 그를 아주 좋아한다.

• 봐! 바위가 언덕에서 굴러떨어지고 있어.

• 그 거대한 나무는 거의 10미터 높이이다.

07 '~에게 큰 박수를 보내다'라는 뜻의 give ~ a big hand를 써 문장을
완성한다.

 Listen & Speak 빈칸 채우기   pp. 164~165

1 Welcome to, I'm looking forward to, We're excited

2 what are you reading, who was born, was made,
   to watching it, Can I join you

3 look happy today, I'm going to travel, riding a horse

4 Math is difficult, can you help me, but I can't,
   take care of

5 take part in, how to play the guitar, I'd love to,
   I'm sorry to hear that, to cheer

6 to ride my bike, have to do my homework, next time

7 watch the musical, who became a famous dancer,
   my favorite actor, want to join me, have volunteer work

Listen & Speak 대화 순서 배열하기   pp. 166~167

1 ⓒ-ⓓ-ⓑ-ⓐ

2 ⓐ-ⓕ-ⓒ-ⓔ-ⓘ-ⓑ-ⓗ-ⓓ-ⓖ

3 ⓑ-ⓒ-ⓐ-ⓓ

4 ⓓ-ⓐ-ⓒ-ⓔ-ⓑ

5 ⓒ-ⓓ-ⓖ-ⓐ-ⓕ-ⓑ-ⓗ-ⓔ

6 ⓐ-ⓓ-ⓒ-ⓑ

7 ⓓ-ⓘ-ⓑ-ⓖ-ⓔ-ⓐ-ⓕ-ⓒ-ⓙ-ⓗ

01 ④ 02 ⑤ 03 ④ 04 ③ 05 ② 06 ③ 07 ⑤
08 ② 09 ④

[서술형]

10 I'm really looking forward to swimming in the ocean

11 (1) You know how to play the guitar, right?

(2) Can you play the guitar while I sing in the contest?

(3) I'm sorry to hear that.

12 He has played the guitar for 3 years.

01 I'm really looking forward to ~.는 '나는 ~하는 게 정말 기대돼.'라는 의미로 기대를 표현할 때 쓴다.

02 함께 축구를 하자는 A의 말에 B가 여동생을 돌봐야 한다고 말했으므로, 빈칸에는 거절하는 표현이 들어가는 것이 알맞다.

03 ④ 수학 숙제를 도와줄 수 있는지 묻는 말에 수락의 말(Of course.)을 한 후 봉사 활동을 해야 한다고 거절의 이유를 말하는 것은 어색하다.

|해석| ① A: 너는 수학 숙제를 끝냈니?

B: 아직 끝내지 못했어. 수학은 어려워.

② A: 나는 박물관을 방문할 거야. 나와 함께 가고 싶니?

B: 응, 가고 싶어.

③ A: 너는 오늘 행복해 보여. 무슨 일이니?

B: 나는 매우 신이 나. 나는 드론을 날리는 것을 배울 거야.

④ A: 네가 내 수학 숙제를 좀 도와줄래?

B: 물론이야. 나는 봉사 활동을 해야 해.

⑤ A: 너는 축제에서 무엇을 할 거니?

B: 나는 퍼레이드를 볼 거야. 나는 그것을 보는 게 정말 기대돼.

04 우리 록 밴드에 온 걸 환영한다는 말(C)에 고맙다면서 함께 연주하는 공연이 기대된다는 말(A)이 이어진 후, 새로운 기타 연주자가 생겨서 신난다는 말(D)에, 금요일에 보자고 답하는(B) 흐름이 자연스럽다.

05 밑줄 친 우리말을 영어로 옮기면 I'm really looking forward to making it.이 되므로, 사용하지 않는 단어는 동사원형인 make이다.

06 그의 이야기가 영화로 만들어졌다는 내용의 주어진 문장은 영화에 대한 대화가 시작되는 부분인 ③에 와야 한다. ③ 다음 문장의 it이 주어진 문장의 영화를 가리킨다.

07 ⑤ 지호가 Ann에게 영화를 함께 봐도 되는지 묻자 Ann이 Sure.(물론이야.)라고 수락의 말을 했으므로, Ann은 토요일에 지호와 함께 영화를 볼 것이다.

08 ⓐ a boy를 선행사로 하는 주격 관계대명사 who가 와야 한다. who became a famous dancer가 a boy를 수식한다.

ⓑ '누구'라는 의미의 의문사 Who가 와야 한다.

09 ④ Tony가 가장 좋아하는 배우는 언급되지 않아 알 수 없다.

10 기대를 나타내는 표현 I'm really looking forward to ~를 사용하여 문장을 완성한다.

11 (1) B가 기타를 3년 동안 쳤다고 답하는 것으로 보아, (1)에는 상대방이 기타를 치는 법을 알고 있음을 확인차 묻는 표현이 알맞다.

(2) B가 A의 요청을 거절하면서 손을 다쳤다고 거절의 이유를 말하는 것으로 보아, (2)에는 기타를 쳐 줄 수 있는지 부탁하는 표현이 알맞다.

(3) 손을 다쳤다는 말에 유감을 나타내는 표현이 알맞다.

12 Alex는 3년 동안 기타를 쳤다고 했다.

G Grammar 핵심 노트 1 | p.170

QUICK CHECK

1 (1) were (2) would (3) were

2 (1) would (2) knew (3) 옳음

1 |해석| (1) John이 여기 있다면, 그는 그 일을 할 수 있을 텐데.

(2) 오늘이 토요일이라면, 나는 공원에 갈 텐데.

(3) 내가 충분히 크다면, 나는 롤러코스터를 탈 수 있을 텐데.

2 |해석| (1) 그녀가 시간이 더 있다면, 그녀는 그녀의 부모님을 찾아뵐 텐데.

(2) 그가 네 전화번호를 안다면, 그는 너에게 전화할 텐데.

(3) Bob이 피곤하지 않다면, 그는 그의 일을 끝낼 수 있을 텐데.

G Grammar 핵심 노트 2 | p.171

QUICK CHECK

1 (1) when to tell (2) where (3) what

2 (1) how to ride a bike (2) us when to arrive

(3) knows where to put

1 |해석| (1) 나는 언제 진실을 말해야 할지 몰랐다.

(2) 그는 그의 새 컴퓨터를 어디에 놓을지 결정했다.

(3) 나는 숙제가 많다. 나는 무엇을 먼저 해야 할지 모르겠다.

2 |해석| (1) 나는 자전거를 타는 법을 배웠다.

(2) Angela는 우리에게 언제 도착하는지 말하지 않았다.

(3) Tommy는 빈 병을 어디에 두는지 안다.

G Grammar 연습 문제 1 | p.172

A 1 would 2 lived 3 were 4 were 5 could

B 1 has → had 2 can → could

3 could fixed → could fix 4 have had → had

C 1 she could get a discount 2 If I had a million dollars

3 he would send me a letter

D 1 can't go shopping with Emma 2 had enough time

3 could go back in time

A |해석| 1. 내가 너라면, 나는 저 바지를 사지 않을 텐데.

2. 네가 여기 산다면, 나는 너를 매일 볼 수 있을 텐데.

3. 내가 새라면, 나는 구름으로 날아갈 텐데.

4. 그녀가 집에 있다면, 우리는 그녀를 방문할 수 있을 텐데.

5. 내게 충분한 우유가 있다면, 나는 남동생을 위해 쿠키를 좀 만들어 줄 수 있을 텐데.

B |해석| 1. 그녀가 날아다니는 신발을 가지고 있다면, 그녀는 하늘을 날 수 있을 텐데.

2. 일요일이라면, 우리는 캠핑을 갈 수 있을 텐데.

3. Robin이 여기 있다면, 그는 컴퓨터를 고칠 수 있을 텐데.

4. 내가 많은 돈을 가지고 있다면, 나는 그 건물을 살 수 있을 텐데.

D |해석| 1. 나는 피곤해서, Emma와 쇼핑을 갈 수 없다.

  → 내가 피곤하지 않다면, 나는 Emma와 쇼핑을 갈 수 있을 텐데.

2. 그들은 충분한 시간이 없어서, 방학 때 파리에 가지 않을 것이다.

  → 그들에게 충분한 시간이 있다면, 그들은 방학 때 파리에 갈 텐데.

3. 그녀는 타임머신이 없어서, 그녀는 과거로 돌아갈 수 없다.

  → 그녀에게 타임머신이 있다면, 그녀는 과거로 돌아갈 수 있을 텐데.

G Grammar 연습 문제 2 p.173

A 1 to go 2 how 3 where 4 when 5 what

B 1 when to ask 2 where I should put

C 1 how to use this tool 2 where to buy apples

  3 what to eat for lunch

  4 when to bring the birthday cake

D 1 how to solve the problem 2 what to do today

  3 when to turn right 4 where to stay this summer

A |해석| 1. 나는 방학 동안 어디에 갈지 결정하지 못했다.

2. 그는 나에게 토마토 스파게티를 요리하는 법을 가르쳐 주었다.

3. 나는 Laura를 만날 필요가 있다. 너는 그녀를 어디에서 찾을 수 있는지 아니?

4. 실례합니다. 저에게 언제 비행기에 탑승할지 말해 주실 수 있나요?

5. 도움이 필요한 아프리카의 아이들을 위해 무엇을 해야 할지 이야기해 보자.

B |해석| 1. 나는 내가 언제 그녀에게 그 질문을 해야 하는지 알고 싶다.

2. 나에게 이 탁자를 어디에 두어야 하는지 말해 주세요.

G Grammar 실전 TEST pp.174~177

01 ③ 02 ③ 03 ② 04 ③ 05 ③ 06 ①, ④ 07 ③

08 ⑤ 09 can → could 10 ① 11 ② 12 ③ 13 ②

---

14 ⑤ 15 ⑤ 16 when she should take 17 ④ 18 ③

19 ③ 20 ③ 21 ② 22 ③ 23 ③

[서술형]

24 (1) how to fix this machine

   너는 이 기계를 고치는 방법을(어떻게 고치는지) 아니?

  (2) where to go in New Zealand

   뉴질랜드에서 어디에 갈지 결정하자.

  (3) the teacher what to do

   나는 선생님께 다음에 무엇을 할지 물었다.

25 (1) If I were a super hero, I would(could) save people and the world.

  (2) If it snowed a lot, I would(could) build a big snowman.

  (3) If I understood French, I would(could) enjoy the French movie.

26 The boy told me when to get off.

27 (1) had enough time, could eat breakfast

  (2) I were not tired, could play tennis with my dad

28 (1) He learned how to play the guitar.

  (2) If I had a spaceship, I would travel to Mars.

  (3) I don't know where to put this box.

---

01 현재 사실과 반대되는 상황을 가정하는 가정법 과거 문장으로 「If+주어(my uncle)+동사의 과거형(were) ~, 주어(I)+조동사의 과거형(would)+동사원형(be) ....」의 형태로 써야 하므로 빈칸에는 If가 알맞다.

  |해석| 나의 삼촌이 지금 나와 함께 있다면, 나는 행복할 텐데.

02 가정법 과거인 「If+주어+동사의 과거형 ~, 주어+조동사의 과거형+동사원형 ....」의 형태가 되어야 하므로, If I knew the answer가 알맞다.

  |해석| 내가 답을 안다면, 네게 말해 줄 텐데.

03 '~하는 방법'이나 '어떻게 ~할지'는 「how+to부정사」로 나타낸다.

  |해석| • 나에게 이 카메라를 어떻게 사용하는지 말해 줄래?

  • 너는 그곳에 어떻게 가야 하는지 아니?

04 가정법 과거인 「If+주어+동사의 과거형 ~, 주어+조동사의 과거형+동사원형 ....」의 형태가 되어야 하므로, if절의 동사는 과거형 had가 알맞다.

  |해석| 네가 더 좋은 카메라를 가지고 있다면, 너는 더 나은 사진을 찍을 수 있을 텐데.

05 주어진 우리말을 영어로 옮기면 Can you tell me where to go?이므로 여섯 번째로 오는 단어는 to이다.

06 If I were you로 보아 가정법 과거 문장이 되어야 하므로, 빈칸은 「주어+조동사의 과거형(would/could 등)+동사원형 ....」의 형태가 되어야 한다. 조동사 will이나 won't(= will not)는 쓰일 수 없다.

07 의문사 중에서 why는 「why+to부정사」 형태로 쓰지 않는다.

08 가정법 과거 문장은 「If+주어(I)+동사의 과거형(had) ~, 주어(I)+조동사의 과거형(could)+동사원형(be) ....」의 형태로 쓴다.

09 직설법 현재를 가정법 과거로 바꾼 문장으로, 가정법 과거는 「If+주어

+동사의 과거형 ~, 주어+조동사의 과거형+동사원형 .....」의 형태가
되어야 한다. 따라서 조동사 can은 과거형인 could로 고쳐 써야 한다.
|해석| 나는 바쁘기 때문에 너와 점심을 먹을 수 없어.
→ 내가 바쁘지 않다면, 너와 점심을 먹을 수 있을 텐데.

10 B가 기계를 사용하는 방법에 대해 설명하고 있으므로 빈칸에는 '어떻게 ~할지, ~하는 방법'이라는 의미의 「how+to부정사」가 알맞다.
|해석| A: 너는 이 기계를 어떻게 사용하는지 아니?
B: 응. 먼저, 빨간색 단추를 눌러.

11 B가 A에게 사야 할 물건에 대해 말해 주고 있으므로 빈칸에는 '무엇을 ~할지'라는 의미의 「what+to부정사」가 알맞다.
|해석| A: 나에게 식료품 가게에서 무엇을 사야 할지 말해 줘.
B: 너는 사과와 양파를 좀 사야 해.

12 직설법 현재를 가정법 과거로 바꾼 문장으로, 가정법 과거는 「If+주어+동사의 과거형 ~, 주어+조동사의 과거형+동사원형 .....」의 형태가 되어야 한다. 또한 가정법 과거는 현재 사실과 반대되는 상황을 가정하므로, 의미상 직설법 현재의 긍정은 부정으로, 부정은 긍정으로 바꿔 써야 한다.
|해석| Chris는 독감에 걸려서 박물관에 갈 수 없어.
→ Chris가 독감에 걸려 있지 않으면, 그는 박물관에 갈 수 있을 텐데.

13 가정법 과거는 「If+주어+동사의 과거형 ~, 주어+조동사의 과거형+동사원형 .....」의 형태로 쓰므로, ②는 조동사의 과거형인 would가 되어야 한다.
|해석| 내가 너라면, 나는 내 생일 파티에 그를 초대할 텐데.

14 '언제 ~할지'라는 의미의 「when+to부정사」를 사용하여 when to start playing이 들어가는 것이 알맞다.

15 ⑤ 가정법 과거 문장이 되어야 하므로, 조동사 will을 과거형 would로 고쳐 써야 한다.
|해석| ① 네가 여기에 산다면, 우리는 행복할 텐데.
② 우리는 Paul을 위해 무엇을 살지 결정하지 못했다.
③ Nicole에게 열쇠가 있다면, 그녀는 이 상자를 열 수 있을 텐데.
④ 나에게 봉사 활동을 어떻게 하는지 말해 줄 수 있니?
⑤ 내가 슈퍼맨이라면, 나는 위험에 처한 사람들을 구할 텐데.

16 「의문사+to부정사」는 「의문사+주어+should+동사원형」으로 바꿔 쓸 수 있다.
|해석| 그녀는 약을 언제 복용해야 하는지 알지 못한다.

17 현재 사실의 반대를 나타내는 가정법 과거 문장이므로, 「If+주어(I)+동사의 과거형(had) ~, 주어(I)+조동사의 과거형(could)+동사원형(go) .....」의 형태가 되어야 한다.
|해석| 나는 시간이 많지 않다. 내게 충분한 시간이 있다면, 나는 너와 함께 하이킹을 하러 갈 수 있을 텐데.

18 주어진 단어들을 배열하면 We haven't decided where to stay.가 된다. 「where+to부정사」가 haven't decided의 목적어로 쓰인 문장이다.

19 ③은 실제 일어날 수 있는 일을 나타내는 조건문으로, if절의 빈칸에는 현재시제의 be동사 are가 알맞다. 나머지는 현재 사실과 반대되거나 실제 일어날 가능성이 없는 것을 가정하는 가정법 과거 문장으로, 가정법 과거에서는 if절에 be동사가 쓰일 때 주로 were를 쓴다.

|해석| ① 내가 더 젊다면, 나는 해외에 갈 텐데.
② 내가 부자라면, 나는 우주를 여행할 텐데.
③ 네가 지금 바쁘다면, 나는 나중에 들를게.
④ 그녀가 바쁘지 않다면, 그녀는 나의 가족을 방문할 수 있을 텐데.
⑤ 그 컴퓨터가 더 싸다면, 나는 그것을 살 텐데.

20 첫 번째 문장: '~하는 방법'은 「how+to부정사」로 나타내므로 how to joining을 how to join으로 고쳐야 한다.
네 번째 문장: 가정법 과거는 「If+주어+동사의 과거형 ~, 주어+조동사의 과거형+동사원형 .....」의 형태로 나타내므로, 조동사 will을 과거형 would로 고쳐야 한다.
|해석| • 나는 노래 동아리에 가입하는 법을 알고 싶다.
• 우리는 그 소녀에게 지하철을 어디에서 타는지 물어보았다.
• 내게 시간이 더 있다면, 나는 숙제를 끝마칠 텐데.
• Peter가 피곤하지 않다면, 그는 그 모임에 올 텐데.

21 「If+주어(I)+동사의 과거형(were) ~, 주어(I)+조동사의 과거형(would)+동사원형(make) .....」의 형태로 이루어진 가정법 과거 문장이다.
|해석| 내가 발명가라면, 나는 요술 램프를 만들 텐데.

22 끓는 물에 넣어 요리하라는 말로 보아, 첫 번째 빈칸에는 달걀을 어떻게 요리하는지(how to cook) 말해 달라고 하는 것이 알맞다. 10분 후에 달걀을 꺼내라는 말로 보아, 두 번째 빈칸에는 달걀을 언제 꺼내는지(when to take out) 알려 달라고 하는 것이 알맞다.
|해석| A: 엄마, 저는 달걀을 요리할 거예요. 저에게 그것들을 어떻게 요리하는지 말해 주세요.
B: 달걀을 끓는 물에 넣어 요리하렴.
A: 알겠어요. 저에게 달걀을 언제 꺼내는지 알려 주세요.
B: 10분 후에 달걀을 꺼내렴.
A: 알겠어요. 고마워요, 엄마.

23 ③ 주절 「주어+조동사의 과거형(would)+동사원형(go)」의 형태로 보아 가정법 과거 문장이므로, if절은 「If+주어(it)+동사의 과거형(were)」이 되어야 한다. (→ were)
|해석| ① Aron은 어디로 여행을 갈지 결정할 수 없었다.
② 여행을 위해 무엇을 싸야 하는지 내게 알려 줘.
③ 날이 화창하면, 나는 낚시를 하러 갈 텐데.
④ 내게 시간이 있다면, 나는 너를 학교에 내려 줄 텐데.
⑤ 내가 왕이라면, 나는 내 나라를 더 아름답게 만들 텐데.

24 (1) how+to부정사: ~하는 방법, 어떻게 ~할지
(2) where+to부정사: 어디에 ~할지
(3) what+to부정사: 무엇을 ~할지

25 현재 사실과 반대되거나 실제 일어날 가능성이 없는 것을 가정하는 가정법 과거는 「If+주어+동사의 과거형 ~, 주어+조동사의 과거형(would/could)+동사원형 .....」의 형태로 쓴다.

26 「told+간접목적어(me)+직접목적어」 형태의 4형식 문장을 완성한다. '언제 ~할지'라는 의미의 「when+to부정사(to get off)」를 직접목적어로 쓴다.

27 직설법 현재의 문장을 가정법 과거 문장으로 바꿔 쓴다. 가정법 과거는 「If+주어+동사의 과거형 ~, 주어+조동사의 과거형(could)+동사원형 .....」의 형태로 쓴다.

|해석| (1) 나는 충분한 시간이 없어서 아침을 먹을 수 없다.

(2) 나는 피곤해서 아빠와 테니스를 칠 수 없다.

28 (1) '～하는 방법'을 뜻하는 「how+to부정사」를 문장의 목적어로 쓴다.

(2) 가정법 과거 문장은 「If+주어(I)+동사의 과거형(had) ～, 주어(I)+조동사의 과거형(would)+동사원형(travel) ....」의 형태로 쓴다.

(3) '어디에 ～할지'를 뜻하는 「where+to부정사」를 문장의 목적어로 쓴다.

 Reading 빈칸 채우기 pp. 180~181

01 are rolling down   02 happy and thrilled

03 I were, would fly   04 look around   05 one another

06 has just finished   07 None of   08 long journey

09 a violinist   10 is it called   11 from a landfill

12 known as   13 Most of us   14 a huge landfill

15 a giant landfill   16 are poor

17 many hopes and dreams   18 when we met

19 an environmental educator   20 teach us music

21 a few musical instruments   22 afford to buy

23 didn't give up   24 make musical instruments

25 put this idea into practice   26 made violins

27 turned, into   28 another problem   29 how to play

30 didn't even know   31 with great patience

32 Step by step   33 that we played

34 mostly out of tune   35 the most beautiful music

36 in our hearts   37 gathered to practice   38 One day

39 have a concert   40 in front of   41 They love

42 send back music

 Reading 바른 어휘 · 어법 고르기 pp. 182~183

01 are   02 thrilled   03 were   04 look   05 are

06 giving   07 come   08 has been   09 and   10 called

11 because   12 known   13 are   14 is   15 itself

16 Many   17 weren't   18 when   19 an   20 us music

21 a few   22 to buy   23 didn't give up   24 from

25 into   26 made   27 into   28 another

29 how to play   30 how   31 patience   32 to make

33 that   34 mostly   35 to   36 hearts   37 to practice

38 us some great news   39 have   40 in front of

41 love   42 trash, music

R Reading 틀린 문장 고치기 pp. 184~185

01 ×, are rolling up → are rolling down

02 ×, thrilling → thrilled   03 ×, As → If   04 ○   05 ○

06 ×, giving a big hand us → giving us a big hand   07 ○

08 ×, short → long   09 ○   10 ×, How → Why

11 ×, make of → are made of   12 ×, what → why   13 ○

14 ×, There are → There is   15 ×, it → itself

16 ×, is → are   17 ×, much → many   18 ○

19 ×, environment → environmental

20 ×, wanted teaching → wanted to teach

21 ×, There was → There were   22 ×, could → couldn't

23 ○   24 ×, for objects → with objects

25 ×, put this idea into participation → put this idea into practice   26 ×, into → from   27 ○   28 ○

29 ×, how to playing → how to play

30 ×, how reading → how to read   31 ○

32 ×, Step to step → Step by step

33 ×, forget → remember

34 ×, most out of tune → mostly out of tune

35 ×, most beautiful → the most beautiful   36 ○

37 ×, gathered practice → gathered to practice

38 ×, told some great news us → told us some great news   39 ○   40 ○   41 ×, don't love → love

42 ×, sends trash us → sends us trash

R Reading 실전 TEST pp. 188~191

01 ④   02 (A) were   (B) giving   03 ⑤   04 ③   05 ②

06 landfill   07 ③   08 ②   09 ④   10 ③   11 ①

12 musical instruments   13 ④   14 ②   15 ③   16 ③

17 ①   18 ⑤   19 ③   20 ④   21 ①, ③

[서술형]

22 온 마을에 단지 악기가 몇 개뿐이었고 새 악기를 살 형편이 안 되었다는 것

23 A talented man named Nicholas was able to put this idea into practice.

24 (1) Andrea plays the violin (in the orchestra).

(2) Their musical instruments are made of objects from a landfill.

25 the first piece of music that we played

26 (1) No one knew how to play musical instruments.

(2) One day, Favio told us some great news. / One day, Favio told some great news to us.

27 We are going to have a concert, a real concert!

01 ④ 기쁨의 눈물을 흘리고 있고 사람들이 큰 박수를 보내고 있다고 한 것으로 보아, 글쓴이의 심정은 기쁘고 황홀할 것이다.
|해석| ① 피곤하고 축 처진 ② 걱정스럽고 화가 난
③ 슬프고 겁먹은 ④ 기쁘고 황홀한
⑤ 지루하고 졸린

02 (A) 실제 일어날 가능성이 없는 일을 가정하는 가정법 과거 문장이다. 가정법 과거에서 if절이 be동사일 경우 주어의 인칭과 수에 관계없이 주로 were를 쓴다.
(B) 등위접속사 and에 의해 is standing과 병렬을 이루고 있으므로 giving이 알맞다. 반복을 피하기 위해 is가 생략된 형태이다.

03 글의 흐름상 this day는 '연주회를 끝마치고 사람들(청중들)에게 큰 박수를 받는 날'을 의미한다.

04 ③은 앞 문장의 내용(Why is it called the Recycled Orchestra?) 을 가리키고, 나머지는 the Recycled Orchestra를 가리킨다.

05 악기가 쓰레기 매립지에서 온 물건들로 만들어져 있다는 의미가 되도록 수동태(be동사+과거분사)가 알맞다. be made of는 '~로 만들어지다'라는 의미이다.

06 '땅속에 쓰레기가 묻힌 곳'은 landfill(쓰레기 매립지)을 의미한다.

07 ⓐ의 itself는 Cateura를 강조하는 강조 용법의 재귀대명사이다. 같은 용법으로 쓰인 것은 ⓑ와 ⓒ이다. ⓐ와 ⓓ는 목적어로 쓰인 재귀 용법의 재귀대명사이다.
|해석| ⓐ 우리는 우리 자신들을 거울 속에서 보았다.
ⓑ 나의 아버지께서 직접 이 피자를 만드셨다.
ⓒ 지난밤에 내 눈으로 직접 유령을 보았다.
ⓓ 그녀는 "나는 무엇을 해야 할까?"라고 그녀 자신에게 물었다.

08 ⓑ가 포함된 문장 앞에서 카테우라 마을에 꿈과 희망이 많지 않았던 상황을 설명하고 있다. ⓑ가 포함된 문장에서는 Favio Chávez를 만났을 때 모든 것이 바뀌기 시작했다고 했으므로, 빈칸에는 앞 내용에 반대되는 역접을 나타내는 말이 알맞다.

09 ④ 카테우라에는 희망이 많지 않았다고 했다.

10 온 마을에 악기가 단지 몇 개뿐이고 새 악기를 살 형편이 안 되었다는 문제가 있음에도 Favio 선생님이 포기하지 않았다는 흐름이 되는 것이 자연스러우므로 주어진 문장은 ③에 들어가는 것이 알맞다. 또한 ③ 다음에 문제점의 해결 방안이 제시되고 있다.

11 「teach+간접목적어(us)+직접목적어(music)」는 '~에게 …을 가르치다'라는 의미로, 「teach+직접목적어(music)+to+간접목적어(us)」로 표현할 수도 있다.

12 ones는 앞 문장의 musical instruments를 가리킨다.

13 ⓒ put ~ into practice: ~을 실행에 옮기다
ⓓ turn A into B: A를 B로 바꾸다

14 ② 마을에 악기는 몇 개밖에 없었다고 했다.

15 악기를 연주하는 법도 악보를 읽을 줄도 몰랐던 우리를 Favio 선생님이 인내심을 가지고 가르쳐서(B), 점차 우리는 악기로 소리를 만들어 내기 시작했고(D), 연주했던 첫 곡을 아직도 기억한다는 말(C)이 이어진 후, 그 곡은 매우 짧고 대부분은 음이 맞지 않았다는(A) 흐름이 되는 것이 자연스럽다.

16 ③ step by step: 점차로

17 연주했던 첫 곡이 매우 짧고 대부분 음이 맞지 않았지만 우리에게는 가장 아름다운 곡이었고 그때부터 매일 연습하러 모였다는 내용으로 보아, '새로운 희망'을 느꼈다는 내용이 되는 것이 알맞다.
|해석| ① 새로운 희망 ② 갑작스러운 고통
③ 깊은 슬픔 ④ 상실감 ⑤ 큰 실망

18 ⓑ와 ⑤는 '~하기 위해서'라는 의미의 목적을 나타내는 부사적 용법의 to부정사이다.
① 목적어로 쓰인 명사적 용법의 to부정사
② pen을 수식하는 형용사적 용법의 to부정사
③ 보어로 쓰인 명사적 용법의 to부정사
④ 감정의 원인을 나타내는 부사적 용법의 to부정사
|해석| ① 그들은 일찍 떠나기로 결정했다.
② Amy는 쓸 펜이 없다.
③ 그의 꿈은 영화배우가 되는 것이다.
④ 나는 너를 다시 보게 되어 매우 기뻐.
⑤ Harry는 뉴스를 보기 위해 텔레비전을 켰다.

19 (A) 주어인 it이 Recycled Orchestra로 불리는 것으로 수동태(be동사+과거분사)가 되어야 하므로 과거분사 called가 알맞다.
(B) Most of us가 주어인데, of 뒤에 복수 대명사 us가 왔으므로 복수 동사 are가 알맞다.
(C) 뒤에 단수 명사(구) a huge landfill이 왔으므로 단수 동사 is가 알맞다. there is 뒤에는 단수 명사가 오고, there are 뒤에는 복수 명사가 온다.

20 ④ 카테우라 자체가 거대한 쓰레기 매립지라고 할 수 있다고 했고, 마을에 꿈과 희망이 많지 않았다고 했으므로, 글의 흐름상 카테우라 마을의 많은 사람들이 부유한(rich) 것이 아니라 가난하다고(poor) 하는 것이 자연스럽다.

21 Andrea는 바이올린 연주자라고 했으며, 파라과이의 카테우라 출신이라고 했다.

22 a big problem이 무엇인지 바로 뒤에서 설명하고 있다.

23 named Nicholas가 주어인 A talented man을 뒤에서 수식하고, '~할 수 있었다'라는 뜻의 was able to 뒤에는 동사원형을 쓴다. '~을 실행에 옮기다'라는 뜻의 put ~ into practice를 사용하여 문장을 완성한다.

24 (1) Andrea는 바이올린 연주자라고 했다.
(2) 그들의 악기는 쓰레기 매립지에서 나온 물건들로 만들어져 있다고 했다.
|해석| (1) Andrea는 오케스트라에서 어떤 악기를 연주하는가?
(2) 그들의 악기는 무엇으로 만들어져 있는가?

25 It은 앞 문장에 나온 the first piece of music that we played(우리가 연주했던 첫 곡)를 가리킨다.

26 (1) '~하는 방법'은 「how+to부정사」로 나타내므로 how to playing을 how to play로 고쳐 써야 한다.
(2) 「told+간접목적어(us)+직접목적어(some great news)」의 어순이 되어야 하므로 to를 삭제한다. 또는 「told+직접목적어(some great news)+to+간접목적어(us)」의 어순으로 쓸 수도 있다.

27 Favio 선생님이 전한 엄청난 소식은 공연을 하게 될 것이라는 것이다.

|해석| A(Favio): 안녕하세요, 여러분! 여러분에게 말할 좋은 소식이 있어요.

B: 그 소식이 뭔데요?

A: 우리는 공연을, 진짜 공연을 하게 될 거예요!

C: 정말요? 믿을 수가 없어요!

기타 지문 실전 TEST p. 193

01 ③ 02 ② 03 ① 04 ③ 05 If I had a time machine, I would go to meet you! 06 ①

01 Andrea가 기분이 황홀하다고 답하고 있으므로 빈칸에는 기분을 묻는 표현이 알맞다.

|해석| ① 당신은 왜 그것을 좋아하나요?

② 어떻게 지냈나요?

③ 지금 기분이 어때요?

④ 제가 무엇을 도와드릴까요?

⑤ 당신은 내가 무엇을 하길 원하나요?

02 ② 주어인 the orchestra가 the Recycled Orchestra로 불리는 것이므로 수동태(be동사+과거분사)가 되도록 과거분사 called로 써야 한다.

③ 문맥상 '그것은 ~이기 때문이다.'라는 의미를 나타내는 That's because ~.가 되는 것이 알맞다. That's why ~.는 '그것은 ~한 이유이다.'라는 의미이다.

03 ① Andrea는 방금 연주회를 끝냈다고 했으므로, 연주회 후에 인터뷰를 하고 있음을 알 수 있다.

04 ③ 이 편지글에서의 saved는 '구했다'라는 의미로 쓰였다.

05 가정법 과거 문장이므로 「If+주어+동사의 과거형 ~, 주어+조동사의 과거형+동사원형 ....」의 형태가 되도록 영작한다.

06 이 글은 병 셰이커를 만드는 방법을 설명하는 글이다.

|해석| ① 병 셰이커를 만드는 방법

② 왜 우리는 병을 재활용해야 하는가

③ 병을 사용하는 독특한 예술 작품들

④ 다른 종류의 병 셰이커들

⑤ 병 셰이커를 장식하는 방법들

Words 고득점 맞기 pp. 194~195

01 ② 02 ② 03 ③ 04 save 05 piece 06 ⑤
07 out of tune 08 ⑤ 09 ④ 10 ① 11 (1) surprised
(2) boring (3) excited (4) worried 12 (1) educator (2) performance (3) environmental 13 ⑤ 14 ②

01 joy와 pleasure가 '기쁨'이라는 의미의 유의어 관계이므로, '거대한'이라는 의미의 유의어 관계인 ②가 알맞다.

02 landfill(쓰레기 매립지)은 '땅속에 쓰레기(waste)가 묻힌 곳'을 의미한다.

03 일요일에 집에 있지 않고 일반적으로(mostly) 나가서 논다는 의미가 되는 것이 알맞다.

|해석| 수미는 일요일에 집에 머무르는 것을 좋아하지 않는다. 그녀는 일요일에 일반적으로 나가서 논다.

04 빈칸에 '구하다, (시간을) 절약하다, 저축하다'라는 의미가 순서대로 필요하므로 save가 공통으로 들어가는 것이 알맞다.

|해석| • 우리는 위험에 처한 동물들을 구해야 한다.

• 당신이 이 길로 간다면 두 시간 정도를 절약할 거예요.

• 나는 새 스마트폰을 사기 위해 내 용돈을 저축하려고 계획한다.

05 빈칸에 '(미술·음악 등의) 작품, 조각'이라는 의미가 순서대로 필요하므로 piece가 공통으로 들어가는 것이 알맞다.

|해석| • 이 음악 작품에는 강렬한 첼로 소리가 있다.

• 나는 케이크를 한 조각 더 먹을 거야.

06 ⑤ 문맥상 '~할 수 있었다'의 의미가 되도록 was able to를 써야 한다.

① give ~ a big hand: ~에게 큰 박수를 보내다

② take care of: ~을 돌보다

③ turn off: ~을 끄다

④ step by step: 점차로

|해석| ① 이 위대한 과학자에게 큰 박수를 보내 줍시다.

② Kevin은 방과 후에 그의 아픈 남동생을 돌봤다.

③ 방을 나갈 때 불을 꺼라.

④ 점차로, 우리 밴드는 아름다운 소리를 만들어 내기 시작했다.

07 out of tune: 음이 맞지 않는

08 첫 번째 빈칸에는 educator(교육자)가 들어가고, 두 번째 빈칸에는 respect(존경하다)가 들어간다. 세 번째 빈칸에는 stick(붙이다)이 들어가고, 네 번째 빈칸에는 gathered(모였다)가 들어간다.

|해석| • Anne Sullivan은 훌륭한 교육자였다.

• 우리 동아리 부원들은 Kelly를 동아리 회장으로서 존경한다.

• 우리는 생일 풍선을 벽에 붙이기 위해 테이프를 사용했다.

• 나의 학급 친구들은 지난주 일요일에 공원을 청소하기 위해 모였다.

09 ④ practice는 '실행, 실천'이라는 뜻으로, '불평 없이 침착을 유지하고 지연이나 고통을 받아들이는 능력'은 patience(인내심)에 대한 뜻풀이다.

|해석| ① ～할 형편이 되다: 무언가에 대한 값을 지불할 수 있다

② 뺨: 눈 아래쪽 얼굴의 양옆

③ 무인 항공기, 드론: 조종사 없이 지상의 누군가에 의해 조종되는 항공기

⑤ 환경의: 사람과 동물, 식물이 살고 있는 자연적인 환경과 관련이 있는

10 Brian이 결석한 이유를 물었으므로 그가 무거운 상자를 옮기다가 등을 다쳤다(hurt)고 말하는 흐름이 자연스럽다.

|해석| A: Brian이 오늘 학교를 결석했어. 너는 그 이유를 아니?

B: 응. 그는 무거운 상자를 옮기다가 등을 <u>다쳤어</u>.

A: 오, 그 말을 들어서 유감이야.

11 (1), (3), (4) 감정을 느끼는 주체(I)가 주어이므로 과거분사형 형용사를 쓴다.

(2) 감정을 느끼게 하는 상황(His speech)이 주어이므로 현재분사형 형용사(boring)를 쓴다.

|해석| (1) 나는 누군가 문을 세게 두드렸을 때 정말 <u>놀랐다</u>.

(2) 그의 연설이 너무 <u>지루해서</u> 나는 거의 잠들 뻔했다.

(3) 나는 이번 주말에 놀이공원에 갈 것이다. 나는 새로운 롤러코스터를 탈 거라 <u>신이 난다</u>.

(4) 내 남동생의 팔이 부러져서 나는 그가 <u>걱정된다</u>.

12 (1) 「동사 – 명사(행위자)」의 관계이다.

(2) 「동사 – 명사」의 관계이다.

(3) 「명사 – 형용사」의 관계이다.

13 put ~ into practice: ～을 실행에 옮기다

from then on: 그때부터 (쭉)

take part in: ～에 참가하다

|해석| • 나는 네가 네 계획을 실행에 옮기는 것을 도와줄 것이다.

• Andy는 또 거짓말을 했다. 그때부터 우리는 더 이상 그를 신뢰하지 않는다.

• 200명 이상의 학생들이 그 마라톤에 참가할 것이다.

14 '다양한 종류의 많은 악기를 연주하는 음악가들의 그룹'은 orchestra (오케스트라, 관현악단)에 대한 설명이다.

|해석| ① 이 음악 작품을 잘 들어 보세요.

② 내 여동생은 학교 오케스트라에서 플루트를 연주한다.

③ 너는 기호가 결승 골을 넣었을 때 기쁨의 눈물을 봤니?

④ 그 팀이 금메달을 딴 후에, 그 도시는 그들을 위한 퍼레이드를 했다.

⑤ 나의 동아리 부원들은 봉사 활동을 위해 매달 아동 병원에 간다.

 Listen & Speak 고득점 맞기　　　pp. 198~199

01 ②, ⑤　**02** ③　**03** ⓐ was made ⓑ watching　**04** ④

05 ②　**06** ①, ⑤

[서술형]

07 (1) Not yet.

(2) I'd love to, but I can't.

08 It's about a boy who became a famous dancer.

09 musical, this weekend, favorite actor, has volunteer work this weekend

10 We're excited to have a new guitar player.

11 (1) I'm going to play a water balloon game

(2) to playing it

(3) I'm going to have the longest hot dog

---

01 방과 후에 박물관에 같이 가고 싶은지 묻는 A의 제안에 B가 숙제를 해야 한다고 말하고 있으므로, 빈칸에는 거절하는 표현이 들어가야 한다.

02 ③ Jim Abbott은 오른손 없이 태어났다고 했다.

|해석| ① A: 지호는 무엇을 읽고 있니?

B: 그는 Jim Abbott에 관한 책을 읽고 있어.

② A: Jim Abbott은 야구 선수니?

B: 응, 맞아.

③ A: Jim Abbott은 오른손 없이 태어났니?

B: 아니, 그는 사고 때문에 오른손을 잃었어.

④ A: Jim Abbott에 관한 영화의 제목이 무엇이니?

B: 그것은 "우리의 영웅"이야.

⑤ A: 지호는 이번 주 토요일에 무엇을 할 예정이니?

B: 그는 Ann과 함께 영화를 볼 예정이야.

03 ⓐ 주어인 그의 이야기(His story)가 영화로 만들어진 것이므로 수동태(be동사+과거분사)로 써야 한다.

ⓑ 기대를 나타내는 표현인 I'm really looking forward to ~.에서 to는 전치사이므로 to 뒤에 동사가 올 경우 동명사 형태로 쓴다.

04 ④ B가 어제 체육 수업 중에 손을 다쳤다고 했는데, A가 그 말을 들어서 기쁘다고 말하는 것은 어색하다. 유감을 표현하는 I'm sorry to hear that. 등으로 말하는 것이 자연스럽다.

05 '～하는 동안'이라는 의미를 나타내는 접속사 while이 들어가야 한다.

06 ② Alex는 기타 치는 법을 안다.

③ Alex는 어제 체육 수업 중에 손을 다쳤다.

④ 노래 대회에서 자신이 노래하는 동안 기타를 연주해 달라는 수민이의 부탁에, Alex는 손을 다쳐서 안 된다고 거절했다.

07 (1) 수학 숙제를 끝냈냐는 물음에 대한 답으로 수학이 어렵다고 했고, 뒤에 상대방에게 숙제를 도와달라고 했으므로 아직 다 못했다는 말이 오는 것이 자연스럽다.

(2) 수학 숙제를 도와달라는 말에 남동생을 돌봐야 한다고 했으므로, 빈칸에는 거절의 말이 들어가야 한다.

08 a boy는 사람을 나타내므로, 선행사가 사물일 때 쓰이는 관계대명사 which는 알맞지 않다. 사람을 선행사로 하는 주격 관계대명사 who로 고쳐야 한다.

09 Tony는 이번 주말에 뮤지컬 "빌리 엘리어트"를 볼 것이며, 이 뮤지컬의 주연 배우는 Linda가 가장 좋아하는 배우인 Jason Kim이다. Linda는 이번 주말에 자원봉사 활동이 있어서 Tony와 뮤지컬을 볼 수 없다.

|해석| Tony는 이번 주말에 뮤지컬 "빌리 엘리어트"를 볼 것이다. "빌리 엘리어트"의 주연 배우는 Jason Kim이다. 그는 Linda가 가장 좋아하는 배우이다. Linda는 이번 주말에 자원봉사 활동이 있어서 Tony와 함께 갈 수 없다.

10 We're가 주어와 동사이고, 주어인 We가 신나는 감정을 느끼는 주체이므로 excited를 쓴다. 그 뒤에는 감정의 원인을 나타내는 to부정사구를 쓴다.

11 (1) James는 10시 30분에 물 풍선 게임을 할 것이다.

(2) 기대를 나타내는 표현인 I'm really looking forward to ~.에서 to는 전치사이므로 뒤에는 동명사 형태로 쓴다.

(3) 미나는 10시 30분에 가장 긴 핫도그를 먹을 것이다.

Ⓖ Grammar 고득점 맞기　　　　　pp. 200~202

01 ⑤　**02** ⑤　**03** ②　**04** ④　**05** ③　**06** ④　**07** ④, ⑤
08 ③　**09** ②　**10** ④　**11** ③　**12** ④

[서술형]

13 (1) He asked me when to have dinner.

(2) I know where to find the map.

(3) If he were here, he could fix the computer.

14 (모범답) I would send Daisy a letter

15 ⓑ → If my uncle were here, he would help me.

16 (1) I were rich, I could travel all around the world

(2) she helped me, I could make a robot

(3) he didn't play mobile games so much, he could read more books

17 (1) where to go

(2) what to do

(3) how to ride

(4) when to leave

01 풍선을 문에 붙이라는 답으로 보아 빈칸에는 '어디에 붙일지'를 뜻하는 where to stick이 알맞다.

|해석| A: 나에게 파티를 위한 풍선들을 어디에 붙여야 할지 말해 줘.
B: 문에 붙여.

02 if절의 동사(were)로 보아 현재 사실과 반대되는 상황을 가정하는 가정법 과거의 문장이 되어야 한다. 가정법 과거의 주절의 동사는 「조동사의 과거형+동사원형」이 되어야 한다.

|해석| A: 네가 백만장자라면 너는 무엇을 할 거니?
B: 나는 아프리카에 병원을 지을 거야.

03 첫 번째 문장은 실제로 일어날 수 있는 일을 나타내는 조건문으로, 미

래를 나타낼 때 if절의 동사는 현재형(fails)으로 쓴다. 두 번째 문장은 가정법 과거로 if절의 동사는 과거형(had)으로 쓴다.

|해석| · 그녀가 시험에 실패한다면, 그녀의 삶은 많이 바뀔 것이다.
· 내가 노트북 컴퓨터를 가지고 있다면, 나는 도서관에 가지 않을 텐데.

04 '무엇을 먹을지'를 뜻할 때 「의문사+to부정사」를 사용하여 what to eat으로 쓴다.

|해석| 나는 점심으로 무엇을 먹을지 모르겠다.

05 '~하는 방법'은 「how+to부정사」로 나타내므로 ③에는 how가 들어가야 한다.

06 ④ 가정법 과거 문장이므로 if절의 동사는 과거형이 되어야 한다. 따라서 knew로 고쳐야 한다.

|해석| · 그 운전자는 나에게 어디에서 멈출지 물었다.
· 내가 너라면, 나는 빈 병을 버리지 않을 텐데.
· 나에게 이 앱을 사용하는 법을 알려 줄 수 있니?
· 그녀가 내 주소를 안다면, 그녀는 나에게 편지를 쓸 텐데.
· Austin의 키가 더 크다면, 그는 꼭대기 선반에 손이 닿을 수 있을 텐데.

07 ④ '무엇을 ~할지'는 「what+to부정사」로 나타내므로 what to 뒤에는 동사원형이 와야 한다. (sold → sell)
⑤ '어디서 ~할지'는 「where+to부정사」로 나타내므로 where to 뒤에는 동사원형이 와야 한다. (buying → buy)

08 ⓑ 의문사 why는 「의문사+to부정사」로 사용하지 않는다.
ⓓ 가정법 과거 문장이므로 주절에 조동사의 과거형이 와야 한다. (will → would)

|해석| ⓐ 누군가가 네 비밀을 안다면, 너는 화가 날 텐데.
ⓑ 나는 여러분에게 어려움에 처한 사람들을 왜 돕는지 말해 드리고 싶습니다.
ⓒ 그는 다음에 무엇을 말해야 할지 몰랐다.
ⓓ 내게 타임머신이 있다면, 나는 과거로 돌아가 세종대왕을 만날 텐데.

09 직설법 현재를 가정법 과거 문장으로 바꿀 때, 내용상 긍정은 부정으로, 부정은 긍정으로 바꿔야 한다는 점에 유의한다. 가정법 과거는 「If+주어+동사의 과거형 ~, 주어+조동사의 과거형+동사원형 ....」의 형태로 쓴다.

|해석| 내게 날아다니는 양탄자가 없어서 나는 전 세계를 여행할 수 없다.

10 ④ 앞의 if절의 동사가 과거형 were인 것으로 보아 가정법 과거 문장이 되어야 하므로, 주절에 쓰인 조동사 can을 과거형 could로 고쳐 써야 한다.

|해석| A: 나는 지금 배가 고파.
B: 나도 그래. 나는 토마토 스파게티가 먹고 싶어.
A: 너는 토마토 스파게티를 요리하는 법을 아니?
B: 아니, 몰라. 내가 훌륭한 요리사라면, 나는 맛있는 토마토 스파게티를 만들 수 있을 텐데.
A: 우리는 인터넷에서 조리법을 찾을 수 있어.
B: 네 말이 맞아. 지금 당장 인터넷에서 찾아보자.

11 ⓐ Mary의 생일 선물로 스마트폰 케이스를 사 줄 것이라고 했으므로, '무엇을 ~할지'를 뜻하는 「what+to부정사」가 들어간다.
ⓑ 뒤에서 Great 쇼핑몰에 괜찮은 가게가 있다고 했으므로, '어디서 ~

할지'를 뜻하는 「where+to부정사」가 들어간다.

ⓒ 뒤에서 쇼핑몰에 함께 가자고 했으므로, '어떻게 ～할지'를 뜻하는 「how+to부정사」가 들어가는 것이 알맞다.

|해석| A: 나는 Mary의 생일을 위해 무엇을 살지 결정하지 못했어. 너는 어때?

B: 나는 그녀에게 스마트폰 케이스를 사 줄 거야.

A: 그거 좋은 생각이구나.

B: 하지만 나는 그것을 사기 위해 어디로 가야 할지 모르겠어.

A: Great 쇼핑몰에 괜찮은 가게가 있어.

B: 정말? 그곳에 어떻게 가는지 나에게 말해 줄 수 있니?

A: 음, 우리 함께 가는 게 어떨까? 나도 그 몰을 둘러보고 싶어.

B: 좋아.

12 ④ 가정법 과거가 아닌 조건문으로 쓰인 문장이다. 가정법 과거는 현재 사실과 반대되는 상황을 가정하여 말하는 것으로, 「If+주어+동사의 과거형 ～, 주어+조동사의 과거형+동사원형 .....」의 형태로 쓴다.

|해석| ① 우리 비행편을 언제 예약할지 내게 말해 주세요.

② 그 이야기가 사실이라면, 사람들은 놀랄 텐데.

③ 나는 이 코트를 어디에 놓아야 할지 모르겠다.

④ 네가 먼저 그에게 사과한다면, 그는 너를 용서해 줄 거야.

⑤ 그는 파티에 무엇을 입어야 할지 결정하지 못했다.

13 (1) 「의문사(when)+to부정사(to have)」가 asked의 직접목적어가 되도록 문장을 배열한다.

(2) 「의문사(where)+to부정사(to find)」가 know의 목적어가 되도록 문장을 배열한다.

(3) 가정법 과거인 「If+주어(he)+동사의 과거형(were) ～, 주어(he)+조동사의 과거형(could)+동사원형(fix) .....」의 형태가 되도록 문장을 배열한다.

14 자신이 Mary라고 가정하고 가정법 과거 「If+주어+동사의 과거형 ～, 주어+조동사의 과거형+동사원형 .....」의 형태인 문장을 자유롭게 완성한다.

|해석| Mary는 요즘 걱정스럽다. 그녀의 가장 친한 친구인 Daisy가 그녀에게 말을 하지 않는다. Daisy는 심지어 그녀에게 인사도 하지 않는다. Mary는 무엇을 해야 할지 모르겠다. 당신이 Mary라면 어떻게 하겠는가?

15 ⓑ if절의 were로 보아 가정법 과거 문장이 되어야 하므로 조동사 will은 과거형 would로 고쳐 써야 한다.

|해석| ⓐ 그 안내문은 내 차를 어디에 주차해야 하는지 알려 주었다.

ⓑ 삼촌이 여기 계신다면, 나를 도와주실 텐데.

ⓒ 내가 돈이 많다면, 나는 이곳에 머물지 않을 텐데.

ⓓ 내 친구들과 나는 우리가 다음 날 무엇을 해야 하는지에 대해 이야기를 나누었다.

16 직설법 현재를 가정법 과거로 바꿔 쓸 때, 내용상 긍정은 부정으로, 부정은 긍정으로 바꿔 쓴다. 가정법 과거는 「If+주어+동사의 과거형 ～, 주어+조동사의 과거형+동사원형 .....」의 형태로 쓴다.

|해석| (1) 나는 부자가 아니라서 전 세계를 여행할 수 없다.

(2) 그녀가 나를 도와주지 않아서 나는 로봇을 만들 수 없다.

(3) 그는 모바일 게임을 너무 많이 해서 더 많은 책을 읽을 수 없다.

17 (1) 문맥상 '어디로 갈지'를 뜻하는 where to go가 알맞다.

(2) 문맥상 '무엇을 할지'를 뜻하는 what to do가 알맞다.

(3) 문맥상 '타는 방법, 어떻게 타는지'를 뜻하는 how to ride가 알맞다.

(4) 문맥상 '언제 떠날지'를 뜻하는 when to leave가 알맞다.

|해석| A: 너는 휴가 때 어디로 갈지 결정했니?

B: 응. 나는 제주도에 갈 거야. 하지만 나는 그곳에서 무엇을 할지 결정하지 못했어.

A: 나는 말을 타는 것이 매우 신이 난다고 들었어.

B: 정말? 그거 좋은 것 같은데, 나는 말을 타는 법을 몰라.

A: 그것에 관해서는 걱정하지 마. 직원이 도와줄 거야.

B: 네 말이 맞아. 너는 어때? 휴가 때 무엇을 할 거니?

A: 나는 부산을 방문하는 것을 생각 중이야.

B: 그거 좋겠다. 너는 언제 떠날 거니?

A: 나는 언제 떠날지 결정하지 못했어. 나는 먼저 프로젝트를 끝내야 해.

Ⓡ Reading 고득점 맞기 pp. 205~207

01 ① **02** ⑤ **03** ② **04** ② **05** ⑤ **06** ① **07** ③
08 ③ **09** ② **10** ② **11** ⑤

[서술형]

12 (1) will fly → would fly

(2) is hugging → are hugging

(3) given → giving

13 music, only a few musical instruments, musical instruments with objects from the landfill, into practice

14 Why is it called the Recycled Orchestra?

15 아무도 악기를 연주하는 법을 몰랐고, 악보를 읽는 법도 알지 못했다.

16 (1) It was very short and mostly out of tune.

(2) They felt a new hope (in their hearts).

(3) They gathered to practice every day.

---

01 ① 주어인 I가 감정을 느끼는 주체이므로 thrilling은 과거분사 형태의 형용사인 thrilled가 되어야 한다.

02 ⑤ 글쓴이는 자신들 중 누구도 이런 날이 올 거라고 예상하지 못했다고 했다.

03 첫 번째 단락은 Recycled Orchestra에 대해 설명하는 글인데 '오케스트라에는 여러 종류의 악기가 있다.'라는 ②는 글의 흐름과 관계없는 문장이다.

04 ⓐ be known as: ～로 알려지다

ⓑ 국가 앞에는 전치사 in을 쓴다.

05 ⑤ Andrea가 Favio Chávez 선생님을 언제 처음 만났는지는 글에 나와 있지 않다.

|해석| ① Andrea는 오케스트라에서 어떤 악기를 연주하는가?

② 그들의 악기는 무엇으로 만들어져 있는가?

③ Andrea는 어디 출신인가?

④ 몇몇 사람들이 카테우라에 대해 심지어 뭐라고 말하는가?

⑤ Andrea는 Favio Chávez를 언제 처음 만났는가?

06 Favio 선생님이 쓰레기 매립지에서 나온 물건들로 악기를 만들려고 한 것으로 보아 빈칸에는 그가 음악을 가르치고 싶어 했다는 내용이 들어가는 것이 알맞다.

|해석| ① 우리에게 음악을 가르치다 ② 우리에게 콘서트를 보여 주다

③ 우리를 위해 음악을 연주하다 ④ 우리를 위해 노래를 작곡하다

⑤ 악기를 만들다

07 (A) '약간, 몇 개'라는 의미로 셀 수 있는 명사(musical instruments) 앞에 오는 수량형용사는 a few이다. a little은 셀 수 없는 명사 앞에 쓴다.

(B) afford는 to부정사를 목적어로 취하는 동사이다.

(C) name이 동사로 '이름을 지어 주다'이므로 'Nicholas라는 이름의 남자'라는 의미가 되려면 과거분사를 쓰는 것이 알맞다.

08 ①은 practice의 영어 뜻풀이고, ②는 afford, ③은 journey, ④는 landfill, ⑤는 environmental의 영어 뜻풀이다. 이 중 journey는 글에 쓰이지 않았다.

09 글의 흐름상 악기를 연주하는 방법과 악보를 읽는 방법을 모른다는 내용이 되는 것이 자연스러우므로, '~하는 방법'이라는 의미의 「how+to부정사」가 되도록 how to가 들어가는 것이 알맞다.

10 ② that은 목적격 관계대명사이므로 생략할 수 있다.

11 ⑤ 그들은 첫 곡을 연주한 이후에 매일 모여서 연습했다고 했다.

① 그들은 악기를 연주하는 법과 심지어 악보를 읽는 법도 몰랐으며, Favio 선생님이 엄청난 인내심을 가지고 가르쳤다고 했다.

② 그들은 악보를 읽는 방법도, 악기를 연주하는 방법도 몰랐다고 했다.

③ 그들이 연주한 첫 곡은 음이 맞지 않았다고 했다.

④ 글쓴이는 그들이 연주한 첫 곡이 가장 아름다운 곡이었다고 했다.

|해석| ① Favio는 그들을 가르치는 데 아무 문제점이 없었다.

② 그들은 악보를 읽지 못했지만, 악기를 연주할 수는 있었다.

③ 그들이 연주했던 첫 곡은 짧았지만 완벽했다.

④ 글쓴이는 그들이 연주했던 첫 곡이 마음에 들지 않았다.

⑤ 그들은 첫 곡을 연주한 후에 매일 연습했다.

12 (1) 내가 새가 될 수는 없으므로, 일어날 가능성이 없는 일을 가정하여 말하는 가정법 과거인 「If+주어+동사의 과거형 ~, 주어+조동사의 과거형(would)+동사원형 ...」으로 써야 한다.

(2) 주어가 The other members로 복수형이므로 복수 동사 are로 고쳐야 한다.

(3) 등위접속사 and에 의해 is standing과 병렬 구조를 이루고 있으므로 giving으로 고쳐야 한다. is가 생략된 형태이다.

13 Favio 선생님은 음악을 가르치고 싶어 했지만 온 마을에 악기가 몇 개 뿐이어서 쓰레기 매립지에서 나온 물건들로 악기를 만들어 보자는 생각을 떠올렸고, Nicholas 아저씨가 이 생각을 실행에 옮겼다.

|해석| Favio는 우리에게 음악을 가르치고 싶었지만, 온 마을에 단지 몇 개의 악기만 있었다. Favio에게 생각이 떠올랐다. 그 생각은 쓰레기

매립지에서 나온 물건들로 악기를 만드는 것이었다. Nicholas가 이 생각을 실행에 옮겼고, 그것은 성공적이었다.

14 주어인 it이 불리는 것이므로 수동태로 나타내야 한다. 따라서 「의문사(Why)+be동사(is)+주어(it)+과거분사(called) ~?」 형태의 수동태가 포함된 의문문 형태로 쓴다.

15 두 번째 문장(No one knew how to play musical instruments.)과 세 번째 문장(We didn't even know how to read music.)에서 문제가 무엇인지 설명하고 있다.

16 (1) 그들이 연주했던 첫 곡은 매우 짧고 대부분은 음이 맞지 않았다고 했다.

(2) 그들은 첫 곡을 연주하고는 마음속에 새로운 희망을 느꼈다고 했다.

(3) 그들은 첫 곡을 연주한 후 매일 연습을 하기 위해 모였다고 했다.

|해석| A: 그들이 연주했던 첫 곡은 어땠니?

B: 그것은 매우 짧고 대부분은 음이 맞지 않았어.

A: 그들은 그 곡을 연주했을 때 마음속에 무엇을 느꼈니?

B: 그들은 (마음속에) 새로운 희망을 느꼈어.

A: 그 후 그들은 무엇을 했니?

B: 그들은 매일 연습하기 위해 모였어.

서술형 100% TEST
pp. 208~211

01 patience

02 (1) take part in (2) out of tune (3) is able to

03 I'd love to, but I can't. I have to visit my grandparents.

04 I'm really looking forward to watching it.

05 book, right hand, baseball player, movie, this Saturday

06 (1) know how to play the guitar

(2) play the guitar while I sing in the contest

(3) I'm sorry to hear that

07 (1) He thinks (that) math(it) is difficult.

(2) Because she has to take care of her brother.

08 (1) I don't have the book, I can't lend it to you

(2) he lived in Seoul, I could see him every day

09 (1) She told him when to feed the cat.

(2) Let me know what to prepare for the race.

(3) Brian found out where to buy the tickets.

10 (1) how to use (2) what to do (3) when to arrive

11 (1) If I had a million dollars, I could travel all over the world.

(2) If I knew his address, I would send him a gift.

12 were not too busy, could go on a picnic

13 ⓐ → His history class is not boring.

ⓑ → Please tell me where to go after school.

14 (1) where to stick

  (2) when to bring

  (3) how to make

15 (1) (모범답) I could travel all over the world

  (2) (모범답) I could buy a big house with a garden

  (3) (모범답) I would travel to Jupiter

16 (1) He wanted to teach us music

  (2) We couldn't afford to buy new ones.

  (3) was able to put this idea into practice

17 It was that they could make musical instruments with objects from the landfill. / It was to make musical instruments with objects from the landfill.

18 (1) How do you feel now?

  (2) Why is the orchestra called the Recycled Orchestra?

  (3) That is a wonderful story.

19 (1) It's because our musical instruments are made of objects from a landfill.

  (2) Some people even say that Cateura itself is a giant landfill.

20 (1) Because he never gave up in difficult situations.

  (2) He saved the country and the people.

  (3) He won the battle with only 12 ships.

  (4) I'd like to ask him how to make geobukseon.

01 '인내심'이라는 뜻의 명사 patience가 알맞다.

02 문맥상 (1)에는 '~에 참가하다'를 뜻하는 take part in이 알맞고, (2)에는 '음이 맞지 않는'을 뜻하는 out of tune이 알맞으며, (3)에는 '~할 수 있다'를 뜻하는 is able to가 알맞다.

 |해석| A: 나는 내일 장기 자랑에 참가할 거야.

 B: 잘됐구나!

 A: 응, 하지만 문제가 있어.

 B: 뭔데?

 A: 나는 기타를 연주할 건데, 내 기타가 음이 맞지 않아. 소리가 이상해.

 B: 내 생각에 나의 삼촌이 너를 도와줄 수 있을 것 같아.

 A: 정말? 정말 고마워.

03 토요일에 조부모님을 찾아뵈어야 해서 축구를 함께 하자는 친구의 제안을 거절해야 하는 상황이다. 거절할 때 사용하는 표현인 I'd love to, but I can't. 뒤에 거절하는 이유를 덧붙인다.

 |해석| 너는 집에 가는 길에 친구를 만난다. 친구는 너에게 이번 주 토요일에 함께 축구를 하자고 청한다. 너는 조부모님을 찾아뵈어야 해서 그 날 축구를 할 수 없다. 이러한 상황에서, 너는 친구에게 뭐라 말할 것인가?

04 '나는 ~하는 것이 정말 기대돼.'라는 표현은 I'm really looking forward to ~.를 사용하며, to는 전치사이므로 뒤에 동사가 오는 경우 동명사 형태로 쓴다.

05 지호는 Jim Abbott에 관한 책을 읽고 있는데, Jim Abbott은 오른손이 없는 야구 선수이다. Ann은 그의 이야기가 "우리의 영웅"이라는 영

화로 만들어졌다고 말한다. 두 사람은 이번 주 토요일에 함께 그 영화를 보러 가기로 했다.

 |해석| 지호는 Jim Abbott에 관한 책을 읽고 있다. Jim Abbott은 오른손이 없다. 하지만 그는 정말 열심히 노력해서 훌륭한 야구 선수가 되었다. Ann은 그의 이야기가 영화 "우리의 영웅"으로 만들어졌다고 말한다. Ann과 지호는 이번 주 토요일에 함께 그것을 볼 것이다.

06 (1) 기타를 치는 방법을 아는지 묻는 말이 되도록 '~하는 방법'이라는 의미를 나타내는 「how+to부정사」를 사용하여 배열한다.

  (2) 대회에서 노래하는 동안 기타를 쳐 줄 수 있는지 묻는 질문이 되도록 배열한다.

  (3) 손을 다쳤다는 말을 들었으므로 유감을 나타내는 표현이 되도록 배열한다.

07 (1) 민호는 수학이 어렵다고 말했다.

  (2) Sally는 남동생을 돌봐야 해서 민호의 숙제를 도와줄 수 없다고 거절했다.

 |해석| (1) 민호는 수학에 대해 어떻게 생각하는가?

  (2) Sally는 왜 민호의 수학 숙제를 도와줄 수 없는가?

08 직설법 현재를 가정법 과거로 바꾸거나 가정법 과거를 직설법 현재로 바꿀 때 의미상 긍정은 부정으로, 부정은 긍정으로 바꿔 쓰는 것에 유의한다. 가정법 과거는 「If+주어+동사의 과거형 ~, 주어+조동사의 과거형+동사원형 .....」의 형태로 쓴다.

 |해석| (1) 내게 그 책이 있다면, 네게 빌려 줄 수 있을 텐데.

  (2) 그가 서울에서 살지 않아서 나는 그를 매일 볼 수 없다.

09 (1) when+to부정사: 언제 ~할지

  (2) what+to부정사: 무엇을 ~할지

  (3) where+to부정사: 어디에서 ~할지

10 (1) 문맥상 '~하는 방법, 어떻게 ~할지'를 뜻하는 「how+to부정사」를 사용하여 문장을 완성한다.

  (2) 문맥상 '무엇을 ~할지'를 뜻하는 「what+to부정사」를 사용하여 문장을 완성한다.

  (3) 문맥상 '언제 ~하는지'를 뜻하는 「when+to부정사」를 사용하여 문장을 완성한다.

 |해석| (1) 그 책임자는 커피 기계를 사용하는 법을 설명했다.

  (2) 우리는 다음에 무엇을 해야 하나요? 우리에게 무엇을 할지 말해 주세요.

  (3) 나는 우리가 언제 공항에 도착해야 하는지 잊어버렸어. 너는 언제 도착하는지 아니?

11 가정법 과거는 「If+주어+동사의 과거형 ~, 주어+조동사의 과거형+동사원형 .....」의 형태로 쓴다.

12 가정법 과거는 「If+주어+동사의 과거형 ~, 주어+조동사의 과거형+동사원형 .....」의 형태로 쓴다.

 |해석| Mark: 오늘 화창하다! 우리 소풍 가자, Laura!

 Laura: 미안하지만, 안 되겠어. 나는 너무 바빠.

13 ⓐ 주어인 His history class가 지루한 것이므로 bored를 현재분사 형태의 형용사인 boring으로 고쳐 써야 한다.

 ⓑ '어디로 ~할지'는 「where+to부정사」로 나타내므로, going을 go로 고쳐 써야 한다.

|해석| ⓐ 그의 역사 수업은 지루하지 않다.

ⓑ 나에게 방과 후에 어디로 갈지 말해 주세요.

ⓒ 내가 농장에서 산다면, 나는 이 말을 기를 수 있을 텐데.

ⓓ 나는 그 시간에 페이스 페인팅을 받을 것이다.

14 (1) 문맥상 '어디에 ~할지'를 뜻하는 「where+to부정사」를 사용한다.

(2) 문맥상 '언제 ~할지'를 뜻하는 「when+to부정사」를 사용한다.

(3) 문맥상 '~하는 방법, 어떻게 ~할지'를 뜻하는 「how+to부정사」를 사용한다.

|해석| A: 엄마의 생일 파티를 준비하자.

B: 좋아. 나에게 풍선을 어디에 붙여야 하는지 말해 줘.

A: 벽에 붙여. 나는 생일 케이크를 안으로 언제 가져와야 하는지 모르겠어.

B: 불이 꺼졌을 때 안으로 가져와.

A: 알겠어. 나는 쿠키를 좀 만들 거야. 너는 그것을 만드는 법을 아니?

B: 물론이야. 같이 만들자.

15 「If+주어+동사의 과거형 ~, 주어+조동사의 과거형+동사원형 .....」 형태의 가정법 과거 문장을 자유롭게 완성한다.

16 (1) 동사 want는 목적어로 to부정사(to teach)가 오며, 「teach+간접목적어(us)+직접목적어(music)」의 순서로 배열한다.

(2) '~을 할 형편이 안 되었다'라는 의미의 couldn't afford to 뒤에는 동사원형(buy)이 온다.

(3) was able to(~할 수 있었다) 뒤에는 동사원형(put)이 오며, put ~ into practice는 '~을 실행에 옮기다'라는 뜻을 나타낸다.

17 Favio 선생님의 생각은 쓰레기 매립지에서 나온 물건들로 악기를 만들 수 있다는 것이었다.

|해석| 악기에 관한 Favio의 생각은 무엇이었는가?

19 (1) It's because of ~. 뒤에는 명사(구)가 오고, It's because ~. 뒤에는 「주어+동사 ~」로 이루어진 절이 오는데, 뒤에 절이 이어지므로 It's because of가 아니라 It's because로 써야 한다.

(2) Cateura를 지칭하는 재귀대명사가 필요하므로 themselves가 아니라 itself로 고쳐 써야 한다.

20 (1) 수민이가 이순신 장군을 존경하는 이유는 어려운 상황에서 결코 포기하지 않았기 때문이라고 했다.

(2), (3) 이순신 장군은 나라와 백성을 구했고, 단지 12척의 배로 전투에서 이겼다고 했다.

(4) 수민이는 이순신 장군을 만나면 거북선을 어떻게 만드는지를 묻고 싶다고 했다.

|해석| A: 수민아, 네가 가장 존경하는 사람이 누구니?

B: 이순신 장군이야.

A: 너는 그를 왜 존경하니?

B: 그는 어려운 상황에서 결코 포기하지 않았기 때문이야.

A: 그가 무슨 일을 했는데?

B: 그는 나라와 백성을 구했어. 그는 단지 12척의 배로 전투에서 이겼어.

A: 그를 만난다면 너는 그에게 무엇을 물어보고 싶니?

B: 나는 그에게 거북선을 어떻게 만드는지 물어보고 싶어.

모의고사

제 **1** 회 | 대표 기출로 내신 **적중** 모의고사 | pp. 212~215

01 ③ **02** ① **03** ③ **04** ③, ④ **05** ⑤ **06** ⑤
07 [모범답] I'd love to, but I can't. / I'm sorry, but I can't.
08 ④ **09** ⑤ **10** without a right hand, baseball player
11 ② **12** ① **13** (1) I had enough eggs, I could bake bread for you (2) I were a super hero, I could help people in need **14** Let's decide where to go this Sunday. 해석: 이번 주 일요일에 어디에 갈지 결정하자. **15** ④ **16** (1) where to stick the balloons (2) when to bring the birthday cake in **17** ③ **18** If I were a bird, I would fly. **19** ④ **20** ⑤
21 It is also known as the Landfill Harmonic Orchestra.
22 ③ **23** (1) 아무도 악기를 연주하는 법을 몰랐다. (2) 우리는 심지어 악보를 읽는 법도 알지 못했다. (3) 세상은 우리에게 쓰레기를 보내지만, 우리는 음악을 돌려보낸다! **24** ⑤ **25** ②

01 ③은 '거대한'이라는 뜻의 유의어 관계이고, 나머지는 반의어 관계이다.

02 ① '무언가에 대한 값을 지불할 수 있다'는 afford(~할 형편이 되다)의 영어 뜻풀이다. expect는 '예상하다, 기대하다'라는 뜻의 단어이다.

03 take out: 꺼내다

take care of: ~을 돌보다

|해석| • 여러분의 책을 꺼내서 10쪽을 펴세요.

• 네가 없는 동안 누가 네 개를 돌볼 거니?

04 ③ 첫 번째 문장의 gym은 '체육'이라는 뜻을 나타내고, 두 번째 문장의 gym은 '체육관'이라는 뜻을 나타낸다.

④ 첫 번째 문장의 save는 '절약하다'라는 뜻을 나타내고, 두 번째 문장의 save는 '구하다'라는 뜻을 나타낸다.

|해석| ① 치즈가 작은 조각들로 잘렸다.

두 조각의 퍼즐이 남았다.

② 그 밴드는 비틀즈 노래를 연주했다.

보라는 록 밴드에서 드럼을 연주한다.

③ Kevin은 체육 수업에서 다리를 다쳤다.

비가 올 때 우리는 체육관에서 농구를 한다.

④ 우리 시간을 절약하기 위해 택시를 타는 게 어떨까?

그는 나라와 국민을 구하려고 노력했다.

⑤ 나는 이 영화 포스터를 벽에 붙일 것이다.

그녀는 편지 위에 붙이기 위해 우표 두 장을 샀다.

05 ⑤ B는 해변에 가게 되어 신이 나 있으므로 빈칸에는 I'm really looking forward to ~.를 사용하여 바다에서 수영하는 것에 대해 기대를 표현하는 말이 알맞다.

06 ⑤ 축구를 같이 하겠냐는 제안에 Sure, I'd love to.라고 수락의 말을 한 다음 몸이 좋지 않다며 거절의 이유를 덧붙이는 것은 어색하다.

|해석| ① A: 너는 내일 무엇을 할 거니?

B: 나는 자전거를 탈 거야.

② A: 나는 어제 체육 수업에서 손을 다쳤어.

　B: 오! 그 말을 들어서 유감이야.

③ A: 너는 기타를 연주하는 법을 알지, 그렇지?

　B: 응, 나는 기타를 3년 동안 연주했어.

④ A: 얘, 보라야. 우리 록 밴드에 온 걸 환영해.

　B: 고마워. 나는 공연에서 너희들과 함께 연주하는 게 기대돼.

⑤ A: 나는 방과 후에 축구를 할 거야. 나와 함께 하고 싶어?

　B: 응, 그러고 싶어. 나는 오늘 몸이 좋지 않아.

07 빈칸 다음에 숙제를 해야 한다고 말하는 것으로 보아, 함께 영화 보러 가자는 제안을 거절하는 말이 들어가는 것이 알맞다.

08 (A) '~라는 이름의, ~라고 이름 지어진'이라는 수동의 의미의 과거분사가 알맞다.

(B) 선행사 the man이 사람이고, 관계대명사가 이끄는 절에서 관계대명사가 주어 역할을 하므로 주격 관계대명사인 who가 알맞다.

(C) 주어인 His story(그의 이야기)가 영화로 만들어진 것이므로 수동태(be동사+과거분사)가 알맞다.

09 ⑤ 지호가 Jim Abbott에 관한 책을 읽고 있다고 했지만, 그것이 Jim Abbott이 쓴 자서전인지는 대화를 통해 알 수 없다.

10 Jim Abbott은 오른손이 없이 태어났지만, 열심히 노력해서 최우수 선수 상까지 받는 야구 선수가 되었다.

|해석| Jim Abbott은 <u>오른손 없이</u> 태어났다. 그는 정말 열심히 노력했고 훌륭한 <u>야구</u> 선수가 되었다.

11 ② 주어진 문장은 '수학은 어려워.'라는 의미로, 수학 숙제를 아직 끝내지 못했다는 말 뒤에 이어지는 것이 자연스럽다. 또한 ② 다음의 Yes, but it's interesting, too.의 it은 math(수학)를 가리킨다.

12 B가 소파 옆에 탁자를 놓으라고 답한 것으로 보아, A는 소파 옆에 '무엇을 놓을지' 알려달라고 말하는 것이 알맞다. '무엇을 ~할지'는 「what+to부정사」로 표현한다.

|해석| A: 소파 옆에 <u>무엇을 둘 지</u> 알려줘.

B: 음, 소파 옆에 탁자를 놓아줘.

13 직설법 현재를 가정법 과거로 바꾸는 문제이다. 가정법 과거는 「If+주어+동사의 과거형 ~, 주어+조동사의 과거형+동사원형 ....」의 형태로 쓴다.

|해석| (1) 나는 달걀이 충분히 없어서, 너에게 빵을 구워 줄 수 없어.

(2) 나는 슈퍼히어로가 아니어서, 도움이 필요한 사람들을 도울 수 없어.

14 Let's는 '~하자'라는 의미로 뒤에 동사원형(decide)이 오고, 동사 decide의 목적어로 '어디에 갈지'라는 의미를 나타내는 where to go를 쓴다.

15 ④ 주절이 wouldn't wear인 것으로 보아, 가정법 과거인 「If+주어+동사의 과거형 ~, 주어+조동사의 과거형+동사원형 ....」의 형태가 되어야 한다. 가정법 과거의 if절에 be동사가 쓰일 경우 주로 were를 쓴다. (am → were)

|해석| ① 나는 그에게 저녁을 언제 먹는지 물어보았다.

② 그 야구 모자가 더 저렴하다면, 나는 그것을 살 텐데.

③ 나는 Nick이 나에게 그 일을 어떻게 하는지 말해 주지 않아서 화가 났다.

④ 내가 너라면, 나는 빨간 코트를 입지 않을 텐데.

⑤ 그녀가 충분한 돈을 가지고 있다면, 그녀는 새 집을 살 수 있을 텐데.

16 (1) A가 벽에 풍선을 붙이라고 말하는 것으로 보아, '어디에 ~할지'라는 의미의 「where+to부정사(to stick)」를 사용하여 문장을 완성한다.

(2) B가 언제 생일 케이크를 안으로 가져오는지 알려 주고 있는 것으로 보아, '언제 ~할지'라는 의미의 「when+to부정사(to bring)」를 사용하여 문장을 완성한다.

17 ③ one another: 서로

18 가정법 과거는 현재 사실과 반대되거나 실제 일어날 가능성이 없는 것을 가정할 때 사용하며, 「If+주어+동사의 과거형 ~, 주어+조동사의 과거형+동사원형 ....」의 형태로 쓴다. 가정법 과거의 if절에 be동사가 쓰일 경우 주어의 인칭과 수에 관계없이 주로 were를 쓴다.

19 ④ Cateura를 가리키는 재귀대명사이므로 단수형 재귀대명사인 itself로 고쳐야 한다.

20 ⑤ 카테우라의 많은 사람들이 가난하고, 마을에는 희망이 많지 않았다고 했다.

|해석| ① Andrea는 재활용 오케스트라에서 바이올린을 연주한다.

② 재활용 오케스트라의 악기들은 쓰레기 매립지에서 나온 물건들로 만들어져 있다.

③ 카테우라는 파라과이에 위치해 있다.

④ Andrea의 마을에 거대한 쓰레기 매립지가 있다.

⑤ 카테우라의 많은 사람들은 부유하고 그들에게는 희망이 많다.

21 That's why it's also known as the Landfill Harmonic Orchestra.를 통해 Recycled Orchestra가 Landfill Harmonic Orchestra로도 알려졌음을 알 수 있다.

|해석| Q: 재활용 오케스트라는 또한 무엇으로도 알려져 있나요?

22 ③ 온 마을에 악기가 몇 개뿐이고 새 악기를 살 형편도 되지 않았지만 Favio 선생님의 아이디어로 쓰레기 매립지에서 나온 물건들로 악기를 만들었다고 했으므로, Favio 선생님이 포기했다는 내용의 ③은 글의 흐름상 어색하다. 포기하지 않았다는 뜻의 But Favio didn't give up.이 되어야 한다.

23 (1), (2) 「how+to부정사」는 '~하는 방법, 어떻게 ~할지'라는 의미를 나타낸다.

(3) send A(us) B(trash)는 'A에게 B를 보내다'라는 뜻을 나타내고, send back은 '(되)돌려보내다'라는 뜻을 나타낸다.

24 ⓐ와 ⑤는 목적격 관계대명사이다.

① It ~ that ... 강조구문에 쓰인 that이다.

② '저것'을 뜻하는 지시대명사이다.

③ 목적어 역할을 하는 명사절을 이끄는 접속사이다.

④ '저'를 뜻하며 뒤의 명사를 수식하는 지시형용사이다.

|해석| ① 창문을 깬 것은 바로 새였다.

② 이것은 나의 배낭이고 저것은 너의 것이다.

③ 나는 Clare가 음악에 관심이 있다고 생각한다.

④ 너는 노란 재킷을 입은 저 소녀가 누구인지 아니?

⑤ 네가 내게 보여 준 그림들은 아름다웠다.

25 ⓑ 뒤에 나오는 We were going to have a concert, a real concert! 의 내용을 의미한다.

01 ② **02** [1] worried [2] bored [3] scared **03** ⑤ **04** I'm looking forward to playing in a concert with you. **05** ② **06** ③ **07** ④ **08** ⓐ → She is going to take part in a singing contest. ⓑ → He has played the guitar for 3 years. **09** ② **10** ④, ⑤ **11** ③ **12** ⓒ → when to take ⓓ → had a flying carpet **13** ② **14** ③ **15** If I had a pet **16** ② **17** (A) are made (B) are (C) itself **18** [1] I play the violin (in the orchestra). [2] I'm from Cateura, a small town in Paraguay. **19** ③ **20** ④ **21** 쓰레기 매립지에서 나온 물건들로 악기를 만드는 것 **22** ④ **23** ② **24** It was very short and mostly out of tune. **25** [1] It was amazing that you won the battle with only 12 ships. [2] I'd like to ask you how to make geobukseon.

01 '조각, 일부분'이라는 뜻과 '(글, 미술, 음악 등의) 작품'이라는 뜻을 나타내는 piece가 알맞다.

|해석| • 그는 나에게 치즈 케이크 한 조각을 주었다.

• 그 피아노 연주자는 최근에 새로운 곡을 연주했다.

02 (1) 문맥상 '걱정하는'을 뜻하는 worried가 알맞다.

(2) 문맥상 '지루한'을 뜻하는 bored가 알맞다.

(3) 문맥상 '무서워하는'을 뜻하는 scared가 알맞다.

|해석| (1) 나는 내 개가 걱정돼. 그는 지금 아파.

(2) 그의 연설은 매우 길었다. 우리는 그 연설이 정말 지루했다.

(3) Aron은 어둠 속에서 이상한 소리를 들었을 때 매우 무서웠다.

03 ⑤ give ~ a big hand: ~에게 큰 박수를 보내다

|해석| ① 나는 음악 소리 때문에 공부에 집중할 수 없었다.

② 힘든 시기였지만 나는 결코 포기하지 않았다.

③ 그들은 서로를 바라보고 웃었다.

④ 점차로, 나는 두려움을 극복하고 수영하는 것을 배웠다.

⑤ 우리의 발표 후, 선생님들은 우리에게 큰 박수를 보냈다.

04 '나는 ~하는 것이 기대돼.'라고 기대를 나타낼 때는 I'm looking forward to ~.를 사용한다. 이때 to는 전치사이므로 뒤에 동명사 형태로 써야 한다.

05 박물관에 같이 가겠냐는 A의 제안에 B가 숙제를 해야 한다고 말하고 있으므로, 빈칸에는 A의 제안을 거절하는 말이 들어가야 한다. ⓑ와 ⓒ는 제안을 수락할 때 쓰는 표현이고, ⓓ는 상대방의 말에 동의할 때 쓰는 표현이다.

06 ⓐ how+to부정사(to play): 연주하는 법, 어떻게 연주하는지

ⓑ '~하는 동안'이라는 의미를 나타내는 접속사 while이 들어가야 한다.

07 노래 대회에서 기타를 연주해 달라는 부탁에 I'd love to, but I can't.라고 거절의 응답을 하였으므로, 빈칸에는 거절의 이유에 해당하는 말이 들어가는 것이 알맞다.

|해석| ① 나는 너를 도울 수 있어서 기뻐.

② 나는 무대에서 기타를 치는 것을 좋아해.

③ 나는 노래 대회를 열 거야.

④ 나는 어제 체육 시간에 손을 다쳤어.

⑤ 나도 대회에 참가할 거야.

08 ⓒ 수민이가 대회에서 무슨 노래를 부를지는 대화에 나와 있지 않다.

ⓓ 두 사람이 대화 후에 무엇을 할지는 언급되어 있지 않다.

|해석| ⓐ 수민이는 다음 주 월요일에 무엇을 할 예정인가?

ⓑ Alex는 얼마 동안 기타를 쳐 왔는가?

ⓒ 수민이는 대회에서 무슨 노래를 부를 예정인가?

ⓓ 그들은 대화 후 무엇을 할 것인가?

09 빈칸 순서대로 ⑤, ①, ③, ④가 들어간다.

10 ④ Linda는 작년에 Jason Kim의 뮤지컬을 봤다고 했다.

⑤ Tony는 주말에 뮤지컬을 볼 것이고, Linda는 자원봉사 활동을 할 것이다.

|해석| ① "빌리 엘리어트"는 유명한 무용수에 관한 뮤지컬이다.

② Tony는 뮤지컬 "빌리 엘리어트"를 어서 보고 싶어 한다.

③ Jason Kim은 Linda가 가장 좋아하는 배우이다.

④ Linda는 전에 Jason Kim의 뮤지컬을 본 적이 없다.

⑤ Tony와 Linda는 이번 주말에 뮤지컬을 볼 것이다.

11 자연스러운 문장으로 단어들을 배열하면 I didn't know where to put the book.이 된다.

12 ⓒ 「where+to부정사」가 되어야 하므로 to 다음에 동사원형(take)이 와야 한다.

ⓓ 주절이 could travel인 것으로 보아 가정법 과거 문장이 되어야 하므로, if절의 동사는 과거형(had)이 되어야 한다.

|해석| ⓐ 나는 그에게 컴퓨터를 어떻게 고치는지 물어보았다.

ⓑ 내가 피곤하지 않다면, 나는 Sam과 하이킹을 갈 텐데.

ⓒ 언제 약을 먹어야 하는지 내게 말해 줄래요?

ⓓ 그녀에게 날아다니는 양탄자가 있다면, 그녀는 전 세계를 여행할 수 있을 텐데.

13 주절이 could open인 것으로 보아 가정법 과거 문장이 되어야 한다. 가정법 과거는 「If+주어(he)+동사의 과거형(won) ~, 주어+조동사의 과거형+동사원형 ....」의 형태로 쓴다.

|해석| 그가 복권에 당첨된다면, 그는 자신의 음식점을 개업할 수 있을 텐데.

14 A가 B에게 코트를 놓을 곳을 알려 주고 있으므로 첫 번째 빈칸에는 코트를 어디에 둘지 묻는 것이 자연스럽다. 따라서 「where+to부정사(to put)」가 알맞다. A가 애플파이를 만드는 조리법을 적어 주겠다고 했으므로 두 번째 빈칸에는 애플파이를 만드는 방법을 묻는 것이 자연스럽다. 따라서 「how+to부정사(to make)」가 알맞다.

|해석| A: 나의 새 집에 온 걸 환영해.

B: 나를 초대해 줘서 고마워. 내 코트를 어디에 두어야 할지 말해 줘.

A: 벽에 걸면 돼.

B: 알겠어. 와! 네가 이 애플파이를 만들었니?

A: 당연하지.

B: 맛있어 보여. 그것을 어떻게 만드는지 나에게 말해 줘.

A: 내가 내 비밀 조리법을 적어 줄게.

15 '만약 ~라면, …할 텐데.'라는 뜻의 가정법 과거 문장이므로, 「If+주어+동사의 과거형 ~, 주어+조동사의 과거형+동사원형 ....」의 형태로

써야 한다.

16 '무엇을 ~할지'는 「what+to부정사」로 나타내며, to 다음에는 동사원형이 온다.

17 (A) 악기는 만들어지는 것이므로 수동태(be동사+과거분사)가 알맞다.
(B) 주어가 Most of us로 of 다음에 복수 대명사 us가 왔으므로 복수 동사 are가 알맞다.
(C) Cateura를 강조하는 재귀대명사는 itself가 알맞다.

18 (1) Andrea는 바이올린 연주자이다.
(2) Andrea는 파라과이의 작은 마을인 카테우라 출신이다.
|해석| A: Andrea, 오케스트라에서 어떤 악기를 연주하나요?
B: 저는 (오케스트라에서) 바이올린을 연주해요.
A: 당신은 어디 출신인가요?
B: 저는 파라과이에 있는 작은 마을인 카테우라 출신이에요.

19 ③ Recycled Orchestra는 Landfill Harmonic Orchestra라고도 알려졌다고 했으므로 둘은 같은 오케스트라이다.

20 Favio 선생님은 우리에게 음악을 가르치고 싶어 했지만 문제가 있었다 (C)는 내용 다음에는 그 문제에 대해 설명하는 (B)와 (D)가 이어진다. (D)의 ones가 (B)의 musical instruments를 가리키므로 (B) 다음에 온다. 그 뒤로 이런 문제가 있음에도 Favio 선생님은 포기하지 않았다(A)는 흐름이 되는 것이 자연스럽다.

21 this idea는 앞 문장에 나온 '쓰레기 매립지에서 나온 물건들로 악기를 만드는 것'을 의미한다.

22 ④ 얼마나 많은 악기를 필요로 했는지는 글에 나와 있지 않아 알 수 없다.
|해석| ① Favio의 직업은 무엇인가요?
② Favio는 무엇을 가르치고 싶어 했나요?
③ 큰 문제점은 무엇이었나요?
④ 그들은 얼마나 많은 악기들이 필요했나요?
⑤ 악기에 관한 Favio의 생각은 무엇이었나요?

23 ② 아무도 악기를 연주하는 방법과 악보를 읽는 방법을 알지 못했다는 문제가 있었다는 내용 뒤에 'Favio 선생님은 엄청난 인내심을 가지고 우리를 가르쳤다.'라는 주어진 문장이 오는 것이 자연스럽다. ② 뒤에서는 Favio 선생님의 노력의 결과가 나온다.

24 '음이 맞지 않는'이라는 뜻을 나타내는 out of tune을 사용하여 문장을 완성한다.

25 (1) It은 가주어, that이 이끄는 절(that you won the battle with only 12 ships)이 진주어인 문장이다. 진주어가 감정을 느끼는 주체가 아니므로 현재분사형 형용사(amazing)가 되어야 한다.
(2) 동사 ask의 직접목적어 역할을 하는 「의문사+to부정사」 형태(how to make)가 되어야 한다.

01 ② **02** (1) get ready for (2) out of tune **03** ③ **04** ④
05 (D) – (E) – (B) – (C) – (A) **06** I'm reading a book about a baseball player named Jim Abbott. **07** ⑤ **08** ⓓ a book → a movie ⓔ this Sunday → this Saturday **09** ②
10 If he knew her phone number, he could call her.
11 (1) where to park (2) what to buy **12** ⑤ **13** ①
14 ② **15** ③ **16** It's because our musical instruments are made of objects from a landfill. **17** ④ **18** ③ **19** ②
20 ② → There were only a few musical instruments 틀린 이유: There was 뒤에는 단수 명사(구)가 오고, There were 뒤에는 복수 명사(구)가 오는데, a few musical instruments는 복수 명사구이므로 앞에 There were를 써야 한다. **21** It was that they could make musical instruments with objects from the landfill. / It was to make musical instruments with objects from the landfill. **22** No one knew how to play musical instruments. **23** ② **24** ①, ⑤ **25** ①

01 ② '한 장소에서 다른 장소까지 이동하는 행위'는 journey(여행)의 영어 뜻풀이다.
|해석| ① 그 거대한 공룡은 키가 6미터였다.
② White 씨는 스페인으로 긴 여행을 시작했다.
③ Dean은 새 운동화 한 켤레를 살 형편이 안 된다.
④ 우리는 환경 문제에 큰 관심을 가지고 있다.
⑤ 우리가 재활용을 더 한다면, 우리는 더 적은 쓰레기를 쓰레기 매립지로 보낼 것이다.

02 (1) '~을 준비하다'를 뜻하는 get ready for가 들어가는 것이 알맞다.
(2) '음이 맞지 않는'을 뜻하는 out of tune이 들어가는 것이 알맞다.
|해석| (1) A: Sophie의 생일 파티를 준비하자.
B: 좋아. 나는 방을 장식하고 케이크를 구울게.
(2) A: Paul은 노래를 정말 못 불러.
B: 맞아. 그의 노래는 항상 음이 맞지 않아.

03 ③ huge는 '거대한'이라는 뜻으로, '이 공이 너무 거대해서 나는 한 손으로 잡을 수 있다.'라는 뜻의 문장은 어색하다. huge 대신 small(작은) 등으로 바꿔야 한다.
|해석| ① 나의 볼이 눈물로 젖었다.
② 올빼미는 주로 밤에 활동적이다.
③ 이 공은 너무 거대해서(→ 작아서) 내가 한 손으로 잡을 수 있다.
④ 나는 이 시스템이 우리의 삶을 더 편리하게 만들 거라고 기대한다.
⑤ 한 나이 든 여성이 그 건물로 가는 길을 설명해 주어서, 우리는 어려움 없이 그것을 찾을 수 있었다.

04 I'd love to, but I can't.는 상대방의 제안을 거절할 때 쓰는 표현으로 I'm sorry, but I can't. 또는 I'm afraid I can't.로 바꿔 쓸 수 있다.

05 수학 숙제를 끝냈는지 묻는 말(D)에 아직 못 끝냈다면서 수학이 어렵다고 말하면(E), 그렇지만 수학은 재미있다는 말(B)이 이어진 후, 그럼 자신의 수학 숙제를 도와줄 수 있는지 묻고(C) 자원봉사 활동을 해야 해

서 안 된다고 거절하는(A) 흐름이 자연스럽다.

06 무엇을 읽고 있는지 묻는 말에 대한 답으로 I'm reading a book을 쓰고, 그 뒤에 about ~을 붙여 책에 관한 내용을 쓴다. named Jim Abbott이 a baseball player를 뒤에서 수식하여 'Jim Abbott이라는 이름의 야구 선수'라는 뜻을 나타낸다.

07 ⑤는 '나와 함께 영화를 보고 싶니?'라는 의미로, 상대방에게 함께 하고 싶은지 제안할 때 쓰는 표현이다. 대화에서 영화를 보러 간다고 말한 사람은 A이므로, ⑤는 B가 아니라 A가 할 말로 알맞다. B는 Can I join you?(나도 너와 함께 해도 될까?) 등으로 말하는 것이 자연스럽다.

08 ⓓ "우리의 영웅"은 책이 아니라 영화 제목이다.
　　ⓔ 두 사람은 이번 주 토요일에 영화를 보러 갈 예정이다.
　　|해석| ⓐ Jim Abbott은 오른손이 없다.
　　ⓑ Jim Abbott은 야구 선수이다. 그는 최우수 선수 상을 받았다.
　　ⓒ Jim Abbott의 이야기가 영화로 만들어졌다.
　　ⓓ "우리의 영웅"은 Jim Abbott에 관한 책(→ 영화)이다.
　　ⓔ 그들은 이번 주 일요일(→ 토요일)에 영화를 볼 것이다.

09 ② A가 화가 나 보인다고 말하며 무슨 일인지 묻고 있는데, 매우 신이 난다고 말하며 제주도로 여행을 갈 거라고 답하는 것은 어색하다.
　　|해석| ① A: 나는 축구를 할 거야. 함께 하자.
　　B: 난 안 되겠어. 나는 할머니를 찾아뵈어야 해.
　　② A: 너는 오늘 화가 나 보여. 무슨 일 있니?
　　B: 나는 너무 신이 나. 나는 제주도로 여행을 갈 거야.
　　③ A: 나는 자전거를 탈 거야. 나와 함께 타고 싶니?
　　B: 응, 타고 싶어.
　　④ A: 내가 대회에서 노래를 부르는 동안 네가 기타를 연주해 줄 수 있니?
　　B: 그러고 싶지만, 안 돼. 나는 어제 손을 다쳤어.
　　⑤ A: 나는 축제에서 물 풍선 게임을 할 거야. 나는 그것을 하는 게 너무 기대돼.
　　B: 재미있겠다.

10 가정법 과거인 「If+주어+동사의 과거형 ~, 주어+조동사의 과거형+동사원형 ....」의 형태가 되어야 하므로, if절의 동사를 과거형인 knew로 고쳐야 한다.

11 「의문사+to부정사」를 사용하여 문장을 완성한다.
　　(1) 문맥상 '어디에 주차할지'를 뜻하는 where to park가 알맞다.
　　(2) 문맥상 '무엇을 사야 할지'를 뜻하는 what to buy가 알맞다.
　　|해석| (1) A: 실례합니다. 여기에 주차하실 수 없어요. 저쪽에 있는 표지판을 보세요.
　　B: 오, 죄송해요. 몰랐습니다. 어디에 주차해야 하는지 제게 말해 주시겠어요?
　　(2) A: 이 상점에는 티셔츠가 많이 있어.
　　B: 응. 나는 무엇을 사야 할지 모르겠어.

12 ⑤ 가정법 과거는 현재 사실에 대한 반대의 의미이므로 직설법으로 바꿀 때는 현재시제를 써야 한다. 따라서 위 문장을 직설법으로 바꾸면 As I don't have time to relax, I can't enjoy taking a walk.가 된다.

13 모두 옳은 문장이다.
　　ⓐ, ⓓ 가정법 과거 문장은 「If+주어+동사의 과거형 ~, 주어+조동사

의 과거형+동사원형 ....」의 형태로 쓴다.
　　ⓑ 「when+주어(I)+should+동사원형(feed)」은 「when+to부정사」와 같은 의미를 나타낸다.
　　ⓒ how+to부정사: ~하는 방법, 어떻게 ~할지
　　|해석| ⓐ 내가 영화감독이라면, 나는 공포 영화를 만들 텐데.
　　ⓑ 언제 개에게 먹이를 주어야 하는지 저에게 말해 주세요.
　　ⓒ 그녀는 나에게 그 수학 문제를 푸는 법을 가르쳐 주었다.
　　ⓓ 그에게 요술 램프가 있다면, 그는 세 가지 소원을 빌 텐데.

14 ② if절의 주어 I 뒤에 were가 쓰인 것으로 보아 가정법 과거 문장임을 알 수 있다. 가정법 과거 문장은 「If+주어+동사의 과거형 ~, 주어+조동사의 과거형+동사원형 ....」의 형태로 쓰므로, 조동사는 will이 아니라 과거형인 would가 들어가야 한다.

15 ③ 모든 사람들이 일어서서 큰 박수를 보내고 있다고 했다.

16 괄호 안의 단어들 중 why를 제외한 나머지 단어들을 배열하여 문장을 완성한다. 앞에 나온 질문(Why is it called the Recycled Orchestra?)에 대한 답에 해당하므로 '그것은 ~이기 때문이다.'라는 의미의 It's because ~.를 사용하여 문장을 완성한다.

17 ⓑ와 ④는 '~할 때'라는 의미의 접속사로 쓰였다.
나머지는 '언제'라는 의미의 의문사로 쓰였다.
　　|해석| ① 내가 너에게 언제 멈출지 말할게.
　　② 너는 언제 그녀를 만나기로 약속했니?
　　③ 우리는 언제 우리의 시험 결과를 알게 될까?
　　④ 나는 중학생이었을 때 역사를 정말 좋아했다.
　　⑤ 경찰관이 내가 언제 그녀를 마지막으로 보았는지 나에게 물어보았다.

18 ③ 카테우라에는 이미 커다란 쓰레기 매립지가 있다.

19 ② 그들에게 음악을 가르치고 싶어 했던 Favio는 온 마을에 악기가 몇 개뿐이고 새 악기를 살 형편이 안 되는 상황에서도 포기하지 않았다고 했다.
　　|해석| ① Favio는 악기를 잘 만들었다.
　　② Favio는 그들에게 음악을 가르치는 것을 포기하지 않았다.
　　③ 마을 전체에 많은 악기가 있었다.
　　④ Favio는 새 악기를 사기로 결정했다.
　　⑤ Nicholas는 수도관으로 바이올린을 만들었다.

21 악기가 온 마을에 몇 개뿐이고 새 악기를 살 형편도 안 되는 상황에서 Favio 선생님은 쓰레기 매립지에서 나온 물건들로 악기를 만들 수 있다고 했다.
　　|해석| 악기에 관한 Favio의 생각은 무엇이었는가?

22 '아무도 몰랐다'는 No one knew로 쓰고, '연주하는 법'은 how to play로 쓴다.

23 ② Favio 선생님이 엄청난 인내심을 가지고 가르쳐서 점차로 곡을 연주할 수 있게 되었다는 내용의 글이므로, '인내심은 사람들이 필요로 하는 가장 중요한 자질 중 하나이다.'라는 문장은 글의 흐름과 관계없다.

24 ① '대부분, 일반적으로'는 mostly에 대한 영어 뜻풀이다.
　　⑤ '불평 없이 침착함을 유지하고 지연이나 고통을 받아들이는 능력'은 patience(인내심)에 대한 영어 뜻풀이다.

25 병 셰이커를 만드는 방법을 설명하는 글이다.

01 ②   **02** ③   **03** ④   **04** ③   **05** (1) Yes, I've played the guitar for 3 years. (2) I'd love to, but I can't. (3) I'm sorry to hear that.   **06** ②   **07** new guitar player, is looking forward to playing in a concert   **08** ⓐ What ⓑ What ⓒ who ⓓ Who   **09** ③, ⑤   **10** (1) He is going to watch the musical, *Billy Elliot*. (2) Because she has volunteer work this weekend.   **11** (1) I'm going to watch a parade (2) [모범답] looking forward to watching it (3) [모범답] I'd love to, but I can't. (4) make a mask   **12** ⑤   **13** ⑤   **14** ②   **15** ③   **16** ②   **17** ⓐ → Andrea plays the violin (in the orchestra). ⓑ → They(Their musical instruments) are made of objects from a landfill.   **18** ②   **19** He made violins from oil drums. He turned water pipes into flutes.   **20** [모범답] I can't afford to buy a new smartphone.   **21** ③   **22** ③   **23** Why is the orchestra called the Recycled Orchestra?   **24** ④   **25** (1) [모범답] I could buy a new car for my family (2) [모범답] I would create flying shoes

01 ②는 cheek(볼, 뺨)의 영어 뜻풀이다.

① thrilled(황홀해하는, 아주 신이 난)의 영어 뜻풀이다.

③ roll(구르다, 굴러가다)의 영어 뜻풀이다.

④ drone(무인 항공기, 드론)의 영어 뜻풀이다.

⑤ landfill(쓰레기 매립지)의 영어 뜻풀이다.

02 ⓐ stick(붙이다)이 들어간다.

ⓑ scared(무서워하는, 겁먹은)가 들어간다.

ⓒ patience(인내심)가 들어간다.

ⓓ gather(모이다)이 들어간다.

|해석| ⓐ Amy가 이 메모를 게시판에 붙였니?

ⓑ 나는 유령이 화면에 나타났을 때 무서웠다.

ⓒ 결국 나는 <u>인내심</u>을 잃고 David에게 소리쳤다.

ⓓ 선수들이 코치의 계획을 듣기 위해 <u>모이기</u> 시작했다.

03 ④ 달걀을 끓는 물에서 '꺼내다'라는 뜻이 되어야 하므로, Take care of(~을 돌보다)가 아니라 Take out(꺼내다)이 되어야 한다.

|해석| ① 점차로, 그 남자는 숲에서 사는 법을 배웠다.

② Smith 박사는 희망을 포기하지 않았고 아이들을 돕기 위해 노력했다.

③ 우리는 현재 소셜 미디어를 통해 <u>서로</u> 의사소통을 할 수 있다.

④ 10분 뒤에 끓는 물에서 달걀을 <u>돌봐라(→ 빼라)</u>.

⑤ 나는 지난달에 차 사고가 났고 <u>그때부터</u> 목 통증으로 고통받고 있다.

04 '(미술·음악 등의) 작품'을 뜻하는 piece가 들어가는 것이 알맞다.

|해석| 이것은 연주하기 매우 어려운 곡이다.

05 (1) 기타 치는 방법을 아는지 묻는 질문에 대한 답이므로 그렇다고 하면서 3년 동안 기타를 쳤다고 말하는 것이 자연스럽다.

(2) 노래 대회에서 자신이 노래를 부르는 동안 기타를 쳐 줄 수 있는지 묻는 질문에 대한 답이 들어가야 하는데, 빈칸 뒤에 손을 다쳤다고 한

것으로 보아 거절의 표현이 들어가는 것이 알맞다.

(3) 체육 수업 중에 손을 다쳤다는 말에 유감을 표현하는 것이 알맞다.

06 대화의 내용과 일치하는 것은 ⓐ와 ⓒ이다.

ⓑ, ⓓ, ⓔ Alex는 기타 치는 법을 알지만, 어제 체육 수업 중에 손을 다쳐서 수민이가 노래를 부르는 동안 기타를 쳐 줄 수 없다.

|해석| ⓐ 수민이는 다음 주 월요일에 대회에서 노래를 부를 것이다.

ⓑ Alex는 기타 치는 법을 모른다.

ⓒ 수민이는 그녀를 위해 기타를 연주해 줄 누군가를 찾고 있다.

ⓓ Alex는 수민이와 대회에 참가할 것이다.

ⓔ Alex는 어제 체육 수업 중에 다리를 다쳤다.

07 보라는 Tom의 록 밴드의 새 기타 연주자이고, 공연에서 함께 연주하는 게 기대된다고 했다.

08 ⓐ, ⓑ '무엇'이라는 뜻의 의문사 What이 알맞다.

ⓒ a boy를 선행사로 하는 주격 관계대명사 who가 알맞다.

ⓓ '누구'를 뜻하는 의문사 Who가 알맞다.

09 ③ Jason Kim은 Tony가 아니라 Linda가 가장 좋아하는 배우이다.

⑤ Jason Kim이 어렸을 때부터 배우로 활동했는지는 대화에 나와 있지 않다.

10 (1) Tony는 이번 주말에 뮤지컬 "빌리 엘리어트"를 보러 갈 것이다.

(2) Linda는 자원봉사 활동이 있어서 뮤지컬을 함께 보러 가겠냐는 Tony의 제안을 거절했다.

|해석| (1) Tony는 이번 주말에 무엇을 할 것인가?

(2) Linda는 왜 Tony와 함께 갈 수 없는가?

11 (1) Olivia는 11시 30분에 퍼레이드를 볼 계획이다.

(2) 기대를 나타내는 표현인 I'm really looking forward to ~.를 사용한다.

(3) 표를 보면 Leo는 11시 30분에 가면을 만들 예정이므로 Olivia와 퍼레이드를 함께 볼 수 없다. 따라서 거절하는 표현이 들어가야 한다.

(4) Leo는 11시 30분에 가면을 만들 예정이다.

12 ⑤ 주절이 could help인 것으로 보아 가정법 과거 문장이 되어야 하므로, 「If+주어+동사의 과거형 ~, 주어+조동사의 과거형+동사원형 ....」의 형태가 되도록 has를 과거형 had로 고쳐야 한다.

|해석| • 그녀는 그 앱을 사용하는 법을 설명해 주었다.

• 내가 피곤하지 않다면, 나는 영화를 보러 갈 텐데.

• 만약 내일 날씨가 화창하다면, 우리는 현장 학습을 갈 것이다.

• 어디에서 왼쪽으로 돌아야 하는지 나에게 알려 줘.

• Brian에게 돈이 더 많다면, 그는 병원에 있는 아이들을 도울 수 있을 텐데.

13 주어진 우리말을 영작하면 Do you know how to use this washing machine?이므로 네 번째로 오는 단어는 how이다.

14 ⓐ 주어인 I가 황홀한 감정을 느끼는 주체이므로 thrilling을 thrilled로 고쳐야 한다.

ⓒ 주어가 The other members로 복수형이므로 단수 동사 is를 복수 동사 are로 고쳐야 한다.

15 ③ 글쓴이는 오케스트라의 단원 중 한 명이다.

① 기쁨의 눈물이 흐르고 있다고 했다.

② 큰 박수를 받고 있는 것으로 보아 연주회는 성공적으로 끝났음을 알 수 있다.

④ 모두가 일어서서 큰 박수를 보내고 있다고 했다.

⑤ 글쓴이를 포함한 단원 중 누구도 이런 날이 올 것이라고 예상하지 못했다고 했다.

|해석| ① 글쓴이는 슬픔을 느꼈고 울었다.

② 연주회는 청중을 실망시켰다.

③ 글쓴이는 오케스트라 단원 중 한 명이다.

④ 대부분의 청중이 즉시 자리를 떠났다.

⑤ 글쓴이는 이 상황을 예상했다.

16 ⓐ의 itself는 Cateura를 강조하는 강조 용법의 재귀대명사이며, 쓰임이 같은 것은 ②이다. 나머지는 목적어로 쓰인 재귀 용법의 재귀대명사이다.

|해석| ① 그녀는 자신에게 화가 났다.

② Eric은 직접 자신의 차를 고칠 수 있다.

③ 나는 거울 속의 나 자신을 바라보았다.

④ 고양이들은 먼지를 제거하기 위해 스스로를 청소한다.

⑤ 그 남자는 손님들에게 자신을 소개했다.

17 ⓐ Andrea는 바이올린 연주자이다.

ⓑ 그들의 악기는 쓰레기 매립지에서 나온 물건들로 만들어진다.

|해석| ⓐ Andrea는 오케스트라에서 어떤 악기를 연주하는가?

ⓑ 그들의 악기는 무엇으로 만들어져 있는가?

ⓒ 카테우라의 대부분의 사람들은 왜 가난한가?

ⓓ Andrea는 언제 Favio Chávez를 처음으로 만났는가?

18 ② 「teach+간접목적어(us)+직접목적어(music)」는 「teach+직접목적어+to+간접목적어」로 바꿔 쓸 수 있다. 따라서 teach music us가 아니라, teach music to us로 바꿔 쓸 수 있다.

19 Nicholas는 쓰레기 매립지에서 나오는 물건들로 악기를 만들 수 있다는 Favio 선생님의 생각을 실행에 옮겨, 기름통으로 바이올린을 만들고 수도관을 플루트로 바꾸었다.

|해석| Nicholas는 어떻게 Favio의 생각을 실행에 옮겼는가?

20 '어떤 것을 지불할 수 있다'에 해당하는 단어는 afford(~을 할 형편이 되다)이다. 이 단어를 포함하는 문장을 자유롭게 완성한다.

21 ⓒ the first piece of music을 뒤의 what we played가 수식해야 하는 구조인데, what은 선행사가 앞에 있는 경우 함께 쓸 수 없으므로 what을 목적격 관계대명사 that으로 고쳐 써야 한다.

22 주어진 문장의 it은 그들이 연주했던 첫 곡을 가리키는데 문장이 But으로 시작하고 있으므로, 연주했던 첫 곡이 매우 짧고 대부분은 음이 맞지 않았지만 그들에게는 가장 아름다운 곡이었다는 흐름이 되는 것이 자연스럽다.

23 That's because our musical instruments are made of objects from a landfill.(그것은 우리의 악기가 쓰레기 매립지에서 나온 물건들로 만들어져 있기 때문이다.)가 바로 앞 문장의 답에 해당하므로, What이 아니라 이유를 묻는 의문사 Why를 써야 한다.

24 ④ Andrea가 None of us knew how to play musical instruments (우리 중 누구도 악기를 연주하는 법을 알지 못했다)라고 했으므로, Andrea도 악기를 연주하는 법을 알지 못했음을 알 수 있다.

|해석| ① 민기: Andrea는 인터뷰를 하고 있다.

② 나리: Andrea는 재활용 오케스트라의 단원이다.

③ 진수: 재활용 오케스트라의 악기들은 쓰레기 매립지에서 나온 물건들로 만들어져 있다.

④ 지민: 재활용 오케스트라에서 오직 Andrea만이 처음에 악기를 연주하는 법을 알았다.

⑤ 유나: Favio는 재활용 오케스트라의 단원들을 엄청난 인내심을 가지고 가르쳤다.

25 가정법 과거는 '만약 ~라면, …할 텐데.'라는 뜻으로, 「If+주어+동사의 과거형 ~, 주어+조동사의 과거형+동사원형 ….」의 형태로 쓴다.

특급기출

기출예상문제집

중학 영어 3-1 기말고사 이병민

정답 및 해설